CB139593

A FILHA DO FEITICEIRO

A Filha do Feiticeiro

Romance do espírito
J. W. ROCHESTER

Psicografia de
WERA KRIJANOWSKAIA

LÚMEN
EDITORIAL

"A filha do feiticeiro"

Espírito Rochester

psicografado por
Wera Krijanowskaia

tradução
Dimitry Suhogusoff

Lúmen Editorial Ltda.
Rua Espírita, 64
São Paulo 01527-040 SP — Fone/Fax: (011)3207-1353

Capa e Editoração — **SGuerra Design**
Fotolito da Capa — **Megagrafics**
Revisão — **Valeska Perez Sarti**
Impressão — **Gráfica Alaúde**

Dados Internacionais de Catalogação na Publicação (CIP)
(Câmara Brasileira do Livro, SP, Brasil)

Rochester, John Wilmot, Conde de (Espírito).
A filha do feiticeiro / J. W. Rochester; [psicografado por] Wera Krijanowskaia; [tradução Dimitry Suhogusoff]. – São Paulo : Lúmen, 2003.

1. Espiritismo 2. Ficção espírita 3. Obras psicografadas I. Krijanowskaia, Wera. II. Título.

03-0566 CDD-133.93

Índices para catálogo sistemático:

1. Ficção mediúnica : Espiritismo 133.93

fale com a Lúmen
e-mail **lumened@uol.com.br**

LÚMEN
EDITORIAL

Mais um texto inconfundível de Rochester!

A Lúmen Editorial tem a satisfação de oferecer ao público mais um romance inédito do espírito John Wilmot Rochester. Desta vez, apresentamos *A Filha do Feiticeiro*, uma obra cujo valor histórico remonta ao final do século XIX e início do XX, período em que o texto foi psicografado pela médium russa Wera Krijanowskaia.

De antemão, alertamos os leitores não se tratar de um romance propriamente espírita, no sentido clássico do termo, com ensinamentos sobre os postulados básicos do Espiritismo codificado por Allan Kardec. Trata-se, sim, de um romance mediúnico, cuja trama é repleta de suspense, presença de "forças ocultas", sobrenaturais, além da batalha final entre o bem e o mal para a "salvação" de uma alma perdida. Tudo isso desenhado com o texto envolvente de Rochester, que prende nossa atenção da primeira até a última linha, deixando fluir sua mente imaginativa e talentosa capaz de lidar com as coisas do Céu e do Inferno com a mesma magnanimidade de um soberano absolutista de tempos remotos.

Por isso, a Lúmen Editorial pode até discordar de alguns conceitos emitidos por Rochester nesta obra, mas considera de fundamental importância dar esta contribuição para a História ao editar o romance tal qual foi psicografado no original em russo, resgatando uma obra perdida no tempo de um dos autores espirituais mais lidos em todo o mundo. Daí nosso esforço em trazer o livro ao público leitor, independentemente de ser ou não uma obra marcadamente espírita, mas com certeza mediúnica.

Para que o trabalho se concretizasse de forma irretocável, novamente recorremos ao trabalho profissional de Dimitry Suhogusoff, um excepcional especialista no difícil idioma russo e, acima de tudo, um conhecedor profundo dos textos de Rochester. Neste *A Filha do Feiticeiro*, mais uma vez a obra ficou intacta, conforme o original russo, graças ao trabalho de "garimpagem" de Dimitry, sempre buscando e pesquisando a melhor palavra em português para definir o sentimento e a emoção transmitida pelo autor espiritual.

Esta união de energias em cada área resultou em mais uma obra acabada. Esperamos que os leitores apreciem o estilo e o texto rochesterianos aqui apresentados e possam tirar suas conclusões sobre a história de Ludmila, a verdadeira filha do feiticeiro Krassinsky.

O editor

ЧАСТЬ ПЕРВАЯ.

> «La religion dit: *croyez et vous comprendrez.* La science vient vous dire: *comprenez et vous croirez.*»
>
> *J. de Maistre.* *)

I.

— Итакъ, Иванъ Андреевичъ, ты положительно не хочешь здесь оставаться? Признаюсь, твое рѣшеніе меня огорчаетъ. надеялся, что ты пробудешь у насъ хоть съ мѣсяцъ.

Нѣтъ, Филиппъ Николаевичъ. Я и пріѣхалъ-то, главным образомъ, чтобы убѣдить васъ всѣхъ уѣхать изъ этого злополучнаго мѣста, внушающаго мнѣ страхъ и отвращеніе.

Иванъ Андреевичъ былъ старый, заслуженный морякъ. Его красивое и энергичное лицо обрамляла бѣлоснѣжная, седая борода; въ большихъ сѣрыхъ, грустныхъ глазахъ и складкахъ рта таилось выраженіе горечи, указывавшей, что жизнь не избавила его отъ борьбы и разочарованій.

— Ахъ, крестный, останься, прошу тебя!.. Погляди, какъ здесь хорошо, какой чудный видъ, какой чистый, живительный воздухъ, — вмѣшалась сидѣвшая невдалекѣ молодая девушка.

Отодвинувъ тарелку съ земляникой, она подбѣжала къ нему и по-пріятельски повернувъ его, указала на разстилавшійся передъ ними видъ, въ самомъ дѣлѣ живописный.

Домъ стоялъ на возвышенности; у ея подножія дремало озеро и на немъ зеленѣлъ густо заросшій островъ, а сквозь

---

*) Религія гласитъ: *увѣруйте и вы поймете.* Наука говоритъ вамъ: *поймите и вы увѣруете.*

Ж. де-Мэстръ.

Parte I

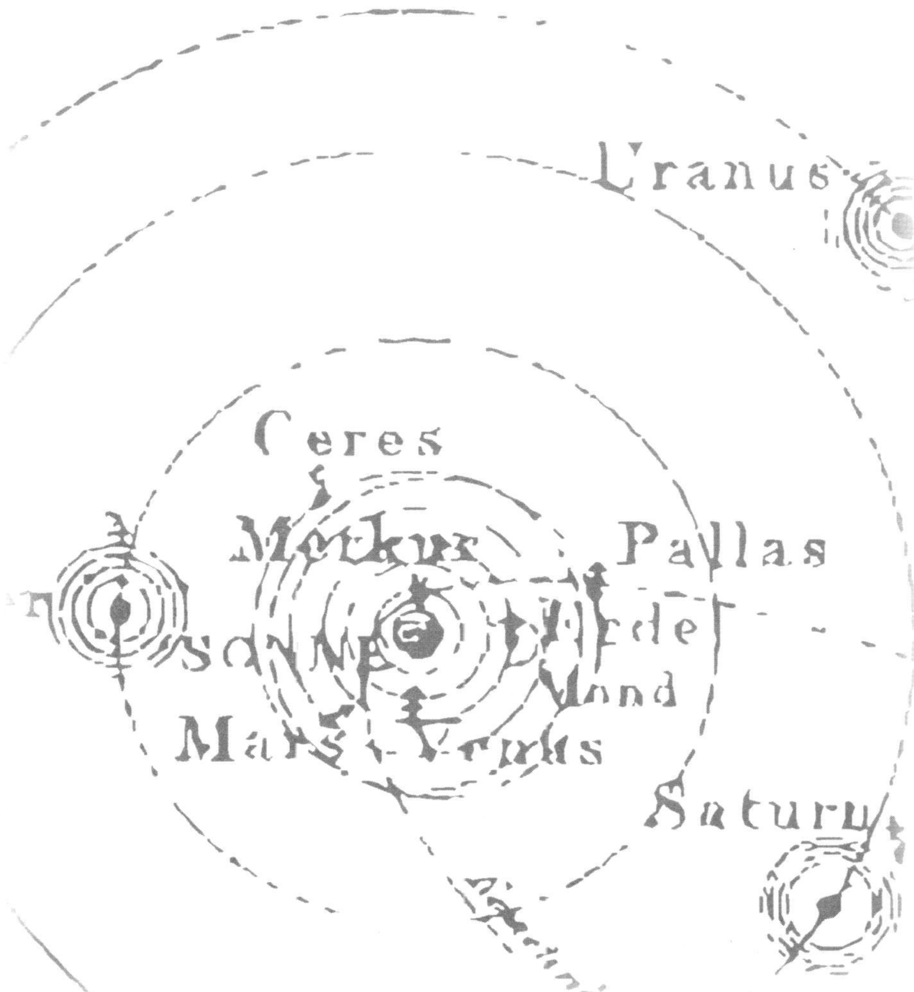

I

"La religion dit: croyez et vous comprendrez. La science vient vous dire: comprenez et vous croirez."*
J. de Maistre

— E então, Ivan Andréevitch**, decididamente você resolveu nos deixar, não é? Isso me deixa decepcionado, pois eu pensava tê-lo conosco pelo menos por mais um mês.

— Sim, Filipp Nikoláevitch, só passei aqui principalmente para convencê-los a saírem deste lugar nojento e assustador.

Ivan Andréevitch era um velho e respeitado homem do mar. O rosto belo e enérgico emoldurava-lhe a barba esbranquiçada; nos grandes olhos cinza e nas pregas da boca, espreitava-se uma expressão de amargura, sinal de que sua vida ainda não se libertara das lutas e decepções.

— Oh, padrinho, fique, suplico-lhe!... Veja como aqui é aprazível, que vista maravilhosa e ar puro e refrescante temos! – interveio uma jovem, sentada perto.

Afastando o prato com morangos, ela aconchegou-se a ele e, com intimidade, fê-lo se virar para o panorama descortinado – de fato pictórico.

A casa erguia-se num morro; em seus pés dormitava um lago, nele verdejando uma ilhota de mata densa e, através do frondoso verdor de árvores, entrevia-se o telhado pontiagudo de

---

* A religião diz: acredite e você compreenderá. A ciência diz: compreenda e você acreditará.

**Andréevitch – patronímico, modo de tratamento usado na Rússia, normalmente formal, derivado do nome do pai (no caso Andrei) mais a sufixação da partícula vitch para masculino, e evna ou ovna para feminino. N.T.

um prédio. Uma floresta escura cingia quase todo o horizonte, salvo num lado, onde se divisava um povoado com a cúpula azul-celeste de sua igreja.

Tal conversa se passava num amplo terraço, guarnecido de flores e plantas. Uma escada de dez lances conduzia ao jardim, de onde uma ladeira dava ao lago. À mesa de ricos cristais e prataria, adornada por grande vaso de flores, sentavam-se o anfitrião, sua esposa, a filha Nádya***, seu padrinho e um velho e venerado padre. No jardim, aos pés da escada, um menino de uns treze anos e uma menina de sete brincavam de argola e vareta.

O anfitrião, Filipp Nikoláevitch Zamyátin, era o diretor de um importante banco em Kiev. Ainda que passasse dos cinqüenta, era um homem cheio de força. Sua esposa, Zoya Ióssifovna, filha de um grande produtor de açúcar, trouxe-lhe de dote um belo patrimônio. Desse modo, a hospitaleira casa do afável Filipp Nikoláevitch, conhecido por sua honestidade e bom acolhimento, era de bom grado freqüentada pela melhor sociedade. A propriedade, sob o nome de Górki, onde estavam os Zamyátin, fora herdada por Filipp Nikoláevitch. A casa do senhorio, até então vazia por muitos anos, foi totalmente reformada e, pouco mais de duas semanas antes, a família lá se instalou a fim de acompanhar os trabalhos de organização doméstica.

— E não tenho razão, padrinho? Por acaso esta vista não merece sua presença? E que dizer de suas concepções supersticiosas – estranhas, devo dizer – neste século iluminado? Pois me diga então: por que um lugar haveria de ser mais funesto que outro? – provocou Nádya, fitando com um sorriso malicioso o almirante.

— Nádya está certa. Você não deve dar crédito a esses contos de fada, espalhados por mulheres ociosas, Ivan Andréevitch – apoiou o pai.

— Entendo o quanto ainda o amargura o fim trágico de Marússya**** – prosseguiu ele. – Mas, ao invés de atribuí-lo a alguma força oculta, mais lógico seria explicar que Marússya tenha sido vítima de dois fortíssimos abalos espirituais, causados

*** Tratamento afetivo do nome Nadejda. Nadejda também significa esperança. N.T.

**** Tratamento afetivo de Maria. N.T.

pela morte do noivo e o assombro de vê-lo vivo. Ademais, a morte súbita daquele idiota Krassinsky teria se refletido em sua natureza sensível.

— Se você visse o que vi e conhecesse todas as circunstâncias estranhas que acompanharam o fim de Marússya, mudaria seu ponto de vista. Que o local é funesto e que aquela casa na ilha já presenciou muita coisa, sequer suspeitada pelos cientistas modernos, tudo pode ser confirmado pelo padre Tímon.

— Oh, padre, conte-nos, por favor, o que sabe daquela casa! Quem a construiu e o que lá aconteceu? Estou curiosa em visitá-la e assim que o barco ficar consertado, irei lá com Mikhail Dmítrievitch, pois os mistérios que ela guarda, com suas pequenas torres pontiagudas como as do castelo da "Bela Adormecida", me aguçam a curiosidade.

Nádya arrastou a cadeira para perto do padre e pôs-se a lhe pedir para compartilhar das informações sobre a casa mal-assombrada.

— Bem, terei o prazer em contar o que sei. Devo dizer que o meu relato, infelizmente, irá confirmar a justa repulsa – e o padre olhou para o almirante – de Vossa Excelência, nutrida por toda esta localidade.

Ele se compenetrou por instantes e fixou o olhar na ilhota, destacada sobre o espelho do lago feito um buquê.

— Não conheci pessoalmente o construtor daquele castelo na ilha. O meu antecessor, padre Porfírio, contou-me que o proprietário de Górki havia iniciado a construção ao retornar de uma longa viagem ao estrangeiro. Trouxera consigo um arquiteto – um italiano, conforme diziam. Os operários falavam, ainda, ser este um feiticeiro, por estar sempre acompanhado por um cão negro de olhos humanos, temido por todos. Havia, ademais, boatos de que o italiano tinha o "olho gordo" e se aquele homem moreno e de estatura baixa passasse por alguém e lhe lançasse um olhar com seus olhos argutos e cruéis, algum infortúnio era inevitável: seus filhos adoeceriam, o gado morreria ou algo pegaria fogo. Assim, não era fácil arregimentar operários; a simples visão do italiano fazia as pessoas debandarem para longe. A má fama da propriedade teve início ao término da construção, quando o dono deixou de benzer a casa. Depois, correu o boato da morte do italiano, cujo corpo foi enterrado na ilha. Seguiram-se mexericos sobre a ocorrência de fatos estranhos na ilha: incêndios de árvores durante a noite, uivos alucinados de cães. Resumindo: o pânico tomou conta da aldeia. Coisas estranhas aconteciam com o próprio proprietário; emagrecia a olhos vistos, evitava pessoas e, meio ano depois, ele foi encontrado morto no leito.

Instalou-se ali então seu filho, junto com a esposa e um menino de treze a catorze anos, filho deles. Um pouco antes, eu fui designado para cá como padre titular e por várias vezes estive na casa de Pável Pávlovitch Izótov. No início ele era uma pessoa alegre e comunicativa; visitava os fazendeiros vizinhos, recebia em casa e caçava; depois, sem qualquer razão aparente, parou de sair de casa. Diziam que ele passava dias e noites lendo livros e documentos do pai e, com a morte súbita de sua esposa, de infarto, mudou-se de vez para a ilha. Meses mais tarde, ele viajou com o filho Nikolai ao exterior, e, desde então, eu nunca mais o vi.

Mais de quinze anos se passaram sem que algum dos proprietários aparecesse em Górki. A casa, tapada com tábuas, era vigiada pelo velho mordomo Fomá e sua esposa. Nenhum outro pé pisara a ilha. Pável Pávlovitch, antes de viajar, expediu ordens expressas de não se tocar em nada no castelo...

Era um dezembro friorento e a noite especialmente tempestuosa. O vento silvava e uivava no campo, fustigando a neve contra as janelas; um frio de rachar marcava menos de vinte graus. Eu morava, naquela época, na velha edícula da igreja – hoje inexistente – e acabava de enterrar minha esposa. A amargura da perda corroía-me a alma e, para afugentar a saudade, trabalhava até as altas horas da noite. Já passava da meia-noite, quando ouvi o tilintar dos sinos de uma sege ao lado da casa.

— Oh, meu Deus! – pensei – alguém vem me buscar para extrema-unção. Seguiram-se batidas na porta do vestíbulo e logo ouvi o casal de empregados resmungando por terem sido perturbados àquela hora. Saí e ordenei-lhes abrirem a porta, quando vejo diante de mim um cocheiro coberto de neve.

— O que lhe aconteceu na viagem, não consigo entender – começou a explicar o cocheiro. – Está vivo ou morto – não sei. Com esse tempo tão ruim, não se vê nada. Resolvi passar aqui, padre, buscando ajuda.

Iluminei o interior do coche e vi, recostado nas almofadas, um jovem esmaecido de olhos cerrados que, se ainda estivesse vivo, obviamente estava muito doente. O patrão aparentemente era rico, a julgar pela peliça, pelo bauzinho luxuoso e dois sacos de viagem. De qualquer forma, era claramente irrealizável levá-lo por dois quilômetros naquela nevasca. Ordenei carregarem-no para o quarto da falecida, em desuso pelas tristes recordações. O desconhecido foi deitado e eu lhe prestei o primeiro socorro. Ele abriu os olhos, mas, de tão fraco, mal conseguia falar. Por sua instrução, retirei de sua sacola um frasco, ministrei-lhe umas gotas e ele adormeceu. Seu rosto, apesar de aparentar exaustão e aspecto doentio, pareceu-me familiar; todavia, não consegui me lembrar de onde o havia visto. No dia seguinte, o enfermo recuperou-se o bastante para se explicar e eu, surpreso, soube tratar-se de Nikolai Pávlovitch Izótov – atual proprietário de Górki, cujo pai falecera quatro anos antes.

Sua vontade era partir imediatamente para a propriedade. Ponderei, no entanto, não se instalar numa casa há muito tempo desabitada; sugeri-lhe que eu fosse para lá antes, a fim de providenciar que os fogões a lenha fossem acesos e arrumados, e, com o auxílio do velho mordomo, dois ou três quartos. Dispus-me a mandar também a cozinheira Marfa, irmã da minha empregada, pois sabia que a esposa de Fomá estava doente.

Nikolai Pávlovitch agradeceu, concordou com as minhas considerações e eu parti. O velho mordomo ficou ansioso em rever o jovem patrão que carregara no colo e começou a agir. Além de Marfa, levamos um casal de empregados e iniciamos as providências para deixar a casa em ordem.

Os fogões foram acesos, o pó foi retirado, as capas de proteção foram removidas dos móveis e dos quadros, tapetes foram estendidos e, algumas horas mais tarde, três cômodos estavam prontos. Para Nikolai Pávlovitch, preparamos os aposentos de sua mãe falecida, saindo para o jardim. Fomá assegurou que tudo ali foi deixado do mesmo jeito desde o falecimento da patroa, pois o próprio Pável Pávlovitch trancou os aposentos e, a partir de então, ninguém entrou lá, mudando-se o patrão para a ilha naquela mesma noite do enterro. Quando eu retornei com a notícia de que tudo estava pronto, Nikolai Pávlovitch agradeceu-me calorosamente e pediu que eu o acompanhasse para lá sem demora.

Com a visão da casa iluminada, o jovem foi tomado de aprazimento e até de emoção; conquanto ainda estivesse fraco, eu e Fomá tivemos de sustentá-lo pelos braços.

— E vocês ainda me preparam os aposentos da minha mãe! – disse ele, comovido.

Porém, mal adentramos o dormitório, Nikolai Pávlovitch estacou feito paralisado e fixou o olhar na imagem de Nossa Senhora, pendurada, diante da qual Marfa havia aceso a lamparina. Achávamos que ele iria se persignar, mas a sua boca torceu-se e nos olhos refletiu-se um terror desvairado.

— Fora!... Fora!... – berrou, em voz que não parecia dele. E, espumando pela boca, Nikolai Pávlovitch tombou inânime em nossos braços. Nesse ínterim, o caixilho maciço do ícone despencou da parede e a lamparina se apagou, estalando. Ficamos pasmos e paralisados de terror. Nikolai Pávlovitch foi deitado na cama, e o ícone levado para um quarto distante.

Ao voltar junto ao enfermo, este já voltara a si. Soerguendo-se nos travesseiros, ele lançou um olhar arisco para o canto vazio, onde apenas havia uma teia de aranha e, chamando-me com um gesto, sussurrou em voz quase inaudível:

— Mande levar... todos.... para a ala dos hóspedes... Melhor ainda, leve tudo à igreja... Estou doando...

A custo dominando o terror que me assaltara com essas palavras, não pude me conter e observei:

— Graves devem ser os pecados em sua consciência, se apenas uma simples visão da Protetora Celeste lhe sugere pavor.

Jamais esquecerei aquela expressão de sofrimento e desespero que se instalou em seu rosto.

— Não posso... Eu me sufoco quando A vejo – balbuciou.

Fiquei profundamente compadecido por aquele homem sozinho e doente e, aparentemente, infeliz. Prometi atender ao seu desejo e levar os ícones. Na despedida, ele me agarrou a mão, premeu-a convulsivamente e balbuciou em voz entrecortada:

— Se eu o chamar, padre Tímon, virá ao meu leito de morte para apoiar-me na difícil hora e talvez tentar salvar-me?

Apesar de tremer por dentro, prometi cumprir seu pedido e saí para juntar os ícones e levá-los de lá. No vestíbulo, a criadagem, reunida à minha espera, anunciou uníssona que não ficaria naquela casa a serviço do "amaldiçoado". Censurei-os e expliquei que era desumano abandonar uma pessoa doente, talvez com o juízo perdido. Por fim, eles prometeram ficar. Retornei junto de Nikolai Pávlovitch e comentei as inquietações dos empregados. Ele mostrou-se consternado e, sem nada objetar, estendeu-me um maço de dinheiro para distribuir entre eles, o que eu fiz e em seguida voltei para casa.

Por três semanas nada se ouviu a respeito de Nikolai Pávlovitch – prosseguiu padre Tímon. – Certa tarde, voltando de uma missa nos arredores, vejo diante do portão um trenó parado; o cocheiro anunciou que tinha uma carta de Górki. Era de Nikolai Pávlovitch, lembrando-me da promessa e suplicando que eu fosse até ele, pois sentia a iminência da morte e queria conversar. Com muita relutância, resolvi ir, na esperança de fazer o infeliz retornar a Deus. Por não querer ir sozinho, chamei o diácono. Partimos. No caminho, notei, aborrecido e até alarmado, que não tomávamos a direção da casa do senhorio; mas, pelo gelo, íamos rumo à ilha. No vestíbulo, fomos recebidos por Marfa e Fomá, que explicaram que duas semanas antes o patrão se mudara para a casa amaldiçoada na ilha, onde o capeta praticava suas estrepolias. À noite, ouviam-se barulhos estranhos, as portas se abriam sozinhas aos estrondos, sem qualquer causa aparente as luzes se apagavam e, ao lado da cama do patrão, escutava-se tilintar de louça, gargalhadas e canto selvagem. Fomá afirmou que um preto tentou asfixiá-lo logo depois de uma daquelas bagunças, quando ele começou a recitar "E Cristo ressuscitará".

— Todos os dias ele nos dá dinheiro e pede para não abandoná-lo, mas não dá para suportar mais! Oh, é de arrepiar! Que Deus lhe dê uma morte rápida! – desejou Fomá, visivelmente amedrontado.

— E ele está mal? – perguntei.

— Sai da cama e fica andando, com a morte estampada no rosto – observou um dos empregados.

Pedi ao diácono aguardar e entrei no dormitório, onde Nikolai Pávlovitch estava sentado na poltrona perto da mesa, no meio do quarto. Seu rosto lívido tal qual um cadáver, sem vivacidade, olhos afundados, convenceram-me estar diante de um moribundo. Aparentemente, a escuridão o aterrorizava, pois em cima da mesa ardiam dois candelabros de cinco velas cada; num vaso grande com gelo, aparecia uma garrafa de champanhe e, sobre a mão, via-se uma taça pela metade.

— O que é isso? O senhor pede ajuda à igreja, trago-lhe as dádivas eucarísticas para salvá-lo na hora da morte, e o senhor toma champanhe? – repreendi.

— É, meu padre, é para me dar um pouco de força e coragem, sufocar a angústia que me oprime – retrucou ele em voz baixa, esquadrinhando com o olhar assustado o ambiente. Súbito, ele agarrou as minhas mãos e as premeu forte. – Não me deixe, padre Tímon – suplicou. – Sinto o fim próximo e não há quem me proteja do terrífico *amo* que escolhi... – e ele baixou a cabeça, desanimado. Mas o senhor é servidor Daquele, cujo nome nem ouso pronunciar. Ir a seu abrigo é que me levou o destino, quando vim para cá... Talvez o senhor seja a minha âncora de salvação, meu único defensor. Arranque a minha alma *daquele*!...

Nikolai Pávlovitch se calou e, respirando com dificuldade, continuou, visivelmente perturbado:

— Só não sei, meu padre, se terei forças e coragem suficientes para sustentar uma luta terrível contra o inferno. São terríveis os meus pecados, e as forças do mal não vão querer me deixar...

Com a face desfigurada pelo medo e os olhos desvairados, Nikolai Pávlovitch esquadrinhava os cantos do cômodo, aterrorizado.

Eu tentei por todos os meios apaziguar aquela mente doente e insana, segundo imaginava, mas as palavras foram vãs e não encontraram eco naquela alma conturbada.

Decidi, então, ministrar-lhe a eucaristia, tentando livrar seu espírito das propaladas forças do mal, que, em verdade, achava eu ingenuamente serem frutos de sua imaginação.

Mal retirando os apetrechos sagrados de minha maleta e acercando-me do doente, senti um frio intenso percorrer-me as costas e um odor fétido invadir os aposentos. Não consegui mais me locomover, como se fosse uma estátua de pedra. Aterrorizado, pregado ao solo, percebi os olhos desmesuradamente abertos de Nikolai, injetados de sangue, e de sua boca escancarada a tentativa de um grito inumano congelado.

Entre Nikolai e mim, apareceram, no chão, linhas fosforescentes de um vermelho vivo que rodeavam completamente o pobre Nikolai. Como raios de fogo, via-se o corpo dele ser traspassado por flechas ígneas que lhe tiravam o fluido vital, fazendo-o estremecer convulsivamente na mesma cadeira em que o encontrei ao entrar. A sua volta, eu via subirem vapores escuros simulando contornos de corpos tenebrosos e apavorantes, gritando obscenidades e dançando ao seu redor.

De repente, tudo se acalmou e desapareceu como se nada tivesse ocorrido. O estado catatònito em que me encontrava se dissipou, porém meu íntimo estava tão alvoroçado e trêmulo que mal podia trocar os passos.

Armei-me de coragem e corri para socorrer Nikolai que, como podem imaginar, estava morto, caído no chão, conservando no rosto aquela máscara horrenda de puro terror com os olhos esbugalhados e, do canto de sua boca, via-se um fio escuro e viscoso escorrendo. Jamais esquecerei o que presenciei naquele quarto, jamais.

Todos os empregados e inclusive o diácono, que a tudo ouviram sem nada poderem fazer, posteriormente disseram que não envidaram esforços para arrombar as portas do aposento, mas sem sucesso.

Enterramos o corpo de Nikolai num clima de presságio e mal-estar a custo contido, e, sobre a campa do infeliz, um belo monumento encimado por uma cruz.

Sendo já muito tarde, a contragosto, fomos todos obrigados a pernoitar na ilha para só no dia seguinte tomarmos o caminho de casa.

Os ânimos dos empregados e demais pessoas da casa permaneciam em sobressalto como que se esperassem mais dissabores terríveis. Após o chá, no entanto, resolvemos tentar descansar e recuperar a serenidade perdida; a casa voltou a ficar silenciosa.

Quando bateu meia-noite, fomos acordados por barulhos sinistros, gritos lancinantes, uivos de cães e uma tremenda explosão.

A casa ficou em alvoroço outra vez e, de todos os cantos, acorriam os empregados lívidos e aparvalhados; vimos, então, no escuro da noite, um clarão avermelhado justamente onde havíamos enterrado Nikolai Pávlovitch.

Mesmo apavorados, dirigimo-nos até o local e paramos estupefatos: o belo monumento com a cruz que encimava a campa do morto estava estilhaçado, a cruz se partira em vários pedaços emoldurando uma figura difícil, naquela hora, de ser reconhecida.

No dia seguinte, ao raiar da manhã, voltamos novamente ao túmulo para decifrar o desenho estranho que havíamos vislumbrado durante a noite, percebendo, ao final, que as linhas formavam como que dois triângulos cruzados. Mais tarde eu soube que tal sinal era um símbolo cabalístico.

Para os moradores circunvizinhos este acontecimento produziu uma forte impressão. O que teria pensado Piotr Petróvitch – não sei –, mas sei que ele não reconstruiu o monumento e mandou apenas retirar os fragmentos da cruz...

Sobreveio um novo silêncio. O relato do sacerdote aparentemente abismou a todos. O almirante fitava pensativo o lago, do qual se alçava um nevoeiro esbranquiçado, a se condensar e se agitar com o vento.

— Vamos entrar, amigos, está ficando úmido – sugeriu ele. – Meu reumatismo não agüenta isso; não gosto de ficar aqui fora principalmente quando há um nevoeiro. Tenho a impressão de ver a cabecinha loira de Marússya emergir da bruma cinzenta – o que me faz recordar de velhas e dolorosas lembranças, e depois do relato de hoje do padre Tímon, esta impressão ficou mais nítida ainda.

Ninguém se opôs e todos foram à sala de estar. O padre logo depois se despediu e foi embora.

— Ivan Andréevitch, conte-nos a verdadeira história da pobre Marússya – pediu de chofre Zamyátina após minutos de silêncio. – Meu marido me disse que o noivo dela havia se afogado, mas o jovem médico, na tentativa de ressuscitá-lo, morreu de infarto. Como me consta, a dupla desgraça abalou tanto a pobre mulher, que ela perdeu o juízo e se afogou em crise de insanidade. Você deve estar a par dos detalhes desta triste história. Gostaria de saber a verdade, pois não me entra na cabeça que este caso, por mais estranho que fosse, tivesse algo de sobrenatural. Entretanto, você e o padre Tímon parecem pensar assim.

— A palavra "sobrenatural" é um tanto elástica, minha prima. Cem anos atrás, a eletricidade no convívio diário também pareceria sobrenatural. Eu atenho-me à convicção de que existem ainda muitas leis da natureza desconhecidas, estudadas e aplicadas por alguns. Ora, essas forças ignaras podem ser tanto benéficas, como maléficas, dependendo como são usadas; e isso é tudo. Mas contarei de bom grado o que sei da história de Marússya, já que fui testemunha do principal episódio que envolveu o noivo dela. Ao vir para cá, trouxe comigo as anotações daquela época. Vou relê-las e, amanhã, descreverei os acontecimentos.

— Ah, obrigada, querido padrinho! – alegrou-se Nádya, dando-lhe um forte abraço. – Fiquei interessada por ela tão logo vi seu retrato. Ela deve ter sido muito encantadora com aqueles cabelos prateados e maravilhosos olhos azuis.

— Sim, era uma moça fascinante. A justiça divina não deixará impunes, é claro, os que criminosamente lhe destruíram a vida – vaticinou o almirante, pesaroso. – Bem, amanhã eu conto tudo – acrescentou. – Por enquanto deixemos esta triste história.

O assunto tomou novo rumo, contudo o relato do padre deixara uma impressão tão profunda, que a família se recolheu mais tarde do que de costume.

II

No dia seguinte, o tempo estava péssimo; chovia torrencialmente – o que impossibilitava alguém sair de casa. Após o almoço, toda a família foi à saleta de estar. Nádya estendeu a xícara com café ao padrinho, antes nela vertendo um cálice de conhaque.

— Para dar coragem – explicou maliciosamente.

O almirante lhe deu um leve tapinha na face.

— Você vai precisar dela mais que eu. Esteja pronta para ouvir coisas não só fora do comum, mas terríficas.

— Tanto melhor, padrinho! Adoro coisas assustadoras.

Ela foi buscar o bordado e acomodou-se ao lado do almirante que, pensativamente, folheava um caderno grosso. Por fim, ele fechou o manuscrito e, após alguns instantes de silêncio, iniciou:

Conheci Górki quando a propriedade pertencia a Piotr Petróvitch Khónin.

Eu era, então, um jovem oficial da Marinha, fogoso e cético ao extremo, e mantinha uma estreita amizade com Piotr Petróvitch. Ele era pai de Marússya, por quem eu estava enamorado perdidamente, mas, por força do destino, ela apaixonara-se pelo meu melhor amigo Vyatcheslav, homem sincero, bom e leal. Calei, portanto, meu amor em favor do meu grande amigo e jamais o dei a entender a Marússya, que me tinha estima como a um irmão.

Sempre que chegava de uma de minhas missões marítimas, ia visitar meu amigo Piotr e a sua família em Górki, onde geralmente me refazia de minhas extenuantes viagens.

Piotr Petróvitch, homem de imenso coração, criara e protegera desde menina Káti Tutenberg, filha de um amigo morto prematuramente e que, não tendo parentes que a cuidassem, ficou sob a sua responsabilidade e, depois, emancipou-se.

Assim, logo que voltei a Górki, Piotr Petróvitch recebeu uma missiva de Káti, pedindo para que este a recebesse juntamente com seu noivo Casimiro Krassinsky. À menção de tal nome, Piotr lembrou-se de uma velha história em que esse nome lhe vinha à memória.

Explicou-nos que, antigamente, as propriedades eram de nobres e ricos senhores que arrendavam terras para fazendeiros cultivarem ou criarem animais, e estes lhes pagavam com metade da produção ou serviam-lhes como empregados ou quase escravos, em troca das terras utilizadas. Era comum e tornou-se um costume naquelas paragens tal procedimento.

Havia uma grande distância entre as famílias dos nobres e as dos fazendeiros, onde jamais a mistura fora permitida, pois pertencentes a castas diversas.

Era normal, também, naquela época, os patriarcas nobres decidirem sobre o futuro dos filhos, principalmente o das filhas, escolhendo para elas partidos aristocráticos e poderosos, visando ao matrimônio. Parece uma aberração nos dias de hoje tal tradição. Eis o que ele mesmo contou sobre o assunto. Naquela época, quando ainda estava vivo o famoso feiticeiro Tvardovsky, uma das filhas de um eminente e rico senhor apaixonou-se por um reles e devasso fazendeiro, chamado Krassinsky, que servia junto ao seu pai. O genitor da moça recusou – é óbvio – o pretendente e o enxotou de forma vexatória; tratou a filha com rigor e crueldade e a ameaçou trancar no monastério. Mas a jovem era teimosa e arrojada. Aproveitando a estada da família em Krakov, decidiu visitar o famigerado senhor Tvardovsky e pedir sua intercessão para quebrar a resistência do pai ao casamento com o homem amado. Arranjar uma audiência com o terrível feiticeiro, diante do qual tremia todo o país, não foi fácil. Porém, Úrsula não se intimidou e alcançou o objetivo: Tvardovsky a recebeu. O que aconteceu depois – não se sabe. Teria o feiticeiro se apaixonado pela belíssima polonesa, ou esse a sacrificou ao seu senhor Satã, a quem recebia, segundo a lenda, e com quem tinha um relacionamento constante; assim ou diferente, Úrsula sumiu por três dias. Ao aparecer depois, ela afigurava-se uma sombra alquebrada da antiga jovem; seus cabelos negros estavam grisalhos. Depois de uma conversa com a filha, o senhor fidalgo foi ficando macilento, entregou-se inteiramente à religião e logo depois permitiu à filha casar-se com o seu amado. O matrimônio foi logo celebrado e o casal instalou-se numa propriedade – dote de Úrsula. Lá ela deu à luz um menino que, para o espanto de Úrsula, possuía um rabo de cerca de duas polegadas. Consumindo-se pela vergonha, a mãe educou o filho às escondidas e mais tarde o internou num monastério, cujo abade era parente de Krassinsky. Tendo herdado o espírito de iniciativa da mãe, o jovem "capeta" destacou-se na guerra e acabou se casando com uma mulher rica. O fruto desse enlace foi um desses Krassinsky, cujo último descendente se tornou o noivo de Káti Tutenberg.

— Meu Deus! Que gosto daquela moça em desposar um homem com rabo, um demônio! – exclamou Nádya, arrepiando-se.

— A lenda diz que se tratava de um belo rapaz– observou o almirante. – Sabe-se ainda que a mãe dele deixou-lhe em herança um anel mágico – presente de Tvardovsky – com poderes sobre os espíritos do inferno.

— Que pena ele não existir mais – lamentou-se Nádya.

— Engano seu: o anel existe, preservou-se na família de geração em geração, e Casimiro Krassinsky o tinha. Conheço o anel e seus poderes; foi ele que me curou de meu ceticismo. Convenci-me da existência do sobrenatural e das forças do mal; desde então evito qualificar como superstição ou crendice popular o que não entendo.

Mas, continue ouvindo! O generoso e hospitaleiro Piotr Petróvitch Khónin respondeu imediatamente à sua ex-protegida que ela e seu noivo seriam hóspedes benquistos em Górki. Eu conhecia Káti Tutenberg desde meninota; ela não era bonita, porém viçosa e encorpada. Ao atingir a maioridade, ela tinha ido estudar em Paris e o que lá fez – ninguém sabe. Pelo visto, decidiu simplesmente que chegara a hora de arrumar a vida, pois já contava com vinte e oito anos. No dia avençado, fomos buscar os noivos e eu achei que Káti mudara muito... para pior. Descorada, estava mais magra e envelhecera; não gostei do seu prometido ao primeiro olhar.

O doutor Krassinsky era um homem de cerca de trinta anos, estatura mediana e magro; seu rosto de feições regulares não era feio; por outro lado, causavam-me repulsa os seus olhos e a boca. A cada palavra ou sorriso, seus lábios finos, vermelhos tal qual sangue, escancaravam uma fileira de dentes brancos, compridos e afiados como de uma fera.

Algo de terrificamente enigmático havia em seus olhos. Redondos e saltados, sombreavam-nos cílios densos e longos; quanto à cor, jamais consegui defini-la. Por vezes me pareciam negros, outras vezes marrons ou então de um cinza azulado – cor de aço; mas, certo dia, eu os vi positivamente verdes e fosforescentes, como os de um gato. Seu olhar malicioso e fugaz nunca parava por longo tempo em alguém e, geralmente, estava baixado ou dirigido ao espaço. Na alta-roda, porém, era um homem agradável, bem educado e um interlocutor interessante. A mim, como já disse, ele inspirava profunda antipatia. Marússya também não gostava dele e chegou a me confiar, certo dia, que Krassinsky insinuava terror, e ela não entendia como Káti poderia se casar com um homem tão asqueroso.

Desde o primeiro dia, a ilhota cativou o interesse de Krassinsky. Após visitá-la, pediu a Piotr Petróvitch instalar-se no castelo. O anfitrião concordou, não sem antes preveni-lo de que a ilha gozava de má fama e que o povo chamava o castelo de "Ninho do Diabo".

Krassinsky revidou, em tom de chiste, que aquele gênero de boatice incitava ainda mais a sua vontade de abrigar-se no "Ninho do Diabo", e a vizinhança com o senhor do inferno não o assustava, visto ambos serem aparentados. A propósito, ele contou a crendice sobre Tvardovsky, do anel mágico e até o mostrou. Era maciço, representava uma serpente mordendo sua cauda; um olho era de esmeralda, outro – de rubi. Na cabeça estava incrustada uma estranha gema preta, luzindo feito brilhante.

O tempo sucedeu-se sem aventuras dignas de nota; em outras palavras: externamente tudo transcorria como de hábito, porém na surdina aconteciam fatos estranhos de toda a espécie, aos quais não se dava, infelizmente, a devida importância. Assim, por exemplo, com a vinda de Krassinsky, fiquei dominado por um estado de desconforto. Anteriormente, nunca me aconteceu, tal qual então, entrar num quarto escuro e ficar apossado do medo; eu experimentava a sensação de alguém estar me seguindo, bafejar-me com sopro gélido ou o meu rosto tocar em teias de aranha. Mas eu era um cético, quase ateísta, e do meu alto, além de possuir critérios científicos, considerava-me um "intelectual" e desdenhava profundamente superstições tolas dos tempos antigos. Tudo que a mim acontecia de estranho eu atribuía ao meu estado espiritual perturbado ou aos nervos excitados, e me consolava com a idéia do casamento consumar-se logo, de eu retornar ao serviço na marinha, depois eu me acalmaria e todas as sensações anormais passariam com o tempo. Seria natural, por exemplo, perceber que todos aqueles fenômenos deixassem a criadagem perturbada. Disso eu não me dei conta, mesmo quando o meu velho mordomo me sussurrou um dia que o "duende estava raivoso". Lembro-me de ter rido a valer. À minha indagação do motivo de o "duende" expressar sua raiva, o velho confiou, meio a contragosto, que todas as noites os cavalos espumavam, as vacas mugiam e se chifravam mutuamente, o cão preso na corrente uivava e, eriçando o pêlo, escondia-se no canil.

— E todas essas diabruras tiveram início desde que o senhor Krassinsky se instalou na "maldita" casa da ilha – indignou-se o velho Terenty, desconsolado. – Isso ainda vai acabar mal...

O relato divertiu-me muito. E quem iria comentar algo do gênero a Piotr Petróvitch, uma pessoa descrente de tudo e intolerante quanto aos criados. Um acontecimento imprevisto me fez esquecer de tudo isso.

Certa vez, eu interceptei um olhar estranho de Krassinsky em Marússya; seus olhos ardiam de tal paixão incendida, que tive vontade de lhe aplicar uma bofetada. Uma vez despertos meus ciúmes, comecei a vigiar cautelosamente Krassinsky, e me convenci de ele estar loucamente apaixonado pela noiva do meu amigo, ainda que se esforçasse para encobrir o fato. Uma vez, cerca de duas semanas antes do casamento, eu e Marússya encontramo-nos no terraço. Ela parecia nervosa e preocupada com algo; súbito ela divisou o barco que trazia Krassinsky da ilha.

— Vamos ao jardim, Ivan Andréevitch. Não quero ver esse senhor. Sequer posso exprimir o quanto ele me é repulsivo; em seus olhos espreita algo funesto e diabólico e, por vezes, ele me olha de modo muito estranho.

Eu me inclinei a ela e comentei em tom de brincadeira:

— Eu acho que ele não é o único a olhá-la deste jeito. A culpa é de sua beleza?!...

Marússya ruborizou-se e, aborrecida, balançou a cabeça.

— Não diga tolices, Ivan Andréevitch! Qual a sua opinião sobre o senhor Krassinsky? Eu o acho ele um homem maléfico e, não fosse isso risível em nosso século, estaria propensa a acreditar que ele é um descendente direto de Lúcifer. Sua presença me deprime e não me sai da cabeça que ele quer o mal a Vyatcheslav. À noite tenho pesadelos; em meus sonhos o meu noivo aparece morto, o nosso noivado rompido e, o mais terrível: vejo-me casada com um defunto e este, com suas mãos gélidas e ossudas, arrasta-me para o lago.

Obviamente, tratei de atribuir os sonhos dela ao seu estado de nervosismo, mas Marússya balançou negativamente a bela cabeça.

— Não, não, o senhor não me convence! Algo de ruim está acontecendo.

Esta conversa me levou à conclusão de que os estranhos relatos da criadagem não eram tão tolos: de fato, algo de estranho se passava e atingia até pessoas esclarecidas como eu e Marússya.

Dias mais tarde, começaram a afluir os convidados para o casamento: alguns amigos comuns meus e de Vyatcheslav, entre os demais convivas da cidade vizinha.

Com a chegada dos convidados, Vyatcheslav e seus dois amigos engenheiros resolveram organizar uma caçada e investigar a ilha, de fato selvagem e particularmente linda. Em vão procuraram por Krassinsky para levá-lo junto. Naquele dia eu estava com forte dor de cabeça e recusei o convite. Da minha janela pude vê-los desatracando. Vyatcheslav, de pé no barco, agitou o chapéu de palha para Marússya no balcão e assumiu o leme, enquanto os seus acompanhantes tomaram os remos.

Sentei-me e, querendo dar uma fumada, lembrei ter deixado a cigarreira no balcão...

Nisso o relato do almirante foi interrompido por Filipp Nikoláevitch.

— Nádya, abra a janela, está muito abafado. Perdoe, meu amigo, interrompê-lo nesta parte interessante, mas, decididamente, estou sufocando.

Nádya se lançou para atender ao desejo do pai e, quando o fresco ar da noite irrompeu no quarto, todos o aspiraram aliviados. O almirante, aproveitando o intervalo, folheou o seu diário para refrescar, na mente, o passado. Por fim, ele se empertigou e continuou o relato.

— Então, quando ia descer até a porta do terraço, estaquei. Junto aos pés da escada estava Krassinsky. Numa mão ele empunhava um bastão preto e nodoso semelhante à raiz e, na outra – erguia alto sobre a cabeça o anel de Tvardovsky. Com o bastão ele provavelmente desenhava no ar certos sinais cabalísticos e em voz cadenciada balbuciava coisas incompreensíveis. Estava tão absorto no que fazia, que nem notou minha aproximação. E então estendeu a mão com o anel na direção do barco.

Meu coração sobressaltou-se no peito. Voltei para o meu quarto angustiado, deixei-me cair na poltrona e agarrei a cabeça com as mãos.

Do ponto de vista do "bom senso", o que presenciei era inacreditável. Significava que Krassinsky lidava com o *mundo oculto* e dispunha de poderes maléficos. Neste caso, algum perigo misterioso ameaçava meu amigo.

— Oh, e justo agora que Piotr Petróvitch está fora! – assaltou-se em minha mente. – Esqueci de mencionar que o nosso afortunado anfitrião viajara à cidade para cuidar de certos assuntos e só deveria retornar no dia seguinte.

Quase instintivamente os meus olhos buscaram a imagem no canto – o ícone do São Nikolai. Levantei e aproximei-me no intuito de orar ao santo para proteger o meu amigo e afastá-lo de qualquer mal ameaçador. Mas, mal ergui a mão para persignar-me, caí batendo a cabeça no canto da mesa...

Soergui-me e sondei em volta. Reparei nas roupas espalhadas pelo chão. Concluí que, na queda, esbarrei no cabide e o derrubei com as roupas.

— Graças a Deus! – pensei – pelo menos este incidente não é obra do diabo – apliquei uma compressa de água fria sobre a cabeça machucada. Abri a janela, pois quase me sufocava com o calor e o ar abafado.

Nesse ínterim, o tempo piorou: nuvens plúmbeas cobriram o céu; a luz do dia foi substituída por penumbra esbranquiçada, ao longe retumbavam trovões e as rajadas de vento tempestuoso fustigavam a superfície do lago, erigindo enormes ondas cinza escuras, jamais vistas. Estava por se desencadear uma forte tempestade.

Assaltado por um novo pressentimento, peguei o binóculo e comecei a observar a travessia de nossos caçadores. Não havia nem sinal deles. Achei que eles tinham alcançado a ilha e ali aguardavam pelo fim da tempestade; mesmo assim, não consegui me sossegar. Fechei a janela e desci à sala de estar, justamente onde agora estamos. Encontrei Marússya, toda em prantos, e Kátya – consolando. As nossas palavras de consolo não produziam efeito: tanto Marússya, como eu, parecia, estávamos com maus pressentimentos. Sem dar importância à tempestade, saímos ao terraço; eu passei no quarto de Piotr Petróvitch para buscar os binóculos e nós nos pusemos a perscrutar o lago e a ilhota na esperança de encontrar qualquer indício de que os nossos amigos estavam em segurança.

A tempestade atingiu o ápice da fúria. O vento assobiava, vergando as árvores, raios brilhantes rasgavam o céu cinza escuro e pavorosos abalos de trovão não davam trégua. O lago ebulia feito caldeirão e reboava surdamente, enquanto os cinzentos vagalhões eriçados batiam fragorosamente sobre a margem.

Súbito divisei ao longe o barco, tentando alcançar a ilha. As ondas espumosas jogavam-no de um lado a outro e ameaçavam a cada instante tragá-lo.

Um grito surdo de Marússya evidenciou que ela também o viu. Fiquei torcendo para que a tempestade o empurrasse em direção à ilha e, se o barco pudesse acostar, os viajantes estariam salvos. Mas, nesse instante, o meu coração gelou, pois a embarcação divisada antes sobre a crista da onda desapareceu e, de súbito, ressurgiu já sem os passageiros, com a quilha assomada para o alto.

Um baque de corpo tombando no chão me fez voltar do pasmo. Marússya desfalecera, deixando cair o binóculo. Ergui e transportei-a para a sala e pedi a Kátya, lívida e abalada, para tomar conta da jovem. À minha pergunta: onde está Krassinsky? – ela respondeu que este havia ido à ilha e pretendia retornar antes do almoço. Sem mais perder tempo, saí correndo para chamar os criados.

Logo um grupo se juntou na margem. Mandei trazer outro barco, guardado sob cobertura, e dois homens se dispuseram a me acompanhar apesar do enorme perigo. Ao afastarmos da margem, um dos meus acompanhantes disse:

— Se da ilha a catástrofe foi vista, com certeza Agafonov, um marinheiro experiente e corajoso, tentará salvá-los.

Ele tinha razão. Em meu estado de nervosismo, esqueci completamente daquele marinheiro aposentado, com o qual eu já havia navegado na juventude, e que a pedido de Vyatcheslav foi contratado por Piotr Petróvitch . Era um homem de coragem testada, de boa índole e esperto, e sua habilidade de nadar poderia ser muito útil.

O vento estava amainando, de modo que nós avançávamos bastante rápido. Não longe da ilha, avistamos uma canoa vinda em nossa direção com um remador a bordo. Era Agafonov. De suas roupas escorria profusamente a água, e no rosto assustado lia-se tristeza. Ele se aproximou de nós e balbuciou em voz abatida:

— Que desgraça, Vossa Excelência!

— Eles pereceram? Você os viu afogando-se? – gritei.

— Não. Nós conseguimos tirar os três da água; os dois engenheiros estão vivos, mas Vyatcheslav Ivánovitch parece estar morto.

— Onde ele está? – perguntei, dominado por tremor nervoso.

— Na casa da ilha. Os engenheiros me ajudaram a transportá-lo para lá, e o doutor o está reanimando. Como ele pôde se afogar tão rápido? Nadava tal qual um peixe. Não consigo atinar... – acresceu o marinheiro, enxugando os olhos com a manga da camisa.

Minutos após acostamos à margem. Saltei à terra e em desabalada carreira entrei na casa. Jamais aquele castelo imundo me causara uma impressão tão sinistra como naquele dia. A entrada, com degraus em mármore preto, assemelhava-se mais ao portão de uma câmara mortuária do que a um prédio residencial. No vestíbulo topei com o criado de Krassinsky – um homenzinho atarracado de cara nojenta tal qual do patrão. Ele carregava umas roupas e uma bacia com água, e prontificou-se a me conduzir ao quarto onde estava o corpo de meu amigo.

Era um salão abobadado, iluminado por altas janelas, estreitas e sagitadas. A mobília era formada de cadeiras com espaldares altos, reposteiros negros em veludo; o lusco-fusco a penetrar das janelas produzia uma impressão deprimente e lúgubre.

No centro, numa enorme mesa, jazia Vyatcheslav e junto dele, de mangas arregaçadas e com escova na mão, empenhava-se, em seu afã, Krassinsky em companhia de um jovem engenheiro. O doutor, de rosto afogueado, parecia ter chegado à exaustão na tentativa ressuscitar meu pobre amigo. Como já vi muita gente afogada, compreendi imediatamente que era o fim.

— Que desgraça terrível! Que golpe para Maria Petrovna! – lamentou-se o engenheiro Avilov, que ajudava Krassinsky.

Krassinsky soprou na boca de Vyatcheslav e se aprumou, enxugando o suor a escorrer-lhe da testa.

— Não dê uma de urubu, eu ainda não perdi as esperanças.

— Ele está morto – justifiquei eu, tomando a mão enrijecida do amigo de minha infância. E lágrimas me espargiram copiosas.

— Parece estar morto, mas não necessariamente, pois pode encontrar-se num estado cataléptico – observou Krassinsky. – Dois anos atrás eu vi em Havre um caso parecido. Um pescador foi tirado da água sem vida e levado ao hospital para autópsia. A história é longa, só digo que eu suspeitei estar ele em catalepsia e empreguei alguns recursos, por mim inventados, e a experiência deu certo: o homem ressuscitou. Gostaria de fazer o mesmo com Vyatcheslav Ivánovitch e espero obter êxito. Procurem apenas não revelar nada até amanhã a Maria Petrovna sobre o estado do noivo dela.

— E que recursos são esses? – perguntei.

Eu tinha uma profunda e insuperável desconfiança àquele homem. Indubitavelmente ele estava apaixonado por Marússya; ademais, um pouco antes, flagrei-o em manipulações enigmáticas e então, repentinamente, a todo custo ele queria salvar o seu rival...

— Meu método não se explica em poucas palavras; só posso dizer que o magnetismo animal desempenha no caso um importante papel e, fora isso..., se quiserem, há uma pitada de magia – observou Krassinsky, rindo. – Para um descendente do diabo, um pouco de bruxaria é ate necessário. Iniciarei imediatamente os meus preparativos e caso os senhores queiram, podem assistir a eles.

Ele se pôs a dar passes sobre o corpo, sobretudo acima da cabeça e, minutos mais tarde, os supercílios do cadáver desceram sobre os olhos, até então semi-abertos e vitrificados.

— Vitória! Jamais duvidei da justeza de minhas hipóteses – anunciou Krassinsky, contente.

Ao ver que eu me apressei a deitar o ouvido no coração de Vyatcheslav, ele adicionou:

— O senhor se precipita. O palpitar do coração obviamente existe, mas só pode ser percebido com o auxílio de um instrumento que, por infelicidade, não está comigo...

Na seqüência, ele magnetizou alguns pedaços de tecido vermelho, depositou-os na testa, ventre, costas e palmas das mãos; depois, ordenando transportar o corpo para um colchão, toldou-o com cobertor e convidou todos a saírem do recinto.

— Devemos deixá-lo por algumas horas em repouso absoluto, a fim de ele absorver os fluidos, e só então eu tentarei o recurso decisivo.

Resolvemos ficar na ilha esperando pelos resultados. Eu estava muito tenso, não obstante escrevi para Marússya, informando estarem todos em segurança, ainda que fracos e resfriados e, por ordem do doutor Krassinsky, iríamos repousar até o dia seguinte. Para acalmar a jovem, acrescentei que cuidaria pessoalmente de seu noivo.

À noitinha, o tempo melhorou e o nosso mensageiro trouxe de Kátya um cesto com vinho, provisões e uma carta a Krassinsky. Ela comunicava ao noivo do desmaio de Marússya e de sua recuperação horas depois. A notícia de que todos estavam bem a reanimou visivelmente, ela se deitou e deveria estar dormindo.

A noite se dilatava angustiosa. Krassinsky foi tirar uma soneca para redobrar as forças – conforme disse – para empreender uma difícil e trabalhosa experiência, enquanto nós jantamos em três, preocupados. O infortúnio inesperado exercia sobre nós uma impressão deprimente, acentuada pela atmosfera lúgubre da casa.

Em tudo se estampava o selo de algo sinistro e demoníaco. O relógio de parede na sala de estar, por exemplo, era decorado com a cabeça de Mefistófeles em capuz vermelho e em tamanho natural, cujos olhos se reviravam ao marcar os segundos.

Perto das onze horas chegou Krassinsky, aparentando bom humor. Ele recusou o repasto, sorveu alguns copos de vinho, e todos nós retornamos à sala onde jazia Vyatcheslav. Fiquei longamente examinando seu rosto cadavérico, iluminado por dois candelabros de três velas, acesos na cabeceira pelo doutor.

"Infelizmente, está morto" – pensei. "E este ordinário quer nos fazer crer que Vyatcheslav se encontra em estado de letargia. Não, aqui nenhuma ciência humana pode ajudar".

— E agora, senhores, peço-lhes se retirarem ao quarto vizinho – disse Krassinsky. – Preciso estar sozinho para poder me concentrar. Agüentem por uma ou duas horas. Se a experiência der certo, no que acredito, eu os chamarei.

Ao nos dirigirmos à saída, vimos pela porta semi-aberta esgueirando-se um gato; seus olhos verdes brilhavam fosforescentes.

— Fora, criatura nojenta! – gritou Avilov, erguendo o braço em ameaça.

— Encontrei-o aqui, habitando a ilha; como sou eu que o alimento, ele se afeiçoou muito a mim – explicou Krassinsky. – Vá dormir, Tutu! – gritou, batendo o pé.

O gato arqueou o dorso e arrastou-se para um canto escuro perto da lareira.

Sentados, nós apuramos os ouvidos aos acontecimentos no quarto vizinho. Ouvimos Krassinsky andar e mover os móveis e, depois, tudo silenciou. Aos poucos foi-me dando uma soneira; resisti o quanto pude, mas em vão. Meus colegas já estavam dormindo nas poltronas, quando peguei no sono. Fui acordado por um forte barulho. O relógio batia meia-noite e meia. Meus companheiros também acordaram.

— O que é isso? Ouviram? Parece um barulho! – perguntou um deles.

Eu estava com sono terrível e todo o meu corpo pesava tanto que não consegui me levantar.

— Acho que sonhamos – balbuciei e tornei a cerrar os olhos aderentes.

Quando finalmente acordei, o relógio mostrava sete horas. O torpor a me dominar à noite toda passou, mas a cabeça ainda estava pesada e zunia. Meus companheiros dormiam ainda um sono agitado. Eu os acordei.

— Ouçam, senhores! Dormimos a noite toda e Krassinsky não veio nos chamar. Isso não prenuncia coisa boa – alarmei-me.

— Por certo não conseguiu realizar o milagre de ressuscitar o falecido e não quis nos acordar para anunciar o fracasso – sustentou Avilov.

— De qualquer forma, vamos ver o que está acontecendo – sugeri.

O quarto estava trancado por dentro e, após infrutíferas batidas, chamamos por Krassinsky. Não havia qualquer resposta, e nisso Avilov ouviu do quarto um fraco gemido. Decidimos entrar a qualquer custo, porém não conseguimos arrombar a porta maciça de carvalho. Chamamos Agafonov e o criado de Krassinsky e, finalmente, após muito esforço, a fechadura cedeu e a porta foi aberta. Paramos indecisos e embaraçados no umbral.

Os candelabros ainda ardiam sobre a mesa; as velas brancas foram substituídas pelas negras e no meio havia um castiçal com sétima vela, também negra. Embaixo da mesa, assomava uma massa enegrecida de dentro de uma bacia metálica, semelhante a sangue coagulado. Aliás, naquele minuto, os pormenores não nos interessavam e a atenção de todos centrou-se em Krassinsky, deitado junto à mesa de braços abertos.

Recuperados do susto que nos assaltou no primeiro instante, corremos a ele e o erguemos. Aparentemente estava morto.

Lívidos de terror, olhávamos mudos para o cadáver, quando do meu peito se soltou um grito involuntário. Ao pousar um olhar em Vyatcheslav, reparei que ele estava respirando. Seu rosto estava azulado, os olhos cerrados, mas o peito arfava regularmente.

Krassinsky efetuou um milagre e pagou com sua própria vida. Seu corpo foi retirado, e Vyatcheslav foi transferido para o sofá no quarto vizinho, para não se assustar ao acordar no meio da desconcertante mobília do outro quarto. Após expedir as devidas ordens de chamar o médico e avisar as autoridades, sentei-me ao lado do amigo, esperando o seu despertar. Com curiosidade inquietante, pus-me a examinar-lhe o rosto. Sem dúvida, ele estava vivo, já que uma respiração quase imperceptível desprendia-se de sua boca e, por vezes, ele se mexia de leve. Obviamente ele estava muito exaurido e ainda levaria muito tempo para se recuperar. Súbito, notei em seu dedo o anel mágico de Tvardovsky, e esta circunstância dirigiu meu pensamento a Krassinsky.

De que ele morrera? Comecei a revolver na mente todos os detalhes do acontecido. Era fácil atribuir sua morte ao gigantesco esgotamento pelo esforço da vontade, causando a congestão do cérebro ou parada cardíaca. De imediato, porém, descartei tal explicação. Uma voz misteriosa sussurrava-me que a causa da morte era outra, oculta; não seria uma parada cardíaca, e, sim, uma experiência mágica malsucedida, redundando em morte da criatura diabólica. Lembrei presenciá-lo no terraço com o anel no alto. O que ele planejava ao realizar aquela experiência bizarra? Quisesse destruir o rival, para que gastaria tanta energia para salvá-lo?... Naquela época eu era um ignorante completo nessas questões e decidi comigo que Krassinsky fora vítima de sua própria ignorância. Provavelmente, ele fora seduzido pelo experimento, cujos detalhes lhe escaparam, tendo acionado forças poderosas que não pôde controlar, e essas o mataram. Posteriormente, estudei muito este enigma, e obtive muitas explicações aos fenômenos, para mim então, inexplicáveis. É claro, continuo ainda ignorante em mistérios complexos da magia negra superior, mas estremeço ao ver vocês aqui em poder de um destino sinistro – acrescentou o almirante, suspirando pesado.

Os Zamyátin entreolharam-se pasmos. Uma involuntária, vaga e inconsciente inquietação assaltou-os.

Ivan Andréevitch retomou a leitura, folheando seu caderno e, minutos depois, prosseguiu o relato.

— Duas horas após, vieram Marússya e Kátya; a primeira para visitar o noivo ressuscitado, outra – para chorar o defunto. Marússya inclinou-se ansiosa sobre Vyatcheslav mas, num átimo, compreendendo a necessidade do enfermo permanecer em repouso absoluto, foi embora; ademais, uma nova inquietação dela se apoderara.

Piotr Petróvitch não retornou de manhã como prometera. Seu coche voltou sem ninguém da estação e do pai não havia nem carta nem telegrama. Ela me pediu que, se até a hora de almoço não houvesse dele qualquer notícia, eu fosse à cidade para descobrir o que estava acontecendo. Eu concordei, e nós fomos até Kátya que, ajoelhada ao lado do cadáver de Krassinsky, mergulhara ao mais inconsolável desespero.

Ambos tentamos acalmar e consolá-la; sem nos querer ouvir, a jovem repetia jamais se conformar com a perda da pessoa tão maravilhosa e magnânima, que sacrificara a vida para salvar a outra.

No íntimo, eu estava convicto de que Krassinsky não era daqueles que se sacrificariam por outrem e que a dor de Kátya com certeza se extinguiria, soubesse ela que o noivo pérfido nutria amor por outra, mais jovem e bela. Mas me contive para não aumentar seu sofrimento.

Pouco depois veio o médico e, após o exame, anunciou que a causa da morte de Krassinsky fora um infarto, provavelmente devido a uma grande tensão emocional. Seguiram-no as autoridades, que registraram a ocorrência. Com a ausência do dono da casa e a debilidade de seu futuro genro, minha presença ali foi indispensável.

À noite viajei para a cidade e encontrei Piotr Petróvitch muito deprimido no hotel. Ele teve uma forte crise de gota que o segurou lá e, uma vez que a dor não passava, havia enviado à filha uma carta que não chegou a tempo. O meu relato sobre os acontecimentos abalou-o muito, sobretudo no que se referia à saúde de Vyatcheslav.

— Minha pobre Marússya não teria suportado a perda dele, tanto mais quando faltam apenas alguns dias antes do casamento – disse ele.

É óbvio que nada mencionei sobre os fenômenos ocultos por mim presenciados. A morte de Krassinsky ele aceitou com bastante frieza.

— Não sei por que, mas esse senhor sempre me foi odioso. Reparei que ele se interessava por Marússya mais do que deveria, tratando-se da noiva de outro. Que a terra lhe seja leve!... Deus sabe que conseqüências duras poderiam sobrevir; até para Kátya, a morte dele é afortunada.

O criado, vindo anunciar que o chá estava pronto, interrompeu o almirante e todos passaram à sala de jantar.

III

Após o chá, o almirante sugeriu transferir para o dia seguinte a continuação de sua narrativa. A sugestão foi veementemente combatida pelos Zamyátin e sua filha. Nádya cingiu o pescoço do padrinho, beijou-lhe a face e suplicou para ele terminar a emocionante aventura naquele mesmo dia.

— Não me estrangule, pequenina, senão acabará sem saber o fim – ria o almirante. – Se for para terminar logo, teremos de ficar até a madrugada.

— Não faz mal, padrinho! De qualquer forma eu não conseguiria dormir. Estas histórias misteriosas me deixam de cabelo em pé, mas estou literalmente enfeitiçada. Estou com tanta pena de Marússya!... Que casualidade inaudita e sinistra encontrar em nossa época um bruxo, descendente do diabo, como é Krassinsky. Isso que é má sorte!

O almirante ficou sério.

— Engana-se, Nadyucha*, achando que hoje não existam pessoas sabendo utilizar a força do mal e, tenho certeza: há muita gente que se torna vítima das forças desconhecidas e terríficas, de cuja existência sequer suspeitamos.

Todos retornaram à sala de estar e o almirante retomou o relato. Nádya tornou-se séria e pensativa, largou o bordado e sentou-se ao lado do padrinho.

— Bem, volto ao momento, quando me encontrava na cidade com Piotr Petróvitch, acometido por crise de gota. Passei

* Outro tratamento afetivo de Nadejda. N.T.

em alguns lugares para acertar alguns negócios dele, fiz compras e fiquei no hotel até ele estar em condições de voltar para Górki. Ao voltarmos, Marússya comunicou que Vyatcheslav, apesar da fraqueza, havia partido na véspera após ter recebido um telegrama da mãe, gravemente adoecida. Uma semana depois, chegou uma carta dele, relatando sucintamente o passamento da senhora Turaeva e a necessidade de Vyatcheslav em protelar seu retorno por pelo menos três semanas, a fim de pôr os negócios em dia, dessa forma adiando o casamento.

O tempo que se seguiu transcorreu calmo, sem incidências; a morte de Turaeva e o luto de Kátya sustaram quaisquer recepções e festejos. Vyatcheslav enviava continuamente presentes e telegramas, desculpando-se em não escrever mais por estar ocupado, ultimando os negócios pendentes, e assegurando estar desejoso de retornar logo à noiva adorada. Num dos seus telegramas, estranhou-me sobremaneira o seu pedido a Marússya e Piotr Petróvitch, em deixar arrumada a casa na ilha para ali passar alguns dias com a jovem esposa, visto aquele local tornar-se-lhe caro pela maravilhosa ressurreição e magnanimidade do homem que se sacrificou para o salvar.

Usei de todos os argumentos para persuadir Piotr Petróvitch a rejeitar tal fantasia e impedir que o jovem casal passasse mesmo apenas uma noite naquele lugar assombrado. Mas Khónin – como já disse – era um cético convicto. Ele riu das minhas palavras e censurou que era vergonhoso a um marinheiro dar ouvidos a "contos de carochinha", sem falar que aquele pequeno castelo na ilhota era extraordinário, por isso o desejo de Vyatcheslav em habitá-lo era bem natural. Marússya nem protestou, enquanto Kátya tomou a minha resistência como uma afronta à lembrança do desafortunado Krassinsky.

— Jamais imaginei que o senhor fosse tão atrasado e tão... ingrato, Ivan Andréevitch. Considerava-o mais sensato e acima de todas essas histórias tolas sobre os fantasmas, que habitam apenas na cozinha e na cabeça estouvada de uma campesina – alfinetou ela.

Eu me contive em dar resposta, mas não tomei parte na arrumação da casa na ilha. Vyatcheslav era esperado na manhã do dia do casamento; sua vinda antes era impossível e a transferência do enlace não lhe era de desejo.

Chegou finalmente o dia da cerimônia. Ao acordar, o criado anunciou-me a chegada do noivo algumas horas antes do esperado, ao amanhecer. Esgotado pela longa viagem, ele fora dormir. Não o encontrei na hora do desjejum, e só uma hora depois, quando eu estava arrumando as malas, pois planejava partir no dia seguinte. Vyatcheslav entrou no quarto. Nós nos abraçamos calorosamente e eu, segurando-lhe a mão, retrocedi um passo para examinar o amigo.

Efetivamente, o episódio com ele influiu em seu aspecto. Sua tez anteriormente viçosa substituíra-se pela enorme lividez, e os lábios tornaram-se mais rubros.

— Você ainda está muito pálido – observei – e parece fraco...

Assaltado por nervosismo, fiquei sem palavras para continuar. Interceptei-lhe então um olhar que fez a minha espinha gelar. Soltei sua mão, e fitei o rosto tão familiar do amigo, a quem amava feito irmão. E encararam-me, é claro, aqueles grandes olhos cinzentos de Vyatcheslav, não como os antigos: francos, límpidos e sorridentes, mas maliciosos e, ao mesmo tempo, cruéis e terríficos, lembrando-me os de... Krassinsky.

— O que há Ványa*, está passando mal? – perguntou.

— Não é nada. Estou bem... Só estou um pouco nervoso ao revê-lo depois daquele dia em que você quase morreu – balbuciei, enxugando o suor da testa.

Ele riu e, mais uma vez, não foi um riso de Vyatcheslav.

— Entendo. Fui resgatado do "mundo do além" – o que afetou profundamente o meu organismo. Ainda estou meio fraco, sofro de enxaqueca e sou incapaz de explicar lapsos de memória. Espero que no ambiente tranqüilo da vida conjugal com a adorada esposa todos esses fenômenos mórbidos desapareçam.

Conversamos ainda um pouco, depois ele se retirou para descansar antes de se vestir para a cerimônia. Ao ficar sozinho, sentei-me à janela e comecei a refletir. Estaria eu perdendo o juízo? Não havia dúvida ter estado diante do amigo de infância; não era *ele*, os olhos não eram *dele*, e sim daquele homem que não inspirava confiança, aquele defunto misterioso... Tentei convencer-me de que tudo não tinha nenhum fundamento, mas

* Tratamento afetivo para o nome Ivan. N.T.

ao relembrar o sinistro olhar há pouco me cravando, um tremor gélido estremecia todo o meu ser. Súbito lembrei de Marússya.

Ela, uma mulher apaixonada, por certo seria mais sensível à estranha transformação do noivo, perceberia em seu olhar a alma do *outro* e descobriria a verdade. Com impaciência febril eu esperava a hora de vê-los juntos.

Devido ao luto de Vyatcheslav pela mãe, a cerimônia se realizaria sem qualquer pompa e apenas um número reduzido de amigos foi convidado. No dia seguinte, o jovem casal viajaria por duas semanas a Kiev e seus arredores. Para a minha sincera decepção e um lúgubre pressentimento, vim a saber que a noite nupcial deles se passaria na casa da ilha.

O casamento deu-se na igreja rural, visível do nosso terraço e oficiou-o o padre Tímon. Mais tarde, ele me confessou jamais ter realizado um sacramento com tanto peso no coração. Por todo o tempo ele se sentiu mal e uma dor lancinante no corpo o atormentava tanto, que suas mãos tremiam e a cabeça girava.

Desconsolado, eu fiquei observando a noiva. Ela estava esplêndida e seus olhos límpidos revelavam uma felicidade serena, o que me convenceu de que ela de *nada* suspeitava. Vyatcheslav, mortalmente pálido, de quando em quando franzia o rosto em convulsão nervosa. Toda espécie de maus agouros anuviaram a celebração. A aliança escapou da mão do noivo na hora de ele colocá-la no dedo da noiva, e caiu no chão; o véu da jovem pegou fogo e teve de ser arrancado; por fim, ao voltarem da igreja, à luz do dia, no caminho cruzou um lobo. Os cavalos jogaram-se assustados para o lado e por pouco não emborcaram a carruagem. A ocorrência de todos esses incidentes sinistros não abalou a felicidade de Marússya. Findo o almoço, nós acompanhamos o casal até a margem do lago, onde por eles esperava um barco decorado de flores, tapetes e lâmpadas acesas. Marússya embarcou radiante e feliz. Foi a última vez que eu a via assim ao lado do seu descorado marido.

A ilhota estava iluminada. Lâmpadas multicores cintilavam em meio ao verdor da ilha, que nesta hora, tal qual uma gema preciosa, reverberava com todas as cores de arco-íris, à luz de fogos de bengala, sobre a superfície lisa do lago. Eu parti naquela mesma noite.

Meu destino de súbito tomou um novo rumo. Ao invés de ter de alcançar a esquadra, enviaram-me a Sevastópol, de onde eu devia ir a Petersburgo para servir temporariamente no quartel-general da Marinha. Despedindo-me de Piotr Petróvitch, com o qual eu tinha uma relação muito amigável, empenhei a minha palavra de que ao voltar à capital eu passaria em Górki por uns dois dias.

Não vou contar aqui sobre o mês que fiquei fora. A suspeita que ia se enfurnando em minha alma quanto à "substituição" da identidade do meu amigo não se desfez, ao contrário – aumentou. Vyatcheslav deixou de ser para mim um amigo e irmão. Não recebi dele sequer uma carta, confiando-me como antigamente qualquer detalhe tolo de sua vida, qualquer arroubo espiritual. Entre nós se interpôs e solidificou-se um muro invisível.

De volta para esta casa bastante tarde, o criado me informou estar o patrão já deitado, com nova crise de gota, e o jovem casal estaria na ilha. Adiei o encontro até o dia seguinte e fui dormir.

Vyatcheslav costumava acordar cedo e, assim, no dia seguinte, sem esperar Piotr Petróvitch se levantar, peguei o barco e atravessei o lago. O mordomo explicou que o jovem patrão ainda não havia saído do toalete, o que me surpreendeu um pouco. Eu fui ao gabinete do amigo e sentei-me à sua escrivaninha junto à janela aberta.

Cartas e papéis ali se espalhavam, e diante de mim havia um envelope endereçado a um homem de negócios, e uma carta pronta, ainda não dobrada. Nós jamais tínhamos segredos um com o outro; a identidade do destinatário apontava se tratar da venda de uma propriedade, há longo tempo interditada e cuja história eu conhecia. Sem qualquer segunda intenção, peguei a carta para inteirar-me de seu teor e, à medida que a lia, assaltava-me a perturbação. A letra era de Vyatcheslav, mas parecia forjada e copiada; por baixo da escrita como que se sobressaía uma outra escrita e, em alguns trechos, bem nítida. A assinatura também parecia com a de Vyatcheslav, mas o traço característico era diferente. Onde eu o havia visto? Com Krassinsky? Se Vyatcheslav tinha os olhos do outro, não herdara também sua letra?...

Comecei a revirar a minha carteira, onde se encontrava uma velha carta do amigo, assim como um bilhete de Krassinsky, pedindo emprestado um livro. Ao encontrar ambos os papéis, eu os coloquei diante de mim e comecei a compará-los, e logo cheguei à convicção de que a carta com a assinatura de Vyatcheslav fora escrita pelo polonês.

Feito ébrio, coberto de suor frio, guardei as cartas e, recostando-me no espaldar da poltrona, fechei os olhos. Minha razão positivista, tornada cética pela educação, negava-se a admitir um fato tão bizarro, ainda que confirmado por provas irrefutáveis.

— Ó Deus Todo-Poderoso, ajude-me e me ilumine neste emaranhado de enigmas – supliquei no íntimo.

Nisso abri os olhos estremecido ao ouvir um miado colérico e o arranhar das garras. À distância do meu braço, esticando as patas elásticas e arqueando o dorso, estava o gato por mim visto naquela noite terrível.

— Deus está comigo! Chô! Fora daqui, criatura imunda! – soltou-se de mim involuntariamente.

Mas o animal, de um lance, pulou no meu peito e tentou me morder. Soltei um grito surdo e tentei desvencilhar-me dele. Suas garras afiadas parecia estarem a ponto de me rasgar a pele, quando uma mão agarrou o animal pelo cangote e o atirou pela janela ao jardim. Era Vyatcheslav.

— Que diabos! O que há com ele? Você o provocou? – perguntou.

Recostei-me à mesa, recuperando o fôlego.

— O que tem essa criatura diabólica? Como você pode manter tal víbora. Ainda meto uma bala nesse animal raivoso, se encontrá-lo de novo! – exclamei ríspido.

Vyatcheslav deu uma risada forçada e seca.

— Não se irrite! Ainda não é hora de matar um pobre animal. Também não gosto dele e não o quero mais aqui...

— É uma criatura perigosa; pode assustar sua esposa – interrompi.

— O gato raramente aparece. Deve se esconder em algum buraco nesta ilhota. O falecido Krassinsky acolheu e o alimentou desde o começo, assim ele vem em busca da comida, não se sabe de onde. Você tem razão: ele pode assustar Marússya e é preciso me livrar dele. Bem, vamos tomar chá, pois Marússya nos espera no terraço.

Já estávamos à porta, quando ele disse:

— Você sabe o caminho. Vá sozinho, enquanto isso eu vou acertar as contas com o jardineiro.

Era fim de setembro, mas o tempo estava maravilhoso e quente como no verão. No terraço, à mesa de chá sentava-se

Marússya, encantadora em sua saia de musselina. Ao me ver, ela se levantou ligeiro e me estendeu ambas as mãos. Meu coração apertou-se ao fixar o meu olhar abismado sobre o rosto querido, pálido e emagrecido, repleto de profunda desilusão; no olhar a mim dirigido lia-se desespero.

Eu tinha por Marússya um amor tão puro, que em meu coração não havia nem uma sombra de sentimento vil de ciúme; ao contrário, de toda a alma eu lhe desejava a felicidade com o homem a quem considerava um irmão. Ela, porém, era infeliz – nisso não havia dúvida.

Lampejou-me na mente a idéia de que, loucamente apaixonada por Vyatcheslav, Marússya descobriu o *avatar** e tal suspeita da "troca" inaudita a estaria atormentando.

Trocamos os nossos olhares, mais eloqüentes do que quaisquer palavras, pois, às vezes, os pensamentos se expressam melhor pelos olhos. Resumindo: nós entendemos um ao outro e, profundamente perturbados, baixamos a vista. Eu, emudecido, premi aos lábios as suas mãos frias, sentei-me e, calado, comecei a mexer o açúcar no copo. Neste instante entrou Vyatcheslav.

Notei Marússya estremecendo ao lhe estender o chá. Sentada, sem falar nada, ela ficou mordiscando distraidamente uma torrada.

Contei a Vyatcheslav os detalhes da minha viagem a serviço a Sevastópol; ele falou-me de sua viagem de núpcias. A toda hora, o seu olhar frio, sinistro e ameaçador – não o de meu amigo mas de Krassinsky – pregava-se em mim, acompanhando todos os meus movimentos e causando-me calafrios. Mas eu era um jovem intrépido e essa sensação de ansiedade, jamais antes experimentada, originária da angústia e medo pela presença daquele homem enigmático – decididamente deixava-me possesso.

---

* A Doutrina dos Avatares, que se encontra nos Brahmanas, pretende dar uma representação da ajuda aos Homens na Terra, nas suas diferentes etapas da evolução. No Hinduísmo, Avatar é um ser renascido, reencarnado. Os Avantares são encarnações de deus, principalmente de Vishnu. No Cristianismo, a encarnação – ou a união da natureza divina, na pessoa de Jesus –, é a doutrina central. Acredita-se que Jesus é a encarnação de Deus. O autor espiritual "empresta" o termo avatar não para união de natureza divina, nem para o amparo da Humanidade, mas sim para uma conotação de rito diabólico. N.T.

— Sua viagem de núpcias foi um tanto curta – observei, sem muito pensar. – Por que não leva Marússya à Criméia ou Itália? Isso a distrairia. Esta ilha me parece por demais isolada e enfadonha para uma mulher jovem; além do mais é um lugar sinistro. Aqui Krassinsky pereceu de morte misteriosa, pretendendo aparentar-se com o inferno. Quem sabe se a sua alma satânica não esteja vagando aqui em companhia de seu gato imundo. De qualquer forma, você deveria mandar rezar uma missa e benzer a casa.

Nisso, eu vi rastejando embaixo do corrimão a criatura da qual acabara de falar.

— Sim, sim! Vocês devem chamar um padre e expulsar as forças demoníacas que se nidificaram aqui. Você sabe: "*Quem habita sob o teto do Salvador, tem o amparo do Todo-Poderoso*".

Mal acabei de falar, à nossa volta ouviu-se barulho de tijolos se despencando e vidros quebrando. Eu me ergui assustado e, neste ínterim, percebi o gato, preparando-se para um bote. Dessa vez eu estava prevenido. Agarrei pelo pescoço a criatura diabólica e quase aos berros: "E Cristo ressuscita!" – atirei o animal com tanta força, que este bateu sobre a balaustrada e espatifou-se no chão, estendendo as patas feito morto. Ao me virar, vi Marússya recostada na cadeira em desmaio; Vyatcheslav havia sumido...

Em vão eu procurei o motivo do barulho ouvido; todos os vidros estavam inteiros e não se viam tampouco pedras ou tijolos. Enquanto socorria a pobre jovem, Vyatcheslav retornou, segurando uma pequena espingarda Monte Cristo.

— Desabou o monte de pedras destinadas para a construção da estufa e seus vidros quebraram – explicou ele, ajudando-me a sustentar Marússya. – A pobrezinha deve ter se assustado... – acresceu ele.

Ele chamou a camareira e levamos Marússya ao aposento; ela abriu os olhos, mas o seu aspecto inspirava cuidados.

Ao retornarmos, ele se aproximou da balaustrada e chutou o cadáver do gato para o jardim.

— Eu ia dar um tiro naquele animal, mas vejo que você já deu cabo dele – disse, rindo. – Surpreende-me assaz você ter se tornado tão supersticioso, Ványa. Antigamente você era um cético arraigado e corajoso; hoje tem medo de tudo: desse gato infeliz, do fantasma de Krassinsky, deste belo palacete e até do ar que respira. Simplesmente não o compreendo. De propósito ou não, você berra esconjuros, o que colaborou para o susto de Marússya.

E ele desabou numa gargalhada tão selvagem e desagradável, que nada tinha em comum com o riso franco, alegre e contagioso do verdadeiro Vyatcheslav.

— De fato, este mundo está às avessas – redargüi, não sem ironia. – Sua esposa, de alegre e viçosa, tornou-se descorada, magra e triste; eu me tornei supersticioso, e você... mudou tanto que se pode imaginar que foi trocado.

Ele tomou as minhas palavras como um chiste, se bem que em seus olhos faiscou uma chama maldosa. Agarrei-me ao primeiro pretexto para ir embora, e ele não me segurou. A despedida foi fria. Durante todo o tempo do caminho de volta eu repetia as orações para proteger-me contra os maus espíritos.

Piotr Petróvitch estava me aguardando. Disse-lhe estar retornando da casa do jovem casal, onde o desmoronamento do monte de pedras acabou assustando Marússya, mas que ela então já estava recuperada. Nada comentei – é claro – sobre o incidente satânico ou de minhas suspeitas, temendo amargurar o enfermo que, de qualquer forma, em nada poderia ajudar, nem entender os acontecimentos devido à sua total descrença. Piotr Petróvitch ouviu-me com ar preocupado e, depois de algum silêncio, disse:

— A pobre Marússya anda muito nervosa e impressionável; aliás não estou gostando nada de seu aspecto. Pensei que, casando, ela estaria no sétimo céu, ao invés disso está cada vez mais pálida, magra e entediada, como se algo a oprimisse. – Ele se calou por instantes e, depois prosseguiu: – Ivan Andréevitch, o senhor percebeu a mudança estranha que se operou em Vyatcheslav após aquele terrível acidente no lago? É como se ele fosse um outro. Antes era tão simpático, um homem de alma aberta, e agora não entendo por que não consigo suportá-lo.

Saí-me por algumas frases genéricas, sem arriscar a dizer a nua verdade e tratei de dar um novo rumo àquela conversa. Pretextando a necessidade inadiável de retornar a Petersburgo, passei em Górki só mais um dia. Os recém-casados almoçaram na casa do pai e, aparentemente, tudo corria normal, se bem que uma desarmonia interna era patente.

Instalei-me em Petersburgo. As recordações sobre os acontecimentos estranhos e incompreensíveis, cuja testemunha fui, perseguiam-me tal qual pesadelo, aos quais não conseguia achar explicação...

Ajudou-me um acaso inesperado, se é que é possível dizer que o "acaso" existe.

Num serão na casa de meu chefe, conheci um coronel aposentado que me inspirou grande simpatia, sobretudo quando eu soube que ele se interessava por espiritualismo e ciências ocultas, tendo inclusive uma grande biblioteca que tratava desses assuntos. Tornei-me uma visita freqüente na casa do coronel Vrótsky, li numerosos livros de sua biblioteca, e muitas questões obscuras do mundo do além começaram a ser iluminadas com uma nova e inesperada luz; entretanto eu não consegui encontrar nem explicações, nem confirmações dos fenômenos que mais me interessavam.

Tornei-me um grande amigo do coronel. Certa noite, quando estávamos sozinhos em seu gabinete, contei a Nikolai Andréevitch sobre os estranhos fatos observados em Górki e lhe confiei as inverossímeis suspeitas a me perseguirem. Vrótsky me ouviu sério e pensativo.

— O que me contou é bem possível e, infelizmente – disse ele, quando terminei o relato – nos livros de ocultismo, aquela operação é chamada de "avatar", sendo praticada na magia negra superior.

Deitando sua mão no meu ombro, ele acrescentou:

— O inferno é um domínio terrível, meu jovem amigo. Se os homens soubessem até que ponto eles estão cercados pelas forças do mal, ririam menos e rezariam mais. Em todas as épocas, a partir das mais remotas, a igreja sempre conduziu uma luta atroz contra as forças diabólicas. O nosso Salvador, Jesus Cristo, não foi por acidente que incluiu na oração divina o seguinte trecho ao Pai Celeste: *"Não nos deixeis cair em tentação, mas livrai-nos do mal"*. E a oração – pode observar – é o único escudo de todos contra o inferno. Agora, voltando ao seu caso, eis a minha opinião: seu pobre amigo caiu vítima do homicídio *oculto* e sua alma, sem dúvida, abandonou o invólucro mortal. O homem nefasto, envolvido com o inferno, realizou um avatar e alojou-se no corpo de Turaev para apoderar-se da mulher, a quem desejava. Mas o mais terrível é que considero essa pobre jovem inevitavelmente perdida...

Ao notar o meu palor e a aflição que se refletiu em meus olhos, ele tentou me consolar:

— Meu pobre amigo! Vejo que esta triste história o amargura e oprime mais do que pensei. De qualquer modo, acredito que é melhor saber a verdade, e ela é a seguinte: quem se entrega ao poder do inferno, perece, se – evidentemente – não dispõe de uma extraordinária força espiritual e de conhecimentos poderosos. A ignorância, nesses casos, leva à destruição mais freqüente do que se pensa, e os profanos, desconhecendo o abecedário da magia negra e suas leis terríveis, acionam levianamente as forças ignotas, pagando com a saúde, a felicidade e até com a vida. Para edificação de seus conhecimentos, contar-lhe-ei, a propósito, uma triste história de um dos meus amigos – um homem belo e instruído que teve uma morte violenta por sua falta de experiência e leviandade criminosa, quando por brincadeira mexeu com uma lei terrífica da magia negra, sem saber nem a primeira palavra dela. Não se pode brincar com o inferno; é um divertimento perigoso e o meu pobre amigo, *kammerherr* Boresko, entendeu isso na própria pele. Na época, a história teve muita repercussão na alta-roda de Petersburgo.

O simpático Konstantin Aleksándrovitch interessava-se, é verdade, por ciências ocultas, mas esse interesse era com aquela despreocupação de um grande fidalgo que gostava apenas de "se divertir", e por descuido ou preguiça não se dava ao trabalho de estudar seriamente as prescrições sábias desta ciência a nós obscura. Konstantin Aleksándrovitch gostava de reunir em torno da "mesa giratória" a companhia alegre e despreocupada de mulheres bonitas e famosas para invocar os espíritos. Ninguém, evidentemente, esforçou-se por confirmar se o rótulo correspondia ao conteúdo; os seres invisíveis estariam ali, presumidamente, para "distrair" aquela companhia e mostrar truques do além. Por exemplo, considerava-se bem natural que "Copérnico" se manifestasse movendo cadeiras ou trouxesse, para a mesa, batata podre; que o suposto "Lamartine" ou o próprio "Pushkin"* recitasse poesias tolas, fazendo corar de

---

* O maior poeta russo. N.T.

** Autor das obras: "O Livro dos Espíritos", "O Céu e o Inferno", "O Evangelho segundo o Espiritismo", entre outras. (Nota do Autor)

vergonha, pela incoerência, até os nossos simbolistas decadentes, futuristas e tal... Nessas reuniões vulgares de pessoas ociosas se esquece uma observação justa mas cáustica de Kardec**: "Experimentem invocar um rochedo e ele lhes responderá" e, desta forma recebem, sob a máscara de grandes personalidades ou santos, até os espíritos inferiores.

Mas voltarei ao caso trágico que custou a vida de meu amigo. Konstantin Aleksándrovitch tinha um filho constantemente doente, ainda que na infância fosse forte, sadio e robusto externamente. A doença do jovem, entretanto, tinha um fundo oculto. Ele era obsidiado por um espírito impuro que o atormentava, ou melhor, lentamente o destruía. É óbvio que a obsessão se enraizara desde a existência passada do jovem e os elos, a nós ignotos, uniam o obsidiado com o obsessor. O começo dessa história confirmou a minha convicção. O jovem encontrou, certa vez no bolso do colete, a fotografia de uma mulher nua, a ele desconhecida, e a partir do dia daquele achado começou a obsessão. A mulher começou a aparecer-lhe em sonho e atirava-se sobre ele, causando a sensação de sugar-lhe o sangue. Ele perdia a consciência e, ao acordar, sempre se sentia alquebrado. Por vezes, o vampiro ameaçava-o ou dele zombava. Os médicos – como não podia deixar de ser – afirmaram que o jovem sofria de neurastenia e alucinações. Está claro que nenhum remédio surtia efeito, e eis que Konstantin Aleksándrovitch veio ter comigo para se aconselhar. Naquele tempo eu dispunha de uma boa vidente – a minha sobrinha. Eu a fiz adormecer e ela revelou que o jovem era uma vítima de forte obsessão, mas não pôde indicar um meio de cura, pois a questão era muito complexa e, para um desfecho favorável, ela teria de ter conhecimentos especiais e forças ocultas, com as quais não contava. Inutilmente Konstantin Aleksándrovitch insistiu para que ela tentasse uma cura; minha sobrinha recusou-se peremptoriamente e ele saiu aborrecido.

Isso foi na primavera e, no verão, todos viajaram e eu não mais tive notícias do meu amigo.

Tendo passado como hóspede o outono e a metade do inverno na casa do meu irmão no Cáucaso, somente perto do Natal retornei a Petersburgo. Nas festas, Konstantin Aleksándrovitch passou em casa e, todo radiante, anunciou que o seu filho estava curado.

— Verificou-se que tudo eram tolices e sua vidente simplesmente não queria me ajudar e fez da mosca um elefante.

Fiquei surpreso. A meu pedido, ele contou ter passado o verão em sua propriedade e lá, como de hábito, "organizava sessões espíritas", encontrando na pessoa de uma simpática dama, sua vizinha, uma médium ímpar.

— Através de seus lábios falava o próprio Nostradamus e eu, é claro, aproveitei a oportunidade para perguntar ao alquimista sobre a doença do filho e meios de curá-lo da obsessão, caso esta existisse de fato.

— Não há nada mais fácil – respondeu o bravo Nostradamus. – Pegue a foto dessa miserável do além-túmulo, faça certas manipulações mágicas – e ele prescreveu uma defumação e algo mais, o que exatamente eu agora esqueci – e, depois, com um canivete corte o pescoço dessa mocinha e jogue a foto no fogo. O jovem, evidentemente, não deveria saber de nada.

Entusiasmado com essa experiência, Konstantin Aleksándrovitch executou exatamente, no mesmo dia, as prescrições do suposto Nostradamus.

— Imagine! – dizia ele – meu filho revelou-me hoje de manhã ter visto em sonho aquela mulher. Ela parecia uma Fúria* e em seu pescoço havia um profundo ferimento, do qual jorrava sangue em torrente.

Tudo isso produziu no jovem uma forte impressão, e ele começou a procurar por todo o lugar a fotografia que, evidentemente, não achou.

— Desde então ele está bem de saúde e não mais viu o monstro – concluiu em tom satisfeito o meu amigo.

Reconheço, eu fiquei desapontado.

— Teria – pensei – a minha sobrinha simplesmente se feito de rogada? Ou ela se equivocou?

Decidimos inquiri-la de imediato.

— O senhor cometeu um erro imperdoável ao mexer com forças que não compreende – censurou ela –, e corre um grande perigo. Tome cuidado para não pagar com o próprio pescoço pela imprudente "cirurgia" da larva.**

---

* Divindade infernal. N.T.

** Mau espírito que destrói o sujeito por ele obsidiado. (Nota do Autor)

Essas palavras fizeram-me refletir. À medida que o meu amigo falava, percebi ele estar rouco, e perguntei-lhe do motivo.

— Devo ter-me resfriado. Já há algumas semanas estou com esta rouquidão. Tenho de me cuidar, pois começo a ficar irritado por crocitar feito um corvo – queixou-se ele com certa displicência.

Quando o reencontrei, ele confiou-me ter o seu médico achado um tumor na garganta e sugerido uma operação. Seu aspecto não era dos melhores, estava abalado e perdida uma parte substancial de sua presunção. Pediu-me para se aconselhar com a vidente. Atendi ao seu desejo. Minha sobrinha o recebeu e, depois de algum tempo calada, pronunciou-se:

— Aconteceu o previsto. Agora ouça o seguinte: sob nenhuma hipótese faça a operação. Enquanto a faca não lhe tocar a garganta, o senhor conseguirá sobreviver; mas, tão logo seja feita uma pequena incisão em seu pescoço, será o fim.

Konstantin Aleksándrovitch ficou desolado, jurou não fazer a operação, mas até o inferno está cheio de boas intenções. A família conseguiu convencê-lo do contrário. O doente foi levado a Viena e submetido a duas operações seguidas. Retornou a Petersburgo moribundo e um pouco antes de sua morte eu o encontrei pela última vez. Sem condições de falar, escreveu no papel: "Como o senhor estava certo! Caí vítima de minha ignorância e tolo descuido."

O almirante se calou, pensou por instantes e, agitando a cabeça, prosseguiu:

— Podem imaginar, meus amigos, como me impressionou aquela narrativa. Não podia duvidar de sua veracidade, e o perigo mortal ameaçando Marússya infundia-me pavor. Supliquei a Nikolai Aleksándrovitch permitir-me aconselhar com a vidente, mas a jovem havia se casado e saído de Petersburgo. Fiquei ainda mais desconsolado, quando recebi uma carta de Piotr Petróvitch.

Ele escrevia que a saúde da filha inspirava os mais sérios cuidados. A jovem se preparava para ser mãe, mudara muito, andava abatida e estanha – o que desolava o pai. Sobre Vyatcheslav – nenhuma palavra. Piotr Petróvitch tinha achado por bem escrever para Kátya, residindo de novo no exterior, e pedir sua vinda para ficar em companhia da amiga Marússya. Em resposta, chegara a notícia sobre a iminente vinda dela.

Essas nefastas notícias aguçaram ainda mais o meu estado de tensão. Perseguia-me a idéia fixa de talvez existir um meio de salvar Marússya e arrancá-la do poder da criatura diabólica, de modo que eu insisti com o coronel para ele encontrar uma forma de destruir o avatar. O bom coronel revelou uma verdadeira paciência de anjo comigo e, certa noite, anunciou-me, sorrindo:

— Tenho uma boa notícia, meu jovem amigo. Vendo sua dor, eu havia escrito a um conhecido em Paris – um ocultista –, pedindo-lhe, caso não pudesse ajudar pessoalmente, indicar alguém com conhecimento para livrar-se das peias que aprisionaram a jovem infeliz. E eis a resposta: ele se acha inabilitado para tal empreitada e aconselha conversar com o ex-abade Johannes, um notável mago na França e a única pessoa que poderia ajudar.

– E como encontrarei esse abade? – perguntei avidamente.

– Ele mora em Lyon. Consiga uma licença e vá até ele. Eu escreverei uma carta a meu amigo, e este ao doutor Johannes.

Não vou me delongar aqui descrevendo quanto esforço me custou conseguir a licença de um mês. Finalmente tomei o trem expresso para Paris. Sem contar aqui detalhes insignificantes, falarei da visita ao doutor Johannes, residente em Lyon.

Este me recepcionou prazerosamente, leu a carta do ocultista parisiense e me pediu para expor toda a situação. À medida que eu falava, seu rosto ia ficando circunspecto.

— Sim! – balbuciou ele, pensativo, quando terminei. – Coisas assim não só são possíveis, como ocorrem com maior freqüência de que se supõe. Neste caso, o espírito de uma criatura viva instalou-se no corpo, abandonado por seu legítimo dono; pode acontecer também que os espíritos larvais escolham um momento oportuno da lenta agonia da vítima para se encarnarem e animarem o cadáver com uma vida artificial. Tal criatura funesta traz a infelicidade a todos que a cercam. Oh, se os homens soubessem dos terríveis e perigosos mistérios do mundo invisível, levariam uma vida diferente!

Quando lhe perguntei hesitante se ele tentaria salvar Marússya, ele balançou a cabeça.

— É uma empreitada difícil e não posso garantir seu êxito. Iríamos medir forças com um adversário fortíssimo. Sabe, eu conheci Krassinsky: ele foi discípulo do canônico Dokr – o mais terrífico dos magos negros de nosso tempo –, e saiu-se, pelo visto, um discípulo *exemplar*. O fato de que ele sozinho conseguiu realizar a complexa e perigosa operação de avatar, confirma seu conhecimento e poderes. Entretanto, antes de empreender algo – adicionou –, eu devo invocar o espírito do seu amigo. Não teria o senhor algum objeto que a ele pertença?

Eu usava um anel presenteado por Vyatcheslav e assim o estendi a Johannes; mostrei também o medalhão com o retrato de Marússya.

— Ahá! Isso é bom, vou descobrir em que estado se encontra a jovem – disse, pegando o medalhão.

Após trazer uma pequena trípode e uma taça de cristal, Johannes acendeu o carvão e lançou na trípode um pó que, ao se consumir, deixou uma fumaça aromática esbranquiçada; dentro da taça ele depositou três seixos de cores diferentes, dispondo-os em forma de triângulo. Ao defumar inicialmente o medalhão, ele segurou-o sobre a água e recitou fórmulas em língua estranha. A água tornou-se cinza e efervesceu feito champanhe, ficando totalmente turva, suja e esverdeada. Johannes balançou preocupado a cabeça e limitou-se a dizer:

— Ela está muito doente. Veremos o que nos proporcionará o dia seguinte, quando invocarei o seu amigo.

— Entendam, meus amigos – disse o almirante –, com que ansiedade esperei o dia seguinte.

À noite do dia estabelecido, eu estava com Johannes e este me levou ao quarto destinado à evocação. No chão, via-se desenhado um grande círculo, inserindo três trípodes com carvão e diversas ervas. O doutor Johannes vestia uma longa túnica de linho; um medalhão contendo sinais cabalísticos descia pelo peito numa corrente de ouro e, na mão, ele empunhava um bastão com hieróglifos estranhos. Postando-me num canto, ele traçou um círculo de proteção em mim, perfumou o ambiente com ládano, borrifou a água benta, sempre acompanhando suas ações com cânticos e orações.

Após irrigar as trípodes com um líquido aromático, acendeu o carvão. Postando-se diante da circunferência, circundou a si por outro desenho e, pausadamente, pôs-se a recitar fórmulas quase inaudíveis, do que eu só lembro ter entreouvido o nome de Vyatcheslav, pronunciado por nove vezes.

Após algum tempo, ouviram-se estalidos do piso e das paredes. Das trípodes, a crepitarem pelas ervas, alçaram-se nuvens de fumaça e o ambiente encheu-se de aroma agradável. Súbito, bafejou uma onda fria e do círculo maior altearam lampejantes vapores esbranquiçados. Aos poucos, as nuvens se condensaram e tomaram a forma de uma figura alta e garbosa em vestes gasosas, cujo rosto era toldado por véu cinza.

— Padrinho – interrompeu Nádya, estremecida –, você deve ter levado um imenso susto com aquele fantasma. Eu teria morrido de medo!

— Sim, minha criança, não posso me gabar de não ter sentido medo – confessou o almirante, sorrindo. – Meus dentes chocalhavam de assombro, no entretanto, a surpreendente visão me fascinava. Nisso, Johannes ergueu a cruz que carregava no peito e pronunciou em voz imperiosa:

— Forasteiro do outro mundo! Se você é de fato o espírito de Vyatcheslav, a quem evoquei, e recebeu o sacramento batismal, bem como professa o Salvador e o Nosso Senhor Jesus Cristo, este aroma sacro do ládano e o grandioso símbolo da expiação não o afugentarão, ao contrário, este símbolo irá hauri-lo de forças para nos responder.

O espírito permanecia imóvel com o semblante coberto, se bem que o seu espectro parecia se compactar. O evocador prosseguiu:

— Se não tiver receio de revelar seus traços, despoje-se do manto, inspire o aroma vivífico do ládano e ervas, refresque-se com as emanações da água benta e curve-se ao símbolo da expiação.

A visão iluminou-se de luz azul-celeste fosfórica; o véu arriou-se e diante do meu olhar assombrado surgiu Vyatcheslav. Desta vez era ele de fato, mas o seu olhar límpido e puro franziu-se de tristeza. Com um gesto bem familiar, ele ergueu a mão e persignou-se.

— Que Deus, nosso Criador, e o Seu nome sejam louvados por séculos e séculos – pronunciou Johannes. – Você é realmente o espírito do cristão, a quem invocamos. O que tem a dizer?

O almirante se calou por instantes e apoiou a cabeça sobre os braços. Aparentemente as lembranças instadas perturbavam o velho, e ninguém ousou quebrar o silêncio instalado. Por fim, ele ergueu a cabeça e enxugou o suor da testa.

— Sou incapaz de repetir em seqüência as palavras do espírito do meu amigo, talvez pela extraordinária comoção do momento. Minha cabeça girava e a vista turvava-se; lutei contra a fraqueza na tentativa de não deixar escapar nada. Não tive como não reconhecer a voz de Vyatcheslav, ainda que débil e longínqua. Ele transmitiu os pormenores do avatar e do assassinato perpetrado, acrescentando que Krassinsky estava muito tempo em busca de um corpo novo, pois o dele encontrava-se por demais exaurido em conseqüência de exaustivas e perigosas operações ocultistas, sem falar de toda a espécie de excessos cometidos. Uma coisa, porém, deu errado: Marússya é uma mulher perigosa a seus propósitos. Krassinsky planeja matá-la para evitar que os puros fluidos dela, somados à sua franca repulsa por aquele homem, rompam aos poucos os laços que o unem ao corpo violentamente usurpado. De repente, o espírito voltou-se a mim e, estendendo as mãos, disse:

— Ványa, Ványa, resgate Marússya! Suplique ao mestre armá-lo de flechas e de amuletos mágicos! Oh, não posso descrever em palavras o quanto me dói ver os sofrimentos dela! Se você conseguir tirar Marússya da maldita ilha, fazê-la comungar e destruir com as flechas o corpo animado por aquele demônio, você a resgatará...

A voz silenciou, a visão deslustrou-se e pareceu derreter-se, sumindo em seguida tal qual varrida por vento. Estando extremamente esgotado, perdi a consciência...

Ao abrir os olhos, vi-me no chão, recostado à parede, enquanto Johannes segurava diante de mim um copo de vinho quente. A bebida fortaleceu-me e, já no quarto ao lado, o abade me disse:

— Quanto às flechas mágicas, citadas pelo espírito, estas só posso lhe dar daqui a nove dias, pois terei de confeccioná-las; o amuleto, entrego-lhe já e que Deus o ajude!

Era uma caixinha feita de sândalo – uma madeira de árvore aromática. Com cruz de ouro incrustada na tampa, seu interior – conforme ele disse – inseria hóstia* consagrada e partícula de restos mortais de um santo. Dez dias mais tarde, ele me entregou um estojo coberto por veludo vermelho, onde se encontrava um

* Pão consagrado, usado na eucaristia dos católicos. (Nota do Autor)

pequeno arco de ouro e três flechas de madeira que, é claro, jamais feririam alguém. Tanto o arco como as flechas decoravam-se por surpreendentes sinais cabalísticos. Um aroma agradável e vivífico exalava do interior do estojo.

— E como usarei estas flechas? – perguntei.

— O senhor deve carregar o amuleto sempre consigo e saber de cor as fórmulas escritas nesse pergaminho. Ao surgir uma chance de apanhar aquele velhaco à noite – de preferência à meia-noite –, recite os esconjuros e atinja-o com uma dessas flechas. Aliás – acrescentou –, eu vou ter uma outra oportunidade de instruí-lo melhor.

No dia seguinte, após ter agradecido de todo o coração ao doutor Johannes e recebido dele a permissão de escrever-lhe sempre que precisasse, retornei a Petersburgo.

O almirante se calou, aparentemente exausto, e recostou-se no espaldar da poltrona. Minutos depois, levantou-se.

— Chega por hoje, meus amigos. Reconheço estar exausto e preciso descansar antes de reiniciar a difícil e triste página da minha narrativa: a morte de Marússya. Amanhã contarei os estranhos e terríficos fenômenos que acompanharam o fim precoce daquela inocente vítima, acometida de um mal misterioso. Ademais já são quase três horas e está na hora de todos dormirem; olhem só como Nádya está branca!

A jovenzinha protestou, afirmando não estar nem um pouco cansada e que teria ficado a noite inteira para ouvir o desfecho da história, mas Ivan Andréevitch recusou-se peremptório a prosseguir o relato e todos se retiraram aos seus quartos.

IV

No dia seguinte, quando Nádya desceu para o chá, não encontrou o almirante; o criado explicou que Ivan Andréevitch se levantara cedo e saíra em direção do oratório tumular, pedindo que não o esperassem para o desjejum.

— Ahá! - pensou Nádya. - Ele foi orar no túmulo de Marússya. A narrativa deve ter-lhe exacerbado as lembranças. Teria ele ficado celibatário por causa dela?

Ela ainda refletia sobre isso, tomando uma xícara de leite, quando veio o correio e a carta recebida deu um novo rumo a seus pensamentos, fazendo-a se esquecer da pobre Marússya e até do padrinho.

A missiva era do seu noivo Mikhail Dmítrievitch Massalítinov, anunciando sua vinda um dia mais tarde e pedindo que fosse enviado um coche para buscá-lo na estação de trem. Ele vinha com seu primo Jorj* Vedrinsky, em viagem para Kiev, com o intuito de visitar seus parentes. Conhecendo a inesgotável bondade e hospitalidade de Filipp Nikoláevitch e sua esposa, ele decidira levar Jorj sem consulta prévia e esperava que o desculpassem por isso.

Radiante de felicidade, Nádya imediatamente informou aos pais sobre o conteúdo da carta e ficou decidido que Zoya Ióssifovna com a filha iriam à estação para receber os hóspedes. O assunto de acomodação sequer foi discutido. O almirante chegou e foi posto a par da novidade.

---

* Tratamento afetivo para o nome Gueorgui. N.T.

— Agora, muito menos vou aceitar sua partida, padrinho! Você vai conhecer o meu noivo – disse Nádya, dengosa.

— Sim, sim, ela está coberta de razão, Ivan Andréevitch. E tenho ainda mais um bom motivo para você ficar – apoiou Zamyátin, dobrando a carta. Kátya Tutenberg, ou melhor, a senhora Morel, vem para cá com Mila e, é claro, você não vai querer partir sem rever a filha da pobre Maria Petrovna.

O almirante estremeceu, visivelmente surpreso.

— Elas vêm para cá? E para quê?

— Conforme a carta da senhora Morel, para Mila orar no túmulo da mãe e conhecer os lugares onde ela morava e pereceu tão tragicamente.

— É verdade, ela nunca esteve aqui, pelo que sei – observou o almirante. – De fato, nada sei sobre Mila ou Kátya. Após a partida de Piotr Petróvitch, perdi-os de vista. Fiquei navegando ao redor do mundo e, quando retornei, Piotr Petróvitch já estava morto. Depois disso, servi por longo tempo no Oriente Extremo*, mas a filha de Vyatcheslav, ou melhor, de Krassinsky, nunca me inspirou muita simpatia.

— Vou-lhe resumir o que sei de Mila e da mãe que a adotou – interveio Zamyátin. – Como sabe, o local tornou-se odioso a Piotr Petróvitch depois da morte da filha; após a construção da câmara mortuária e do oratório, onde também reservou um lugar para si, Piotr Petróvitch vendeu Górki ao seu primo Víktor, do qual eu herdei a propriedade. Uma vez que Vyatcheslav desapareceu desde aquela época e todas as buscas foram inúteis, todos acharam que ele havia morrido. Sua filha tinha saúde fraca e vivia doente, assim Piotr Petróvitch instalou a residência no sul da França. Lá, Ekaterina Aleksándrovna, casada com um tal de senhor Morel, se afeiçoou muito à menina. Um ano mais tarde, o senhor Morel pereceu num acidente ferroviário e Ekaterina Aleksándrovna foi morar na casa de Piotr Petróvitch para educar a pequena Ludmila. Quando Piotr Petróvitch estava moribundo, ela jurou dedicar a vida à criança e ser sua mãe; pelo visto a palavra foi cumprida, pois ambas estão juntas – concluiu Zamyátin.

— E quando estas damas chegam? – indagou Zoya Ióssifovna. – Sinceramente, após o que Ivan Andréevitch nos

* Refere-se à parte leste da Rússia. N.T.

contou, morro de curiosidade para conhecer essa Mila.

— Estarei telegrafando hoje mesmo que ficaremos felizes em recebê-las e, provavelmente, daqui a quatro ou cinco dias, podemos esperá-las por aqui – assegurou Zamyátin.

Zamyátina com a filha foram ultimar os devidos preparativos para a vinda dos hóspedes; os homens ficaram no terraço, fumando charutos e folheando jornais.

— Ouça, Filipp Nikoláevitch, como é que você herdou Górki, pois, se não me falha a memória, o seu primo Víktor tinha uma família numerosa? – perguntou de chofre o almirante.

Zamyátin estremeceu e olhou para ele, hesitante.

— É verdade, Víktor tinha quatro filhos, mas todos morreram.

— E de quê?

— O mais velho pereceu num duelo com o fazendeiro vizinho, com cuja esposa flertava; o segundo ficou cego e por fim se enforcou de desespero. Os dois menores, um menino de catorze e uma menina de uns doze, afogaram-se no lago após o barco ter virado. Todas essas desgraças abalaram tanto a esposa dele, que ela teve um choque apoplético e morreu paralisada após dois anos de sofrimento. Víktor ainda viveu depois dela por uns três anos e morreu de infarto. Não deixou testamento e a propriedade ficou para mim.

— E que grande propriedade, devo dizer! – resmungou o almirante, sacudindo com um gesto nervoso a cinza do charuto no cinzeiro.

Zamyátin se levantou.

— Eu o entendo, Ivan Andréevitch, e reconheço odiar este local sinistro, pois ele traz infelicidade a todos os seus habitantes. Dependesse de mim, eu partiria amanhã mesmo, com toda a família. Infelizmente, estou comprometido com a vinda do noivo de Nádya, sem falar na de Ekaterina Aleksándrovna e Mila. Não posso simplesmente fugir daqui, tornando-me um motivo de riso. Mas juro-lhe: abreviarei a minha estada em Górki e jamais retornarei.

— Deus queira seja o mais rápido possível! – suspirou Ivan Andréevitch.

O dia passou em azáfama, envio de telegramas e assim por diante; após o almoço, toda a família novamente se acomodou no terraço. Nádya se sentou numa cadeira de dobrar junto ao padrinho e, a pedido de todos, o almirante retomou a narrativa.

— Parei, caso não me engane, no ponto em que eu ia de Lyon a Petersburgo. Daria tudo para ir a Górki e salvar Marússya, destruindo o patife que acabou com a vida e a felicidade dela! Mas o serviço me acorrentara à capital e eu nem podia sonhar com uma nova licença. Nas cartas de Piotr Petróvitch, bastante raras, se entremeava uma preocupação crescente pela filha. Ele me comunicara, entre outras coisas, o nascimento da neta, acrescentando que desde então a saúde de Marússya chegara a um estado preocupante; os médicos constataram nela uma anemia e temiam a extenuação completa de suas forças. Caí em desespero. De posse de uma arma capaz de salvá-la, eu estava atado pelas mãos e pés feito um condenado. Finalmente, em meados de setembro, a sorte me sorriu – se é que é possível assim se expressar.

Falecera uma longínqua parenta minha, deixando pequena herdade. A legalização da papelada da herança propiciou-me oportunidade inesperada de conseguir uma licença de duas semanas e, literalmente, voei para Górki. Não me importava com o legado; queria tirar do perigo Marússya. Encontrei Piotr Petróvitch muito mudado, envelhecido e doente. Ele me recebeu de braços abertos e, imediatamente, confiou-me seus infortúnios.

— Quem poderia prever que Vyatcheslav fosse uma pessoa tão desagradável, de comportamento suspeito, o qual tornou a minha filha infeliz?

— O que o faz achar assim... de comportamento *suspeito*? – surpreendi-me. – Teria ele – pensei – descoberto o segredo infausto?

— Ele sai não se sabe para onde, some por dias inteiros, às vezes, por semanas. Talvez até a maltrate às escondidas? Ela, é verdade, não se queixa, mas evidentemente tem medo atroz dele; eu até observei o pânico no olhar dela. Às minhas perguntas, ela não responde e só afirma estar muito feliz. Com o nascimento da criança as coisas pioraram. Ela está se acabando a olhos vistos. Ficaram confinados naquela maldita ilha o inverno todo apesar de minhas persuasões de mudarem para cá. Antes ela costumava, mesmo ele viajando ou até acompanhada por Vyatcheslav, vir almoçar comigo ou passar uma noite; agora, com o nascimento de Mila, não sai da ilha e sou eu que vou até lá para vê-la, por mais que sejam difíceis tais travessias do lago devido à minha doença. Não a vejo há cinco dias por causa de minha gota nem ela me visita, enquanto ele deve estar sumido, Deus lá sabe onde.

Consolei o pobre velho, assegurando que iria ver Maria Petrovna imediatamente e, caso não conseguisse convencê-la a vir rever o pai, pelo menos traria notícias dela.

Comigo foi para a ilha o meu ordenança – um rapaz forte e corajoso, que eu levei a Górki, e o meu cão de estimação, da raça Newfaundland, adquirido no inverno, muito afeiçoado a mim. Ao saltarmos na outra margem, o cão pulou de volta no barco com tal pressa que quase o virou. Nem minhas ameaças para acompanhar-me surtiram qualquer efeito. Então, sozinho, galguei a escada, dirigi-me à porta de entrada trancada e toquei a campainha.

Uma mulher abriu a porta e perguntou o que queria. Não era Grucha – aquela jovial e formosa copeira de Marússya –, mas uma senhora de idade mediana, magra e antipática, de pequenos olhos cruéis e penetrantes. À minha pergunta sobre o senhorio, respondeu estar o patrão na cidade, com previsão de volta no dia seguinte ou depois, e a patroa se encontraria no terraço. Dirigi-me para lá, mas, no limiar do terraço, estaquei abismado.

Na larga poltrona, cercada de almofadas, estava Marússya, ou melhor, a sombra dela. Magérrima, de rosto diáfano e pálido feito máscara de cera, olhos esbugalhados e olhar apagado, ela parecia moribunda. Mesmo assim era divinamente bela; os feixes solares, a se filtrarem através da vegetação, brincavam em seus cabelos loiros, circundando de auréola dourada seu maravilhoso semblante. Meu Deus, o que sobrou em pouco mais de um ano daquela criatura viçosa, alegre e cheia de vida!

Ao me notar, ela soltou um grito de felicidade e estendeu-me as mãos. Beijei-as e sentei-me ao seu lado, felicitando-a pelo nascimento da filha. Seu semblante atestava apreensão e sofrimento. Olhou-me meio assustada.

Tendo me certificado da impossibilidade da copeira nos ouvir, inclinei-me e murmurei:

— Eu entendo seu terror, Maria Petrovna. Você também deve ter descoberto... *aquele monstro*?

Ela se endireitou toda trêmula e expandiu as pálpebras. Alegria e medo parecia nela se confrontarem. Súbito, agarrou convulsivamente minha mão, inclinou-se bem ao pé do meu ouvido e ciciou em voz entrecortada:

— Você... também o reconheceu? Não imagina o horror que passei. Sinto estar morrendo... Ele está sugando as minhas forças vitais. Não posso revelar nada ao papai, mas estou muito feliz por ter vindo. Você conhece a verdade e me entenderá... Espere! Eu quero lhe entregar algo.

Ela se levantou e, apesar da visível fraqueza, correu para o quarto vizinho. Eu a vi apertando a mola do compartimento secreto de pequena escrivaninha e de lá tirar um caderno espesso em encadernação vermelha. Quase em carreira ela retornou ao terraço, passou-me o caderno e se sentou, só se acalmando quando eu o enfiei debaixo da blusa.

— Durante as ausências desse monstro, anotei todos os fatos... os meus sofrimentos. Estou certa de que o meu diário não terá mais continuação, pois as minhas horas estão contadas. Só que – sua voz mal se podia ouvir – eu queria morrer junto ao papai – nisso os seus lábios quase tocaram a minha orelha – e me *comun*...

Sua voz então se interrompeu. Empalidecida repentinamente e tremendo feito vara verde, o olhar assustado dela fixou-se em algo atrás de minhas costas. Eu me virei feito um raio e congelei.

Aquele gato, que eu vi enrijecido, estava sentado na cadeira. Fiquei possesso comigo mesmo por ter esquecido o arco e as flechas mágicas na mala; mas, pelo menos, poderia contar com o amuleto contendo as relíquias santas e a hóstia consagrada, pendurado no pescoço. Johannes havia me ensinado uma fórmula que, segundo ele, pronunciada por alguém que tivesse muita fé, era uma arma poderosíssima contra as forças do mal. Era chegado o momento de testar o poder do amuleto.

Agilmente tirando o amuleto, ergui a cruz na direção da criatura e pronunciei o esconjuro. O gato, nesse ínterim, já armava o bote, mas antes de dá-lo projetou-se para trás e, em reviravoltas, começou a se torcer convulsivo, miando e uivando. Nesse instante, de um outro quarto, ao terraço irrompeu a nova camareira, visivelmente perturbada e trêmula. Continuei segurando alto o talismã, ao qual os olhos daquela mulher parecia terem se pregado horrorizados. Ela soltou um grito surdo e tombou inconsciente sobre o chão. Eu estava perplexo.

— Está abafado!... Ar, ar!... – ouviu-se atrás de mim.

Esta exclamação entrecortada e de desespero me fez retornar à realidade. Branca feito cadáver, Marússya se agitava na cadeira, premendo o peito e parecia se sufocar.

Era preciso fugir daquele lugar maldito o quanto antes. Decidido levantei a jovem, pesando não mais que uma criança e, empunhando o medalhão, corri para o barco. Tendo ali acomodado Marússya, ainda num estado de desvario, desacostamos da margem.

O valente marinheiro persignou-se, tomou os remos e, qual numa disputa de canoagem, partiu feito flecha e, em dez minutos, já estávamos junto à escada, que pode ser vista daqui. Primeiro desembarquei Marússya, mais calma e de olhos abertos, ainda que pela fraqueza não se agüentasse em pé.

Eu e o ordenança a carregamos para cá, justamente para este terraço, ao qual acorreram várias pessoas e se arrastou também, mancando, Piotr Petróvitch .

Marússya atirou-se aos braços do pai, e ambos choraram de alegria e desventura.

— Minha querida criança! Jamais eu a deixarei voltar àquela maldita ilha. Ficaremos juntos; vou cuidar de você e, tão logo você fique forte, viajaremos ao exterior – dizia Piotr Petróvitch por entre as lágrimas.

Marússya estava feliz mas exausta. Sua antiga ama-seca Aníssya levou-a, apoiando pelo braço, até a cama. Piotr Petróvitch, tão logo a filha se retirou, agarrou-me pela mão e perguntou alvoraçado:

— O que significa este seqüestro ou fuga desabalada? Marússya corre algum perigo? Ou vocês descobriram alguma vilania daquele patife Vyatcheslav?

— Vyatcheslav como sempre está desaparecido. Se eu lhe contasse o que sei dele, o senhor me tomaria por um insano – disse eu. – Talvez, algum dia, eu lhe conte tudo e, então, poderá pensar o que quiser. Neste momento, só me deixe agir e siga os conselhos que visam, exclusivamente, a pôr a salvo sua filha.

Em minha voz e olhar devia haver algo de significativo e sério, de modo que ele, acabrunhado, aceitou que eu tomasse conta de tudo. Mandei de imediato um cavalariço buscar o padre Tímon para ele celebrar a eucaristia de Marússya. Mal o enviado partiu, Aníssya veio me avisar que ela queria me ver juntamente com o pai.

Estava deitada em sua cama de solteira, branca tal qual o seu travesseiro, mas visivelmente feliz. Certificou-nos se sentir melhor desde que chegara; tomou uma xícara de caldo e um copo de vinho, e pediu ao pai buscar o sacerdote. Ao saber que isso já havia sido providenciado, Marússya sossegou-se, mas em seguida sobressaltou-se de novo.

— Papai, não o deixe entrar no quarto, se ele vier, pois quero morrer em paz... E mais um pedido – prosseguiu ela, agitada –, se de repente eu tentar hoje à noite voltar para a ilha, por nada neste mundo deixe acontecer isso, nem que seja à força... Oh, não vejo a hora do padre chegar!...

Piotr Petróvitch prometeu cumprir o desejo e nós saímos. Ele estava apreensivo, não tinha idéia do que estava acontecendo, porém sentia um drama invisível desenrolando-se em torno.

Para a nossa amarga decepção, o mensageiro retornou, noticiando ter o padre Tímon viajado por emergência a uma aldeia longínqua; na carta escrita por sua filha, esta assegurava que assim que o pai retornasse, ele iria imediatamente a Górki e no máximo até as duas horas da noite estaria ali.

Maus pressentimentos oprimiam-me o coração. Fui até Aníssya, comuniquei-lhe o atraso e ordenei que não pregasse os olhos até a chegada do padre. Além disso, coloquei junto ao leito de Marússya mais duas mulheres de constituição forte para impedir a jovem perpetrar qualquer tentativa de querer voltar à ilha. Segundo Aníssya, Marússya dormia um sono agitado, a julgar pelos gemidos constantes. A velha jurou-me que ela e suas ajudantes nem cochilariam ou perderiam de vista a jovem, mesmo que fosse preciso amarrá-la.

Piotr Petróvitch e eu acomodamo-nos na antiga saleta de estar de Maria Petrovna, separada do dormitório apenas por biblioteca, que servia também de oficina.

Até a meia-noite, conversávamos baixinho, até que fiquei dominado pelo cansaço e um desejo insuportável de dormir. Piotr Petróvitch também confessou estar exausto e de cabeça zonza.

— Acho que poderíamos tirar uma soneca por uma hora antes da chegada de Tímon. Vou chamar Savely e lhe darei instruções de nos acordar com a vinda do padre lá pelas duas horas.

Ele tocou a campainha, expediu as ordens e deitou-se no sofá, enquanto eu continuei sentado na poltrona.

Peguei no sono muito agitado, perseguido por pesadelo repugnante. Via-me assediado por um bando de ratos nojentos, de cujos corpos escorria sangue, que subiam em mim, procurando me morder, ou que me acossavam na minha tentativa da desesperada fuga. De súbito acordei.

Vi o fiel Savely, muito aflito, me sacudindo com todas as forças.

— Graças a Deus, pelo menos o senhor acordou, Ivan Andréevitch! O patrão está dormindo feito morto, enquanto isso uma terrível desgraça acabou de acontecer.

Saltei da poltrona; o meu primeiro pensamento foi o de que Marússya tinha morrido.

— O quê? O que aconteceu? Fale logo! – gritei.

O velho criado ainda tremia, incapaz de pronunciar uma palavra.

— Maria Petrovna... se afogou! – a muito esforço proferiu ele.

Tal qual atingido por uma paulada na cabeça, cambaleei e deitei um olhar no desafortunado pai, dormindo um sono pesado. Obviamente não quis acordá-lo; ele ainda teria muito tempo para saber da infelicidade. Urgia saber dos acontecimentos e, quem sabe, ainda fazer algo pela desditosa.

— Onde está Aníssya? – gritei, saindo em carreira do quarto.

— Na praia – respondeu Savely, arrastando-se atrás de mim e esforçando-se em me seguir o quanto lhe permitiam os velhos pés.

A casa toda estava de pé. Ao me aproximar do terraço, ouvi um barulho vago de vozes e gritos. Havia gente correndo pela praia e, na lagoa, avistavam-se dois barcos; num se encontrava o meu ordenança com o jardineiro – um rapaz forte; no outro – dois criados. Eles iluminavam a água com as tochas, sondavam o fundo com os remos e vasculhavam a margem. Embaixo da escada, Aníssya, de cabeça descoberta e toda desarrumada, puxava os seus cabelos; seu rosto era de lividez terrosa e os olhos vagavam qual de alguém que perdera juízo.

— Aníssya! – berrei, sacudindo-lhe o braço com força. – Como isso veio a acontecer? Você adormeceu?

— Ai, não, paizinho, não, não! Não dormi ... Não consigo atinar do acontecido – gritava a fiel Anissya em prantos.

Não me foi fácil acalmá-la; e eis o seu relato. Marússya estava dormindo, bateu meia-noite e ela acordou, sentou-se bruscamente sobre o leito e pôs-se a fitar algo invisível com os olhos esbugalhados de terror. Súbito, ela começou a se debater e gritar: "Deixe-me! Suma! Eu não vou, eu não quero!"

— Pensei que ela estivesse delirando – prosseguiu Aníssya chorando –, eu a abracei e tentei tranqüilizar. Nisso ela solta um grito forte, atira-se para o lado e segura o ombro como se alguém tivesse lhe dado um soco. Começa então a chorar e esboça um movimento de saltar da cama. Eu a agarro com todas as minhas forças e chamo por Grúnya e Fedóssya – ambas dormindo e roncando a toda. Maria Petrovna tenta se desvencilhar feito desvairada. Jamais suspeitaria numa moça tão frágil e magra a força de um homem vigoroso. Ela me aplica então um safanão que me derruba no chão e, do jeito que estava, só de camisola e descalça, feito um pé de vento passa por mim. Ergui-me e corri em seu encalço, mas não a consegui alcançar. Assim, feito um turbilhão, ela atravessou o corredor e foi direto para o terraço. Contudo meus gritos foram ouvidos. Acorreu Savélio e quis agarrá-la, mas ela lhe aplicou no peito um murro tão forte que este foi de encontro à parede. Logo depois chegou o zelador Deménty e demais criados em vigília, esperando pelo padre Tímon. A noite hoje está clara, é lua cheia, assim todos nós vimos Marussenhka descendo a escada e, num pulo, *ploft* na água. Só deu para perceber ela agitando as mãozinhas no ar e, depois, feito pedra, ir para o fundo. O corpo deve estar por perto, mas já vasculhamos tudo com remos e ganchos, e nada de encontrá-la – concluiu a ama-seca, lacrimosa.

Eu tinha quase a certeza de não achá-la com vida. A invisível, terrífica e misteriosa força que lhe despedaçou o destino acabou também destruindo aquela jovem criatura, supostamente nascida para ser feliz. Em aflição soturna, fiquei olhando para a lagoa, na expectativa de, a qualquer momento, divisar o corpo inânime da pobre Marússya na ponta do gancho; mas as buscas foram vãs e o lago parecia ter tragado o corpo.

Já há muito tempo o padre Tímon chegara. Piotr Petróvitch, acordado com a algazarra na casa e, ao saber do ocorrido, chorava feito criança enquanto os barcos ainda vasculhavam o lago.

Sobreveio o amanhecer, e com ele desapareceram as últimas esperanças de resgatar a jovem, que estaria debaixo d'água por mais de cinco horas. Mas queríamos encontrar o cadáver a todo custo para enterrá-lo, ao menos. O padre Tímon continuou ali e tentava consolar o pobre Piotr Petróvitch, a toda hora repetindo que queria ver a filha, nem que morta.

O bom sacerdote condoído, vendo o desespero do pai, observou após instantes de reflexão:

— Há uma crença popular que diz que se um afogado não pôde ser encontrado, é preciso pegar uma caixa ou um pote de barro, colocar ali um ícone e uma vela acesa consagrada e deixá-lo à deriva na água. A caixa com vela estacionará exatamente acima do local onde se encontra o corpo.

— Ah, é verdade! Obrigado, padre, por ter me lembrado – alegrou-se Savely. – Faremos isso agora mesmo.

— Eu vou lhe trazer a vela de Jerusalém, do túmulo de Cristo – acrescentou Aníssya.

— Enquanto vocês continuam as buscas – prosseguiu o padre Tímon – vou até o quarto de Maria Petrovna e rezarei um réquiem.

Após a missa, convenci Piotr Petróvitch a se deitar, prometendo avisá-lo quando o corpo fosse encontrado. Ele concordou, pois estava extremamente exausto; o padre Tímon prometeu não deixá-lo sozinho. Voltei ao lago, onde ainda se apinhava gente, mas desta vez resolvi participar das buscas.

Tão logo me aproximei da margem, o ordenança comunicou ter visto a caixa com a vela ficado muito tempo à deriva e depois arrastada pela corrente até o meio do lago, onde estacionou e permanecia imóvel. Como ele se preparava junto com os vigias para ir até lá, embarquei também e nos dirigimos diretamente ao local onde tremulava a chama da vela. Em silêncio, mergulhamos os arpões e nem passou um minuto quando Nikífor – o meu ordenança – exclamou:

— Agarrei algo pesado. Cuidado para a embarcação não virar!

Premendo as mãos contra o peito, onde se escondia o medalhão, comecei a orar com fervor, sem desgrudar os olhos de uma massa pesada a emergir lentamente. Um dos homens se atirou na água para sustentar o corpo, temendo que afundasse de novo. Por fim, aflorou a cabecinha loira de Marússya e logo ela jazia no fundo do barco, coberta pelo manto trazido. Meu coração bateu angustioso ao ver seu rosto inânime, e as lágrimas me correram copiosas. Ao desembarcarmos na praia, colocamos o corpo num colchão e o levamos ao quarto da vítima; em seguida fui até Piotr Petróvitch e encontrei-o em total desespero.

Não vou relatar a tétrica cena desenrolada junto ao cadáver. Tanto o sacerdote como eu achávamos que o desafortunado Khónin enlouqueceria; finalmente, nós o tiramos dali desmaiado.

Após fazê-lo voltar a si, ele pediu que eu cuidasse do enterro. Enviei um mensageiro à cidade e, finalmente, fui descansar um pouco.

Estava abalado de corpo e alma, deitei no sofá e cerrei os olhos. Súbito, a porta abriu-se ruidosamente e uma voz penetrante me acordou.

— Patrão!... Patrão!... Ivan Andréevitch!

Era Aníssya. Veio me dizer, toda esbaforida e nervosa, que na hora da ablução do corpo de Maria Petrovna, acharam nele impressas marcas de mão, formando sangue extravasado.

— Só pode ser coisa do diabo! É como se alguém a tivesse agarrado com força... Por favor, patrão, vou lhe mostrar os sinais. Grucha e Fedóssya debandaram, recusando-se a lavar a falecida... estão com medo – concluiu a velha, enxugando os olhos.

Maquinalmente, segui-a, e no momento de ela soerguer o lençol a cobrir-lhe o corpo, fiquei abismado ao notar no cotovelo uma impressão enegrecida de mão, cujas unhas parecia terem perfurado fundo a carne, deixando na pele sinais de hematomas.

— Do outro lado há um sinal semelhante – explicou a velha. – Minha pobrezinha, Maria Petrovna! Ninguém quer ajudar a vesti-la; aquelas imprestáveis fugiram... Bem, eu me viro sozinha. Coitada, até perdeu o crucifixo... mas eu lhe coloco o de sua mãe, presente do patrão...

Fiz sinal-da-cruz, orei junto à falecida e retornei ao quarto, muito nervoso e novamente assaltado pelo terror e pressentimentos de novas desgraças.

Levantei as cortinas e abri as janelas em busca da luz, pois a escuridão me assustava.

Em meu estado de excitação, comecei a andar de canto em canto e, pela primeira vez, lamentei profundamente ser ignorante das leis do mundo oculto. Os homens normalmente zombam do "sobrenatural"; riem do alto de sua suposta grandeza de um curandeiro aldeão que consegue "secar" o leite de uma vaca, praticar um "mau-olhado"; fazer adivinhações ou fabricar poções de amor. Ensinam-nos "ciências" e um monte de coisas inúteis, deixando-nos em total ignorância quanto ao mundo oculto e às forças maléficas e misteriosas ao derredor, as quais até poderíamos enfrentar, se conhecêssemos e entendêssemos sua manifestação. E, ao invés disso, nos deixam cegos, ignorantes e impotentes, à mercê das forças inimigas invisíveis, fazendo-nos até nelas desacreditar, assim nos tornando duplamente indefesos.

Todos estes pensamentos se revolviam em minha mente, causando ira e lamentação. Eu já não duvidava da força do mal, as provas cabais convenceram-me do seu poder e, então, era de se esperar que o vil feiticeiro, responsável pela morte da jovem e inocente criatura, arquitetaria um novo atentado contra os despojos dela. Eu li um número suficiente de livros sobre o ocultismo e sabia que o corpo propiciava uma presa valiosa para um "mago negro", sendo a morte de Vyatcheslav uma confirmação disso.

Que Marússya sucumbira vítima de um homicídio sobrenatural – disso não tinha a menor sombra de dúvida. Mas como proteger a falecida de um atentado por *aquele* malfeitor?

Em minha tola ignorância, sequer podia imaginar que tipo de atentado ele poderia perpetrar. Talvez um novo "avatar", ou, quem sabe, uma outra espécie de sacrilégio? Não tinha como não admitir a minha impotência em prevenir ou impedir qualquer ato dele. Se Johannes estivesse comigo... Ele poderia me aconselhar e prestar socorro e, fora ele, não havia mais ninguém capaz disso.

Exausto com todas essas preocupações, eu me deixei cair na poltrona; não conseguia mais pensar e tudo girava em meu cérebro. A chegada do ordenança distraiu-me um pouco. Ele trouxe uma carta e um pacote volumoso.

— Encomenda registrada de Lyon – anunciou.

— De Lyon?

Saltei do lugar. A carta só poderia ser de Johannes. Oh, se ele soubesse dos meus sofrimentos!

Abri apressado o envelope. A carta de fato era de Johannes e, enquanto eu percorria com os olhos as primeiras linhas, fui dominado por um tremor supersticioso.

"Meu jovem amigo!" – escrevia o doutor. – "Se as minhas previsões se concretizarem, essa carta chegará bem na hora em que o senhor mais precisará de ajuda e conselho. Um grande malefício está sendo tramado e, talvez, ele se consuma antes de chegar a minha encomenda. De qualquer forma, siga os meus conselhos para impedir uma nova vilania contra a desafortunada. Obviamente ele vai tentar isso e, no pacote, o senhor encontrará os objetos essenciais e um pergaminho, cujas fórmulas mágicas deverão ser decoradas. Inicialmente, pegue o lençol de linho que estou enviando e ordene que o corpo da falecida nele seja enrolado por baixo das vestes. Coloque-lhe a cruz esmaltada com corrente vermelha no colo e, embaixo da cabeça, ponha a placa metálica. Não deixe de espalhar ládano no caixão antes de transferir o corpo, e rodeie o catafalco com uma linha de giz vermelho. Essas precauções acredito serem suficientes para proteger a falecida das investidas demoníacas. Na terceira noite, véspera do enterro, tome cuidados especiais. Certifique-se de que durante o dia todo estejam acesas as lâmpadas e as velas, esparja o quarto com água benta e, antes da meia-noite, esconda-se atrás da cabeceira do caixão, pronto para alvejar o malfeitor com as flechas fornecidas.

— À meia-noite, *ele* virá. Tão logo comecem bater horas, recite as fórmulas. Ele não o notará e, quando se aproximar do círculo vermelho, arremesse a flecha nele". Seguiam-se depois outras instruções menos importantes e, no fim da carta, os votos de êxito.

Feliz e reconhecido, dobrei a carta. Do meu coração senti como que uma grande pedra deslizasse; eu estava prevenido, instruído e armado. Com curiosidade respeitosa, abri o pacote e examinei os objetos ali contidos. O lençol era fino, feito de cambraia e coberto de sinais cabalísticos multicores. Dentro dele havia um crucifixo antigo, de fino acabamento; a cabeça de Cristo era ladeada de aura, e o símbolo sagrado era preso a fina corrente de ouro esmaltado. Na superfície da placa metálica de forma ovóide achavam-se gravados dois pentagramas entrelaçados, cingidos por sinais cabalísticos.

É óbvio que eu cumpri fielmente as prescrições do doutor Johannes. A debilidade de Piotr Petróvitch impedia-o de ficar constantemente junto ao corpo da filha e acompanhar os preparativos – o que me facilitava o trabalho, tanto mais pelo não aparecimento do suposto Vyatcheslav.

Por minha determinação,Aníssya envolveu o corpo no lençol mágico; eu pessoalmente coloquei no colo da falecida Marússya a corrente e escondi o crucifixo nas pregas do vestido, pondo a placa embaixo de sua cabeça. A infeliz parecia ter recuperado a beleza anterior, pois aquela expressão de sofrimento e terror, congelada no rosto quando a tiraram da água, substituiu-se por semblante de paz. O caixão estava submerso em flores e cercado de plantas raras e vasos de arbustos cítricos.

Durante todo o dia que antecedia a terrífica e inesquecível noite, fiquei repetindo as fórmulas para não cometer nenhum erro durante sua recitação, e tentei dormir para munir-me de forças. À medida que a noite se aproximava, a minha coragem ia diminuindo, um terror involuntário de mim se apossava, não obstante a forte determinação em meus intentos. Contudo, sustentava-me a sede da vingança e o desejo de liquidar aquele monstro.

Findo o réquiem noturno, levei o padre Tímon ao quarto, contei-lhe tudo e supliquei ficar de vigília comigo – mas ele se recusou peremptoriamente.

— Deixe isso, Ivan Andréevitch, não se envolva com as forças do inferno – insistiu ele, visivelmente inquieto. – Ore com fervor e deixemos tudo à vontade do Senhor. Nada mais podemos fazer, e nem devemos.

— Não! – protestei com veemência. – Será a minha prova de amor por Marússya, resguardando seus restos mortais do monstro assassino.

Se tivéssemos realmente a capacidade de orar com a energia de triunfar sobre os demônios – seria diferente. Conhecesse eu algum asceta ou um homem santo, eu o teria chamado para ajudar, mas naquela ocasião só me restava seguir as prescrições do doutor Johannes.

Deixei tudo preparado: tornei a reforçar o risco com giz em volta do catafalco, armei-me do arco com as flechas e me escondi junto à cabeceira do caixão, atrás das densas plantas e vasos com os arbustos cítricos. Encorajava-me a consciência de não estar sozinho: um clérigo ali recitava os salmos.

Jamais o tempo se alongava com tanta morosidade, e a minha tensão crescia a cada minuto, marcado pelo relógio pendurado na parede. Uns dez minutos antes da meia-noite, notei inquieto que a voz do recitador ia se tornando indistinta, freqüentemente se interrompia e, pouco depois, um ronquejar fraco sinalizava-me o seu adormecimento. Um terror inusitado de mim se apoderou; os meus cabelos parecia eriçarem, prenunciando algo terrível

As paredes começaram a estalar e uma rajada de vento glacial, vergando as plantas, atravessou a sala. A espirradeira ao meu lado crepitou feito em chamas e, neste minuto, o relógio bateu meia-noite.

Num esforço sobre-humano da vontade venci o medo e pus-me a recitar as fórmulas. A porta se abriu e à sala adentrou o suposto Vyatcheslav e, feito sombra, esgueirou-se junto ao caixão. Estava tremendamente pálido, seus olhos afundados fosforesciam e, como naquela hora ele não temia ser reconhecido, sua semelhança com Krassinsky, apesar de aparentar Vyatcheslav, saltava aos olhos. Ele estava acompanhado por aquele gato preto. Ao se aproximarem do corpo de Marússya, Krassinsky súbito estacou trêmulo. O gato emitiu um miado pavoroso. Eles haviam topado com o círculo mágico.

Enfurecido, o satanista gritou seus esconjuros, agarrou o gato pelo pescoço e tentou lançá-lo para dentro do círculo, agitando o bastão na outra mão e com ele desenhando sinais cabalísticos; seu anel no dedo faiscava. Suas tentativas, porém, de penetrar no círculo foram vãs e, espumando pela boca, ele retrocedeu e ergueu o gato a se contorcer em sua mão. Foi então que estiquei o arco e atirei. A flecha, tal qual raio vermelho, atravessou o ar, e um grito alucinado retumbou na sala.

Entrevi Krassinsky cambaleando, todavia a flecha não o atingira, mas acertara o gato, que se espatifou no chão. Eu deveria repetir o tiro, mas tonteei por esgotado e perdi os sentidos.

Recuperei a consciência só três semanas mais tarde. Uma febre nervosa deixou-me a um fio da morte. Através do padre Tímon, descobri o que aconteceu durante o desmaio.

Ele estava orando num dos quartos vizinhos, quando ouviu um forte barulho. Temendo por minha segurança, ele persignou-se e empunhando o crucifixo correu à sala. Estava vazia e mergulhada em penumbra; apenas as três velas ardiam junto ao catafalco, cercado por círculo mágico. O padre sabia do meu esconderijo por entre os arbustos e se dirigiu para lá. Encontrou-me estendido sem sentidos e de braços abertos, com o arco e as flechas ao lado. Ele recolheu os objetos, escondeu-os e só os devolveu após a minha recuperação.

Ao chamado dele, acorreu a criadagem, levantaram-me e acenderam as luzes. Foi então que, pasmados, os presentes repararam no cadáver do enorme gato, estendido junto ao círculo.

Minha recuperação foi lenta. Como Górki me inspirava profunda repulsa, na primeira oportunidade voltei a Petersburgo e logo obtive uma autorização para voltar ao navio. Eu precisava de ar fresco e locais novos para me recuperar do forte abalo...

O almirante fechou o caderno e levantou-se.

— Boa-noite, meus amigos, está na hora de todos dormirem. Vejo que o meu relato os deixou um tanto perturbados. Reconheço que quero ficar a sós, tendo revivido na alma todo esse passado triste.

Realmente, os ouvintes achavam-se como que sob o efeito de grande pesadelo; ninguém protestou e todos, calados, retiraram-se aos seus aposentos.

V

O almirante não mais ocupava aqueles cômodos em que se hospedava durante os fatos trágicos descritos; providenciaram-lhe um lugar na parte de baixo da casa, constituído de dormitório e sala de estar, com vista para o jardim.

De manhã, tendo acordado cedo, Ivan Andréevitch acabara de retornar do passeio e, sentado à janela aberta, lia e fumava, quando ouviu a voz o chamando do jardim.

— É você, Nadiucha, e acordou tão cedo!? O que há, pequena? Está pálida. Por acaso não está bem?

— Estou bem, padrinho, só que de pensar tanto no que você me contou, demorei para dormir e, depois, tive um pesadelo tão ruim que me arrepio só em lembrá-lo.

— Por que não o descreve para mim?

— E você será franco comigo na interpretação do sonho? Posso ir aí para conversarmos? Mas isso vai atrasar o nosso desjejum por pelo menos uma hora.

— Venha!

Minuto depois, Nádya se acomodava na poltrona em frente do padrinho. A conversa não se iniciou, todavia, com o relato do sonho, mas com perguntas sobre os diferentes episódios do almirante, a ela desconhecidos. Entre outras coisas, ela queria saber se o medalhão e as flechas ainda estavam com ele, e finalmente perguntou:

— E não se sabe mais nada de Krassinsky, ou melhor, do seu avatar? Estará morto, talvez atingido pela flecha mágica ricocheteada?

— Nada posso lhe acrescentar quanto a isso. Já se passaram vinte anos sem nenhum vestígio dele, e o seu corpo jamais foi encontrado. É possível que ele esteja vivo, escondido em algum lugar, pois essas criaturas larvais conseguem, por conta dos atos criminosos, manter a existência.

— Então, caso ele ainda esteja vivo, com certeza não deve habitar por aqui, pois, segundo ouvi dizer, esta casa ficou trancada por mais de vinte anos, ainda por determinação do falecido Piotr Petróvitch; o tio Víktor também nunca a quis abrir e sequer a visitou.

O almirante pegou o chapéu e, calado, seguiu a afilhada dirigindo-se ao jardim. Era uma manhã maravilhosa, o céu estava sem nuvens, o ar tépido e aromático – o que convidava para um passeio. Nádya, a quem retornara o bom humor, levou o padrinho ao seu cantinho favorito, onde um carvalho secular abriu largamente seus poderosos galhos e densa folhagem. À sombra daquele gigante havia cadeiras elegantes e uma mesa; das floreiras próximas de heliotrópios, resedás, narcisos e rosas, espalhavam-se aromas deliciosos.

— Não é maravilhoso aqui? O sol não incomoda, e por todos os lados estamos cercados por flores e fragrâncias agradáveis – observou Nádya, acomodando o padrinho numa cadeira.

Nisso ela avistou o filho do jardineiro carregando cestas de morangos frescos, correu até ele, pegou uma cesta e voltou junto ao almirante.

— Coma, padrinho! Dizem que faz bem comer morango de estômago vazio; enquanto isso, eu lhe conto o meu surpreendente sonho. Ele já não me parece tão assustador... provavelmente eu fiquei impressionada com sua história.

Ivan Andréevitch sorriu, pegou os morangos e anunciou estar pronto para ouvir o sonho. Nádya refletiu por instantes, apoiou os braços sobre a mesa e iniciou:

— Como já lhe disse, eu não conseguia conciliar o sono ontem, atormentada por preocupações e ansiedade vagas. Finalmente adormeci e vejo todos nós: o papai, a mamãe, eu e meus dois irmãos, bem como Mikhail Dmítrievitch, sentados no terraço com a vista para o lago, ao redor de mesa ricamente servida. Você, padrinho, não estava. Eu me sentia feliz com o luxo em volta e diante dos meus pratos favoritos em cima da mesa. De repente, notei no céu azul uma nuvem escura, rapidamente encobrindo todo o horizonte e logo ficou tudo escuro; as nuvens enegreceram e desencadeou uma pavorosa tempestade. Relâmpagos brilhantes rasgavam o firmamento; os trovões ribombavam sem parar. Assustada, vi como se na ilha houvesse um incêndio, cujo fogo sangüíneo iluminava a água. Pulei da cadeira e soltei um grito:

— Vamos para dentro... andem logo! Por que estão sentados aí feito troncos?

— Eu quis correr à porta, mas neste instante ouviu-se um forte estrondo, como se o mundo estivesse acabando, e desmaiei. Não é estranho sentir algo assim num sonho? Bem, lembro-me perfeitamente de ter desmaiado e, logo, voltar a mim... Tudo era silêncio e inundado por penumbra esbranquiçada; olhei em torno... e um pavor insano de mim se apoderou. Até onde alcançava a vista era destruição. O jardim estava arrasado, as árvores arrancadas pela raiz, a casa – simples ruínas. O mais estranho é que a nossa casa em Kiev e esta daqui como se fundiram numa só e vieram abaixo juntas, pois através de montes de entulho vi as cariátides da fachada da casa de Kiev. Mas, no sonho, tais circunstâncias não me surpreendiam e eu só pensava numa coisa: achar os meus familiares, que não conseguia encontrar em nenhum lugar e, em desespero, eu vasculhava os escombros.

Súbito achei meu pai, morto e ensangüentado. Gritei e, ao tentar reanimá-lo, vi dos escombros saírem rastejando a mamãe, branca e magra, toda de preto, e atrás dela o meu irmão e a irmã. Enquanto eu tentava confortar a mãe e os pequerruchos, agarrando-se em mim, tudo em meu torno mudou. Eu me vi numa estrada estreita e sinuosa, cheia de buracos fundos e coberta por pedregulhos; ao longe se divisava uma floresta densa e escura. Entrei em pânico e comecei a chamar o meu noivo, mas este não aparecia, e eu o chamava e chorava...

Nisso divisei, ao lado daquela estrada esburacada, um caminho largo de terra batida, de nós separado por uma valeta profunda e, nele, seguia montado Mikhail Dmítrievitch com uma amazona, que não consegui reconhecer. Eles iam trotando e, então, Mikhaill voltou a cabeça em minha direção. Ele me olhou com gélida indiferença; depois virou o rosto e continuou a palrear rindo com sua acompanhante. Depois ambos desapareceram na curva da estrada. Devo acrescentar que naquele minuto em minha alma despertou um sentimento cruel, maldoso e hostil, jamais experimentado. Aí eu disse aos meus: – "Esperem-me aqui, vou lhes buscar algo", e me embrenhei na floresta. Caminhei por uma vereda cheia de arbustos espinhosos, acima de mim árvores frondosas se entrelaçavam com os galhos, formando um jardim verdejante e, embaixo, reinava a penumbra. Súbito, como se brotado do interior da terra, diante de mim surgiu um homem preto, empunhando saco com ouro.

— Pegue! – disse ele. – Eu agarrei avidamente o saco e corri junto aos meus. Depois só me lembro novamente na floresta, e o mesmo homem preto me deu um outro saco cheio de ouro, tão pesado que eu mal conseguia arrastá-lo, enquanto ele ia me seguindo e sussurrando no ouvido que me daria ainda muita, muita coisa boa, mas para tanto eu deveria ficar com ele, ser sua esposa. Então ele me agarrou bruscamente a mão. Fiquei aterrorizada e quis fugir, mas ele me segurava como garras e me arrastava em direção a um lúgubre abismo insondável... Eu tremia de medo, porém à medida que nos aproximávamos do precipício, essa sensação ia diminuindo. Apoderada de fraqueza e apatia, não lhe opus qualquer resistência; então ele me ergueu e atirou no abismo. Caí num vale inóspito, semeado de enormes blocos de pedra e circundado de rochedos pontiagudos.

Fiquei completamente alquebrada, porém sentia-me contente e só pensava em me vingar; de quem? – não me lembro. Enquanto isso, o ar ia rareando e eu respirava com dificuldade, assaltada de súbita vontade de fugir dali. Corri inutilmente em círculos à procura de uma saída. Nessa minha angustiante tentativa, avistei uma enorme rocha de granito, maior de todas, em cujo centro havia um assento vazio esculpido.

Enquanto eu examinava curiosa aquela espécie de trono, a rocha se abriu ruidosamente, da terra faiscaram línguas de fogo e, cercado por aquela auréola chamejante, assomou uma figura masculina de chifres encurvados e asas dentadas. Era belo, se bem que a sua beleza bafejava algo sinistro; o seu olhar perscrutador e a voz penetrante fizeram-me estremecer.

— Não me enfrente, criatura indomável, sua luta é inútil; você é nossa e sempre será. Quem entrar aqui jamais sairá. Rápido! Servos! Aprisionem-na!

Não se sabe de onde, surgiram então monstros pretos e asquerosos de caras animalescas, que me agarraram e me prenderam com corrente à cadeira de pedra, onde se acomodava, olhando-me com zomba, aquele algo envergando os chifres curvados e asas dentadas. Gritei e acordei assustada, toda em suor; meu coração batia forte e não consegui mais dormir.

— Que sonho tolo, não é, padrinho! – concluiu Nádyaem tom indeciso, lançando-lhe um olhar perquiridor. – Ainda por algum tempo depois de acordar, eu continuei assustada, mas disse a mim mesma que aquele pesadelo asqueroso se deveu à profunda excitação, causada pelos relatos sobre o satanismo.

— Queira Deus que esse estranho sonho seja apenas um pesadelo e não o aviso de algum infortúnio! – desejou o almirante.

— Que perigo me ameaçaria e como eu poderia evitá-lo, caso fosse verdade?

— A vida e o destino humanos não são livres dos perigos e se sujeitam a tantas vicissitudes, que é difícil prever de que lado possa advir uma ameaça – asseverou em tom sério o almirante. – E contra os golpes do destino e as forças do mal nós só contamos com uma arma – a oração. Sabe, Nádya, a oração é uma mobilização da vontade, um arrebatamento da alma à fonte do bem: Deus e Seus servidores límpidos. Este arroubo, reforçado pela fé, serve de sustentáculo nas provações e de escudo contra as investidas dos maus espíritos. Vivemos numa época difícil: as forças cruéis absorvem milhares de almas, a fé hesita e, por todo o lugar, o ateísmo medra, e as terríveis epidemias psíquicas tempestuam com força crescente. Suicídios, insanidade e debilidade mental causam devastações horrendas, sem contar as obsessões, não reconhecidas pela ciência oficial – fatos que não podem ser negados. É contra isso que, justamente, a igreja e sobretudo os seres eleitos, os chamados santos, lutam vitoriosamente desde os tempos imemoráveis.

Nádya ouvia pensativa e perturbada.

— Sem dúvida eu vou orar, padrinho, pois sei que você passou por muita coisa. Mas como vou conciliar tudo isso casada? Mikhail Dmítrievitch não acredita em nada e irá debochar de mim implacavelmente ao saber que eu acredito em obsessão, demônios, feitiçaria, etc... Tremo só de pensar!...

— Paciência, minha criança. Se não podemos obrigá-lo a crer, ele também não pode despojá-la de suas convicções. Quem sabe, talvez o futuro lhe confirme a existência de tantas coisas, nem imaginadas por sua "sabedoria iluminada", e não há nada melhor para convencer os homens do que a experiência própria.

Aproximava-se a hora do desjejum e ambos, em passos lentos, dirigiram-se a casa.

— A propósito, quem é o jovem que está vindo com o seu noivo? – de súbito indagou o almirante.

— É seu primo – Jorj Vedrinsky. É rico, não trabalha e só por passatempo estuda a Arqueologia. Pouco sei dele, pois ele mora no exterior. Vedrinsky é muito simpático e gentil, mas também um ateu inveterado tal qual Mikhail Dmítrievitch.

Já perto do terraço, Nádya disparou na frente ao ver a mãe arrumando a mesa para o desjejum. Ivan Andréevitch acompanhou-a com um olhar triste e pensativo.

"Pobre criança! Que Deus a guarde dos ardis diabólicos! O seu sonho é um aviso sinistro, tanto mais estando neste local maldito" – pensou ele.

Findo o repasto, Nádya sugeriu ao almirante visitar o túmulo de Marússya e rezar pela inocente vítima do destino caprichoso e estranho.

No caminho, eles tiveram que passar por ruínas pitorescas, cobertas de musgo e plantas rastejantes.

— O papai quer derrubar tudo, mas eu sinto pena. Olhe com que mistério venta daquela sala com grande janela sagital ao fundo; as ruínas são iguaizinhas às de um castelo feudal. Havia ainda até uma parte de azulejos e uma pequena porta na parede, saindo para uma escada. É uma pena não se poder descobrir para onde ela está conduzindo, pois o resto do prédio desmoronou-se. Deus sabe o que ele tinha!

— Sim, são reminiscências interessantes do passado – considerou o almirante. – Se não me engano, são ruínas de uma hospedaria, antes pertencente ao mosteiro católico na ilha.

— Como? Na ilha havia um mosteiro? Onde ele foi parar? Não há qualquer vestígio dele – surpreendeu-se Nádya.

— Na floresta que cobre a ilha, bem em frente de seu terraço, ainda permaneceram as ruínas de uma velha abadia beneditina, antes ocupando toda a área da ilha e que hospedava seus visitantes na casa, por cujos escombros acabamos de passar. Certa vez, eu e Marússya examinamos os restos da igreja e encontramos alguns vestígios do cemitério do mosteiro com seus monumentos tumulares. Aliás, se isso lhe interessa, fale com o padre Tímon, pois ele gosta de remexer o passado e juntou uma coleção maravilhosa de diversas coisas. Ele poderá lhe contar com mais detalhes sobre o mosteiro e seus objetos.

— Oh, tão logo o encontre pedirei para fazê-lo e, depois, vou vasculhar as ruínas. Por terem ali se abrigado uma igreja e mosteiro – locais de orações piedosas – exclui-se qualquer possibilidade de o lugar servir de esconderijo para algum demônio ou que possa trazer um infortúnio – alegou Nádya, com convicção.

Um sorriso triste e enigmático franziu os lábios do almirante, mas ele nada comentou, ademais, eles chegaram à capela.

Era uma construção de proporções médias, em mármore branco e com cúpula azul e cruz dourada no alto. A porta da entrada era de carvalho maciço cinzelado. No interior, diante da imagem grande da Ressurreição de Cristo, erguia-se um facistol; uma luz suave filtrava-se através de três janelas estreitas com vidros azuis. Numa das laterais, uma porta dava para a escada em caracol, conduzindo à câmara mortuária, iluminada naquele hora por lâmpada de teto. No centro havia dois túmulos: um grande, em cuja placa de mármore preto estava escrito o nome de Piotr Petróvitch, e um sarcófago em mármore branco – obra de um artista italiano. Este sarcófago – reprodução de outros tantos, dos primeiros tempos do cristianismo – apresentava-se aberto e ali, tal qual, em almofadas, repousava a jovem de mãos cruzadas, em cuja cabeceira se erguia a estátua de um anjo em tamanho natural que, inclinado, empunhava sobre a adormecida um crucifixo, como que a abençoando e protegendo de algum inimigo invisível. Naquela hora o sarcófago estava decorado com flores frescas: rosas aos montes cobriam-no e um lírio branco estava enfiado nos dedos pétreos da defunta.

— Como ela era bela e jovem, e faleceu de modo tão triste! – balbuciou Nádya, perturbada.

— Foi você, Nádya, que mandou decorar o túmulo de Marússya? – perguntou o almirante, emocionado.

— Sim, padrinho. Lembra de termos passado pelo canteiro de flores? Enquanto estamos aqui, o jardineiro troca as flores a cada dois ou três dias. Diariamente venho para cá para orar pela infeliz.

Sem nada dizer, Ivan Andréevitch deu um beijo em Nádya. Após orarem, eles saíram da capela.

No dia seguinte, Nádya, radiante de felicidade, encantadora em sua saia cor-de-rosa e chapéu, foi com a mãe encontrar o noivo. Filipp Nikoláevitch e o almirante acomodaram-se no terraço com seus charutos e jornais. Diante deles, a longa alameda de tílias propiciava visão dos que se aproximavam da casa.

— Ivan Andréevitch, eu queria lhe falar sobre Mikhail Dmítrievitch. Não sei por quê, mas não consigo gostar dele.

— De que você não gosta nele? E, se é assim, qual é a razão de permitir esse casamento?

— Nádya o ama de paixão e não quero prejulgá-lo. Ainda que ele não disponha de grandes recursos, você sabe que isso não é um empecilho, pois Nádya é rica pelos dois. Ele é uma pessoa correta, muito bonito e parece amar a minha filha de verdade, mas há algo nele também desagradável. O olhar dele é presunçoso e frio, parece muito egocêntrico e perdulário. Depois, o seu jeito de livre-pensador e a descrença de tudo, que ele vive exibindo, apontam uma mente estreita. Mas aos olhos da moça apaixonada, tudo isso não tem importância, pois ele é bastante atraente para seduzir um coração feminino – é óbvio. De quem eu gosto realmente e a quem queria por genro é o seu primo, Jorj Vedrinsky. Que jovem simpático, inteligente, franco, honesto; bem... não é o destino.

O almirante sorriu.

— O que se há de fazer? São raras as vezes em que os filhos compartilham do gosto dos pais, e devemos nos conformar com isso.

— Ah, esqueci de lhe dizer: hoje recebi uma carta de madame Morel e, na terça-feira, ou seja, daqui a quatro dias, ela estará aqui com Mila. Imagine só! Ela pede a permissão de se hospedar por duas ou três semanas com a afilhada na casa da ilha. Diz que, sendo eu um homem "esclarecido", não daria certamente importância às conversas tolas que transformaram aquele maravilhoso cantinho num covil sinistro. De qualquer forma, ela se diz livre de preconceitos e superstições, e o meu consentimento seria interpretado como deferência especial.

O almirante deu de ombros.

— Que ali se hospede e sinta na própria carne as garras do senhor capeta, o qual não deixará de pregar suas traquinagens! *Il n'y a de pires sourds que ceux qui ne veulent entendre* (Os mais surdos são os que não querem ouvir). É difícil convencer um incrédulo, e a experiência pessoal, nesses casos, é o melhor propagador da verdade.

— Você está certo. Que se instalem naquele ninho do capeta. Mas o que as atrai para lá? Começo a achar que, apesar de ter casado com o nobre senhor Morel e passados mais de vinte anos, ela não consegue esquecer o seu ex-noivo – o misterioso Krassinsky, morto numa situação tão enigmática.

— Ó Deus, Nosso Senhor, aquela casa novamente será habitada! Felizmente estou de partida... – disse o almirante, em tom de repulsa.

— Já quantas vezes você me disse isso, mas nunca me falou onde pretende ficar. Como está reformado e livre, eu esperava que você fixasse o domicílio em Kiev, perto de nós – observou Zamyátin.

— Não, meu amigo, pretendo viajar para mais longe, e lhe direi para onde, se me prometer não soltar a língua. Vou à Índia, tão logo ponha em dia os meus negócios, o que, aliás, está quase feito. Ainda antes, durante a minha visita àquele país, tive a sorte de conhecer um velho brâmane, e ele prometeu me introduzir numa seita secreta de sábios hindus. Na expectativa de ser aceito, estudei diligente o sânscrito e inglês – você sabe – eu domino. Poderei trabalhar sem problemas e dedicarei o resto dos meus dias ao estudo da ciência oculta, cheia de empolgantes mistérios. Já não sou jovem, é claro, mas ainda suficientemente forte de corpo e alma para receber a primeira *iniciação*. O conhecimento do mundo oculto empolga-me e – quem sabe? – talvez eu consiga expulsar o demônio aqui instalado.

Zamyátin ouvia, visivelmente desapontado.

— De todo o coração lhe desejo que concretize suas intenções; não posso negar, por outro lado, que a sua partida me deixa desgostoso, pois esperava outra coisa. E por quanto tempo planeja ficar ausente?

— Não tenho idéia. Talvez nem volte à Europa; vai depender dos meus instrutores – disse o almirante. Ao notar o desgosto do amigo, acrescentou: – De qualquer forma, Filipp, terá notícias minhas e, assim que me sentir capaz de purgar Górki, virei sem falta.

Instalou-se o silêncio, e ambos parecia meditarem. Em seguida, cada um iniciou a leitura das cartas recebidas pela manhã. No instante de o almirante dobrar a última carta, viu pela janela a carruagem chegando em carreira pela alameda das tílias. Zamyátin e seu amigo já esperavam na entrada, quando o coche aportou. Nádya estava radiante. O seu noivo sentado na frente desembarcou primeiro.

Enquanto ele ajudava Zamyátina e a noiva a descerem da carruagem, o almirante examinou-o, meditativo.

De fato, Massalítinov tinha bela aparência: alto, esbelto, cabeça clássica de camafeu grego e cabelos cheios, negros e encaracolados. Os enormes olhos escuros aveludados com cílios felpudos não denunciavam seu lado espiritual; o olhar era frio, soberbo, e uma prega cruel encrostara-se em torno da boca belamente contornada. Mas quando os lábios púrpuros se abriam, desnudando os dentes de brancura ofuscante, e um sorriso enfeitiçador se acendia sob as sobrancelhas semi-abaixadas, logo se tornava compreensível a sedução que ele exercia sobre as mulheres.

Nádya não despregava os olhos do noivo e sequer disfarçava seu desmesurado amor a ele.

Com interesse não menos intenso, Ivan Andréevitch examinou o primo apresentado de Massalítinov – Jorj Vedrinsky. Era um moço também bonito, mas em sentido totalmente diferente. Da mesma forma alto, era mais largo nos ombros, parecia a personificação da saúde florescente e virilidade, cujos músculos deveriam ser de aço. Os cabelos loiros e uma pequena barba emolduravam o rosto; os olhos claros, cinza azulados, respiravam de retidão e bondade. Um contraste ríspido eram as suas sobrancelhas pretas, unindo o intercílio, o que conferia ao semblante uma expressão severa e enérgica.

O almirante sentiu uma imediata simpatia por Gueorgui Lvóvitch; por outro lado, a altivez de Massalítinov e o desdém forçado dos maneirismos produziam uma impressão desagradável.

Adentrados à sala, Mikhail Dmítrievitch e seu primo pediram licença para se retirarem aos aposentos reservados, por um quarto de hora, para sacudir a poeira da estrada.

— Bem, padrinho, gostou do meu noivo? Ele é belo qual uma estátua da Antigüidade, não acha? – sustentou Nádya, afogueada de felicidade e orgulho.

— Sim, sem dúvida ele é bonito. No entanto, espero que você adore não apenas uma estátua fria – devolveu Ivan Andréevitch, rindo.

— Como você é maldoso! – amuou-se Nádya.

O almoço transcorreu em clima de alegria. Falaram do passado e futuro, e levantaram brinde pela saúde dos noivos. Filipp Nikoláevitch relatou a vinda da senhora Morel com sua afilhada Ludmila Turaeva e acrescentou em tom de brincadeira que Gueorgui Lvóvitch também teria a oportunidade de se apaixonar.

Depois do repasto, Nádya levou os jovens ao parque, mostrou-lhes as ruínas no caminho, o mausoléu à Marússya e resumidamente contou a história trágica e misteriosa da jovem. Mikhail Dmítrievitch escangalhou-se em gargalhada ao fim do triste relato e disse que aquelas "baboseiras" foram inventadas com a nítida intenção de desvalorizar a propriedade para comprá-la por ninharia.

— Esta ilhota verdejante sobre a vasta superfície do lago, com suas torrezinhas a se alçarem misteriosamente do verde, é simplesmente espetacular e eu não vejo a hora de visitar aquele recanto mágico. Espero, Nádya, que não lhe falte coragem de me acompanhar.

— Dizem que o local traz má sorte – observou a moça, perturbada.

O noivo desfechou uma nova gargalhada.

— Nádya, Nádya! Não tem vergonha de acreditar nessas tolices? O seu querido padrinho contou-lhes meras invencionices, e vocês as têm como verdades sagradas. E isso tudo em nosso século iluminado!...

A jovem não contestou e por estarem se aproximando da casa, Massalítinov mudou de assunto. À noite, na hora do chá, ele tornou a expressar o desejo de visitar a ilha, tanto mais por sua má fama.

— A casa é tida por mal-assombrada e eu estou curioso por topar com um forasteiro do outro mundo. Ficarei imensamente agradecido àquele *senhor*, caso ele me honrar com sua aparição, no que insisto.

— E por que não? Talvez *ele* lhe dispense tal felicidade – observou o almirante.

— Lamento, mas por ser um cético enraizado não acredito nesse encontro; não existem nem diabos nem fantasmas. O satanás e seus fantasmas foram inventados para assustar os ingênuos. Eu, por exemplo, já freqüentei várias sessões espíritas e nunca presenciei algum fenômeno que me convencesse. Tudo não passa de engodo e mistificação.

— Ah, Mikhail Dmítrievitch, como é possível duvidar de tudo? Que existem demônios, maus espíritos e fantasmas – tudo isso é confirmado pela Bíblia, Evangelhos e vida dos santos – sustentou irritada Nádya e, empolgando-se cada vez mais, acrescentou: – Cristo curava os endemoninhados. O venerado Sérgui* viu um verdadeiro séquito de demônios; Santo Antônio fora tentado pelas forças maléficas, bem como outros ascetas: o padre Johann de Kronstad, no enterro de um ébrio, presenciou os espíritos do mal e, finalmente, a feiticeira de Aendor instava o espírito de Samuel. Não se pode negar ao mesmo tempo todos os testemunhos dos santos e de pessoas altamente respeitadas.

— Nadejda Filippovna, tudo isso são fábulas, sem menor crédito. De um modo geral, esses fenômenos "extraordinários" jamais foram incontestavelmente comprovados. Agora, referente à nossa visita à ilha, que me interessa muito, obviamente será difícil, querida Nádya, deixar de fazer isso, pois as damas esperadas vão se hospedar lá.

— Sim, a senhora Morel, cética de tudo tal qual o senhor, expressou a vontade de se instalar na casa sinistra. Aliás, ela é movida por um sentimento específico: veneração à lembrança do seu ex-noivo Krassinsky, falecido e enterrado na ilha – observou Zamyátin.

— Ah, sim!... O pobre Krassinsky, que sacrificou a vida para salvar Vyatcheslav Ivánovitch Turaev, recebendo em reconhecimento o título de feiticeiro, vampiro ou algo desse gênero – debochou Massalítinov, rindo. Bem, esse defunto sinistro repousa na ilha, e a terra não engoliu o seu túmulo, a *dacha*** continua de pé e, durante os últimos vinte anos, não apareceu nenhum espírito

---

* Monge russo, mais tarde canonizado. N.T.

** Casa de campo ou veraneio na Rússia. N.T.

por aqui, dando ar de sua graça. E, se algum infeliz "capetinha" tivesse se instalado na *dacha* e conspurcasse o maravilhoso recanto à espera de alguma vítima, teria se enfadado pela longa demora e dado no pé há muito tempo. Realmente, senhores, não seria mais lógico explicar tudo de forma mais natural? Por exemplo, ao invés de atribuir ao demônio a culpa pela morte da pobre Turaeva, não seria mais simples supor que ela se atirou no lago para se matar pela depressão, causada por seu estado doentio? Não ocorrem coisas semelhantes? – E ele novamente se rompeu em riso.

O almirante permanecia calado. Um sorriso de desdém vagava em seus lábios enquanto ele ouvia o jovem janota a gabar-se de sua descrença tal qual de sua erudição, tendo por tolos os que sabiam de algo a ele desconhecido. E na alma de Ivan Andréevitch tornou a assomar um sentimento de antipatia vaga pelo belo oficial. Ele, que muito vira e lera, detestava pessoas que, com riso zombeteiro e ditos chistosos, tentavam conferir a si o lustro de um iluminado e parecer acima de quaisquer preconceitos e superstições.

— Bem, o senhor não acredita em nada – observou o almirante. – E os fenômenos que começam a ser estudados pela ciência tais como a clarividência, a telepatia, a materialização dos mortos e demais manifestações dos que deixaram o mundo dos vivos, o senhor também refuta? – desafiou ele.

— Sem dúvida – revidou em tom decidido Massalítinov. – Fala-se muito disso e é compreensível os cientistas tentarem confirmar os rumores e... se esses fenômenos realmente ocorrem, conferir-lhes um fundamento natural e científico. O futuro dirá o resultado dessas tentativas; porém a mim parece mais racional esperar até que a ciência anuncie o seu julgamento, antes de acreditar cegamente nos fenômenos que contrariam o bom senso.

— O senhor é decidido, meu jovem amigo! De um só golpe o senhor risca os fatos e as observações de milhares de pessoas – considerou o almirante, em tom de tanta ironia, que Massalítinov corou.

— Eu nada refuto – redargüiu ele – apenas exponho a minha opinião pessoal, também baseada em observações. Eu freqüentei, como já disse antes, sessões espíritas e ocultas, onde se trapaceava desavergonhadamente. Quanto ao que li sobre as materializações, a vidência, feitiçaria, etc... – os fundamentos são inconsistentes. Tudo não passa de "disseram" ou "ouvi dizer" - ou seja, fatos não confirmados, ditos por pessoas crédulas, ou por vezes adeptos, que confiavam na palavra dos narradores.

— Perdão, Mikhail Dmítrievitch, o senhor está equivocado ao afirmar a inexistência de fatos seriamente confirmados. Por exemplo, Emmanuel Kant é uma autoridade digna de sua confiança? Ou seja, o senhor o tem por débil mental ou mentiroso?

— Que pergunta! Obviamente Kant é uma mente séria e totalmente digna de confiança.

— Pois bem, o mesmo Kant examinou um fenômeno parecido e confirmou sua autenticidade com as seguintes palavras: "A ocorrência, de fato, parece ter provas cabais e irrefutáveis". O caso aconteceu em 19 de julho de 1795. Emmanuel Swedenborg, proeminente filósofo, retornava de sua viagem da Inglaterra e parou em Gotemburgo na casa de seu amigo William Kastel... Juntaram-se numerosos convivas e, após o almoço, lá pelas seis horas da tarde, Swedenborg se despediu. Mas mal ele deu alguns passos na rua, estacou de repente, e em seguida, pálido e nervoso, retornou à casa de Kastel, comunicando aos presentes que em Estocolmo se desencadeou um terrível incêndio e o fogo já alcançava a rua onde ele morava. Pouco depois, ele saiu novamente para a rua e retornou para contar, com lágrimas nos olhos, que a casa do seu amigo queimou até as cinzas e a dele corria um grande perigo. Perto das oito horas, ele tornou a sair à rua, mas voltou. - "Graças a Deus! - exclamou ele. - O incêndio foi apagado, o fogo parou a três casas da minha." A notícia sobre esta estranha visão do velho filósofo - e Swedenborg tinha na época setenta e dois anos - espalhou-se por toda a cidade de Gotemburgo; o governador foi notificado, e todos que possuíam parentes e amigos na capital ficaram muito alarmados. Somente *dois dias* depois, o mensageiro imperial trouxe a notícia do incêndio e relatou os pormenores, confirmando as visões de Swedenborg. Ao comentar o fato, Kant, não obstante sua "mente prática e crítica", só conseguiu dizer: "O que se pode contestar contra a autenticidade deste caso?" Eis para vocês um fato belamente estabelecido pela vidência, pois Gotemburgo fica de Estocolmo a mais de 400 quilômetros.

Bem, agora existe o caso do moribundo, que escolhi fortuitamente em mais de mil ocorrências semelhantes. Agrippa d'Obini, amigo do famoso rei francês Henrique IV, relata o que aconteceu na hora da morte do cardeal de Lorraine. Foi em 1574; o rei se encontrava naquela época em Avignon junto com a rainha-mãe e o cardeal. Catarina de Médicis deitou-se adoentada, mais cedo que o habitual. Entre os dignitários presentes, quando ela foi se deitar, estavam: o rei Henrique de Navarra, o arcebispo de Lyon, as damas Retz, de Linherol e de Sonney. A rainha já se despedia dos presentes, quando jogou a cabeça sobre as almofadas, fechou os olhos com a mão e, aos gritos, começou a pedir por socorro, apontando para o cardeal de Lorraine, postado de joelhos nos degraus do leito, que lhe estendia a mão. – "Vá, vá, cardeal, não preciso de você!" – gritava Catarina, pálida. Sabendo-se o cardeal enfermo, todos se surpreenderam com seu aparecimento e, mais ainda, com seu rápido sumiço. Então o rei de Navarra enviou um dos empregados à corte para informar-se do cardeal; ao retornar, o enviado comunicou que este havia falecido no momento em que foi visto junto ao leito da rainha-mãe.

Para concluir, vou lhes contar um caso em que o espírito do morto não só deu provas de sua existência além-túmulo, como expressou seus pêsames aos parentes. Ocorre com bastante freqüência o espírito expressar uma participação ativa no destino e nas realizações de seus familiares e amigos. Em 1761, a senhora Morteville – viúva do embaixador holandês em Estocolmo – recebeu de um dos credores do marido uma exigência de pagamento de vinte e cinco mil florins holandeses. Ela sabia perfeitamente que essa importância já tinha sido paga pelo marido, e um novo pagamento significava falência. Como não conseguia achar o recibo, recorreu desesperada a Swedenborg para pedir ajuda e conselho; este prometeu pensar no assunto. Uma semana depois, seu marido lhe apareceu em sonho e indicou o local onde estava o recibo, bem como os rubis e brilhantes, perdidos por ela. A senhora Morteville acordou e olhou para o relógio de parede: eram duas horas da noite. Ardendo de impaciência em confirmar o sonho, ela se levantou imediatamente, correu até o local indicado e ali achou o recibo e os objetos perdidos. De volta para cama tranqüilizada, dormiu até a manhã. Eis os fatos. O que o senhor pode dizer contra os mesmos? – perguntou o almirante, sorrindo.

— Muita coisa, Ivan Andréevitch. Perdoe-me, mas eles são tão pouco convincentes como os outros do gênero. Mesmo, por exemplo, a visão de Catarina de Médici. A consciência pesada daquela "generosa" rainha poderia ter provocado uma alucinação, some-se ainda o seu conhecimento sobre a doença do cardeal e não poucos pecados, por ela cometidos contra a Casa de Lorraine. Seu grito, associado ao nome do cardeal, causaram uma alucinação coletiva, e o digníssimo Agrippa, que não tinha noção de tais fenômenos, registrou-os como um fato. Menos confiança merece o caso de vidência em Estocolmo, ocorrido com o velho e extravagante sonhador Swedenborg. Quem lá pode dizer o que passa na cabeça de um doido? Quanto ao testemunho de Kant, este também é duvidoso, pois foi fundamentado no relato de estranhos, sem ter testemunhado pessoalmente o estranho evento. Quanto ao terceiro caso, eu...

— Não, não, eu o dispenso de suas contestações! Estou certo de que o senhor destruirá quaisquer argumentos, provando de modo claro tal qual o dia, que eu não passo de um velho idiota crédulo, pouco superior a um pastor de ovelhas – exclamou o almirante com bonomia, mas em tom jocoso. – Mas me perdoe, o senhor me convenceu tanto quanto eu!

— E eu queria apenas convencê-lo da necessidade de ter bom senso – retrucou Mikhail Dmítrievitch, empolgando-se na discussão.

No calor dos debates, Massalítinov olhou para o seu primo, a ouvi-los atentamente e sem abrir a boca.

— Jorj, me ajude! Está sentado aí feito toupeira. Antes você era um adversário feroz de todo o "sobrenatural", sempre procurava desmistificar essas superstições, ardis espíritas e assim por diante e, agora, me deixa sozinho enfrentar um adversário tão terrível como Ivan Andréevitch. Nem o reconheço!

Gueorgui Lvóvitch endireitou-se e disse sorrindo:

— Você tem razão, Misha*, eu era bem cético, mas não sou mais assim. No verão passado, vivi uma aventura extraordinária e presenciei fenômenos, em que antes jamais acreditaria. Topei-me com fantasmas e até hoje eu guardo uma prova de que aquilo não foi um sonho.

Mikhail Dmítrievitch saltou feito aguilhoado.

— Como? Você teve uma aventura e nem me contou? Ficou

*Tratamento afetivo para o nome Mikhail. N.T.

com medo de minhas críticas? – gritou ele em indignação engraçada, gerando risos.

Quando todos silenciaram, Gueorgui Lvóvitch prosseguiu em tom sereno:

— É verdade, mas não é por medo de suas críticas que não lhe disse nada, pois os fenômenos vivenciados não se temem. Nada falei porque você não se interessa por esses assuntos e, ademais, não nos vimos neste inverno. Nas poucas semanas passadas juntos em Kiev, antes de virmos para cá, tínhamos muitas outras coisas para conversar.

— Bem, agora estando cercado de uma audiência simpatizante, o senhor talvez nos conte esse episódio extraordinário, se não for segredo. Ou tal pedido foi uma indiscrição de minha parte? – corrigiu-se Nádya, embaraçada.

— Não, não, Nadejda Filippovna, nada tenho a esconder, ainda que os motivos que desencadearam os estranhos fenômenos não me sejam elogiosos. Bem, não faz mal, terei o prazer em relatar o que me fez ficar curado do ceticismo imaturo.

Gueorgui Lvóvitch refletiu por pouco e seu rosto tornou-se sério e pensativo.

VI

— Antes de tudo, devo referir-me a um triste acontecimento – a morte da minha noiva, Elena Prosórova. Era uma moça boa e bonita. Eu a amava muito e, mesmo passados mais de dois anos, ainda sinto sua falta. Ela faleceu inesperadamente duas semanas antes de nosso enlace, o que me deixou desconsolado. Ao me recuperar dos primeiros sofrimentos, a minha irmã, casada com o secretário da nossa Embaixada em Madri, convidou-me a passar alguns meses na Espanha, esperando com isso que um novo ambiente e a viagem pelo interessantíssimo país dissipassem a minha tristeza. Naquela época, eu não pude aproveitar o convite, mas a idéia da viagem me havia agradado e no fim do ano passado eu fui a Madri. Senti-me bem no mundo diferente e fiz amizade com muitos espanhóis, principalmente com Dom Diego d'Alvares, com o qual combinei dar uma volta pela Espanha. Ele queria me mostrar a pátria e surpreender-me com suas riquezas artísticas e arqueológicas. Após interessantes excursões pelo norte da Espanha, chegamos a Granada, com a intenção de passar ali algumas semanas, pois Dom Diego, sendo natural daquela região, tinha numerosos amigos e alguns assuntos para resolver. Granada me agradou muitíssimo. A beleza sedutora das paisagens, as ruínas da divina cultura moura – tudo, enfim, me atraía e deixava extasiado. Por horas eu vagava pelas salas do Alhambra e jardins de Generalifa, sonhando como seria o palácio cheio de vida e as suas salas mobiliadas. O mais estranho é que em meus devaneios tudo ali me parecia familiar e, não sei explicar, muito caro.

Dom Diego me apresentou diversos amigos e primos, introduziu-me em algumas casas de parentes, e como aprendi muito rápido o espanhol podia me explicar sem dificuldade, tornando os meus relacionamentos dos mais agradáveis. Dom Diego herdara de uma velha tia uma propriedade perto da cidade e me convidou a visitar a vila. – "Não longe dali estão as ruínas do palácio mouro e, sabendo de sua paixão por nossas relíquias, a visita lhe proporcionará grande prazer" – disse-me, jovialmente. Partimos a cavalo; quase bem junto à vila, meu amigo apontou-me os escombros do muro e uma velha torre, assomando-se no fundo, e dizendo que todo aquele lixo não estaria lá não fosse um medo supersticioso que impedia retirar os restos daquela velharia. – "Os moradores locais acham que as ruínas são malditas desde a época, quando um camponês ao querer demolir a torre foi atingido mortalmente por um raio, e ninguém mais quis adquirir o local enfeitiçado." Rimos muito daquele absurdo; nós nos separamos: ele foi falar com o administrador e eu me dirigi para examinar os escombros.

As ruínas estavam quase cobertas por arbustos e estendiam-se mais longe do que imaginava. Todavia, apesar da confusão em volta, investiguei o local. Descobri uma galeria de colunas estreitas e um tanque de água, coberto por mato, onde outrora provavelmente ficava um chafariz. Tratava-se por certo de um jardim ou pátio interno do palácio. Adiante, os escombros de larga escada de mármore levavam a uma porta em arco e, atrás desta, havia um amplo salão, cujo teto era o firmamento. Sucediam-se-lhe dois quartos menores abobadados e restos de esculturas nas paredes, de acabamento fino e artístico, tal qual em Alhambra. Os vestígios de tinta verde e azul em alguns lugares testemunhavam a antiga magnificência do lugar. Nos fundos do segundo recinto também havia uma porta arqueada e decorada a cinzel, mas a parede caída atrás impedia qualquer possibilidade de exame melhor. Ainda assim, os muros maciços da torre poderiam se sustentar por mais séculos; apenas a escada conduzindo aos pisos superiores havia desabado e só consegui entrever o salão redondo do segundo andar; as paredes nuas e esfareladas não davam qualquer pista de seu destino. Estava tão absorto em minhas investigações, que me esqueci completamente de Dom Diego e de tudo o mais. Estranho: à medida que eu examinava as ruínas, estas me pareciam cada vez mais familiares, ou seja, eu me sentia como se estivesse em casa. Por exemplo, de antemão eu sabia encontrar-se atrás da pequena porta abobadada uma galeria, coberta de piso azul e branco, e eu fiquei com vontade tão incontrolável de verificar essa sensação, que, ao tentar galgar os escombros, quase quebrei o pescoço, sem contudo lograr o meu objetivo. Dom Diego me encontrou em estado de muita excitação; minhas vestes estavam sujas e rasgadas. Ele riu à bandeira despregada, mais tarde, do meu arroubo arqueológico. À noite daquele dia eu tive um sonho estranho.

Vi-me novamente no palácio mouro; mas esse já não era um monte de entulho como em vigília. Não, ele se erguia em toda a sua magnitude do passado. Em volta do tanque perfilavam-se floreiras e, ao longo da galeria abobadada, sofás baixos revestidos por brocado seduziam-me ao repouso. É impossível descrever o luxo daquele salão e dos cômodos anexos. Era o palácio de "Mil e uma noites". O sonho deixou em mim uma forte impressão e, quando eu contei a Dom Diego, ele debochou de mim, dizendo que o espírito das ruínas me enfeitiçara.

Para distrair-me das fantasias arqueológicas, ele me levou à casa de sua dama, que freqüentávamos amiúde. Dona Rosarita de Roias y Montero era uma viúva belíssima de uns trinta anos, de reputação um pouco suspeita. Provavelmente era rica e recebia muita gente, na maioria público heterogêneo e sobretudo masculino e jovem. Jogava-se muito naquela casa – preferencialmente cartas. Agora eu sei que ela tinha uma dessas espeluncas ilegais, existentes em qualquer cidade grande. Dom Diego era um jogador inveterado; até eu, reconheço, comecei a me envolver no jogo, mas não apostava alto devido à limitação dos meus recursos. Entretanto, aos poucos, fui me esquecendo das precauções e me empolgava. Como freqüentemente conseguia ganhar bem, ficava mais ousado, e a paixão infausta apossava-se de mim cada vez mais e mais. Amiúde eu encontrava na casa de Dona Rosarita um jovem, por quem desde o começo sentia uma profunda antipatia; coincidia, porém, que quase sempre ele era o adversário. Dom Eusébio Gomes era bastante apessoado, mas em seus olhos afundados espreitava-se algo sinistro e malicioso, o que me afastava dele. Após um período de sorte em baralho, esta me abandonou, e comecei a perder.

Obviamente eu devia parar de apostar, mas como acontece a qualquer jogador impetuoso, acreditava poder interromper a má fase. Certa noite, eu voltei para casa especialmente nervoso, pois há algum tempo eu já desconfiava que Dom Eusébio trapaceava no jogo e eu não conseguia pegá-lo em flagrante. Fui dormir e tive um sonho ainda mais estranho.

Como antes, eu me vi no palácio da Mauritânia. A lua cheia inundava com o luar o enorme edifício que, com a sua galeria coberta e as abóbadas qual renda, unia-se à enorme torre sobrevivente. Tal qual agora, eu vejo-me no jardim em vestes de brocado cor de cereja, com desenhos dourados e botões de rubi, cingido por faixa branca de seda, atrás da qual luzia uma adaga de empunhadura cinzelada e, rente à cintura, pendia um sabre afiado, em cujo punho descansava a minha mão. Contudo, o mais estranho é que eu tinha nítida consciência de ser ao mesmo tempo Vedrinsky e mais *alguém*, cujo nome me escapava, mas eu sabia sê-lo. Caminhei lentamente, inspirando o aroma forte das laranjeiras em flor e das rosas. Ao sair da aléia sombrosa, vi-me perto do tanque quando, de súbito, a mim chegou um grito surdo. Fui para o outro lado do chafariz, já que os jatos de água ocultavam o palácio, e divisei um homem descendo em carreira a escada lateral. Ele carregava nas mãos uma mulher se debatendo, cujo rosto estava coberto por mantilha. Seu semblante era invisível, tampouco ela podia gritar, pois aquele homem lhe tapava a boca. Mas eu como que sabia pertencer-me aquela desafortunada refém, e ela era a minha atual noiva Elena, falecida. Nem me passou pela cabeça que ela já não estava viva. Eu investi contra o captor e iniciou-se uma luta violenta. Jamais iria pressupor em mim tanta fúria e ferocidade. E dos praguejamentos recíprocos, guardo hoje na lembrança que o captor se chamava Abdalla, e ele me chamou de Hassan. A mulher aproveitou a confusão da luta e fugiu, deixando cair a mantilha, cobrindo trajes mouros. Aliás, não tive tempo de examiná-la, pois Abdalla nisso me atacou ferozmente; porém eu fui mais ardiloso. Recuei, desnudei o sabre e desfechei-lhe um golpe letal. A cabeça do meu inimigo, decepada tal qual um melão maduro, rolou para o solo, saltitou e ficou presa no degrau da escada. O luar iluminou o rosto transfigurado pela convulsão, cujos olhos esbugalhados me fitavam com olhar terrificante. E aquele rosto era o de... Dom Eusébio!...

Acordei em suor gelado, mas como apraz a um homem "inteligente" e cético, não dei qualquer significado ao sonho, convencido de que o anterior prejuízo no jogo, somado às minhas suspeitas contra Eusébio, tenham desencadeado aquele tétrico pesadelo. À noite, sem dar atenção aos argumentos do bom senso, fui à casa de Rosarita. A mesa do jogo atraía-me qual ímã, mas eu legitimava aquilo pela necessidade de desmascarar Dom Eusébio. Como normalmente, ele foi o meu adversário e eu perdi uma soma de vulto; contudo, desta vez eu o fiquei vigiando atentamente e segurei-lhe a mão ao perceber sua trapaça. Desencadeou-se um escândalo. Apesar da evidência da trapaça, ele negou a culpa e, entres os presentes, alguns ficaram do meu lado, outros – do lado dele. As altercações acabaram em desafio ao duelo por parte dele: somente o sangue poderia lavar a ofensa causada à sua honra.

O combate aconteceu no dia seguinte, perto dos escombros do palácio mouro, como um local mais desértico. Eusébio escolheu esgrima.

Não sei de onde naquele dia eu hauri tanta agilidade no duelo, pois não manejava muito bem essa arma e, quando Eusébio me atacou enraivecido e me feriu no peito, senti a fúria que experimentara no sonho. Num lance, desarmei o adversário e estoquei-lhe a garganta. Vi o seu rosto se transfigurar e... aquele rosto, transfigurado pela convulsão, de olhos esbugalhados, pareceu-me o rosto de Abdalla. Não vi mais nada em seguida, pois perdi os sentidos e passei mais de três semanas na cama; o golpe no peito atingira um pulmão e minha vida correu perigo. Mas eu era jovem e forte e me recuperei rapidamente. Só os meus nervos estavam abalados: perseguia-me uma inquietação vaga e ansiedade pela mesa de jogo.

Dom Diego e os demais amigos vinham me visitar, ansiosos em reencontrarem-me na casa de Dona Rosarita. Ao me recuperar, decidi certa noite ir até lá, tanto mais que na véspera ela me escreveu uma carta simpática.

Eu estava acabando de me vestir, quando atônito vi, postado à porta... Dom Eusébio. Ele segurava na mão uma carta de baralho ensangüentada e seu rosto expressava raiva diabólica. Esfreguei os olhos para me certificar de que não era alucinação. Mas não, ele continuava ali postado, o sangue gotejava do ferimento da garganta, e a carta na sua mão era um ás de espadas, justamente que dele arranquei na trapaça. Tomado por pânico, semicerrei os olhos e, ao olhar de novo, a visão havia sumido. Tomei um calmante e decidi tratar seriamente os nervos. Pelo visto a minha debilidade ainda se fazia sentir. Jamais imaginaria poder topar com um fantasma. Entretanto, ao galgar a escada da casa de Dona Rosarita, novamente divisei, num canto escuro, o rosto de Dom Eusébio; escarnecendo-se de mim e arreganhando os dentes, mostrando-me a carta ensangüentada. Enfurecido, eu desviei o olhar. Positivamente aquelas alucinações iam se tornando insuportáveis.

Em excitação jamais experimentada, sentei à mesa do jogo. Das duas horas seguintes, guardei apenas uma lembrança vaga. Basta dizer que eu jogava feito insano, como se alguém me empurrasse a arriscar e me enterrar mais e mais. Corriam apostas infernais e eu estava perdendo. De cabeça afogueada, com tenacidade incompreensível, eu continuava a arriscar. Por fim, coloquei uma carta apostando tudo e, subitamente, vi diante de mim o rosto transfigurado de Eusébio, estendendo-me o ás de espadas. E eu soube que perdi.

Foi como se alguém me desferisse um golpe na cabeça, desmaiei e, quando abri os olhos, estavam me dando algo para beber e jogavam água no meu rosto. O numeroso público presente cercava a nossa mesa e percebi olhares surpresos e participativos. O meu credor era filho de um rico comerciante e verificou-se ser um homem cortês. Ele se aproximou, apertou-me a mão, justificou a minha perda pela recuperação incompleta da saúde e me assegurou de sua disposição de aguardar a quitação da dívida, já que levaria muito tempo para um estrangeiro providenciar dinheiro de tão longe. Agradeci e retornei imediatamente para casa.

Toda a minha excitação desapareceu como por encanto e, ainda a caminho de casa, avaliei a situação. Eu jamais poderia pagar aquela soma perdida, nem mesmo sacrificando todo o meu pequeno patrimônio. Conscientizado da situação terrível, assaltou-me um desespero e uma repugnância insuportável à vida. Agüentar a humilhação, reconhecer-me insolvente, passar vergonha diante da minha irmã e parentes, amigos?.. Não, jamais! Decidi dar fim à minha existência, e logo... antes do alvorecer.

Olhei para o relógio: era uma hora da noite. Febril e apressadamente, fiz os últimos preparativos e escrevi duas cartas: uma para o meu credor, entregando-lhe em pagamento da dívida a minha vida; a outra enderecei à minha irmã. A ela eu confessava tudo abertamente, suplicava-lhe me perdoar, vender todos os meus bens e, se possível, cobrir a minha dívida vergonhosa, feita num minuto de real insanidade. Depois, peguei o revólver; mas, de súbito, repugnou-me a idéia de morrer naquele quarto onde, parecia, faltar-me o ar e, ademais, o suicídio ali acarretaria enormes inconveniências e problemas à pobre viúva, dona da hospedagem. Resolvi ir até as ruínas do palácio da Mauritânia, que me seduziu pela sua magnitude em sonho, onde eu matei Eusébio, cuja visão – uma misteriosa caçoada da minha imaginação – me mostrou sendo o mouro Abdalla. Por certo um destino sinistro fadava-me a perecer ali, onde o meu inimigo encontrara a morte. Saí do quarto, ganhei a estrebaria, selei um cavalo e dez minutos depois trotava pelas ruas de Granada em direção às ruínas.

Era uma noite maravilhosa, quente e perfumada; a lua cheia iluminava tudo com luz suave. Eu prossegui decidido pelos escombros, pois na minha imaginação o imponente prédio se me apresentava em forma reconstituída, tal qual eu vi em sonho. Entrei na sala, a mais bem conservada de todas, sentei num monte de entulho e, recostando-me à parede, mergulhei em devaneios. O revólver estava pronto a meu lado. Uma penumbra pálida envolvia tudo, o silêncio mortal em volta tranqüilizou parcialmente a minha alma e, à memória, afluíram os fatos do passado.

Assomou-se-me a recordação da velha mãe, uma mulher de muita fé; revivi a imagem da noiva falecida, também profundamente religiosa, que deixou o mundo com oração nos lábios. E, à medida que diante de mim desfilavam os rostos dos entes queridos, um sentimento pungente apoderou-se do meu coração e, pela primeira vez, quiçá, a minha alma, atolada em descrença e negação de Deus, foi iluminada por interrogação: o que será daquele *nada* que em mim cogita, sofre e ama? Transformar-se-á também em nada e desaparecerá sem deixar vestígios, tal qual a espuma do mar a coroar as cristas das ondas fustigadas pela tempestade, ou sobreviverá à morte e, consciente, apresentar-se-á diante do Juiz Supremo?... Daqui a alguns minutos a charada será resolvida... Pela vez derradeira pensei na mãe, na irmã e na noiva morta e, depois, instintivamente, persignei-me e peguei a arma.

Nesse instante, uma larga faixa de luz luziu da antiga porta, e um jato de ar fresco bafejou-me o rosto; minha cabeça tonteou tão forte, que semicerrei os olhos e balouceei-me. Ao abrir os olhos, a luz azulada continuava a inundar a sala destruída, mas agora a dois passos de mim estava Elena e, atrás de seu ombro, fitava-me Dom Eusébio com ódio mortal, ou melhor: Abdalla, pois envergava os trajes mouros. Fascinado, preguei a minha vista em Elena, tão parecida e, ao mesmo tempo, diferente daquela a quem amava.

Seus olhos outrora cinza eram de tonalidade escura; os antigos cabelos dourados desciam agora em duas tranças pretas; a brancura acetinada da tez contrastava agora com o delicado matiz brônzeo. De antes, conservara-se apenas o sorriso singelo e o olhar amoroso. O traje oriental caía-lhe divinamente: as jóias faiscavam em milhares de brilhos a cada movimento seu. Feito uma estátua, mirava eu aqueles seres, surgidos do passado ignoto, cuja presença ali era uma charada insolúvel.

Neste ínterim, Abdalla ou Eusébio, fez menção de se aproximar, empunhando algo brilhante e indefinido. Como movido por força alheia, agarrei o meu revólver. Nisso, com a rapidez do raio, entre mim e o meu inimigo se interpôs Elena, erguendo na direção dele um crucifixo reluzente. Como que por encanto, ele cambaleou e sua imagem começou a se desvanecer, derreter-se, sumindo em seguida. Elena se voltou para mim e, com um gesto imperioso, fez um sinal para segui-la.

Eu caminhava feito num sonho. Estranhava-me a sensação de estar em vigília – pelo menos não estar dormindo – e, ao mesmo tempo, via o palácio em toda a sua resplandecência. Cruzamos uma série de galerias e aposentos. Por fim, num dos quartos repleto de esculturas nas paredes, a minha acompanhante parou e acionou uma mola: uma parte da parede cinzelada moveu-se, revelando uma portinhola estreita para um novo corredor que, à primeira vista, pareceu-me sem saída.

A minha guia acionou uma nova mola e a parte da parede, que terminava em passagem estreita, girou nos gonzos invisíveis, abrindo-se para os degraus da escada.

Descemos a um subterrâneo – um labirinto extremamente confuso – e deparamos finalmente com uma porta blindada de ferro. Minha companheira a destrancou e adentramos um grande porão, onde se espalhavam diversos objetos. Havia armas valiosas, louças de ouro e prata e, por entre aquele caos, alguns baús. Mas tudo aquilo estava amontoado ao deus-dará, como se largado às pressas.

Elena aproximou-se de um dos baús, em cima do qual jazia uma arca, e me fez sinal para pegá-la. Não obedeci de pronto, pois o meu olhar percorria atônito todos aqueles tesouros. Nisso senti sinais de impaciência em Elena e esta tornou a me apontar a arca. Ergui-a e surpreendi-me com o peso – mal dava para carregá-la. A minha acompanhante parecia apressada e saímos quase correndo pelas salas e galerias.

Por fim ela parou, e eu me sentei exausto no piso pétreo. Súbito, ela se inclinou a mim e então senti na testa o contato de seus lábios quentes. Ouviu-se uma voz débil e longínqua:

— Sou Aisha. Não se entregue ao vício do jogo. Só fui autorizada a salvá-lo uma única vez...

Abri os olhos com a alvorada filtrando-se por entre as heras toldando a janela. Levantei-me perplexo e agarrei a cabeça com as mãos. Como pude dormir naquela noite, ali, naqueles escombros, quando devia estar morto para libertar-me da desonra vexatória? Não me lembrava da visão, só dos devaneios que antecederam ao sono e, talvez, o tenham motivado. Irado comigo mesmo, busquei pelo revólver. Estava ele num canto, no meio do entulho. Ao me inclinar sobre ele, notei um objeto, afastei o entulho... e reconheci a arca, quando então a minha aventura noturna se ressuscitou por completo. Com as mãos trêmulas levantei-a, coloquei sobre os escombros e comecei a examinar a obra de antiga arte oriental. Levantei a tampa com faca e a abri: estava cheia de moedas de ouro. Era a minha salvação!...

Catei o maravilhoso achado e, ao descer a velha escada onde num dos seus degraus vi em sonho a cabeça de Abdalla, no horizonte fulgurou o primeiro raio do sol nascente tal qual um mensageiro de Deus misericordioso, cuja graça inefável me resguardou dos padecimentos de suicida. Pus-me de joelhos e da alma jorrou fervorosa prece ao Pai Celeste. A partir de então recuperei a crença e jurei jamais tocar em cartas. A simples lembrança de ter sido possuído pelo demônio naquela noite deixava-me arrepiado.

Ao retornar para casa, queimei as duas cartas e fiz o inventário da arca. Além das moedas de ouro, esta guardava um escrínio dourado contendo rubis, safiras e esmeraldas brutas, um antigo enfeite feminino com pedras preciosas, e dois estojos. Um deles continha um anel e um pedaço de pergaminho, o outro – uma adaga com empunhadura maravilhosa. Vendi as moedas e as pedras brutas e quitei a dívida com o meu credor; em seguida voltei para a Rússia.

Minha ignorância, iluminada para sempre, foi curada. Não tinha mais o direito de duvidar da existência do mundo do além, porquanto vi os seus habitantes. Tive a proteção das forças superiores, a minha individualidade testemunhou a existência de vidas passadas, cuja lembrança infelizmente a nossa alma não guarda, mas que, não obstante, influencia a nossa vida terrena.

Meu único desejo agora é estudar essa ciência ridicularizada de modo infame, a qual todavia fornece a chave do mundo do além. É indigno para um homem sensato viver ignorando esses mistérios do Universo com as suas forças terríficas desconhecidas.

— Bravo, meu jovem amigo! O senhor está certo, mas devo acrescentar que é preciso estudar muito para se orientar num labirinto intrincado das leis governantes, quando a ausência dos saberes se torna ainda mais perniciosa do que em qualquer outro campo dos conhecimentos – observou o almirante.

— Bem, Mikhail Dmítrievitch, o que me diz agora para justificar suas convicções? – indagou Nádya, inclinando-se com um sorriso matreiro ao noivo.

Massalítinov, a despeito de sua habitual empáfia, sentia-se constrangido e tentava encobrir isso.

— Se acontecesse comigo, talvez até acreditaria. E você, Jorj, como pode estar certo de não ter sonhado tudo isso?

— Oh, não! Da minha aventura, eu extraí uma prova palpável: uma quantia bem vultosa com a qual paguei a dívida. Não descarto também a possibilidade de visitar o porão do mouro Hassan, escondido debaixo das ruínas – arrematou alegremente Jorj.

— E o que fez com a arca? – perguntou Nádya.

— Ainda está comigo. Não me separo dela por trazer-me muita sorte.

— Ah, por favor, mostre-nos essa arca – suplicou Nádya.

— Duvido que ele faça isso, se a mim, seu primo, jamais comentou nada sobre o achado, temendo o olho gordo – provocou Massalítinov.

— Absolutamente! Não lhe disse nada para não ter de agüentar suas brincadeiras – revidou Gueorgui Lvóvitch, levantando-se.

Minutos depois, ele depositava sobre a mesa uma arca de ébano – uma obra oriental efetivamente artística. Suas paredes cinzeladas embutiam incrustações de madrepérola e coral rosa; por entre os arabescos finos e delicados destacava-se o nome de Allá e pensamentos do Corão. Todos cercaram a mesa curiosos. Zamyátin observou que só a arca já tinha um valor inestimável.

— Sim. Conheci um arqueólogo em Paris a quem mostrei, como sempre faço, o meu tesouro; ele me ofereceu vinte e cinco mil rublos. Mas nunca vou vendê-lo – assegurou Gueorgui Lvóvitch, abrindo a arca.

O interior da caixa era revestido por folhas de ouro; a tampa trazia inscrições em árabe, executadas em pérolas e rubis.

— Deus, queria saber o que está escrito! – exclamou Nádya.

"Pertenço a Hassan ben Iussef e sou o presente do califa Abu Abdalla" – explicou Vedrinsky.

Ele retirou o pano de seda vermelha com franja dourada, cuja conservação saltava aos olhos, e iniciou a exibição do conteúdo da arca. Apanhou algumas moedas de ouro, inseridas da gravação do nome de Abu Abdalla, ou Boabdila, o último rei de Granada, e de seu filho Multsi Hassen, em seguida extraiu uma caixa oblonga de turquesa, em cujo interior havia algumas gemas brutas.

— E aqui está o que as damas mais apreciam! – exclamou, tirando da caixa um diadema de ouro, engastado de rubis e cingido por pingentes em pérolas graúdas. Dois largos e originais braceletes e um colar culminavam os adornos maravilhosos.

— Estes enfeites guardarei para a minha futura esposa – se é que casarei um dia. Caso permaneça solteiro, eu os darei de presente para minha sobrinha e afilhada – disse Gueorgui Lvóvitch, rindo e recolocando os adornos na caixa. – E eis a adaga e o anel que creio me protegem contra o mau-olhado – explicou ele, tirando dois estojos antigos. Olhem só o ouro e estes três brilhantes: azul-celeste, rosa e branco. No centro deste triângulo como que se agita uma gota, reverberando todas as cores do arco-íris. Deus sabe lá que substância estranha é esta? O pequeno pedaço de pergaminho árabe embaixo, cujo texto me interpretou um estudioso do Oriente, reza que estes objetos são mágicos, e o anel possui um poder extraordinário contra as forças do mal, que porventura possam ameaçar o seu dono. E agora, avisado por Ivan Andréevitch da existência delas na ilha, vou usar o anel constantemente – considerou Vedrinsky, meio brincando, meio sério, colocando o anel no dedo.

— E fará muito bem! – devolveu o almirante, pegando a adaga e tirando-lhe a bainha.

A arma era sem dúvida antiga, oriental e de estilo incomum; a larga empunhadura continha sinais estranhos e, na lâmina fina e brilhante, viam-se gravados símbolos cabalísticos vermelhos. O almirante examinou atentamente o misterioso objeto e depois, calado, estendeu-o a Zamyátin.

O relato de Vedrinsky, bem como o conteúdo da arca, serviram de tema principal da conversa durante toda a noite; todos se despediram tarde e a contragosto, a tal ponto intrigados com a misteriosa e inexplicável história.

No dia seguinte, após o desjejum, todos, com exceção de Zamyátin e sua esposa, dirigiram-se à ilha para examinar a casa diabólica e servir de exemplo de coragem aos criados, relutantes em trabalhar ali na arrumação doméstica, visando a recepção da senhora Morel e Mila. Cedendo por fim às insistências de Nádya, o almirante também foi.

— Eu ficarei mais tranqüila se você for conosco, padrinho – sussurrou-lhe ela. – Você está com o talismã do doutor Johannes e isso é uma garantia contra os espíritos do mal.

— Fique calma, Nádya, pelo menos entre nós não há bruxos, e que importância nos dariam os espíritos malignos em nossa inofensiva insignificância? – ironizou Massalítinov, que estava perto.

VII

Ao acostarem na ilha junto aos degraus de pedra, todos se sentiram perturbados pela desolação em volta. A camada densa de folhas, acumuladas em vinte anos, cobria tudo como um tapete grosso, impedindo distinguir aléias ou floreiras; a porta da entrada bem como os degraus do patamar estavam cobertos por folhas, galhos e areia arrastada, conferindo uma impressão sinistra ao prédio. Os jardineiros e demais empregados principiaram pela limpeza da entrada obstruída para se conseguir abrir a porta.

Adentrado o vestíbulo, os visitantes passaram à sala que por uma porta de vidro se comunicava com o terraço, mencionado no relato do almirante. O ar era pesado e cheirava a mofo; pelas janelas imundas, empoeiradas e cheias de teias, mal se filtrava tênue luz. Para arejar o ambiente, as janelas foram abertas imediatamente. No terraço ainda permaneciam as cadeiras e as poltronas, a mesa de junco – tudo em estado de deterioração ou empenado. O grande vaso de granito, antigamente abrigando flores, estava repleto de lixo; o chafariz, defronte ao terraço, acumulava folhas e ramagens secas. Sob esta impressão desagradável, todos retornaram para inspecionar o interior da casa.

Na sala, palco da misteriosa morte de Krassinsky e ressurreição milagrosa de Vyatcheslav, eles pararam diante do relógio que representava a cabeça de Mefistófeles. Estava parado, mesmo assim os olhos soturnos do espírito do inferno parecia observarem com ódio os visitantes.

— Argh! Pedirei ao papai para jogar no lixo este relógio nojento. Como alguém pode idealizar algo assim?! – indignou-se Nádya, estremecida de sentimento pungente. – Até com o relógio parado, estes olhos infernais arrepiam, imagine se virando!

— Seria imperdoável desfazer-se de qualquer coisa aqui, pois a casa perderia o seu estilo demoníaco tão surpreendente, e nisso o mérito é todo do construtor – observou Mikhail Dmítrievitch.

— Fosse eu o dono da casa, já a teria derrubado – considerou calmamente Vedrinsky – e em seu lugar ergueria uma capela.

— Bárbaro! Destruir algo tão fenomenal? Não nego que ela respire algo sinistro, mas, hão de convir, com estilo e arte. A casa parece uma fantasia de algum "satanista" medieval, materializada em granito e mármore.

Na seqüência, eles visitaram o antigo gabinete de Vyatcheslav e, finalmente, adentraram o quarto de Marússya. No leito, com cortinado de veludo violeta e baldaquino, ainda estavam os travesseiros e o cobertor e, junto aos seus pés, encontrava-se um berço. Pelo resto do cômodo, a desordem saltava aos olhos.

— Olhem, parece que o quarto foi deixado às pressas! – observou Nádya.

No chão, espalhavam-se roupas de bebê, almofadas rendadas e, na cadeira, estirava-se um penhoar de cambraia. Ali, como nos demais cômodos, camadas grossas de pó revestiam tudo com a sua mortalha cinzenta.

— De fato, tem-se a impressão de tudo ser largado como estava após a morte de Maria Petrovna. Só levaram a criança, da qual, confesso, nunca cuidei – observou o almirante.

Do dormitório, eles foram até uma pequena sala circular. Não possuía janelas e, quando trouxeram as velas e a iluminaram, verificou-se vazia. No fundo havia uma porta sagitada em carvalho cinzelado; mesmo depois de lhe descobrir a custo a fechadura oculta por entre os arabescos, e depois de experimentar abrir a porta com diversas chaves encontradas, decidiu-se, por conta da curiosidade excitada, arrombá-la. Ao se escancarar sobre gonzos invisíveis, todos se viram em frente ao que parecia uma biblioteca ampla, iluminada por duas altas e estreitas janelas com vidros coloridos, cujas paredes se revestiam de madeira escura. As mesas, as cadeiras de espaldares altos e as prateleiras eram de carvalho velho, enegrecido. Em volta se viam rolos de pergaminho, muitos livros, alguns antigos, encadernados em pele de animais. Sobre a mesa, no meio da sala, jazia um volumoso livro aberto, preso à mesa por corrente de ferro; próximo a ele estava uma bilha de prata e uma taça com um pouco de vinho e, ao lado – um cesto com frutas totalmente frescas.

Abismados com a descoberta, os visitantes examinaram em silêncio o ambiente, tão diferente dos demais da casa. Não se via alhures nem teia nem sinal de poeira; os vidros da janelas estavam limpos e lustrosos; o chão parecia ter sido varrido recentemente; e o vinho e as frutas frescas eram o ponto culminante daquele misterioso quarto de uma casa abandonada havia mais de vinte anos.

— Com os diabos! É de se pensar que a nossa vinda acabou de afugentar daqui seu habitante misterioso a ler um livro, bebericando o vinho e comendo as frutas.

— Então só pode ser um fantasma, já que a porta estava trancada e não há nenhuma outra saída por aqui – observou Mikhail Dmítrievitch, rindo da sua própria inventividade de domiciliar um espírito no quarto.

Somente Gueorgui Lvóvitch reparou no sorriso enigmático franzindo a tez do almirante no momento que este relanceou as folhas do livro e examinou o vinho e as frutas. Mas nisso Massalítinov, diante de algo encontrado, chamou a todos:

— Venham depressa! Olhem só que lareira interessante com o retrato do morador aqui!

Os visitantes acorreram e puseram-se a examinar surpresos a lareira em mármore preto, acima da qual se assomava esculpido em natural um bode sentado, segurando tochas nas patas, e com cabeça encimada por longos e encurvados chifres, por entre os quais parecia arder uma chama vermelha.

— É o bode de Mêndes – o rei de Sabá – explicou o almirante, de cenho carregado.

Vedrinsky se abaixou para examinar a boca da lareira e a tocou levemente.

— Olhe só, Ivan Andréevitch, é um abismo insondável e, nas paredes, há desenhos estranhos. Parecem dois capetas esculpidos, de cócoras, com uma mão apontando para o fundo, e com o polegar da outra fazendo um sinal para baixo... O que poderia isso significar?

— Deixe esses demônios em paz, Gueorgui Lvóvitch, e vamos embora. Este lugar me dá arrepio e eu já vi o bastante por hoje – interveio Nádya, pálida e trêmula.

Sem querer ouvir mais nada, a jovem agarrou o noivo pela mão e o arrastou dali. Quase em carreira, lançou-se Nádya fora da casa e só ao se ver no jardim, entre os empregados que o limpavam zelosamente, voltou-lhe a calma e o bom humor.

— Brrrr!... Garanto que não serei uma visita assídua de Madame Morel e Mila. Tenho as minhas dúvidas de que elas fiquem neste lugar sinistro após conhecê-lo. Bem, isso é com elas, vamos ver as ruínas do monastério. Você conhece o caminho, padrinho, leve-nos até lá.

— Só estive lá uma vez com a falecida Maria Petrovna, mas a ilha não é grande e não iremos nos perder – assegurou o almirante.

Ao sondar em volta, ele foi em direção à mata fechada. Devido a longos anos de abandono, a vegetação cresceu muito; os arbustos e o mato seco literalmente cobriam o caminho, e todos avançavam com grande dificuldade. As construções monásticas certamente eram amplas a julgar pelo fato de as ruínas estenderem-se por todos os lados. Ali e acolá sobreviveram restos de muros e abóbadas do monastério; subsistiu até uma edícula destelhada, de cujo corredor distribuíam-se celas sem portas e janelas. Por fim, chegando a uma plataforma, eles se depararam com os muros da antiga igreja. A vegetação em volta era rara; vários elementos de abóbadas ainda teimavam em permanecer de pé sobre o piso coberto de grama. Nos fundos, em cima de um patamar pétreo e musguento assomava-se um altar inclinado e um crucifixo quebrado. Nas paredes, viam-se placas sepulcrais de abades. Circundando a igreja, por entre os arbustos permeavam-se cruzes tumulares inclinadas e monumentos representando homens e mulheres em vestes ricas, deitados ou em posição genuflexa.

Ao circular por entre aquelas velhas sepulturas e tentando interpretar as inscrições quase gastas, Gueorgui Lvóvitch se deparou com um mausoléu muito estranho, oculto atrás da densa vegetação. Consistia de três enormes blocos de pedra: dois em pé e o terceiro em cima – feito dólmens* – e, sobre

* Monumentos sepulcrais na Bretanha da época dos druidas. (Nota do Autor)

essa espécie de mesa, como que acocorada, avultava-se estátua impressionante: um mostrengo – misto de macaco e homem –, segurando uma corrente do sino, preso a pequeno poste, enterrado ao lado. Vedrinsky chamou o restante do grupo, e todos se puseram a examinar a estranha figura. O almirante parecia bastante surpreso.

— Não me lembro de ter visto esse símbolo de sabá, quando inspecionamos as ruínas. Sei que, na Idade Média, os satanistas se reuniam em cemitérios e outros locais secretos para a realização de seus rituais; mas não consigo entender como veio parar aqui esse mostrengo.

— Nem quero me imaginar aqui à noite! – exclamou Nádya. – Não dormiria nesta ilha por nada no mundo.

— Que aqui acontecem coisas estranhas, é certo. Segundo o padre Tímon, alguns pastores viram clarões percorrendo a casa e ouviram cães ganindo. Fora os pássaros, aqui não deveria haver vivalma.

Mikhail Dmítrievitch pôs-se a rir da ingenuidade da noiva e acresceu em tom propositadamente significativo:

— É uma pena não contarmos com Sherlock Holmes ou algum investigador para inspecionar a ilha. A casa demoníaca foi construída em cima de um monastério, e todos sabem que por trás da devoção dos venerados padres sobejam coisas obscuras.

— Os padres sempre têm cavado a terra feito toupeiras. E quem garante que aqui não existam subterrâneos, servindo de esconderijo de mercadorias para os contrabandistas. Por acaso algum agente alfandegário iria se atrever a procurar coisas contrabandeadas nos domínios do Satanás? Não se esqueçam de que estamos a dois passos da fronteira austríaca e os subterrâneos seriam um local ideal para guardar mercadorias. Acho a minha hipótese mais natural e mais próxima da verdade, ao invés de criar fantasmas e toda a espécie de demônios, frutos das superstições populares... Mesmo admitindo a existência de fenômenos sobrenaturais, são casos raros e não podemos crer cegamente na conversa dos pusilânimes. Por diversas vezes, já me convenci de que muitos casos misteriosos analisados à luz do dia perdiam sua fantasmagoria e se desmistificavam, por se tratarem de ocorrências simples e naturais ao absurdo.

Nádya desatou a rir.

— Quanto a contrabandistas, sua explicação foi bem espirituosa. Não seria má idéia realizar uma busca para comprovar a existência de subterrâneos. Talvez a gente até encontre um tesouro.

Todos retornaram à casa, pois Mikhail Dmítrievitch insistiu em vasculhar mais atentamente a biblioteca.

— Estou cismado com aquele cômodo. Tenho a impressão de que justamente nele é que reside o chefe dos contrabandistas, regalando-se de vinho e frutas.

Contudo a reinspeção da biblioteca não revelou nada de novo. Massalítinov folheou o livro em cima da mesa e decepcionado declarou:

— Não entendo uma palavra sequer. O texto está em língua estranha; parece turco ou persa, e nem os desenhos me são familiares. Sabe-se lá o que significam, por exemplo, esses triângulos, a forquilha e as mãos negras com os dedos separados, ou estas cruzes tombadas.

Aproximou-se Vedrinsky e também examinou curioso os estranhos desenhos, entre os quais uns eram pretos, outros vermelhos ou marrons.

— O texto, com certeza, está em árabe e disso você pode se convencer ao compará-lo com o que está escrito no pergaminho do meu escrínio. Os desenhos são símbolos mágicos. Trata-se, talvez, de um antiquíssimo livro de magia - observou Gueorgui Lvóvitch.

— Sim, sem dúvida são símbolos da magia negra e o líder dos contrabandistas, como o senhor diz, é um feiticeiro de primeira grandeza - ironizou o almirante, ao olhar por trás do ombro de Massalítinov.

Como já se achegava à hora do almoço, todos tomaram o barco e voltaram para a casa.

Zamyátin e sua esposa aguardavam-nos no terraço, curiosos pelos resultados da expedição à ilha. Após ouvir o relato de Nádya e dos outros jovens, Zamyátin observou:

— Bem, aparentemente é difícil deixar em ordem toda a vila em dois ou três dias. Vamos reservar um par de quartos para a senhora Morel e Mila aqui conosco, enquanto arrumamos a casa na ilha.

Após o almoço, Nádya e seu noivo foram fazer um passeio no parque. Até então, eles não tinham tido oportunidade de ficarem a sós, e os apaixonados sempre têm alguma coisa para dizer um ao outro. Os jovens puseram-se a desenhar seus planos para o futuro, conversaram sobre o casamento iminente, discutiram sobre a decoração da casa e o itinerário da viagem de núpcias. Envolvidos na conversa, nem perceberam o anoitecer. Sob o luar, eles deixaram a aléia e depararam-se com a superfície prateada do lago. Na praia, à sombra de um velho carvalho, havia um banco onde se acomodaram enfeitiçados pela vista maravilhosa. Silenciosos e meditativos, os jovens contemplavam o lago dormente, encoberto por névoa azulada.

— Como aqui é maravilhoso! É uma pena que este lugar só traga a infelicidade aos que aqui se instalam, como se sobre ele pesasse alguma maldição – considerou meditativamente Nádya, deitando a cabeça sobre o ombro do noivo a abraçá-la pela cintura.

— Ora, não se deve tomar a sério tal absurdo, querida! Como pode ser amaldiçoado um lugar tão lindo e ainda trazer infelicidade a pessoas inocentes? É ridículo! Gosto muito de Górki e, sempre que puder, virei para cá.

— Não, não! Por nada no mundo moraria aqui neste lugarejo sinistro. Se soubesse de tudo que nos contou o meu padrinho, seus cabelos ficariam em pé. Contei-lhe por cima a história da pobre Marússya. Vyatcheslav Turaev, o pai de Mila, não é o Vyatcheslav verdadeiro, mas um avatar. O feiticeiro Krassinsky, ou melhor, sua alma, incorporou-se em Vyatcheslav.

Mikhail Dmítrievitch desabou em prolongado riso.

— Nádya querida, não fique ofendida, mas o seu padrinho deve ter perdido um pino. Ninguém em sã consciência acreditaria nessas histórias de carochinha.

— Não, aqui até a atmosfera respira sinistramente. Sinto-me assaltada por algo indefinido; parece que alguma desgraça está prestes a acontecer e estremeço com qualquer barulho inesperado...

— Isso é bem compreensível. Depois dessas histórias arrepiantes do almirante, os nervos tendem a se excitar e a imaginação abalada desenha quadros assustadores.

Nesse ínterim, Nádya subitamente estremeceu e agarrou convulsiva a mão do noivo. Ao notar-lhe a reação de surpresa, ela sussurrou:

— Olhe lá à direita! Está vendo dois olhos luminosos naquele arbusto?

Massalítinov se virou e um arrepio percorreu-lhe o corpo. De fato, na densa folhagem, a dois passos brilhava um par de olhos neles fixos, que em seguida se apagaram.

— Deve ser um gato procurando companheira – balbuciou Mikhail Dmítrievitch, tentando dominar a impressão de mal estar vivenciada. – De qualquer forma – acrescentou ele, pondo-se de pé – está na hora de voltar para casa. É úmido por aqui e você pode se resfriar nesta saia de cambraia.

Nádya levantou-se de pronto, tomou-lhe a mão e ambos saíram caminhando.

— Ouça, Mikhail, sei que você é cético enraizado e considera o meu padrinho uma pessoa sonhadora, mas não se pode rejeitar tudo sem distinção daquilo que ele e as testemunhas dignas de confiança viram e ouviram. E os incidentes com Gueorgui Lvóvitch? Tal como você, ele era um incrédulo, mas não iria inventar uma história assim, pois é uma pessoa honesta. E, finalmente, a arca com os seus tesouros? É um fato palpável, diante do qual uma opinião prejulgada é impotente.

— Sim, a história com Jorj é estranha e difícil de ser explicada – concordou Massalítinov. – O que mais gosto nela é a arca achada.

Nesse minuto, apontaram as janelas acesas da casa. Junto ao terraço, recebeu-os Vedrinsky.

— Por onde andaram sumidos? Eu já ia saindo à procura, temendo terem sido atacados por algum fantasma da ilha – brincou ele.

— Como vê, chegamos sãos e salvos. Estávamos discutindo uma expedição a Granada para evocar o espírito de Boabdila e pedir-lhe uma parte de seus tesouros. E como o seu escrínio também é um presente do califa, se nos emprestasse um ducado, isso facilitaria a identificação de nossas pessoas.

— Sem dúvida, meus amigos! Posso lhes dar um ducado a título gratuito, bem como a informação de que qualquer criança em Granada conhece a lenda dos tesouros de Boabdila e o local onde estes estão escondidos; a entrada aos porões, segundo dizem, fica embaixo dos portões de Alhambra, onde há uma inscrição com o nome de Allá. Tudo isso é verdade e é de conhecimento geral, mas ninguém consegue encontrar a entrada... Talvez vocês tenham mais sorte – devolveu a brincadeira Gueorgui Lvóvitch.

O dia seguinte era domingo. Vedrinsky não esteve à mesa de desjejum, pois – conforme comunicou o criado – havia saído a cavalo bem cedo para visitar a igreja. Antes do almoço, vieram os convidados: um vizinho abastado, Maksákov, com a família. Logo retornou Gueorgui Lvóvitch, desculpando-se pela demora por ter ido após a missa tomar chá na casa do padre Tímon.

O dia passou alegremente. Os jovens jogaram críquete e tênis, deram uma volta de barco no lago e até estiveram na ilha, onde uma faxina geral estava em curso. Já era tarde quando as visitas se despediram.

O almirante, de roupão, lia antes de dormir em seu aposento, quando bateram à porta e Gueorgui Lvóvitch entrou.

— Perdoe por estar perturbando a essa hora imprópria, mas é que gostaria de lhe falar.

— Não há nenhum problema, não estou com sono e fico feliz com sua visita. Sente-se na poltrona e conversaremos.

— Bem, Ivan Andréevitch, fiquei pensando tanto na existência de um subterrâneo aqui, que não consegui dormir na noite passada – iniciou Vedrinsky, acomodando-se na poltrona.

— Estou atento caso queira compartilhar de suas descobertas. Eu mesmo estou convencido da existência deles.

— O senhor se lembra da estranha lareira na biblioteca da vila com os capetas desenhados na parede interna, cuja profundidade não era comum? Bem, é ali que eu imagino haver uma saída, por onde passa o habitante misterioso que lê livros na biblioteca, toma vinho e come frutas. Mas não é tudo. Veio-me à mente que deve existir também uma comunicação entre a ilha e esta casa.

O almirante se agitou, aparentemente interessado.

— Em que o senhor se baseia para tal suposição? E como encontrar essa passagem, caso ela exista? A casa é relativamente nova.

— Não toda. A edícula que eu presentemente ocupo é construída de paredes velhas que eram restos do abrigo dos peregrinos; a outra parte, entre a edícula e as ruínas, foi derrubada para dar lugar ao pátio, estrebarias e um pequeno jardim. Na minha opinião, a parte das edificações antigas não fora preservada à toa e ali provavelmente está a segunda saída.

— Neste caso os construtores da casa nova foram consagrados no mistério da passagem secreta – observou o almirante.

— Sem sombra de dúvida. Vou lhe contar o que eu soube do monastério, sua destruição e os acontecimentos posteriores. Consegui estes dados com o padre Timon, com quem falei de propósito, pois o senhor havia comentado que ele tinha uma coleção de crônicas. Assim, na esperança de encontrar alguma indicação para as questões que me interessavam, pedi-lhe para mostrar-me velhos papéis. O venerado padre foi extraordinariamente gentil, apresentou-me tudo que havia coletado e além disso contou as lendas que se preservaram na região sobre a abadia e sua destruição. Minha conclusão da conversa é que a abadia gozava de grande importância e ao monastério vinham fiéis de longe, até do exterior. Para os visitantes ilustres e as mulheres, sem o direito de morar no monastério, é que foi justamente construído o abrigo. Naqueles tempos remotos, a abadia até era temida pois se achava que ela tinha relações com um tribunal poderoso na Idade Média. Deve-se acrescentar que os abades sempre pertenciam à nobreza superior e entre esses havia alemães, italianos, tchecos e poloneses. Sei disso porque entre os documentos do padre Tímon se preservou uma lista dos abades, ainda que incompleta. Entretanto, com o correr do tempo, a fama do monastério chamuscou-se; correram maus boatos sobre os monges, principalmente sobre o último abade italiano, Don Pascoale Roveno. Este Don Pascoale era tido por feiticeiro e até acusado de se relacionar com o demônio e da perversão de todos os seus irmãos. Entre os documentos do padre Tímon, encontra-se uma revista interessantíssima – "Diário" – como a chama o próprio autor, um fidalgo polonês e contemporâneo do fim do convento. Eu trouxe a revista para ler junto com o senhor, mas lhe transmitirei em resumo o que consegui interpretar. O manuscrito está, como dizemos, em latim de cozinha.

Assim, esse fidalgo conta que a reputação da abadia e do monge estava péssima. Os boatos vagos?? mas maus corriam entre o povo e finalmente uma punição de cima fulminou o monastério criminoso. Desencadeou-se tal tempestade jamais aqui vista; os raios atingiram diversas vezes a morada?? e causaram um incêndio. O quanto eu pude levantar dos detalhes, aconteceu algo como um furacão ou torvelinho, pois o narrador fala de torvelim e da coluna que descera do céu, que aos estrondos varreu tudo em seu caminho. Segundo suas palavras um dos povoados circunvizinhos foi praticamente varrido. Da mesma forma, esta coluna punitiva alcançou um ferry-boat?? em que tentava se salvar uma parte dos monges da ilha, virou-o e todos se afogaram no lago; depois o furacão passou perto do abrigo e destruiu a maior parte das construções. O restante dos monges pereceu na ilha, inclusive o abade criminoso – pelo menos o que se supunha. Bem, eis uma coisa curiosa... pelo menos para nós. Alguns monges, entre eles um bibliotecário, tesoureiro e mais dois ou três, cujos nomes não foram mencionados, apareceram no dia seguinte nas ruínas da hospedaria. Todavia, nenhum meio de transporte fora estabelecido com a ilha, e mais: ali só sobraram escombros. De que forma eles se salvaram? Ninguém tinha resposta e os fiéis atribuíram tal salvação ao milagre; mas o autor do "Diário" saiu-se com uma explicação inteligente de que talvez houvesse uma passagem secreta da qual eles se utilizaram. Essa passagem secreta, na opinião dele, levava à sala de estar do monastério na praia, para onde viajavam muitos dignitários e pessoas ricas. É bem possível que os padres os tenham espionado; dizia-se, entre outras coisas, que na hospedaria sumiam sem vestígios muitos ricaços. Tão milagrosamente salvos do infortúnio, os pobres monges abandonaram o país, pois as autoridades eclesiásticas anunciaram o convento fechado.

— O senhor é um verdadeiro bruxo, Gueorgui Lvóvitch. O senhor conhece a história do convento como se fosse dele um monge – admirou-se o almirante. – Devo reconhecer que suas suposições se parecem muito como a verdade; mas nós ainda estamos longe do objetivo e não possuímos a chave do enigma.

— Espere, eu ainda não lhe contei todas as descobertas! Conhece o ditado: "A quem madruga, Deus ajuda"? – replicou Vedrinsky. Em outros documentos se fala que por quinze anos as ruínas tanto na ilha como aqui permaneceram intocadas, pois todos evitavam esses locais malditos. E súbito correu a notícia de que todas as terras do monastério fechado, incluindo a ilha, foram compradas por um polonês rico, casado com uma condessa italiana. Eles construíram a casa ou, pelo menos, uma parte dela, e ali se instalaram. Mas alguns anos depois, ambos desapareceram inesperadamente e jamais alguém soube da sorte deles. Deus lá sabe que drama se desenrolou naquele local funesto. Em seguida, a propriedade passou por testamento a um parente do polonês que morava na Galícia. Entretanto, nem o herdeiro, nem o seu filho, jamais moraram em Górki; mas a neta, ao se casar com um russo, recebeu a herdade em dote e o seu filho foi o fundador da *dacha* na ilha. Eis o que eu descobri quanto à genealogia dos proprietários. E agora, Ivan Andréevitch, o senhor já esteve na velha biblioteca daqui?

— Não, eu sequer suspeitava de sua existência. Só vi a biblioteca de Piotr Petróvitch, que pertence a Filipp Nikoláevitch e que lhe coube dos antigos donos da propriedade.

— Bem, na edícula existe a tal, e talvez seja a biblioteca da hospedaria que foi sendo completada, provavelmente, pelos proprietários posteriores, mas depois abandonada, quando foi ampliada e reconstruída a casa do senhorio. Essa velha biblioteca está ao lado do meu quarto e serve atualmente para o depósito de móveis; ali também está o meu baú. O quarto evidentemente está abandonado, mas o acabamento em madeira das paredes é muito interessante. São grandes panôs cinzelados que representam nomes bíblicos, seja de monges de diversas Ordens. Alguns desses panôs servem de portinholas para armários –, outros estão embutidos na parede, e eis que um deles me fez refletir muito. Representava-se nele a figura de um templário, empunhando espada abaixada com empunhadura vermelha, e o gesto dele me lembrou um dos demônios na lareira da vila. Eu suponho que nós devemos iniciar as buscas justamente dali.

— Muito bem, mas quando? Devemos escolher uma hora para não sermos perturbados – observou o almirante, pensativamente.

— Ontem Nadejda Filippovna e seus pais insistiram junto aos Maksákov a visitarem todos seus vizinhos comuns depois de amanhã. Como eu não conheço aquela família, posso dar uma desculpa e ficar aqui, e quanto ao senhor poderá também arrumar algum pretexto para não ir. Nós teríamos um dia inteiro.

— Eu também não os conheço e tentarei arranjar uma desculpa. Tenho um interesse enorme em penetrar no mistério do velho convento; ademais, considero você o meu guia nesta empreitada e um excelente e leal colaborador.

— Agradeço pelo elogio e espero ser digno dele – devolveu Vedrinsky, num sorriso franco. – Então, está decidido. Desejo-lhe uma boa noite. Desculpe-me por atrapalhar o seu sono – acresceu, despedindo-se do almirante.

VIII

No dia estabelecido, mal a carruagem dos Zamyátin se perdeu atrás da curva da aléia de carvalhos, o almirante e o seu companheiro dirigiram-se à velha biblioteca.

Nádya insistira muito para que eles também fossem, e os dois tiveram dificuldade em declinar da visita aos vizinhos, pretextando dedicar o dia à interpretação de um interessante manuscrito hermético que o almirante trouxera. Massalítinov ridicularizou o primo, afirmando ter ele se tornado aprendiz do almirante e que, avistando um reles rato, nele reconhecia o avatar de algum feiticeiro ou demônio. Vedrinsky não se ofendeu com as brincadeiras e sequer deu-lhe o troco, tão absorto com o empreendimento a ser realizado.

Ainda na véspera, ele e o almirante analisaram os velhos papéis do padre Tímon e encontraram certos indícios da existência da biblioteca na hospedaria. Estavam eles agora examinando curiosos os velhos entalhes cobrindo as paredes. Mesmo danificados em algumas partes, enegrecidos e surrados pelo tempo, sujos de pó, era possível descobrir o conteúdo das representações, cuja maior parte tinha significado oculto, como concluiu o almirante. Havia sete painéis de carvalho permeando os armários, cada qual trazendo figuras variadas. Num se representava um ancião com coroa pontiaguda na cabeça, empunhando espada para o alto e, com a mão esquerda, segurando um escudo, cujos desenhos estavam apagados; num outro painel, representava-se um bebê alado em cima da lua crescente, com estrela na fronte e uma tocha na mão; no terceiro, delineava-se uma figura vestindo batina, cuja cabeça era de mula, e que segurava um livro aberto; no quarto – um rei portava um cetro e, atrás dele, um capeta sustentava a cauda de sua mantilha, e assim por diante...

— Todas essas figuras demoníacas representam os gênios maus dos dias da semana – explicou o almirante. – Pelo que me lembro, o velho com a espada é chamado de Nambrot; o bebê alado é Lúcifer; o monge com a cabeça de mula – Astarot, e este é Akham.

Finalmente eles se aproximaram do painel representando o templário. O desenho também era estranho. Ao lado do cavaleiro, estava o rei Salomão a lhe estender um anel; acima, via-se uma singular estrela de cinco pontas e com círculo no centro, findando cada ponta num círculo menor.

— Hmm! – resmungou o almirante. – A funesta estrela negra... Esses padres ou seus sucessores não tão santos eram satanistas de primeira. Tenho a impressão de que justamente atrás desta madeira se acha escondida a entrada ao subterrâneo.

Pegando um pequeno martelo, Gueorgui Lvóvitch começou a bater a placa, mas nada se mexia. Ele já estava desistindo e, num gesto de decepção, deu uma forte martelada sobre a estrela acima das duas figuras. Súbito, ouviu-se um estalido e o painel se separou da parede, cedendo a uma abertura. Gueorgui Lvóvitch forçou a madeira de carvalho, verificando ser uma porta, atrás da qual tudo estava escuro. Um palito de fósforo foi aceso para iluminar o espaço e, nisso, eles divisaram um corredor estreito aberto no paredão. À entrada, sobre um gancho estava pendurado um antigo lampião com vela de cera vermelha. Vedrinsky estava radiante com a descoberta.

— Diga verdade, Ivan Andréevitch, não tenho o faro de um perdigueiro? Que tal empreendermos uma pequena excursão aos domínios subterrâneos dos "santos" padres? Talvez encontremos coisas interessantes...

— Nem diga! Vamos fazer as buscas. Antes, porém, devemos nos preparar.

— Não podemos perder tempo com as preparações. Temos este lampião e estou com minha lanterna de pilha. De que precisamos mais? – retrucou Vedrinsky.

O almirante não pôde conter uma gargalhada.

— Oh, jovens! Acalme-se, apressadinho! Os preparativos não são grandes, mas necessários para a nossa segurança e o êxito do empreendimento. Primeiro, devemos munir-nos de um maço de velas, já que o caminho deve ser longo, e também levarei a minha lanterna. Depois, trancaremos a porta entre o seu quarto e a biblioteca, e levaremos a chave conosco para ninguém entrar enquanto ficarmos ausentes. Por fim, devemos barrar esta porta de entrada com algo pesado, a fim de que ela não se feche sozinha, e excluirmos a possibilidade de ficarmos presos.

Vedrinsky concordou com a justeza daquelas medidas preventivas e, sem perder tempo, encostou na passagem uma cadeira. Recolhendo algumas velas dos candelabros nos dois quartos, o almirante trancou a porta, enfiou a chave no bolso e ambos adentraram corajosamente o corredor estreito.

Caminhados uns trinta passos, os exploradores se viram diante de uma escada íngreme para baixo. Esta parecia infindável; o ar era pesado e úmido, conquanto os degraus e as paredes de tão frescas parecia terem sido recentemente construídas.

— É como descer ao inferno – comentou Gueorgui Lvóvitch, respirando com dificuldade.

— Esperemos que não seja longe – devolveu o almirante.

De súbito o corredor se alargou numa galeria subterrânea abobadada, bastante ampla. Alguns passos depois, eles sentiram o ar mais úmido do que na escada; o piso pétreo era coberto por mofo, tal qual as paredes côncavas. A despeito disso, tudo naquela galeria se conservara maravilhosamente.

— Nos velhos tempos os construtores eram excelentes – observou o almirante. – Estamos abaixo do lago e, mesmo assim, nenhuma gota de água se filtra pelas abóbadas, como que cimentadas com algum material desconhecido.

— Sim, esta galeria, provavelmente terminando na ilha, é muito engenhosa e a julgar pela sua conservação parece receber tratos constantes. Se realmente Misha estiver certo quanto a aqui se localizar o ninho dos contrabandistas, podemos esperar encontros desagradáveis e sequer nos munimos de armas, salvo a minha faca finlandesa, inútil para este caso – observou Vedrinsky.

— Trouxe o meu bastão com estilete, mas duvido encontrarmos alguém. Vamos em frente – disse calmamente o almirante, acendendo a lanterna.

Lenta e cuidadosamente, eles prosseguiram a caminhada pelo chão escorregadio daquela galeria que parecia infindável. Por fim, o caminho tomou a direção para o alto e divisaram-se degraus pétreos, que levaram os dois até um arco encimado por pentagrama.

— Já estamos na ilha e daqui possivelmente se iniciarão os subterrâneos – observou o almirante.

De fato, ao término do pequeno corredor, eles adentraram uma sala redonda, cujo teto era sustentado no centro por uma coluna de tijolos e dali várias galerias se distribuíam radialmente. Acima da entrada a cada galeria, havia um símbolo moldado diferente e de grande gancho de ferro pendia um lampião antigo.

— Vamos investigar as galerias, começando por aquela do lado esquerdo onde se vê moldada a cabeça decepada. Dê uma olhada lá, perto do lampião, se não há um molho de chaves – pediu Vedrinsky.

— Excelente! Vamos vasculhar esta galeria fúnebre – disse o almirante, revirando as pesadas e bem trabalhadas chaves, cuja idade passava de, no mínimo, quatrocentos anos.

A galeria não era muito longa; das duas laterais saíam portas com janelas de vigia gradeadas.

— Parecem calabouços – observou o almirante.

— Vejamos o que há nessas celas! Olhe, são numeradas tal qual as chaves! – admirou-se Gueorgui Lvóvitch.

Custou-lhe muito esforço para destrancar o cadeado penso e forçar a pesada porta de ferro. Um ar úmido e viciado bafejou-lhes o rosto e, ao erguerem as lanternas iluminando a câmara, ambos soltaram um grito de horror.

Na parede oposta, viam-se dois bancos de pedra, a cada qual estava acorrentado um cadáver. Um, sentado e com o tronco caído para o lado, tinha a cabeça recostada na parede; outro se estendia no chão junto ao banco e devia ter morrido em sofrimentos medonhos. Seus pés e braços achavam-se encolhidos, os maxilares largamente abertos e a corrente que lhe envolvia o corpo estava esticada. Ao lado do infeliz, jaziam destroços de uma caneca de barro.

— Deus misericordioso, que malefícios terríveis aqui foram perpetrados, que dramas se desenrolaram! – exclamou o almirante, persignando-se; e ambos se apressaram em deixar o recinto e trancar a porta.

— Eu acho não valer a pena, pelo menos por enquanto, investigar as demais celas; provavelmente são todas iguais. Vamos abrir a porta no fundo do corredor! – propôs Vedrinsky, enxugando o suor.

A porta era pintada de vermelho tal qual a chave e conduzia a um salão abobadado de teto baixo e enegrecido. Ali, pelo visto, presidia antigamente um tribunal. À altura de um degrau, junto à parede, havia sete poltronas de carvalho de espaldares altos e uma mesa, outrora revestida por linho negro – o que se podia inferir por alguns farrapos pensos, e diante da poltrona central, ao lado de um candelabro de sete braços e uma caveira, encontrava-se um grande tinteiro de chifre.

Tendo tudo examinado, o almirante e Vedrinsky retornaram ao salão redondo para dali fazer as buscas no segundo corredor, ao lado do primeiro. Eles se viram numa ampla sala, no centro da qual, sobre pedestal pétreo, assomava-se a estátua de Satanás. As paredes e o pedestal estavam cobertos por sinais cabalísticos. Defronte à estátua, na altura de dois degraus, erguia-se uma espécie de trono e nele divisava-se um candelabro de sete braços com velas negras. Um livro grande e bem antigo, encadernado em pele preta, acorrentava-se àquele altar e aos pés dos degraus jazia uma almofada pétrea de acabamento escultural primoroso. Nas laterais do altar erguiam-se duas estátuas de demônios segurando tochas e cujas asas lembravam as de morcego.

— É um templo da confraria luciferiana. Diante desse altar provavelmente se realizavam missas negras e, talvez, oferendas humanas – explicou o almirante com repugnância.

Ambos deixaram açodados o templo satânico para investigar a terceira galeria. Ali tudo carregava um caráter diferente e tinha um estilo moderno. À entrada, postavam-se duas estátuas de avental com colheres de pedreiro e martelos nas mãos; um amplo salão decorava-se por emblemas maçônicos; junto à parede havia uma grande cristaleira com louças, e a antiga mesa central da sala estava ladeada por vinte e quatro cadeiras. Na sala contígua, livros, rolos e caixas adornados por sinais maçônicos, lotavam seus armários e prateleiras.

— Aqui se reunia sem dúvida a loja maçônica; só não consigo entender a sua instalação ao lado de um tribunal da Idade Média, sem antes limpar as prisões dos cadáveres podres –

observou Gueorgui Lvóvitch, ambos recuperando o fôlego e examinando os emblemas maçônicos a guarnecerem os espaldares das cadeiras.

— É de se supor que a loja maçônica funcionava aqui desde os tempos do imperador Pável I, pois foi ele que autorizou a maçonaria francesa na Rússia, tendo se tornado grão-mestre, ainda assim fictício. Mais tarde, quando a maçonaria francesa foi banida, a loja provavelmente teve de ser fechada e os seus membros debandaram; talvez a gente até possa encontrar seus nomes nos documentos guardados nos armários. Mas, por que eles deixaram tudo intacto em outras galerias não entendo – admirou-se o almirante.

Na quarta galeria também havia celas, porém destinadas a dormitórios. Os antigos leitos não pareciam danificados pelo tempo – o que seria de se imaginar após tantos anos de abandono. Numa das celas mais amplas, havia um leito sob baldaquino e cortinas e, ali, os exploradores toparam com o primeiro ser vivo. Da cama inesperadamente saltou um enorme gato de rabo eriçado. Vedrinsky assustado deu um pulo para trás; o animal esgueirou-se arqueando o dorso para um canto escuro.

— Eis em que eu gastaria de bom grado a flecha de Johannes – murmurou Ivan Andréevitch. – Vamos procurar a saída do subterrâneo... não deve ser longe.

Realmente, não foi preciso procurar muito. O quinto corredor conduziu-os diretamente à escada e, em seguida, a um corredor estreito – idêntico ao que se escondia atrás do painel com o templário. Ali também algo como uma porta com mola claramente se identificava por botão metálico. Um minuto depois, a enorme placa de pedra virou-se silenciosamente e eles se viram dentro da lareira da biblioteca da vila. O almirante fechou o vão e suspirou aliviado.

— Ufa! Que graciosa esta vila com seus mistérios subterrâneos, e não invejo o aprazimento da senhora Morel em viver aqui! Bem, para não repetir a nossa expedição através dessas medonhas galerias – sugeriu ele – sugiro voltar pela vila. Há muitos trabalhadores na ilha, pegaremos um barco e atravessaremos para a outra margem.

Na ilha evidentemente ninguém lhes deu atenção, pois os criados teriam atribuído a presença deles à inspeção dos trabalhos.

Tão logo em casa, os exploradores dirigiram-se ao quarto de Gueorgui Lvóvitch, recolocaram o painel com o templário e puseram tudo em ordem para ninguém desconfiar de nada.

No dia seguinte, estava tudo praticamente pronto na vila e Zoya Ióssifovna sugeriu benzer a casa assombrada para purificá-la e extinguir as desagradáveis marcas do passado. Mandaram vir o padre Tímon com o pedido de oficiar uma missa; contudo este se esquivou, alegando compromisso com outro ofício. Zamyátin apelou ao padre do povoado vizinho e esse prometeu vir no dia seguinte, às dez horas da manhã. – Tudo isso é inútil e não ajudará em nada – objetou o almirante. – São apenas medidas paliativas, pois aquele padre nem em Deus acredita.

Na manhã seguinte, apesar da promessa dada, o sacerdote não veio nem deu notícias; à tardezinha, soube-se pelo serviçal, enviado para fazer compras naquela cidadezinha, ter havido um incêndio na casa do padre Platon. Pela investigação, determinou-se que a cozinheira recolocara no cesto um carvão parcialmente aceso, e este, queimando sob as cinzas, incendiou o cesto e o piso de madeira; o fogo se alastrou rapidamente e atingiu a cozinha e os demais cômodos térreos, causando grandes estragos. Acordado pela fumaça e gritos dos vizinhos, o padre e sua esposa lançaram-se pela escada abaixo ao térreo. Levando nos braços o seu filho de quatro anos, o padre ficou tonto com a fumaça intensa, tropeçou num dos últimos degraus e fraturou o pé.

O menino, a esposa do padre e os outros moradores da casa nada sofreram além do susto; o padre Platon teve de ser hospitalizado.

Zoya Ióssifovna e Nádya ficaram bastante abaladas com o ocorrido. O almirante se absteve de qualquer observação, conquanto Mikhail Dmítrievitch ficasse enfurecido com o infortúnio do padre, como que a confirmar as superstições de Nádya. Quando a jovem desolada fez menção a uma força maléfica guardar a ilha de qualquer tentativa de para lá se levar a bênção divina, Massalítinov não agüentou:

— Ouçam, *mesdames*! Isso torna possível enxergar maquinações demoníacas em tudo! O que aconteceu realmente? A cozinheira trapalhona coloca por idiotice o carvão incandescido no cesto e vai dormir feito um tronco, causando um incêndio – o que é natural. Não há necessidade nem da assistência do demônio!... Depois, o padre, sonolento e assustado, levanta-se, tropeça e cego da fumaça... cai. Que ele quebre o pé é um acontecimento infeliz e casual tal qual o incêndio ocorrido à noite. Mas, por mais que eu queira acreditar, não consigo encontrar nisso algo sobrenatural; ao contrário, seria até um milagre o cesto não pegar fogo a partir do carvão mal apagado.

— Suas explicações são justas, se bem que há uma coincidência sinistra em tudo isso – inferiu Zamyátina, estremecendo.

No dia seguinte, um dia antes do tempo previsto, chegaram a senhora Morel e Mila. Zamyátina estava em casa sozinha, pois todos os outros foram passear a cavalo. Ela recebeu alegremente as visitas e as conduziu aos aposentos para descansar até a hora do almoço.

Toda a família se reuniu no terraço aguardando as recém-chegadas para irem à sala de jantar; os jovens e até o almirante lançavam olhares curiosos para a porta, pela qual elas deveriam entrar.

A senhora Morel entrou primeiro e saudou o almirante como alguém já conhecido. A antiga Kátya Tutenberg mudara muito e envelhecera. Ela nunca fora bonita e agora era uma mulher alta, bastante volumosa e de rosto obeso. Estava de vestido de cambraia com pequenas bolinhas; os cabelos grisalhos, ainda bastos, ostentavam um penteado à última moda.

Nesse ínterim apareceu Mila e a atenção de todos se concentrou nela. O coração do almirante palpitou mais forte ao ver a filha da mulher por ele outrora amada apaixonadamente, e ele se pôs a procurar avidamente nela alguma semelhança com os traços da mãe. Mas Mila não tinha nada da mãe e, ainda que indiscutivelmente bonita, sua beleza era diferente. Muito alta e esbelta, ela poderia servir de modelo para um artista da época de decadência, de tão fino e flexível era o seu quadril e o busto sem relevo. No pescoço longo e delgado, lembrando o de um cisne, pendia a cabecinha cansada, de melenas cheias, de matiz ruivo-dourado. A tez de brancura de turvar a vista não revelava um menor sinal de rubor nas faces, o que acentuava mais ainda os lábios rubros. Quanto aos olhos, era difícil definir-lhes a cor; eles estavam constantemente semicerrados, enquanto os cílios lanosos lhe encobriam totalmente o olhar. Os movimentos do corpo longo e flexo denotavam uma graça singular, puramente felina, e a expressão geral do rosto tinha algo de malicioso e prepotente. Ali estava uma criatura encantadora mas... estranha.

Todos passaram ao refeitório e a conversa girou principalmente sobre a viagem e a vila na ilha. Zamyátina tentou em vão dissuadi-las de se hospedarem ali. Mila anunciou não ver a hora de ir ao local onde morava sua mãe, e a senhora Morel riu da superstição tola que pesava sobre aquele recanto maravilhoso. Ela assegurou que as duas não acreditavam no sobrenatural, não temiam fantasmas, nem mau-olhado e, obviamente, se sentiriam na ilha bem como em casa, uma vez que o anfitrião fora tão gentil em permitir-lhes ali se hospedarem.

O almirante pouco participou da conversa, posto a examinar atentamente Mila e tentando encontrar em seus traços alguma semelhança com o pai ou a mãe; mas a jovem não tinha nada com nenhum dos dois. Súbito Ivan Andréevitch empalideceu e passou nervoso a mão pelo rosto coberto de suor. Ao esboçar um sorriso, os lábios púrpuros de Mila desnudaram os dentes alvos e afiados... Ela tinha o sorriso de Krassinsky.

Depois do almoço, as damas saíram para o jardim, enquanto os homens ficaram no terraço, degustando café e fumando charutos.

— Bem, senhores, e o que acham de *mademoiselle* Ludmila? – perguntou o anfitrião em meia voz, ao se convencer de que as damas não estavam por perto.

— Ela é encantadora. Um verdadeiro crisântemo ao estilo decadente – opinou Mikhail Dmítrievitch. – Sabem a impressão que ela produziu em mim? Ela parece uma pantera.

— Tal qual em mim – ajuntou Gueorgui Lvóvitch. – Seu rosto possui algo de felino; um algo diabólico nos movimentos e no corpo esguio. Ela deve ser uma mulher muito passional.

— É uma mulher perversa, uma criatura realmente diabólica – observou o almirante, retirando-se do terraço.

No dia seguinte, as visitas se mudaram para a ilha. Tendo examinado o jardim e a casa, Mila elogiou o lugar e disse não se surpreender pelo porquê de sua mãe não ter escolhido outro lugar para morar. Causou-lhe admiração especial o jardim, naquela hora já arrumado. O chafariz estava funcionando e espargia respingos prateados; as rosas, o jasmim e as floreiras cheias recendiam a fragrâncias maravilhosas.

Enquanto a senhora Morel desfazia as malas, as jovens ocuparam-se no terraço com o preparo da geléia de morango com creme de leite, e foi então que Nádya se deu conta, pela primeira vez, de não avistar sequer um passarinho na vegetação; nenhum pardal ali se transportava para ciscar migalhas, em nenhum lugar se via um ninho de pombos, conquanto no parque da casa do senhorio estes sobejassem.

Na manhã seguinte, Nádya visitou as damas e perguntou se, à noite, elas não tinha sido perturbadas com nada incomum. Ambas certificaram-na, rindo, terem dormido bem, nada de misterioso ou alarmante ocorrido e que elas adoraram o silêncio na ilha. Aquela paz teria um efeito benéfico sobre os nervos abalados de Mila. Zamyátina contratou duas criadas da cidade e tanto as amas como a criadagem estavam contentes umas com as outras.

À noite, após o jantar, Gueorgui Lvóvitch tornou a visitar o almirante para conversar sobre o ocultismo e a intrigante incursão aos subterrâneos.

— Se não for segredo, diga-me, Ivan Andréevitch, onde o senhor adquiriu tantos conhecimentos esotéricos? Tenho vontade de aprender os mistérios que nos cercam e gostaria de estudar a magia branca, não a negra – a ciência do mal. Deter em mãos as forças devastadoras do mal é muito perigoso, pois, num acesso de fúria, sabe-se lá que crime oculto pode se cometer.

O almirante riu e adicionou em tom sério:

— Só um ignaro nessa área como o senhor, meu amigo, pode achar que eu tenho algum conhecimento esotérico. Não passo de um ignorante. Li muito e estudei o bastante para compreender que nada sei, postado diante do umbral dos conhecimentos. Mas, de qualquer forma, durante a minha permanência na Índia tive a sorte de prestar um serviço a um brâmane e nós ficamos amigos. Ele consagrou-me em algumas áreas da ciência oculta. Segundo as suas palavras, um adepto sério, que queira estudar e usar as forças da magia branca, deve antes fazer um curso completo da magia negra. Não é para dela se utilizar, evidentemente, mas para adquirir saberes para rechaçar as forças malignas quando preciso, tal qual um médico estuda as doenças para poder curá-las. Eis o que ele me disse, certa vez, a respeito dos que se dedicam ao estudo dessas ciências. – Um feiticeiro ordinário, de saberes limitados e incompletos, apenas apreende os pontos máximos da magia negra, virando um adepto do mal por não ter haurido a ciência desde a sua base e torna-se uma vítima potencial de algum acaso desafortunado. As forças do mal subjugam e transformam-no em seu escravo – um monstro perigoso, corretamente perseguido e aniquilado sem dó pelos tribunais da Idade Média. Aliás, aos juizes daquele tempo, muitas vezes ridicularizados e condenados, deu-se até razão, não raro: suas convicções, principalmente, e não os métodos empregados na investigação – segundo opinião geral dos históricos, não eram apenas os frutos das superstições, e cujos objetivos eram enfrentar as forças malignas do mundo do além. De qualquer modo, só poderá trilhar por esse caminho perigoso, impunemente, aquele que estudar os mistérios da magia negra sob a orientação de um mago com poderes sobre as forças maléficas, e que, por sua vez, posteriormente se tornará um senhor das forças ocultas.

IX

A casa dos Zamyátin ficou animada. As visitas aos vizinhos, os piqueniques e as recepções seguiam-se sem parar. Além disso, um colega de Zamyátin, da Universidade de Kiev, agora professor, veio passar ali algumas semanas para descansar, ao ar puro, de seus trabalhos científicos.

Mila participava de todas as diversões e parecia feliz. Mas os longos passeios, as danças e assim por diante, deixavam-na esgotada; por vezes, seu aspecto cansado e até doentio chamava a atenção de todos. No dia seguinte, ela parecia se restabelecer, os olhos tornavam a brilhar, os lábios ganhavam um matiz vermelho sangüíneo e sua figura esbelta, alquebrada na véspera pelo cansaço, endireitava-se altiva.

O almirante ainda se encontrava em Górki. Ele cedeu às persuasões dos anfitriões hospitaleiros, esqueceu de seus temores e de sua aversão àquele local. Por Mila, ele tinha um interesse todo especial. Ele a estudava e vigiava ao mesmo tempo, conquanto a sua anterior amizade com o pai falecido facilitasse tais observações. Ademais, um relacionamento dos mais cálidos e amistosos encetou-se entre o almirante e Gueorgui Lvóvitch. Todas as noites, o jovem vinha conversar com ele antes de dormir, e assuntos não faltavam.

Certa vez, Mila estava novamente com aquele aspecto debilitado e doentio, o que fez a senhora Morel se redobrar nos cuidados com ela.

Todos, em Górki, demonstravam grande preocupação com o aspecto, cada vez mais acentuado, de lividez da filha de Marússya.

Pouco antes desses acontecimentos, os Zamyátin receberam um telegrama comunicando-lhes a vinda de um certo professor e cientista, Franz Gotlíbovitch Biber, do qual Filipp Nikoláievitch se tornou amigo, após uma de suas viagens de negócios na Alemanha.

Franz Gotlíbovitch era um homem atarracado, com olhos miúdos e inexpressivos, de rosto corado e arredondado, lábios grossos e vermelhos que davam a impressão de uma saúde inabalável. Já em sua chegada, não causara boa impressão nos convidados da família Zamyátin por seus ares prepotentes e deselegantes, pois em suas conversas impingia a todos o seu saber e suas convicções, não dando margem a qualquer dissidência de opinião. Portanto, todos evitavam entrar em litígio com o professor Biber para não serem desagradáveis com os anfitriões.

Nesse dia, porém, a preocupação com Mila fez tudo mudar.

O almirante não desgrudava os olhos de Mila, sentindo, cada vez mais, um nefasto pressentimento.

A senhora Morel andava de um lado a outro torcendo exasperada as mãos, pois já não sabia o que fazer para que sua pupila melhorasse.

Nervosa demais, dirgindo-se a Zamyátina, perguntou-lhe:

— Você não teria, cara amiga, ovelhas negras nessas paragens?

— Acho que não; temos criação de ovelhas, mas creio que são todas brancas. Por que quer saber? – respondeu, surpresa, Zamyátina.

— Porque para Mila fortalecer-se e voltar à normalidade, necessita tomar sangue fresco de ovelha negra. Você poderia conseguir uma caneca de sangue para ela?

Os presentes ficaram petrificados com tal explicação e pedido. Vedrinsky imediatamente relanceou o olhar para o almirante, mas este calmamente questionou:

— Senhora Morel, sabe então qual é o mal que aflige Mila? Foi um médico que, ao invés de receitar medicação convencional, mandou dar-lhe remédio tão esdrúxulo? Explique-nos por que deve ministrar-lhe sangue fresco de ovelha, devendo o animal ser especificamente da cor negra. É difícil entender o motivo de tal prescrição!

— Realmente ninguém conseguiu, com certeza, definir a doença que afeta Mila, Ivan Andreévitch, começou a senhora

Morel. Há alguns anos atrás, Mila e eu viajamos a passeio para a Inglaterra e ficamos na propriedade de um grande amigo meu. Mila estava contente e participava de todas as atividades que nosso anfitrião proporcionava. Percebíamos que, depois de algum tempo, Mila perdia a vivacidade, tornando-se abatida e cansada. Não me preocupei muito, pois, no dia seguinte, sempre levantava bem disposta e novamente ativa.

Passaram-se os dias com novos festejos, passeios e vida social intensa, mas percebia-se que, a cada dia, Mila ficava mais fraca e sem ânimo, com uma palidez assustadora, não se recuperando totalmente no dia seguinte, deixando-nos muito preocupados.

Apesar de tudo, Mila não queria parar a diversão, alegando que era coisa passageira, que nos preocupávamos à toa, pois estava muito bem de saúde.

Numa manhã esplendorosa, saímos todos para cumprir mais um dia de vários eventos. Mila estava muito pálida e alquebrada, porém, insistiu estar bem e querer participar do passeio. No meio do dia, enquanto fazíamos um piquenique no campo, Mila, após uma corrida a cavalo, chegou carregada por um dos convidados com a morte estampada no lindo rostinho; não havia qualquer cor nas faces, parecia uma estátua de mármore. Fiquei desnorteada, comecei a gritar desesperada, deixando todos apavorados. Nosso anfitrião, sem perda de tempo, pegou Mila no colo e levou-a a uma cabana próxima, onde se via um belo rebanho de ovelhas, seguido, obviamente, por todos que lá se encontravam. No caminho, explicou-me lá se achar um pastor de seu rebanho, sempre procurado por ser um curandeiro de todos os males.

Com o alarido, saiu, de dentro da cabana, um velho vestido em pele de animal com um cajado nas mãos enrugadas, que, olhando fixamente para Mila, mandou-nos entrar e deitá-la num catre, pedindo que só ficasse ali o responsável pela jovem.

Assim, com a morte na alma, sentei-me sozinha num banquinho perto de Mila, observando o velho pastor que tranqüilamente lhe tocava na testa, concentrando o olhar no topo de sua linda cabeça dourada.

Depois do que para mim pareceu uma eternidade, ele falou:

— Pobre criança! Mal sabe a sina que carrega... Temos que nos apressar, se quisermos salvá-la e fazer com que adquira novamente as forças vitais. Essa criança, senhora, não é um ser humano normal como os outros.

Nessa hora, posso dizer, senhores, desconfiei do velho e tomei-o por louco e charlatão. Como poderia engolir tal afirmação sobre a minha adorada Mila. Mas ele, apesar da raiva estampada em meu rosto, prosseguiu:

— Aprenda, minha senhora, sempre que essa jovem demonstrar lividez e exaustão, deverá ser-lhe ministrado sangue fresco de ovelha negra. O sangue lhe devolverá as forças e a vida, pois ela é filha de vampiro.

Agora, pensando melhor, acho que talvez o velho pastor tivesse razão ao chamá-la de filha de vampiro— devaneou a senhora Morel.

Voltando-se para Zamyátin, ela continuou:

— O senhor entenderá como me impressionou tal declaração. Além disso, fiquei tão possessa, a ponto de querer matar o velho idiota que ousara ofender uma criança inocente. Mas ele não se abalou e disse calmamente:

— Não fique brava, senhora, digo isso para que a senhora saiba de tudo; ela, de qualquer forma, não está ouvindo. É preciso lhe dar de beber o sangue fresco de ovelha negra e, à noite, colocar em sua cama alguns porquinhos-da-índia. Isso lhe propiciará forças vitais.

Ele saiu, retornando em seguida com uma grande caneca de sangue quente. Colocando-a diante de Mila, ele mandou ajudá-la a se sentar. Um minuto depois, ela abriu os olhos, emborcou avidamente a caneca e de fato se reanimou. De volta a Paris, consultei o nosso médico, dr. Bonper, e descrevi o caso com o pastor.

Este, no início, desfechou uma gargalhada e disse que para as pessoas anêmicas o sangue fresco de fato era muito útil, se bem que a maioria se recusaria a tomá-lo devido ao nojo sugerido. Acrescentou também que, se Mila era capaz de tomar o sangue, ele só poderia elogiá-la, sendo certo a cor da ovelha não possuir, evidentemente, qualquer importância em termos práticos. Quanto aos porquinhos-da-índia, – era uma antiga simpatia e, de qualquer forma, não prejudicava.

— Mas por que a senhora pediu, hoje, justamente o sangue de ovelha negra?– perguntou Zamyátin. – Temos as brancas e não sei se há alguma negra, completou.

— Talvez pareça estranho, como queira, mas eu me convenci de que o sangue das ovelhas negras tem um melhor efeito para ela; o das ovelhas brancas provoca-lhe ânsia de vômito.

— Será isso também uma simpatia? A ciência já comprovou a influência das cores sobre o organismo humano. Provavelmente a cor branca reage de forma diferente no organismo sensível de Ludmila Vyatcheslávovna – argumentou Zamyátin.

— É isso, é isso! O senhor acertou. Agora me lembro que desde a infância Mila não gosta de trajes brancos.

Em seguida, abordou-se o efeito das cores sobre as doenças, como, por exemplo, o vermelho na cura da varíola. O professor não tomou parte na conversa, aparentemente imerso em seus devaneios.

O doutor Biber era um alemão com grande capacidade de trabalho mas de horizontes limitados, a quem os estudos das matérias exatas nele fortaleceram as suas convicções materialistas, tornando-o intolerante às concepções que divergissem das suas e só reconhecendo o que podia ser pesado ou medido.

— Não! – exclamou ele de supetão, interrompendo a conversa. – Indigna-me aquele idiota, o pastor bretão. Como é possível em pleno século XX encontrar na Europa, não numa tribo dos aborígenes, alguém que acredite em fantasmas, larvas e vampiros? Isso é inverossímil e revoltante! Quando a ciência conseguirá finalmente dissipar as trevas da ignorância ignóbil e desarraigar os tabus que envergonham a humanidade moderna?

— Ah, dou-lhe plena razão, Franz Gotlíbovitch! – exclamou com ardor Massalítinov. – As superstições são algo terrível e sobretudo contagiosas – o que é pior. Ao ouvir essas tolices incríveis, não se sabe mais em que acreditar.

— Quem as espalha são mentirosos, e os que nelas acreditam são idiotas ou simplesmente insensatos! – emendou calorosamente o professor.

— Oh, não seja tão rigoroso, professor! Mentirosos e insensatos?! Como se pode condenar cruelmente os que acreditam, não no sobrenatural – o qual inexiste –, mas nos fatos ainda não explicados pela ciência? Assim aconteceu com a eletricidade, o raio X e a análise espectral que há duzentos anos atrás também nos eram incompreensíveis. Ainda que as assim chamadas superstições sejam tão velhas como o mundo, antigamente a sociedade acreditava nesses fenômenos e, em seu meio, contou com ilustres luminares da humanidade, tais como Sócrates, Platão, Pitágoras, e assim por diante – sustentou Vedrinsky e adicionou: – Mudaram os nomes e não os objetos por eles designados. Tifão – deus do mal dos antigos – é o diabo ou, se quiserem, sob esta denominação comum compreendem-se os espíritos malignos, e Amênti e o inferno são a sua morada. A existência dos espíritos do mal fora reconhecida por santos bem respeitados.

— Mesmo no silêncio de suas celas ou no deserto, durante as preces ardentes, esses seres superiores são tentados por demônios com tanta obstinação, que só contando com uma fé inabalável e vontade férrea os ascetas conseguem resistir a essas criaturas imprestáveis.

O professor se desfez num riso de desprezo e respondeu, dando um sorriso irônico:

— Quando o senhor quiser discutir este tema, Gueorgui Lvóvitch, aconselho-o a jamais recorrer a este último argumento, ou seja: as visões dos santos. Os venerados indivíduos... que passaram a vida em ócio e preguiça, cantavam os salmos, inúteis a quem quer que seja, não passavam de fanáticos, cuja constante solidão contribuía enormemente para as ocorrências das alucinações. A minha convicção é a seguinte: um homem é sempre um homem, seja no deserto ou onde for; os instintos naturais e as paixões reprimidas geram quadros sedutores em forma de criaturas tentadoras, personificando em seu âmago desejos insaciados. Quanto às superstições na antigüidade, estas nada provam, pois os equívocos não se tornam mais respeitados só porque eles são antigos. Por fim, devo dizer-lhes que todas essas histórias sobre fantasmas, demônios e feiticeiros são conversas fiadas, visto nenhuma delas ter sido confirmada por pessoas sérias e dignas de confiança.

— Equívoco seu, professor. Existem numerosos casos incríveis e até fatos da magia negra que são registrados por indivíduos respeitados, como confirmados em escritas – assegurou calmamente o almirante.

— E o senhor poderá me relatar pelo menos uma história dessas, registrada em ata? – perguntou o professor com ar de zomba.

— Sem dúvida. O senhor conhece a história da visão do imperador sueco Carlos XI?

— Não, reconheço a minha ignorância nisso, pois nunca me interessei por temas impalpáveis – respondeu sorrindo o professor.

— A história desta visão profética de Carlos foi protocolada na presença do imperador e o documento acha-se guardado no arquivo estatal sueco. Ei-la resumida! Na noite de 17 de setembro de 1676, o rei, sentindo-se indisposto, foi se deitar, e ao seu leito encontrava-se o chanceler Belke. À meia-noite, o rei acordou e, ao olhar ocasionalmente em direção da janela, viu uma luz na sala do quartel-general, localizado na parte oposta do prédio. Ele apontou aquela luz ao chanceler e aventou a possibilidade do perigo de um incêndio. Mas o chanceler certificou-o de que a luminosidade vista era um reflexo do luar sobre o vidro. O rei não discutiu e tentou adormecer novamente e, quando algum tempo depois chegou o conselheiro de Belke, parente do chanceler, para saber como andava a saúde do rei, novamente todos viram a luz estranha na mesma sala em frente. À indagação de se o conselheiro sabia algo do incêndio, este insistiu que aquilo era simplesmente um reflexo no vidro. Mas, dessa vez, o rei já não acreditou nas explicações, pois viu como na sala se movimentavam figuras humanas e, depois, concluiu estar acontecendo algo estranho. O rei se levantou, calçou os sapatos e vestiu o roupão.

— Senhores – disse ele –, quem teme a Deus, não teme mais nada no mundo. Quero ver o que está ocorrendo na sala do quartel-general.

Antes de tudo, ele mandou chamar o administrador do palácio para trazer a chave do salão. Quando este chegou, acompanhado pelo conselheiro Oksenstern, todos se dirigiram à passagem secreta, localizada no piso de baixo bem abaixo do dormitório do rei e ao lado do velho dormitório de Gustavo Ericson. Junto à porta do corredor secreto, o rei mandou um dos acompanhantes abri-la; mas todos, tomados de medo, suplicaram ao rei que os dispensassem de cumprir tal ordem. O corajoso Oksenstern, que nada temia, disse:

— Majestade, eu jurei sacrificar-lhe a vida, mas não abrir esta porta.

Nervoso, o rei pegou as chaves e a abriu ele mesmo. Tão logo as tochas iluminaram o corredor, todos viram aterrorizados as paredes, o teto e até o chão chamuscados. Mesmo assim o rei, após uma breve indecisão, atravessou o corredor e disse aos acompanhantes para abrirem a segunda porta, guarnecendo a sala do quartel-general. Todos tremiam de terror e hesitavam em cumprir a ordem; então ele se antecipou, abriu-a sozinho e estacou petrificado no umbral.

A sala adiante estava profusamente iluminada. À comprida mesa no centro, acomodavam-se nas cadeiras cerca de dezesseis pessoas com rostos severos, diante de cada qual havia um livro aberto. Entre eles, estava sentado um jovem rei em torno de dezessete anos, de coroa e cetro nas mãos, balançando nervosamente a cabeça, enquanto os presentes davam sucessivas palmadas nos livros dispostos defronte. Súbito Carlos percebeu, perto da mesa, cadafalsos de madeira e, pasmado, testemunhou a execução pelos verdugos de diversas vítimas, cujas cabeças rolavam ao chão e cobriam de sangue torrencial os pés dele.

Os condenados pareciam todos jovens e, a julgar pelos trajes, eram nobres. Trêmulo de terror – como testemunha do registro –, o rei se virou e, com um novo espanto, viu o trono meio tombado e, ao lado deste, postava-se um homem de uns quarenta anos. O rei deu um passo para trás e exclamou:

— Ó, Deus Todo-Poderoso! Quando isso vai acontecer? Tenha piedade, Senhor, e nos diga o que podemos fazer.

Então o jovem rei, sentado no trono inclinado, pronunciou:

— Tudo que você está vendo não acontecerá em sua época, e sim no reinado do sexto monarca a segui-lo. Ele terá a minha idade e aparência, e então acontecerá o que está vendo. Este – e ele apontou para o homem que estava ao lado do trono – será o meu tutor e regente; antes, porém, alguns nobres tentarão destituir-me, mas pagarão com a vida. Mais tarde o trono será ocupado pelo mesmo regente, um soberano poderoso, sob o governo do qual a Suécia irá prosperar, não sem antes de perder muito sangue. Como você é o atual rei da Suécia, transmita aos descendentes as devidas instruções.

Tão logo o jovem rei ou quem lhe assumira as feições silenciou, a luz na sala se extinguiu. Agora tentarei, tanto quanto lembro, repetir as palavras constantes na ata.

“Pode-se imaginar em que estado de pasmo saímos da sala e, quando atravessávamos o corredor, pouco antes revestido de piso preto, este já voltara a ser o normal. Voltamos ao meu quarto e, imediatamente, eu comecei a anotar o presságio. E por ser tudo verdadeiro, eu o certifico com o meu juramento, como é certo que Deus me ajudará. Carlos XI – rei da Suécia. Na qualidade das testemunhas presentes, vimos o que foi descrito por Sua Majestade e certificamos seu relato com o nosso juramento, e que Deus nos ajude. Assinam: *Carlos Belke, chanceler N.R. Belke, conselheiro A. Oksenstern, conselheiro Peter Grauelen, vice-vagenmaster.*"

— Eis, caro professor, a história da visão do rei Carlos XI, como ela é descrita e assinada pelo mesmo, e certificada por testemunhas respeitadas, o que o senhor não pode negar. Depois, basta abrir a história da Suécia e o senhor se convencerá de que o presságio feito em 1676 aconteceu de fato em 1792. O cortesão sueco Ankarstrem, membro de um complô da jovem nobreza, mata, num baile de máscaras, o rei Gustavo III e depois morre com seus cúmplices no cadafalso. O rei Gustavo IV, de quatorze a quinze anos, sucede ao pai sob a regência do tio, duque de Zudermailand que, após Gustavo IV ser destronado, assume o trono e reina glorioso por longo tempo.

Atento, ainda com desconfiança visível, ouvia-o o professor. Terminado o relato, ele pronunciou-se, dando de ombros:

— Esse fato, Ivan Andréevitch, seria muito convincente se merecessem crédito duas coisas: primeira – a autenticidade do documento; não poderia ele ser forjado já depois dos acontecimentos? E, segundo – não estaria o rei e seus quatro súditos vitimados por uma alucinação coletiva? Eles viram *algo* e, ainda, à noite, e dessa impressão vaga criaram mais tarde uma verdadeira profecia. Ademais, eles eram em apenas cinco – arrematou Biber.

— E a que número o senhor restringe uma alucinação coletiva? Em outras palavras: de que garantia o senhor precisa para considerar um caso oculto comprovado? – perguntou Vedrinsky. – O senhor diz ter sido a visão do rei sueco ocorrida à noite; bem, então eu lhe contarei um caso acontecido de dia, ouvido por milhares de pessoas, testemunhado por dois reis e seus séquitos. Foi em Paris, alguns dias depois da noite de São Bartolomeu. Gritos dilacerantes, o barulho da luta, gemidos dos feridos e moribundos ouviam-se no ar, alarmando toda a capital. Esses gritos duraram três dias seguidos – o que é bastante estranho para ser uma alucinação. E eis que, num desses dias, no Louvre ocorreu um fenômeno, causando entre os presentes um verdadeiro terror. Numa das salas do Louvre, estavam jogando xadrez o rei Carlos IX e Henrique, rei de Navarra, futuro monarca da França – Henrique IV. Súbito, todos viram a mesa e o tabuleiro de xadrez repletos de gotas de sangue rubro vivo. Carlos IX empalideceu e jogou o corpo para trás, depois afastou a mesa e saiu apressado. Os próximos de ambos os reis, presentes na sala, foram testemunhas desse fenômeno. Agrippa d'Obinia relembra-o em suas memórias, e o caso também é mencionado por Henrique IV.

— Acho que eu li sobre isso um dia – hesitou o professor. – Mas este caso não merece muita confiança. Toda essa gente antiga era de credibilidade fácil, supersticiosa e sem instrução, propensa aos engodos. Henrique pode ter espetado o dedo e uma gota de sangue caído no tabuleiro, enquanto a consciência pecaminosa de Carlos IV imaginou-a como uma poça, escorrendo por todos os lados. Quem pode contestar o fato de os homicidas, sob o efeito do terror do crime cometido, aliado à consciência pesada, serem vitimados por alucinações. Todos viram! – e eis uma lenda criada e comprovada. Não, não, senhores; não me falem desses fenômenos centenários e, se quiserem me convencer – há-há – contem alguma história recente, explicada pela ciência ou, pelo menos, por uma investigação séria.

— Com prazer, professor. Aconteceu em 1851 – quase na nossa época –, foi investigado por um tribunal e confirmado sob juramento por mais de vinte testemunhas e teve centenas de depoimentos. Dessa vez não se trata de alguma visão, mas se refere aos fenômenos de magia negra – iniciou o almirante com frieza impassível.

O professor lhe lançou um olhar de desconfiança.

— O processo de magia negra ou feitiçaria foi aberto num tribunal de verdade? E no século XIX? O senhor está brincando, Ivan Andréevitch?

— Deus me livre! O senhor verá por si mesmo. Eis toda a demanda em sua simplicidade, julgada no início de 1851 pelo tribunal da paz em Jerville, departamento do Baixo Sena. Desde o começo, o conflito destacava-se pela sua bizarrice. Não era um feiticeiro que se submetia ao processo no tribunal; ao contrário, era este, injuriado, que fazia uma denúncia de reparação. Certo pastor, chamado de Torel, entra com um pedido de queixa ao juiz de paz contra um sacerdote da cidade de Sideville e exige uma compensação pelas pancadas de que fora vítima. Eis resumidamente os fatos que resultaram em surra por parte do sacerdote e que serviram como fundamento da queixa do pastor.

Em Sideville, ou nas suas circunvizinhanças, vivia um feiticeiro aldeão, famoso em todo o distrito por suas curas pela medicina oculta. Esqueci o nome dele, e o chamarei pela letra N*, mesmo porque o seu papel no processo é secundário. Por justa causa ou não, o abade Tinel de Sideville acusou N* de diversas tramóias, em conseqüência das quais alguns dos clientes do feiticeiro pagaram até com a própria vida, e assim N* foi recolhido à prisão e teve de pagar multa. Possesso com a desmoralização, este fez ameaças e jurou se vingar. A partir deste momento, N* como que desaparece da cena e em seu lugar surge o pastor Torel.

Na audiência, o pastor se confessa um mero e respeitoso servo e discípulo de N*, seu mandatário oculto, vingador e executor da vontade do mestre.

Sobre a casa do venerável padre, desencadeia-se um verdadeiro furacão de fenômenos estranhos, e a fúria retaliativa de Torel concentra-se em dois meninos: um de doze e outro de quatorze anos, educados pelo abade Tinel para serem noviços. Primeiro, ouvem-se pancadas fortes nas paredes, e estas estalam, trincam e ameaçam ruir.

Interferem as autoridades e, na presença de dezenas de testemunhas, a casa e seus anexos são investigados, inclusive com o apoio do povo, mas os esforços de explicar os fatos não se coroam de êxito nem mesmo quando o prédio sofre os abalos mais intensos. Os fenômenos mais tarde se intensificam, tornam-se diversificados e mais fortes. Os objetos começam a se movimentar, as mesas emborcam sozinhas, as cadeiras passeiam pela casa, as facas, as escovas e os breviários mudam de lugar. Acontecem cenas engraçadas, como por exemplo: a pá e as tenazes dançam mazurca ou os ferros de passar roupa deslizam até o fundo do quarto. Todos esses fatos e muitos outros foram certificados por numerosas testemunhas, entre as quais pessoas inteligentes e respeitadas, como o médico de Baneville, o sacerdote, o vigário S. Roha e finalmente o prefeito e todo o quadro das autoridades municipais.

Quem mais sofreu foi o pequeno pupilo do abade Tinel. Torturado por convulsões, ele afirmava ser perseguido por um vulto de blusa.

O menino andava sempre assustado e seu estado inspirava sérios cuidados. Certa vez, estando o quarto repleto de gente, de súbito, ouviu-se o som de uma forte bofetada e o menino soltou um grito. As testemunhas afirmaram que na face do coitado se gravara uma nítida marca de dedos. O noviço, chorando muito, contou apenas ter percebido uma grande mão lhe desferindo o golpe.

— E todos esses contos de carochinha foram confirmados no tribunal? – indagou o professor, visivelmente hesitando entre acreditar ou rir.

— Como já tive a honra de lhe dizer, tudo isso foi confirmado sob juramento no tribunal por dezenas de pessoas. Mas deixe-me prosseguir. Obviamente, tais fenômenos espalharam-se por toda a vizinhança; os curiosos não paravam de chegar, e a casa do padre reunia gente do clero. Um dos abades presentes possuía pequenas noções de ocultismo. Ele sabia que os espíritos malignos, guiados por um feiticeiro, temiam a lâmina afiada de espada e resolveu tentar. Seus primeiros esforços foram inúteis; o clero ficou desanimado e já queria desistir de outras experiências, quando o último golpe causou um efeito inesperado. Esqueci de mencionar que entre as pessoas envolvidas nos episódios em Sideville estava também o famoso escritor e espírita Marvill. Este tentou entrar em contato com as forças invisíveis através de batidas e sua tentativa se revelou acima de quaisquer expectativas. Uma entidade invisível respondeu, e ainda revelou grande conhecimento quanto a tudo a que se referiam os inquiridores.

De longe chegou uma voz pronunciando claramente:

— Perdoem...

Todos a ouviram e no primeiro instante ficaram cismados. Depois um dos padres começou a conversar com o ser invisível pelo sistema de Marvill. Desta vez a experiência teve êxito e ocorreu uma conversa interessante:

— Você pede por perdão – disse o abade Tinel – está bem, nós o perdoamos, mas com uma condição: seja lá quem você for, venha pedir perdão a essa criança pessoalmente.

— De acordo, mas você perdoará a todos nós? – indagou a voz.

— Vocês são muitos? – tornou o sacerdote, surpreso.

— Somos em cinco, contando com o pastor – foi a resposta.

— Perdoamos a todos – prometeu solenemente o abade.

A partir de então os fenômenos cessaram; a paz e tranqüilidade voltaram a reinar na casa. Ao meio-dia, o pastor Torel aparece na casa do padre. Seu rosto, que ele tenta esconder com o gorro, estava coberto de arranhões e via-se sangue em alguns pontos. Mal o pequeno noviço o vê, começa a tremer e grita:

— Eis o homem que me persegue há duas semanas.

O pastor tenta explicar a sua vinda com pretexto simples; mas, incitado pelo padre a confessar e pedir perdão ao menino a quem perseguia, ele cai de joelhos e rasteja até a sua vítima.

— Sim, sim, perdoe! Perdoe – repete ele.

Aproximando-se da criança, ele a agarra com ambas as mãos; logo depois todos notam que, desse contato, o estado do menino piora.

O segundo encontro do padre com o pastor aconteceu na prefeitura diante de numerosas testemunhas. Torel torna a se ajoelhar e pede:

— Perdoe! Peço-lhe perdoar-me – diz, rastejando em direção ao padre.

— De que devo perdoá-lo, Torel? Explique! – perguntou o padre, recuando.

O abade já estava acuado no canto da sala e as mãos do pastor quase lhe tocavam a batina.

— Não me toque, pelo amor de Deus, senão eu bato! – gritou.

Foi então que o padre desferiu três vezes golpes na mão do feiticeiro – o que deu origem ao processo. O senhor compreende a estupefação do juiz acompanhando os debates daquele estranho processo. Jamais sua casa presenciou tais depoimentos bizarros.

Todavia, a numerosidade dos fenômenos, a ausência de contradições nos depoimentos mais importantes, assim como a presença das testemunhas voluntárias notáveis, não deixaram de lograr o devido efeito.

Em sua sentença, o juiz levou em consideração a unanimidade dos testemunhos e absolveu o padre, negando mérito a Torel na demanda e dele cobrando as custas processuais. O julgamento foi em Jerville, em 4 de fevereiro de 1851. Depois disso, todos os fenômenos cessaram. Eis, meu caro professor, uma recentíssima história, iluminada por investigações judiciais sérias. O que o senhor tem a contestar?

O professor permaneceu alguns instantes calado, juntando as idéias e, enxugando o rosto, levantou-se decidido.

— Sem dúvida, eu tenho contestações. O caso aqui narrado é extremamente curioso - é claro - mas nem por isso mais convincente de que outros, apesar de sua modernidade. Primeiro, a superstição está longe, infelizmente, de ser desenraizada... Depois, esse caso se me apresenta com uma incrível semelhança aos fenômenos ditos espíritas. Não foi o bastante provado que os espíritas são embusteiros, não obstante suas manipulações totalmente desvendadas. Há de concordar comigo que todas aquelas pancadas na parede, o vulto nebuloso do homem, a mão que desfere uma bofetada no menino, as mesas dançantes - tudo são truques, normalmente realizados pelos espíritas em suas sessões. Significa que alguém dessa seita agia em Sideville. Com que objetivo ele, ou eles - pois segundo a confissão eram cinco - manipularam isso, eu não sei, mas o juiz não podia ter se comportado diferente ao aceitar os testemunhos tão-somente coerentes... pois eram resultado de uma alucinação coletiva.

O almirante desabou em gargalhada.

— Anuncio-me derrotado por seus argumentos; o seu ceticismo é incurável - disse com bonomia.

— Significa que eu o convenci para não acreditar em tolices? - animou-se o professor.

— Absolutamente. As minhas convicções são tão sólidas como as do senhor, apenas me recuso solenemente a convertê-lo - arrematou o almirante com desdém.

Todos riram e a conversa mudou de rumo.

Alguns dias se passaram sem quaisquer aventuras. Os jovens estavam absortos com os preparativos para a festa de aniversário de Filipp Nikoláevitch. Planejava-se iluminar todo o parque, organizar um espetáculo de fogos no lago e, para tanto, Massalítinov e Vedrinsky foram à cidade fazer as compras.

Mila demonstrou interesse vivo pelos preparativos, ajudou a confeccionar lanternas e trançar grinaldas. Aparentemente ela se sentia bem com Nádya e seu noivo, pois buscava sempre a companhia deles. Mikhail Dmítrievitch, ao contrário, mal disfarçava sua apatia.

À noite, na véspera do aniversário, quando todos se recolheram a seus aposentos, Gueorgui Lvóvitch foi ao quarto de seu primo. Este, sentado junto à janela aberta, segurando o charuto apagado, olhos semicerrados, estava mergulhado em pesado esquecimento. Vedrinsky aproximou-se, fixou-o por instantes balançando a cabeça e depois bateu no ombro do sonhador. Massalítinov estremeceu e endireitou-se.

— O que há com você, Misha? Está com péssima aparência. Algo o preocupa? Não está doente, está?

— Não, nada disso – retrucou Mikhail Dmítrievitch, passando a mão pela testa. – Ando muito tenso. Não sei como explicar-lhe: uma angústia me afugenta de um lugar a outro e, ao mesmo tempo, sinto-me cansado como se passasse o dia inteiro arando a terra.

— E desde quando você se sente assim?

— Alguns dias, não sei precisar.

Vedrinsky pôs-se a refletir e perguntou de chofre:

— O que acha de Mila?

— Não gosto dela – respondeu Massalítinov surpreendido com a pergunta. – Ela é muito bonita, reconheço, mas sua beleza estranha e os olhos sempre semicerrados me deixam nervoso. Ainda não vi a cor dos olhos desse.... crisântemo.

— Apraz-me o seu juízo a respeito dela, pois tenho fundamentos para achar que ela gosta de você mais do que deveria.

— Sério? Não está enganado? Sequer a percebi me olhando – e ele deu um sorriso.

— Mas eu sim, e foi graças a isso que eu descobri a cor de seus olhos. Foi no dia 3, no terraço. Você estava fumando na cadeira de balanço, e Nadejda Filippovna com Mila estavam enfileirando as lamparinas confeccionadas. Quando Nádya foi levar alguma coisa do terraço, flagrei casualmente o olhar de Mila pregado em você. Ivan Andréevitch comparou-a com uma pantera e justamente essa palavra me veio à mente naquela hora. Foi, pela primeira vez, que seus olhos fosfóricos de felino estavam bem abertos, fitando-o com uma expressão enigmática. Um misto de paixão e cobiça se via neles – não posso definir. Mas aquele olhar deixou-me com calafrios.

— Criatura nojenta! – indignou-se Massalítinov. – De qualquer forma isso é inútil porque – como lhe disse – não gosto dela e jamais a trocaria por minha Nádya.

— Deus o ouça! – suspirou Vedrinsky.

No dia seguinte reuniu-se uma grande companhia. Vieram os fazendeiros vizinhos com suas famílias e oficiais do destacamento próximo. Os sons da música militar enchiam as salas e o jardim; a juventude dançava com animação. Nádya estava encantadora de vestido branco com flores vermelhas a lhe adornarem a cabeça de madeixas negras. Vivaz e graciosa, ela voejava feito borboleta pela casa em afazeres de anfitriã, sem perceber que o seu noivo dançava mais com Mila.

A beleza demoníaca de Turaeva brilhava mesmo nesse dia. Estava de vestido verde de gaze, com botões de lírios aquáticos nos cabelos e corpete. Fios de pérolas maravilhosas enfeitavam-lhe o colo e serpenteavam nos bastos cabelos dourados. Ela estava deslumbrante feito uma sereia, com tez pálida e diáfana, olhos esverdeados e lábios rubros sangüíneos, detrás dos quais brilhavam dentes de brancura ofuscante. Apesar do calor das danças, suas faces não revelavam qualquer sinal de rubor, tão-somente acentuando a vermelhidão sangüínea dos lábios. De quando em quando, seus olhos se abriam largos e cravejavam, sôfregos, Mikhail Dmítrievitch, e esse olhar cruel e fosfórico parecia penetrar nas profundezas da alma do jovem oficial, enfeitiçando-o feito os olhos de serpente. Instantes depois, pelo seu corpo percorria um tremor quase imperceptível e, maquinalmente, ele se aproximava de Mila, convidando-a para dançar. Mas, tão logo ele chegava perto dela, seus olhos parecia se ocultarem, toldados pela sombra dos cílios lanosos. E assim sucessivamente Massalítinov a tirava para dançar com ânimo excitado, como que movido por alguma força estranha.

Nos intervalos entre as danças, Mikhail Dmítrievitch sentava-se para recuperar o fôlego, enxugando o suor gelado a lhe escorrer pela testa com os cabelos grudados.

— Meu Deus, Misha, que cara é essa! Você parece ter acabado de carregar um monte de lenha. Venha tomar um copo de vinho para deixá-lo fortalecido – disse Gueorgui Lvóvitch, pegando o amigo pelo braço e arrastando-o ao bufê.

Mikhail Dmítrievitch tornou a enxugar a testa molhada.

— Não quero mais dançar com essa Mila – anunciou ele, recuperando o fôlego. – Jamais me senti tão cansado, e, olhe, já dancei com mulheres pesadas e gordas, ainda que Mila seja leve feito uma pena.

Ao secar o copo de vinho oferecido pelo amigo, Massalítinov lavou o rosto e retornou ao salão de baile, decidido a só dançar uma quadrilha com Nádya. Refugiado num canto aconchegante atrás dos oleandros, arbustos cítricos e outras plantas, Massalítinov se acomodou num sofá baixo e macio e se pôs a observar o movimento na sala.

Nesse ínterim, Gueorgui Lvóvitch saiu à procura do almirante que, tendo declinado da partida de cartas, vagava entre os convidados. Algum tempo depois, este foi encontrado no terraço, sentado junto à balaustrada e olhando pensativo para o lago. Vedrinsky contou-lhe do estado estranho do primo.

— Ele fica estranhamente esgotado após dançar com Mila. Não acha, Ivan Andréevitch, que há coisa diabólica? Talvez o velho pastor tenha razão ao chamá-la de filha de vampiro.

— Hmm! Ela é filha de Krassinsky e deve ser uma criatura larval – sustentou o almirante pensativo e, depois, se levantou. – Vou vigiar melhor sua "pantera" – acrescentou.

Andando como que sem objetivo, o almirante atravessou alguns cômodos e percebeu Mila sozinha no salão de baile. Era intervalo e os dançarinos haviam se dispersado.

Viu-a esticando o pescoço para a frente, sondando com o olhar cálido por entre as plantas, atrás das quais estava o sofá – o que era de conhecimento de Ivan Andréevitch. Ato contínuo, ela se esgueirou para lá furtiva tal qual gato e desapareceu. O almirante aproximou-se lépido junto às plantas e, através destas, viu Mikhail Dmítrievitch dormindo um sono profundo. Seu charuto estava caído no chão e o rosto dele carregava uma expressão de sofrimento. Mila, inclinada, fixava-o com um olhar estranho, e nisso tocou com os dedos a sua testa.

— Após acordar, ordeno-lhe que você me tire para dançar! – sussurrou ela em tom imperioso.

Ouviram-se vozes dos convidados retornando. Mila saiu feito uma sombra dos arbustos, passou qual flecha pelo almirante sem notá-lo e, abrindo uma porta lateral, deixou a sala; Ivan Andréevitch sentou-se para observar o desfecho.

Quando a música recomeçou, Mila voltou ao salão e, tão logo se sentou, dos arbustos saiu Mikhail Dmítrievitch. Cambaleando levemente, de olhar vago e inquieto, ele se dirigiu a Mila e, abraçando-a pela cintura, puxou-a para uma valsa ligeira.

— Ah, essa imprestável! É cópia do pai. Vou estragar seus planos – resmungou o almirante, olhando condoído para Mikhail Dmítrievitch, pálido, alquebrado, respirando com dificuldade. Ele tirou o crucifixo dado por Johannes e o soergueu em direção do par dançante.

— Oh, Nosso Senhor Jesus Cristo! Você, que expulsa os demônios, atenda a minha prece e proteja esta alma cristã, assaltada por feitiços impuros. Ante o Seu milagroso crucifixo se dissiparão e cairão por terra os encantos do inferno.

No mesmo instante, a cabeça ruivacenta da jovem decaiu bruscamente para trás, o seu cavalheiro assustou-se e a largou, deixando-a cair com estrondo no chão. A senhora Morel lançou-se para socorrê-la; dois homens levantaram a jovem desfalecida e a levaram para o sofá.

— Rápido, rápido, dêem-lhe água! Ela exagerou na dança e tanto esforço lhe faz mal. Ah, querida Zoya Ióssifovna, a senhora é tão boa, suplico que dê um copo de sangue quente, é o que mais lhe ajuda – disse Ekaterina Aleksándrovna alarmada, ministrando-lhe sais aromáticos.

A jovem foi transportada para um quarto anexo, onde logo voltou a si, mas que de fraqueza não conseguia nem mexer a mão. Apenas um dos convidados – um médico –, Ekaterina Aleksándrovna e mais duas damas ficaram junto à debilitada jovem, qual moribunda. Um hora depois, trouxeram uma caneca de sangue e o deram a Mila. Esta sorveu-o avidamente sem descolar os lábios da grande caneca. Conforme ela bebia, as forças a ela iam retornando a olhos vistos. Os lábios tingiram-se de vermelho e a cor terrosa da tez substituiu-se pela brancura diáfana habitual. Os presentes observavam-na com ar de repugnância engolindo avidamente o sangue, mas Mila parecia nada perceber em volta.

— Quero voltar para a ilha – murmurou ela em voz fraca. – Estou muito cansada e gostaria de dormir. Aqui faz muito barulho...

Zamyátina tentou convencê-la a ficar no baile, abstendo-se naturalmente de dança, mas Mila afirmou necessitar de silêncio absoluto, acentuando que a presença de uma doente poderia constranger a alegria geral. Trouxeram-lhe uma manta e envolveram-na numa echarpe bordada; apoiando-se no braço da senhora Morel, Mila caminhou até o barco, que as deixou na ilha.

Assim que a tranqüilidade quebrada pelo incidente se restabeleceu, as danças recomeçaram com a mesma empolgação. Por insistência de Nádya, Mikhail Dmítrievitch não participou devido à sua aparência extenuada. Após assistir por algum tempo o baile, Massalítinov saiu ao terraço, vazio naquela hora, e sentou-se à mesa para saborear um copo de vinho. Logo a ele se juntou Gueorgui Lvóvitch.

— Como está sentindo, Misha? Você estava muito mal há pouco. Só não entendo como você, sempre tão ágil, deixou cair Mila.

Mikhail Dmítrievitch deu de ombros.

— De repente ela ficou pesada como um bloco de granito. Não entendo o que houve com ela. Não sou tão supersticioso como você, mas esta moça parece um verdadeiro pesadelo. Graças a Deus ela deixou o baile.

— Mas o que você estava sentindo? Parecia estar mal e branco feito lençol.

— Eu fiquei extremamente extenuado, com a cabeça tonta e o peito apertando. Pensei em deitar-me, mas o almirante me chamou, deu-me vinho, eu lavei o rosto e me senti bem melhor, apesar de ainda me sentir cansado. Ele me aconselhou a evitar Mila dizendo ter ela olho-gordo. Há-há-há! Ivan Andréevitch é um homem excelente e muito simpático, mas vem com cada tolice e é tão eivado de superstições, que me lembra a nossa velha babá Neonila. Lembra, Jorj, quando nós éramos pequeninos e não conseguíamos dormir; ela atribuía aquilo a quebranto e, para nos curar, lambia-nos a testa com a língua e depois cuspia, afirmando as nossas testas estarem estranhamente salgadas.

Massalítinov desabou numa gargalhada, contagiando Vedrinsky; depois ambos voltaram ao salão.

Desolada, com amargura no coração, retornou Mila à ilha. Desejando ficar a sós e pretextando sono, a jovem insistiu para que Ekaterina voltasse ao baile, e ela concordou desde que Mila fosse deitar.

Sem a mínima vontade de dormir, Mila se levantou mal Ekaterina saiu, vestiu o penhoar, desceu ao jardim e dirigiu-se ao pequeno balcão, construído bem na praia, de onde se abria uma maravilhosa vista para a margem oposta. O balcão era cercado por corrimões; uma escada com cerca de dez degraus conduzia até a água. Nos tempos de Marússya viva, ali ficava um quarto de banhos, mais tarde derrubado.

Mila sentou-se num banco de pedra e com um olhar sombrio perscrutou ao longe a casa e o jardim, iluminados por luzes multicores. Da praia se ouviam os estalidos dos fogos de artifício. O lago dormitava silencioso e só de quando em quando chegavam acordes de música que quebravam a paz reinante.

Um sentimento de indiscritível angústia e sofrimento espiritual dominou a jovem. Cruzando as mãos sobre os joelhos, o olhar parado, envolta pela mantilha em massa de cabelos bastos a caírem sobre o penhoar, ela parecia petrificada, assemelhando-se à bela estátua do Pensador. Jamais, talvez, ela se sentira tão sozinha como naquele minuto. A mãe estava morta; o pai desaparecera sem vestígios; do avô ela não guardava qualquer lembrança; a senhora Morel, ainda que fosse boa com ela e a amasse, de qualquer forma não a entendia. Na vida de Mila houve tantas coisas estranhas difíceis de compreender e a todas suas perguntas, quando criança e depois moça, a bondosa Ekaterina Aleksándrovna respondia invariavelmente:

— São nervos. Você sofre de alucinações. Você sabe que sua mãe morreu de uma doença nervosa e, assim, a sua neurose é hereditária. Quanto menos pensar sobre esses acontecimentos mórbidos, tanto será melhor. O mais importante para você é se distrair.

Mas, para Mila, tais respostas já não satisfaziam. Ela ansiava por explicações precisas das razões que dela faziam uma criatura *única*, vivenciando sensações muito estranhas. Por exemplo: freqüentemente ela mergulhava num estado cataléptico e ficava imóvel por horas a fio, toda enrijecida qual morta. E sempre à noite! E por que, quando a consideravam inconsciente, ela vivia uma vida diferente, desconhecida e sombria?

Já quantas vezes ela reparara, amargurada, que trazia desgraça a todos com quem se envolvia. Não lhe saía da cabeça a conversa da senhora Morel com o médico certa vez, dizendo que Mila havia tido três amas-secas, todas consumidas feito cera e mortas de uma estranha subnutrição, tanto que ela teve de alimentá-la com leite de cabra.

Mila se perguntava se as amas-secas não teriam sofrido alguma doença estranha, a ela passada pelo leite?

Um suspiro profundo soltou-se-lhe do peito e em sua memória ressuscitou a lembrança torturante do episódio mais cruel de sua curta vida...

Ela era muito bonita para ficar imperceptível e muitos buscavam a sua mão. Porém ninguém suscitava nela a aprazível sensação do afluxo do calor vivífico, experimentado raras vezes com raríssimas pessoas. Mal ela completara dezessete anos, conheceu, no inverno em Florença, um jovem conde italiano, a quem se afeiçoou e em cuja presença se sentia bem.

O conde César Visconti, por sua vez, apaixonou-se loucamente por Mila e lhe fez a proposta; ela aquiesceu e o casamento foi marcado para dali a três meses. As primeiras semanas do noivado passaram feito um sonho mágico. Quando o noivo a abraçava e beijava, era como se dele emanasse uma fonte de vida, cujo calor a abastecia de forças, bem-aventurança e uma sensação de plenitude jamais experimentada. Ela não conseguia passar sem ele e contava os dias até o casamento. Foi então que, de súbito, o conde contraiu uma estranha enfermidade que os médicos não conseguiam explicar. Era um esgotamento destruindo as forças do jovem a velocidade espantosa. Ele emagrecia a olhos vistos em meio a tremores glaciais, com o corpo coberto de suor gelado; passou a respirar com dificuldade e ficou tão debilitado que logo já não conseguia andar. Mila cuidava dele com abnegação. Os médicos, por fim, concentraram-se na hipótese de o conde sofrer de uma doença hereditária cardíaca e sugeriram levá-lo a algum lugar no seio da natureza, onde um repouso completo e o ar fresco pudessem restabelecer suas forças extenuadas. De fato, após algumas semanas passadas em seu castelo na Itália, o conde foi se restabelecendo, os sintomas alarmantes de esgotamento foram diminuindo, o seu vigor parecia voltar, enquanto o sono sadio e o bom apetite acenavam com cura completa.

Mila passou esse tempo em excitação febril. Era ela que então murchava e, por fim, anunciou não poder mais viver sem ver o noivo. Ao saber da iminência do restabelecimento total do conde, ela não se acalmou até que Ekaterina Aleksándrovna lhe prometesse ambas visitarem o noivo. Mila queria fazer uma surpresa ao convalescente, que por certo ficaria feliz em revê-la. Finalmente as duas viajaram e, no dia seguinte, encontraram o conde deitado no terraço do jardim. Ele ficou felicíssimo. Almoçaram ali mesmo, no terraço; Ekaterina Aleksándrovna foi tirar uma soneca e os dois ficaram a sós. Então Mila cingiu-lhe o pescoço e, num ímpeto, seus lábios se juntaram num beijo prolongado. Mila tornou a reviver aquele calor vivífico, aquela sensação inebriante e bem-aventurada da energia que dele sobejava. De chofre, aquele estado maravilhoso foi interrompido por um grito surdo, dilacerando a alma:

— Ar!... Estou me sufocando!... gritou o conde, tentando arrancar de si o colarinho.

Estava lívido feito cadáver e seus olhos estavam turvos, vitrificados. Assustada, Mila tirou os braços do pescoço dele, mas ao ver sua cabeça pendendo inânime para trás, gritou por socorro. Todos os esforços humanos se verificaram inúteis. O conde morreu de infarto, causado pela alegria do reencontro com a noiva adorada – concluíram os médicos.

Antes do enterro viera o irmão do falecido e expressou a vontade de realizar uma biópsia. Estranhou-se-lhe o estado do coração; sem sequer uma gota de sangue, o órgão apresentava-se macio feito um pano e enrugado qual um limão espremido; resumindo: parecia um saco vazio amassado.

A recordação desse episódio afluíra à lembrança de Mila, mas já sem aquela inquietação torturante que antes lhe despertava a imagem de Visconti. Dentro dela brotou uma nova emoção tão logo ela viu Mikhail Dmítrievitch, tornando a sentir a mesma corrente vivífica, que antes emanava de César. Que energia emanava daquele jovem belo e forte tal qual carvalho, quando ele dançava com ela ou lhe tocava a mão; e este afluxo inebriante chegava em ondas, elevando a vitalidade de todo o seu organismo. A cada dia, sua paixão por Massalítinov dobrava. Seus enormes olhos, o sorriso sedutor, enfeitiçaram-na positivamente e nela amadureceu o desejo de possuí-lo.

Não era ela mais bela e mais rica que Nádya? Por que não conquistar o coração daquele homem? Não lhe ocorria à mente ser esse desejo impuro. Ao contrário – ela dizia a si: Nádya era feliz sem Michel, pois tinha os pais – uma família inteira – e facilmente encontraria outro marido; enquanto ela, Mila, era órfã, sem contar obviamente a senhora Morel, que não a entendia. Possuir o homem amado ela considerava uma recompensa plenamente justa.

Enlevada por esses pensamentos, Mila acabou adormecendo ali mesmo, no banco. Sonhou com o céu cobrindo-se de nuvens escuras, sobrevindo escuridão completa; os lampiões no jardim se apagaram e só ao longe brilhavam as janelas iluminadas da casa. De repente, ela viu algo deslizando pela superfície lisa do lago.

Uma sensação de frio interior imobilizou a moça e o seu olhar pregou-se em uma nuvem branca, pairando a alguns passos da escada. Ali, a massa nebulosa começou a mudar de aspecto: ampliou-se, foi se tornando mais compacta, assumiu um aspecto humano e, deslizando pela escada, deteve-se no penúltimo degrau, perto da jovem. Diante de Mila, assomou-se uma mulher jovem e bonita, cujos longos e bastos cabelos loiros desciam por sobre o vestido branco, gotejando água em profusão. No colo reluzia um crucifixo e, na cabeça, por entre as flores da coroa, ardia pequena chama, tremeluzindo tal qual bafejada por brisa.

Mila não conseguia despregar a vista da estranha visão a atraí-la com expressão de bondade infinita e tristeza profunda expressas no rosto, bem como no olhar amoroso. Súbito ouviu uma voz débil:

— Não tema! Eu sou sua mãe e vim preveni-la... ou melhor, suplicar-lhe abandonar este lugar infausto, onde por você espreita o inferno. Já lhe basta sua infelicidade, pobre alma arrancada das trevas; o batismo não a purificou suficientemente para romper seu vínculo com o abismo. Repito: fuja desse lugar maldito e jamais pense em se casar, pois levará desgraça e morte àquele que a amar, e seus filhos, tal qual você, serão infelizes, renegados pelos Céus. Fuja, fuja ao abrigo do monastério, onde sob os hábitos de monja estará protegida. Só aos pés da vivífica cruz e com a prece fervorosa nos lábios sua alma poderá ser salva. Reze! Que a guardem e apóiem as forças celestes, conquanto de mim você herdou uma partícula do Céu, e do pai recebeu o quinhão do inferno.

Mila ouvia enfeitiçada. Não estava com medo; ao contrário, sentia-se atraída pelo belo e pelo dócil rosto e pelo olhar meigo daquela que era sua mãe. Sua vontade era de se atirar aos seus braços. Estendendo as mãos em sua direção, ela murmurou:

— Mãe, mãe!...

Subitamente, ao lado dela avultou-se uma alta e esbelta figura de um homem de preto. Seu rosto era belo mas descorado; o olhar, dirigido para o espectro da mulher ainda postada na escada, fitava-o com chama contrariada. A visão feminina oscilou e retrocedeu, e em seus olhos se lia medo e repugnância.

— Fora, insana, e não ouse tirar de mim a criança! Ela é minha e servirá ao inferno, não aos Céus – bradou a figura masculina, erguendo a mão em gesto ameaçador, em cujo dedo brilhava um anel.

Em contrapartida, o vulto da mulher endireitou-se e em sua mão surgiu um crucifixo, estendido na direção do espectro masculino. Este recuou visivelmente assustado. Entrementes, a imagem da mulher empalideceu e derreteu-se na névoa noturna.

Em espanto emudecido assistia Mila aquela cena e, quando o vulto da mãe desapareceu, olhou para o novo forasteiro. Era um homem ainda jovem, de beleza prejudicada pela sua palidez cadavérica e expressão maldosa dos olhos afundados, ardentes feito carvão em brasa.

— Levante a cabeça e me encare com coragem! Sou seu pai e serei seu orientador. Revelar-lhe-ei o mistério de sua essência e, se você mostrar-se uma aluna aplicada e obediente, obterá tudo que desejar: a pessoa a quem ama e as forças de desfrutar as alegrias da vida. Mas tenha o cuidado de não seguir os conselhos daquela mulher tola, que acabou de aparecer. Eu já ofereci para ela a felicidade, o amor, a saúde e os prazeres, mas ela a tudo rejeitou para não trair sua fé, embora esta não a salvasse da morte. Bem, você me parece abalada. Chega por hoje, mas antes fique com o meu primeiro presente para você.

Ele pegou-lhe a mão e enfiou-lhe no dedo um anel. Como que atingida por uma corrente elétrica, Mila endireitou-se e viu-se desperta. Seu torpor passou completamente. No dedo indicador da mão esquerda reluzia um anel...

Em excitação febril, ela voltou ao quarto e pôs-se a examinar o objeto. Era de ouro, com rubi do tamanho de uma ervilha.

XI

No dia seguinte, à hora do desjejum, após a leitura das cartas recebidas, o almirante anunciou pesaroso sua partida antecipada, visto um assunto inadiável requerer sua presença em Petersburgo.

Todos ficaram desapontados, exceto Mila. Ela sentiu até um grande alívio com a notícia, porquanto a presença de Ivan Andréevitch a oprimia e ela não conseguia suportar o olhar límpido e penetrante de seus olhos cinza metálicos, que pareciam atravessá-la feito espada afiada.

Quem ficou mais sentido com a partida do almirante foi Gueorgui Lvóvitch, afeiçoado ao velho marinheiro, partícipe da comunhão de suas concepções e conversas diárias, tidas pelo jovem como elucidativas e interessantes.

O dia inteiro Vedrinsky passou triste, irritado e de mau humor.

Após o almoço, ele travou uma discussão calorosa com o professor sobre a cura milagrosa, relatada no jornal, de uma mulher paralítica que, tendo sonhado com um homem santo e depois de ter-lhe visitado o sepulcro, ficou totalmente curada.

O almirante não interferiu na conversa. Quando, porém, a altercação ficou demasiadamente acalorada, ele se recolheu ao quarto, alegando a necessidade de fazer as malas em vista da viagem no dia seguinte. Ele recolhia os livros trazidos e, nesse ínterim, entrou Gueorgui Lvóvitch, vermelho de nervoso.

— Aquele idiota me deixou possesso com seus disparates arrogantes.

— O senhor mesmo é culpado disso, meu amigo. Nunca se deve discutir com esse tipo de pessoas. Só estraga sua bílis inutilmente. Lembre do ditado popular: "Quand on est mort c'est pour longtemps, quand on est bête c'est pour toujours"*.

Vedrinsky sorriu.

— O senhor tem razão, Ivan Andréevitch. É tolice falar com uma pessoa assim; mas eu nem teria começado a discussão não estivesse hoje mal-humorado por causa de sua partida. O que farei sem o senhor? Minha vontade é estudar as forças ocultas e as ciências herméticas e, inoportunamente, perco o meu único orientador. Sinto-me perdido. Caso eu não tenha um trabalho sério e útil, minha vida será vazia. Um mundo terrífico, invisível a olhos rudes, cerca-nos com seus mistérios.

Vedrinsky se aproximou e apertou forte a mão do almirante.

— O senhor sempre foi bom comigo, Ivan Andréevitch, e isso me dá coragem, ou melhor, a ousadia de lhe fazer um pedido. Interceda por mim junto aos seus mentores; talvez eles me aceitem como um dos seus discípulos. Eu me submeterei incondicionalmente a todas as provas e, ao seu primeiro chamado, largarei tudo para me juntar ao senhor e consagrar a minha vida à ciência.

Um arrebatamento extasiado soava em sua voz e no olhar brilhava força de vontade e decisão. Um sorriso bondoso iluminou o rosto do almirante e ele devolveu amistosamente o aperto de mão de Vedrinsky.

— Suas palavras me deixam feliz, meu amigo, pois estou vendo que o seu arrebatamento não é uma simples curiosidade. Com certeza os mestres o aceitarão.

No dia seguinte, o almirante viajou cedo, deixando para Vedrinsky alguns livros e uma carta.

O jovem ficou aborrecido por ter perdido a hora da saída do almirante. Mikhail Dmítrievitch assegurou ter feito de tudo para acordá-lo: sacudiu, passou água gelada na testa, mas nada adiantou, pois ele dormia feito morto.

Nádya lhe transmitiu lembranças do padrinho. De olhos marejados, a pobre moça estava tão desconsolada que nem mesmo o noivo conseguiu alegrá-la.

---

* Quando um homem morre – é por longo tempo; quando um homem é idiota – é para sempre.

Tão logo se lhe apresentou uma possibilidade de ausentar-se despercebido, Vedrinsky foi ao antigo quarto do almirante. Sobre a mesa descansava um pacote de livros. Muitos eram em inglês, francês e alemão, e a eles juntavam-se manuscritos e traduções de árabe, sânscrito e hebreu. Bem ao lado havia um pequeno escrínio de sândalo com a carta em cima. Ao abri-la, ele encontrou uma chave e alguns papéis com instruções detalhadas, onde no primeiro se lia:

"Jamais, a qualquer pretexto, deixe ler ou empreste os livros e os manuscritos destinados ao seu uso pessoal; eles não podem cair nas mãos de profanos. No escrínio achará um frasco vermelho. Tome diariamente três gotas de seu conteúdo. Com o ungüento incolor na latinha de alabastro, unte a testa e as têmporas antes de iniciar a leitura. O segundo pequeno escrínio, com a figura de uma esfinge, deve ser guardado intocável; quando chegar a hora, será indicado o método de sua aplicação."

Vedrinsky agradeceu mentalmente a Ivan Andréevitch, cujo discípulo começava a ser. Ardendo de impaciência para iniciar a leitura, pegou um dos manuscritos. Sobre o texto achava-se um papel com inscrições em tinta vermelha:

"Quem iniciar estas páginas, sem antes se preparar com isolamento, concentração e prece, ou seja, quem começar os estudos ainda eivado do caos fluídico da turba humana, somente enxergará letras e palavras sem sentido. O profundo e misterioso significado permanecerá oculto aos profanos."

Vedrinsky fechou o manuscrito e seu rosto iluminou-se num sorriso. A invisível força que passou a governar sua vida era assaz previdente e, desde o primeiro minuto, subjugava-lhe a alma. Mas esse jugo não o constrangia nem contrariava posto sua alma estar tranqüilizada pela existência de um guia e protetor.

"Vou ler à noite depois de rezar e me concentrar. Isso, se não me engano, é uma purificação da aura das influências estranhas" – pensou ele.

À noite, Gueorgui Lvóvitch retirou-se ao quarto antes da hora habitual, pretextando dor de cabeça e, depois de trancar a porta, tirou da gaveta o manuscrito. Antes de iniciar a leitura, ele orou fervoroso, meditou e mergulhou mentalmente no passado.

Que estranhos caminhos escolheu a Providência para levá-lo ao limiar do aperfeiçoamento moral! Afluiu-lhe à memória a aventura sinistra, quando ele se viu dominado pelo demônio do jogo e foi salvo miraculosamente em Granada; depois, o encontro casual com o almirante e um novo rumo de seu destino. Ele pegou o manuscrito e o levou ao peito.

"Oh, mundo maravilhoso, oculto dos olhares dos ignaros! Como é afortunado aquele que pode cruzar o seu umbral, penetrar em seus mistérios, pesquisar seus abismos e contemplar seus milagres."

Ao mesmo tempo em que os pensamentos incendidos e arrebatadores lhe enchiam a alma, parecia-lhe que se aliviava de um peso nos ombros.

Algo jamais experimentado nele se processava. Na mente brotavam novas idéias; questões antes insolúveis resolviam-se à velocidade vertiginosa. Eram tantas as idéias originais a lhe assaltarem a mente, que ele tinha a impressão de não conseguir guardá-las todas no cérebro. As dúvidas não mais o acometiam, um misterioso trabalho astral operava-se em sua alma, inflamada de sentimento respeitoso e grato àquele ser incógnito a se manifestar ao derredor. Um temor místico, só experimentado por crentes diante da coisa sagrada, dele se apossou.

Arrebatado pelo desejo de orar, ele se pôs de joelhos e uma onda de emoção cálida fluiu de seu coração e, dos olhos, verteram lágrimas.

Sua prece não se expressava em palavras ou mesmo em pensamentos definidos. Sentia fluir do seu âmago uma oração verdadeira e grandiosa da união sagrada e inquebrantável entre o Criador e Sua criatura, tão bela e grandiosa como o próprio Deus, personificando a harmonia absoluta, cujo reflexo incide sobre os seres humanos imperfeitos, a fim de sustentar e elevá-los.

O tempo, após a partida do almirante, fluía sem mudanças especiais. Os Zamyátin recebiam muito, ou iam em visita aos vizinhos, de modo que os passeios, as viagens, os piqueniques e toda uma espécie de prazeres campestres iam de vento em popa. A despeito disso, uma atmosfera pesada instalara-se entre a família.

Filipp Nikoláevitch andava apreensivo. Nádya estava tristonha, freqüentemente perseguida por maus pressentimentos em vista da apatia de seu noivo, sempre pálido e cansado. Mila era uma visita diária e participava de todos os passatempos dos jovens. Massalítinov parecia ignorá-la e até evitar – o que a deixava possessa. Nesses minutos, seus lábios rubros desfiguravam-se num sorriso de zomba e seus olhos verdes, penetrantes tal qual aguilhão, acompanhavam o insubmisso.

Aconteceu a Nádya interceptar um desses olhares. De imediato, brotou-lhe no coração um sentimento hostil de desdém, bem longe de ser um ciúme e, aliás, sem fundamento devido ao mal disfarçado desprezo de Mikhail Dmítrievitch em relação a Mila. A Nádya revoltava tão-somente aquela perseguição obstinada ao homem, praticamente atado com a palavra a outra e, some-se a isso: dentro da casa, onde ela foi recebida com tanta hospitalidade. Não existia qualquer camaradagem entre Nádya e Mila; ambas tinham um relacionamento frio e discreto entre si, encobrindo-se a antipatia mútua com aparência mundana.

Vedrinsky se isolava mais do que de costume e passava a metade das noites atrás da leitura. Neste novo mister empolgante, as conversas vazias e o palrear da alta-roda pareciam-lhe tolos e enfadonhos e ele os evitava o quanto podia.

Um telegrama de Kiev fez Filipp Nikoláevitch deixar Górki, visivelmente preocupado, na noite de seu recebimento. Antes da viagem, Ekaterina Aleksándrovna pediu-lhe o favor de tentar achar em Kiev um amplo apartamento, onde ela pretendia se instalar no inverno com Mila por prescrição médica, no intuito de poder esta distrair-se o mais possível. Zamyátin prometeu procurar por um imóvel adequado, mas esta perspectiva desgostou a Nádya, a quem não agradariam encontros constantes com aquela dupla antipática.

Nádya não via a hora de deixar Górki, sempre lembrando as súplicas do padrinho de abandonar urgentemente aquele lugar sinistro. O casamento dela estava marcado para o início de novembro e havia ainda muito por se fazer quanto ao dote. A proximidade da grande festa na casa dos Maksákov serviu-lhe de distração e ela se entregou inteira aos preparativos de seu vestuário; jovem que era, tal evento concentrou-lhe toda a atenção.

Os Maksákov eram fazendeiros muito abastados, viviam nababescamente, recebiam muito e não perdiam uma oportunidade para divertir a juventude. Dessa vez, eles festejariam a promoção a oficial do filho mais velho e, simultaneamente, o aniversário da única filha, a completar dezessete anos. Como na opinião dos jovens tal evento deveria se festejar em dobro, para o primeiro dia foi marcado um baile de máscaras com iluminação especial, fogos de artifício e assim por diante; no dia seguinte haveria um banquete e um baile comum. No baile de máscara, as mulheres se engalanariam em flores, borboletas, fadas e ondinas; previa-se uma interpretação de balé, e Mery Maksákova, como a heroína da festa, deveria representar a rainha da flores.

Foram convidados não só os vizinhos, num raio de vinte quilômetros, mas os oficiais do destacamento próximo com as respectivas esposas e filhos. Muitos vieram na véspera, outros na manhã do dia da festa. Os que moravam longe pernoitariam em Górki nos dois dias de festejos. A casa dos Maksákov comportaria tantos hóspedes. Era um verdadeiro palácio, construído por um nobre da corte de Ekaterina II, depois passado em dote à sua filha e, posteriormente, herdado por Maksákov. O enorme prédio, cujo parque era em estilo rococó, afigurava-se ao de Versailles.

Fica clara a excitação do mundo feminino pelo evento e dispensa dizer o quanto se falava do baile.

Todas as lojas de moda foram esvaziadas, e as costureiras mal podiam dar conta de tantas encomendas.

No meio dessa agitação, só Mila estava ociosa. Ela já tinha um traje pronto, executado de flores em Paris para um baile ao qual acabou não indo por motivo de doença. Mas, no íntimo, ela estava furiosa. Sua paixão por Mikhail Dmítrievitch crescia tal qual a vontade de apossar-se dele. Dormia mal, perdeu o apetite e, apesar de seus coquetismos e poderes hipnóticos, não logrou um passo avante na conquista do homem desejado. A consciência de que todos dela se afastavam e até evitavam de lhe falar, a impressão de se sentir rejeitada, deixavam-na possessa, sem entretanto desesperá-la.

Alguns dias antes da festa, alegando cansaço, ela ficou na ilha e declinou do convite de tomar chá à noite na casa dos Zamyátin. Assim que Ekaterina Aleksándrovna partiu, Mila chamou a camareira e mandou abrir as caixas com as vestimentas para experimentá-las. O vestido representava uma papoula, executado com extraordinário gosto e delicadeza inigualável dos artistas parisienses. A saia era uma flor caída; as grandes folhas em gaze violeta eram de belíssimo acabamento; a longa haste flexível cingia a cintura e dela pendiam dois cálices de papoula – um verde e outro escuro, já amadurecido. Dos quadris subia uma outra ponta da haste, sustentada por grande flor na cabeça, em forma de adorno. Neste maravilhoso fundo escuro, desenhavam-se pictoricamente os cabelos ruivos dourados de Mila, formando em torno de seu rosto fino um auréola aurifulgente. O corpete do vestido era representado por um botão de papoula, enquanto as folhas da flor – as mangas e a guarnição de um corpete, aliás, bastante aberto, desnudando o seu pescoço de cisne em toda a sua beleza clássica. Das jóias, ela pretendia colocar uma fiada de pérolas negras, encontrada no escrínio da mãe. Com um olhar satisfeito, examinou Mila o seu aspecto sedutor. Em sua beleza demoníaca havia algo de fato fascinante e a chama em seus enormes olhos esverdeados poderia facilmente enfeitiçar o coração de um homem.

— Sim – dizia ela para si com satisfação –, sou mais bela que Nádya com seu rosto inexpressivo de criança, e Mikhail sem dúvida se apaixonará por mim. Assim quero e terei; mas preciso me apressar. Daqui a vinte dias acabam suas férias e devo conquistá-lo antes disso.

E com um sorriso orgulhoso nos lábios, de olhos brilhantes, ela se inclinou para se ver melhor.

Quando ela estava desembrulhando seu leque de penas de avestruz, entrou a senhora Morel, que, após elogiar a beleza de Mila, contou os últimos detalhes da festa e previu-lhe as mais brilhantes conquistas, pois sua beleza não ficaria despercebida.

Após serem os trajes dobrados pela camareira, Mila foi comer um pedaço de ave silvestre fria com leite, e depois se recolheu ao aposento – antigo quarto da mãe. Ali, em penhoar de seda, sentou e começou a ler um romance francês. De súbito, porém, sentiu uma sonolência estranha; a vista escureceu, a cabeça girou e diante dela como que desceu uma cortina negra. Instantes depois, perpassou-a a sensação de pairar sobre um abismo e, em seguida, ela perdeu os sentidos.

XII

Ao abrir os olhos, soltou-se-lhe um grito de espanto. O local lhe era totalmente desconhecido. Encontrava-se semi-estendida numa grande poltrona de couro num quarto baixo com arcadas, parecendo subterrâneo, a julgar pela ausência de janelas. Perto dela, sobre a mesa num candelabro, ardiam velas de cera, e um grande livro antigo escancarava-se diante de uma cadeira cinzelada com espaldar alto de couro. Através de uma pequena e estreita porta sagitada, entrevia-se um segundo quarto com leito sob baldaquino. Sem nada entender, Mila pôs-se a examinar sobressaltada o ambiente estranho; nisso, no limiar, assomou uma alta figura masculina, dirigindo-se a ela de braços abertos.

— Não fique com medo, Mila, você não corre nenhum perigo e está na casa do seu pai – disse ele, inclinando-se e beijando-lhe a testa.

— Pai, você mora aqui neste subterrâneo? Mas me disseram que você estava morto. Onde esteve todo esse tempo? E por que está se escondendo?

Krassinsky deu um sorriso.

— Há muitas razões de ter acontecido o que aconteceu. Com o tempo, minha criança, você saberá de tudo e só posso lhe dizer, por enquanto, que eu restabeleci contato com você para cuidar de sua educação. Você vive incompreendida na ignorância e sem proteção, cercada por gente hostil, a quem inspira medo e repugnância. Entretanto, basta-lhe estender a mão e poderá conseguir tudo que desejar. Você é jovem, bonita, rica, e o será mais ainda. Você quer ser amada – o que é natural – mas alguns obstáculos tolos fecham-lhe o caminho para a felicidade. Você quer se tornar minha discípula para aprender a comandar as forças ocultas e obter tudo o que deseja?

Mila o olhava em fascinação muda. O pai parecia-lhe sedutoramente belo, apesar da palidez cadavérica e da chama estranha em seus olhos afundados. O seu casaco longo de veludo negro e gola branca sobreposta conferiam-lhe a aparência de um alquimista medieval.

— Pai, você parece Fausto – comentou ela em tom indeciso.

Krassinsky soltou uma gargalhada.

— Absolutamente, ainda que em essência eu seja também um antepassado do grande feiticeiro – o senhor Tvardovsky. E como você também é uma descendente indireta dele, não pode continuar sendo ignorante em magia. Está vendo este anel?

Ele estendeu a mão branca feito cera, em cujo dedo fulgia um anel mágico; Mila examinou-o com medo supersticioso.

— Pai, se você é de fato um feiticeiro, faça com que Massalítinov, o noivo de Nádya, por mim se apaixone. Mas não quero que ele morra, como aconteceu com César Visconti, meu ex-noivo, cuja perda senti muito.

— Ele será seu, minha querida, e não vai morrer. Mas você ainda não respondeu à minha pergunta: você quer ou não ser a minha discípula?

— Sem dúvida. Quero aprender tudo o que quiser me ensinar.

— Excelente! Para iniciar, vou instruí-la a usar o anel, que coloquei em seu dedo quando você tinha adormecido no jardim.

Ele tomou o anel e mostrou-lhe onde se pressionava levemente o rubi, fazendo-se destacar de outro lado um finíssimo aguilhão penetrante.

— Quando você for estender a mão a um homem, cujo amor quiser conquistar, pressione levemente a gema. A picada será quase imperceptível, mas a matéria contida na ponta da agulha de ouro se espalhará pelo corpo daquela pessoa. O sangue lhe ferverá nas veias e ele será tomado por uma verdadeira paixão. Mas não recorra a este expediente a toda hora, pois seu uso freqüente numa mesma pessoa poderá levá-la à loucura. Entendeu?

— Sim, pai, serei cuidadosa. Diga-me: como você consegue viver neste subterrâneo sem ar, sem luz e sem comida? Como você se alimenta?

— Fique tranqüila, tenho tudo de que preciso. Gostou do ar daqui?

— Gostei. Cheira a pinho, como se estivéssemos num bosque – avaliou Mila.

— Eis o meu bosque! – disse Krassinsky, apontando para um canto do salão subterrâneo, onde, numa mesa baixa, divisava-se um vaso de boca larga, por cima da qual jorrava pequeno chafariz de água esverdeada. Além disso, por estar há tantos anos morando aqui sem ninguém, posso sair a qualquer hora para tomar ar puro e me aquecer ao sol.

— E onde é a entrada para cá? Não me lembro como entrei. Peguei no sono e acordei aqui.

— Você saberá, minha querida, depois de receber a iniciação, fazer o juramento e ser abençoada pela espada. Você tem os meus olhos. Sua mãe sempre foi uma mulher fraca e indecisa; é culpa dela por você ser tão infeliz. Ouvisse os meus conselhos, ela estaria viva até hoje, cheia de força e beleza. Você é mais sensata e logo fará parte de uma importante e poderosa comunidade, cujas ramificações cobrem o mundo inteiro. Muitos dos seus membros são meus amigos pessoais e vêm me visitar. Você ainda terá muitas oportunidades de conhecer os nossos irmãos e irmãs. Sozinha você não vai se sentir, porém será a única a saber que muitos e muitos dignitários de reputação ilibada pertencem à loja de Lúcifer. Há-há-há! Oh, como esse mundo é estúpido! Mais uma coisa: a partir de hoje você não pode mais visitar o túmulo de sua mãe. A alma daquela mulher rebelde e vingativa quer arrancá-la de mim e se interpor entre nós. Por isso tome cuidado e não se envolva com ela, caso contrário, estará fadada a uma morte lenta e dolorosa por esgotamento de forças vitais, e disso você precisa para viver, amar e gozar dos prazeres. E agora, minha criança, está na hora de voltar.

Ele ergueu a mão, nela girando algo parecido com pequena esfera brilhante e, como num sonho, Mila ouviu a voz imperiosa mandá-la de volta para o quarto, depois ela desmaiou.

Ao abrir os olhos, viu-se sentada na mesma poltrona; seu livro jazia no chão. Sentia tanto esgotamento físico, que não conseguia raciocinar. Arrastando-se até o leito, despiu-se com dificuldade e, mal caindo nos travesseiros, adormeceu um sono pesado.

Acordou bem tarde. Recordava-se claramente de sua visita ao subterrâneo e do encontro com o pai, ainda que no primeiro minuto não tenha podido dar-se conta se aquilo havia sido real ou não passava de um sonho. Súbito, lembrou-se do anel, e pôs-se a examinar sua parte interna. A olho desarmado foi impossível achar seu aguilhão, e só depois de pegar uma lupa e pressionar a gema, ela o descobriu. Com um sorriso satisfeito, ela enfiou o anel no dedo. Não era um sonho...

Finalmente chegou o dia do baile. Saíram todos antes do meio-dia, pois tinham duas horas de viagem, sem dizer que ainda teriam de descansar antes de começar a se vestir.

Mila estava furiosa com a frieza de Massalítinov e sua obstinação em evitá-la; em sua alma fervilhava uma vontade louca de se vingar.

Com a chegada da noite, as enfeitadas damas reuniram-se em torno da pequena gruta, iluminada por luz da cor de safira. Assim que os fogos de bengala começaram a inundar com as torrentes multicolores as maravilhosas flores vivas, os espectadores reunidos tiveram um quadro realmente feérico. Em seguida, o séquito liderado pela rainha das flores e sob os sons de música militar dirigiu-se ao salão de danças, organizado num vasto descampado provido de piso e coberto por lona listrada. Lustres, candelabros e numerosos lampiões iluminavam aquele salão e as árvores em volta, embaixo das quais ficavam os bufês e pequenos pavilhões para descanso. A noite era maravilhosa, aromática e estava quente como o dia.

Massalítinov estava simplesmente encantado com a formosura de sua noiva e, também, não deixou de perceber Mila, cuja beleza excêntrica produzira um verdadeiro furor entre os jovens.

— Está de papoula, quando deveria ter vindo de figueira-do-inferno – observou Vedrinsky. – Há algo de sinistro nessa mulher de olhos verdes e movimentos flexíveis de tigresa. Reparou como ela não pára de olhar para você? – acrescentou ele.

Massalítinov deu de ombros.

— Não tema, não há perigo; ela pode olhar que não me tira pedaço. Você tem razão, ela mais parece uma lagartixa, e pode até ser descortês da minha parte, mas não pretendo tirá-la para dançar hoje.

Mila não dava mostras de se importar que Mikhail Dmítrievitch não a tirava para dançar e mal conseguia atender aos convites dos cavalheiros a assediarem, se bem que, no íntimo, estava enraivecida. Apesar de ter prometido não fazê-lo, Massalítinov acabou por convidá-la. Ela o recebeu com um sorriso nos lábios e levantou-se. Mal começaram a dançar, Mila arrancou da mão a luva verde de seda, propositadamente rasgada, e a atirou no chão.

— Esses rasgos já estão me enervando – disse rindo. – Quem disse que as luvas parisienses são as melhores?!

Em certo momento da dança, Massalítinov teve uma leve sensação de sua mão ser picada, a que ele não deu a mínima importância e, sem que se desse conta daquilo, por suas veias foi se espalhando um forte calor, o coração acelerou as batidas e, aos poucos, toda a fibra do seu ser estremecia e o sangue afluía torrencialmente à sua cabeça.

— Meu Deus, como o senhor está afogueado! – observou Mila, quando, após o término de uma figura de quadrilha, ele foi acompanhá-la ao seu lugar. – Também estou com calor. Que tal tomarmos uma limonada? – acresceu, dirigindo-o ao bufê.

Lá havia muita gente e todas as cadeiras estavam ocupadas.

— Pegue uma garrafa e vamos ao jardim, onde encontraremos um banco vazio – sugeriu Mila, com ar inocente.

Sem nada suspeitar, Massalítinov pegou uma garrafa de limonada e seguiu sua dama; esta, quase em carreira, foi até as árvores meio afastadas, abaixo das quais um banco era iluminado por luz avermelhada de lampiões.

Mila encheu o copo e estendeu-o ao cavalheiro. Seu olhar fosfórico, cheio de paixão, parecia devorar Massalítinov. E, estranhamente, ele não sentiu por ela qualquer repugnância; ao contrário, seus olhos consumiam aquela jovem Circe postada diante, esbelta, flexível, airosa como borboleta, cuja cabecinha era encimada por basta coroa de cabelos dourados, entremeada de pétalas violetas e folhas verdes que, à luz do lampião, flamejavam feito ametistas e esmeraldas.

Mila revivia a mesma paixão tempestuosa que outrora lhe sugeria César Visconti e mal podia dominar a vontade de unir seus lábios aos do jovem hercúleo, respirando força e saúde.

Massalítinov estava em poder do feitiço. Esqueceu-se de Nádya, do mundo inteiro e apenas via uma mulher encantadora a ele inclinada feito a materialização da própria sedução. Quando Mila lhe estendeu o copo de limonada, ele o afastou e, ofegante, disse:

— Mila, a senhora está incrivelmente bela!

E, num átimo, buscou-lhe os lábios. Feito serpentes, os braços alvos de Mila enrodilharam o pescoço do jovem. Ela já não via nada e, literalmente, *sorvia* a respiração cálida de sua vítima. Colada aos seus lábios num longo beijo extasiado, ela tampouco notou Massalítinov de súbito perdendo o viço e esmorecendo.

De cabeça girando, Mikhail Dmítrievitch não tinha forças para se desgrudar daqueles lábios sanguinolentos, aprisionado por seus olhos verdes esbugalhados.

Assim, ele perdeu os sentidos.

— Insana! Você vai matá-lo...

E uma sombra negra se destacou das folhagens escuras, agarrou Mila e separou-a de Massalítinov. Inerte, este resvalou do banco para a terra.

Despertada como de um sono, Mila respirava de peito cheio, suas faces estavam incendidas e todo o seu ser tremulava de vida e força.

— Pai, é você?... - surpreendeu-se.

Só então ela reparou em Massalítinov, estendido inânime na terra, e assustou-se.

— Você quase o mata. Não se pode abusar assim. Quem quer desfrutar de seus prazeres deve ser moderado - admoestou Krassinsky. - E agora saia daqui.

Mila sumiu feito sombra.

Então Krassinsky abaixou-se de joelhos diante de Massalítinov e verteu-lhe na boca um líquido de um frasco tirado do bolso. Erguendo em seguida o jovem, ele o sentou no banco, reclinou-lhe a cabeça no tronco da árvore e encostou a mão na sua testa.

— Durma por dez minutos e, depois de acordar, vá dormir em seu quarto. Esquecerá tudo o que aconteceu antes do desmaio - ordenou em tom severo e imperioso.

Descerrando as mãos de Mikhail Dmítrievitch, ele esfregou-lhe as palmas com uma essência aromática e ocultou-se entre a folhagem à espreita do desfecho. Minutos depois, Massalítinov abria os olhos que, errantes e embaciados, parecia não enxergarem nada. Espreguiçando-se maquinalmente, o jovem endireitou os braços e orientou seus pés cambaleantes diretamente ao aposento dos hóspedes, que dividia com Vedrinsky.

Caminhando feito autômato, Massalítinov não percebeu Mery Maksákova vindo de encontro. A jovem dirigiu-lhe a palavra e, como não obteve resposta, notando o seu olhar estranhamente parado, ficou assustada.

— O senhor está passando mal, Mikhail Dmítrievitch? – tornou ela, elevando a voz.

Mas, nem desta vez Massalítinov parecia ter ouvido a pergunta, ou sequer sentido o leve esbarrão que dera nela sem intenção. Mary o acompanhou com os olhos. "O que está acontecendo com ele? Há pouco estava dançando com Mila naquela empolgação... e agora se arrasta feito fantasma." A simpática e boa moça atinou de imediato da necessidade de avisar seu primo. Embrenhando-se na multidão dos convidados e, ao encontrar Vedrinsky, ela lhe comunicou o estado estranho do amigo.

— Meu Deus! O que terá acontecido? Vi Misha dançando com Ludmila Vyatcheslavna e depois ele sumiu; parecia estar bem e até muito alegre – observou Vedrinsky, assaltado por mau pressentimento. – Vou procurá-lo. A senhora não viu para que lado ele foi?

— Estava indo na direção da casa de hóspedes.

Vedrinsky agradeceu e correu ao aposento a eles reservado. Ao acender a luz, viu Massalítinov dormindo sono forte na cama e surpreendeu-se com a palidez de seu rosto, olheiras e lábios azulados exangues, as mãos úmidas e frias. E a alma de Vedrinsky indignou-se de ira, pois já era a segunda vez que ocorria semelhante caso com o seu primo, logo após ele dançar com Mila.

Após esfregar-lhe as mãos e as têmporas com água-de-colônia, Vedrinsky foi buscar um copo de vinho quente. Já de volta, Massalítinov o encontrou sentado na beira da cama, cabisbaixo.

— Está doente, Misha? Precisa consultar o médico. Agora tome o vinho. Você está parecendo um fantasma. O que há com você?

— Nada. Sinto uma fraqueza estranha e muito sono. É ridículo perturbar o médico agora. Passe o vinho, talvez me ajude... Já é segunda vez que isso me acontece. Estranho!...

— De fato, e sempre depois que você dança com aquela nojenta.

— Isso é um absurdo. O que ela tem com isso? É simplesmente meu estado de nervosismo, talvez eu tenha me excedido nas danças...

— Absurdas são as coisas que diz. Um Golias como você não ficaria cansado por causa de algumas danças. É outra coisa. Agora vá se deitar e durma – disse Vedrinsky.

— Não, antes eu vou tranqüilizar Nádya. Ela ficará preocupada com a minha ausência; depois eu me desculpo e vou dormir.

A palidez de Massalítinov, surgido no salão de baile, espantou a todos. Nádya, apreensiva com o seu aspecto, quis retornar imediatamente para casa, e o seu noivo teve muito trabalho em dissuadi-la disso, afirmando que aquilo não era nada e ele se sentia bem melhor; ademais, ele tomaria um calmante e iria dormir – uma solução bem mais razoável do que empreender uma viagem de duas horas, sacolejando no coche. Isso não diminuiu a preocupação de Nádya.

Um velho médico, amigo da casa, prontificou-se a examiná-lo e seguiu Mikhail Dmítrievitch até o quarto. Após o atento exame, o médico balançou a cabeça.

— Não entendo todo esse seu súbito esgotamento.

Receitou-lhe tomar uma caneca de sumo de carne, comer alguns ovos quentes e um copo de vinho de quinina. Para a noite, mandou preparar e deixar junto à cama dele uma jarra de leite com conhaque, em caso de ter sede. Ao deixar o quarto com Vedrinsky, o médico comentou em tom preocupado:

— Devo lhe dizer, Gueorgui Lvóvitch, que o estado do seu primo inspira cuidados; o coração dele está fraco e eu vou lhe dar um remédio da minha farmácia portátil para restabelecer a atividade cardíaca; no mais, conto com a compleição forte de Mikhail Dmítrievitch. Em minha longa prática, jamais vi um caso igual.

Vedrinsky foi pedir à dona da casa para preparar um sumo de carne e, como a irmã dela também se tratava com esse extrato, havendo inclusive uma prensa na casa, um quarto de hora mais tarde Massalítinov sorvia gulosamente o sumo cárneo, depois o vinho e, servido de três ovos quentes, anunciou estar se sentindo revigorado.

Por insistência do amigo, Massalítinov tomou o remédio e adormeceu sono forte e sadio.

Nádya, cuja diversão estava estragada, não quis mais dançar. Ao contrário, Mila, bailando sem parar, parecia mais ativa e animada que de costume. Nádya pegou sua mãe pelo braço e a levou ao balcão, naquele minuto praticamente vazio; só num canto oposto dois hóspedes bebericavam vinho jogando xadrez. Zamyátina e a filha sentaram-se à mesinha do terraço.

— Mamãe, vamos sair daqui amanhã bem cedo – suplicou Nádya, nervosa. – Não quero ficar aqui para o segundo baile. E não é só: quero deixar Górki definitivamente. O lugar me dá nojo e não consigo mais ver essa repugnante Mila. Ela só traz desgraças. Nas duas vezes em que ela dançou com Michel, ele passou mal. E não suporto também a senhora Morel. Essas duas não têm nenhuma importância para nós, sequer são amigas próximas, mas se enfiaram na nossa família com uma falta de cerimônia inaudita e já há quase duas semanas nem se mexem do lugar. Partiremos, mamãe, eu lhe suplico; o papai também ficará feliz com a nossa ida. Em sua carta, ele diz estar triste e com saudades e, aparentemente, deve estar enfrentando alguns problemas nos negócios.

Zoya Ióssifovna ouvia meditativa.

— Concordo, querida. Também quero sair daqui. Amanhã vou escrever uma carta ao seu pai, pedindo para arrumar a nossa *dacha*, a meia hora apenas de Kiev. Será bom para ele e para nós, pois não precisaremos ficar enclausurados na residência de inverno.

— Claro, mamãe. Obrigada, obrigada. Lá é maravilhoso e poderemos ficar até outubro. Quando partiremos? O professor partiu e estamos livres.

— Provavelmente no fim da semana, ou seja, daqui a cinco dias, se até lá fizermos as malas – respondeu Zoya Ióssifovna. – Essas histórias de Ivan Andréevitch mexeram com os meus nervos. Agora, com a chegada das noites longas e escuras, tenho medo de ficar na enorme casa. Nas últimas noites, tenho escutado alguém andar ou correr descalço pelo corredor que leva ao antigo quarto de Marússya...

A conversa das duas foi interrompida pela chegada de Vedrinsky, noticiando o fato de Massalítinov estar melhor, ter comido e estar dormindo sono forte.

— É a segunda vez que lhe acontece isso depois de dançar com *mademoiselle* Mila. Mas, por que só ele? Eu já dancei com ela e não senti nada de estranho. Provavelmente a natureza vampírica daquela moça não tem um efeito igual sobre os demais - arriscou Gueorgui Lvóvitch.

— É terrível que possam existir pessoas tão maléficas, observou Nádya. - Ainda que seja egoísta e até desumano da minha parte, mas eu peço a Deus que aquele vampiro escolha outra vítima, e não o meu Michel, e o deixe em paz - completou ela. - A propósito, Gueorgui Lvóvitch, quem é aquele jovem oficial que não parou de flertar com Mila? Ele não se afastou dela e, aliás, Mila parecia gostar disso. É a primeira vez que eu o vejo; ele foi-me apresentado, mas esqueci-lhe o nome.

— É o conde Adam Bélsky. Acabou de ser transferido ao destacamento próximo, e eu também o conheci agora. Ele se formou no corpo de pajem imperial e era para servir na guarda, mas como a sua mãe tem três grandes propriedades por aqui, praticamente morando numa delas, Adam optou por servir no destacamento local. Não notaram uma senhora de saia lilás com rendas, e diadema de ametista e brilhantes? É a condessa Bélskaya - mãe de Adam - explicou Vedrinsky, levantando-se e oferecendo a mão para Zamyátina, pois vieram anunciar o jantar.

No dia seguinte, logo após o desjejum, malgrado as insistências dos Maksákov, os Zamyátin, Vedrinsky e Massalítinov partiram. A senhora Morel e Mila renderam-se aos clamores dos anfitriões e ficaram para o segundo baile.

Mikhail Dmítrievitch estava recuperado e desjejuara com um apetite invejável. O médico considerou sua atividade cardíaca restabelecida.

Ao retornarem a Górki, Zoya Ióssifovna e a filha puseram-se a fazer as malas, ávidas em deixarem aquele lugar.

Só dois dias depois Ekaterina Aleksándrovna e Mila retornaram; ambas no melhor de seus humores. A senhora

Morel não cabia em si de felicidade ao relatar a Zamyátina a conquista do jovem conde Bélsky por Mila

— Ele está caído por ela. Até a mãe dele a adorou. Fomos à casa da condessa e ali passamos um dia inteiro. É um verdadeiro palácio. O comandante do destacamento me disse que os Bélsky são milionários. Isso, é claro, não me impediu de lembrar à condessa que só Mila tinha quarenta e cinco mil de renda – o que a tornava um excelentíssimo partido.

— Felicito-a, cara Ekaterina Aleksándrovna, pela conquista lograda; agora a senhora ficará mais tranqüila pelo futuro dela, pois com certeza ela encontrará a felicidade com um marido tão belo e sedutor – observou a senhora Zamyátina.

A conversa logo convergiu para a discussão dos aspectos administrativos da casa, visto a iminência de seus anfitriões deixarem-na.

— É claro que podem ficar aqui o quanto quiserem; tanto a casa na ilha como esta ficam à sua inteira disposição – assegurou Zoya Ióssifovna. – Já expedi as devidas ordens para que as senhoras tenham todas as comodidades. A velha Aníssya é excelente cozinheira, portanto ficarão bem servidas.

— Agradeço, agradeço, a senhora é tão gentil, mas pretendemos ficar na ilha. Sinto-me muito bem por aqui e até me surpreendo com a pressa de todos em deixar este paraíso. O tempo está excelente, o lugar é maravilhoso e a senhora bem que poderia ficar por mais um mês.

— Oh, não gosto daqui e estou feliz em partir – sustentou Zamyátina.

Ekaterina Aleksándrovna sorriu maliciosamente.

— Eu sei quem lhes sugeriu tanta aversão a Górki. É o almirante. Mas que disposição em ouvir essas tolices! Ele é um neuropata, pois ouvi dizer que Ivan Andréevitch ficou internado num sanatório espírita – o que para nós eqüivale a um manicômio.

— Quanto a isso, a senhora está mal informada. O meu marido é amigo de infância do almirante e lhe conhece toda a vida. Ele jamais esteve em qualquer sanatório, pois sua saúde sempre foi ótima.

— É possível que desta vez eu esteja enganada. Quanto às suas incríveis histórias sobre a morte da pobre Marússya, estas não merecem nenhum crédito. Desde já devo lhe adiantar que

Ivan Andréevitch a amava com paixão e tinha ciúmes de todos, exceto de Vyatcheslav – manifesto, é claro – por isso esgotava toda a sua bílis acumulada em Turaev – o primeiro que apareceu, e inclusive no pobre Casimiro – o médico de Krassinsky e meu desafortunado noivo. Ele odiou-o e, Deus que me perdoe! – atribuía-lhe os mais diversos crimes. Já naquela época, ele era supersticioso feito camponesa velha. Quando, depois daquele terrível acontecimento, Vyatcheslav ressuscitou graças ao conhecimento e lealdade de Krassinsky, Ivan Andréevitch voltou-se contra o amigo sem qualquer razão. Não sei o que aconteceu entre eles, mas o relacionamento entre os dois tornou-se frio e, quando ele retornou logo após o nascimento de Mila, fez um verdadeiro escândalo; estando Vyatcheslav ausente, raptou a jovem que estava desfalecida. Devo dizer que Marússya nutria uma paixão louca pelo marido e, naquele dia, debilitada e talvez arrependida pela fuga inconseqüente, quis voltar para casa onde sua filha ficou sozinha. Como veio a se afogar, isso ficará para sempre inexplicável: teria tropeçado ao tentar fugir da perseguição ou estava com febre e se afogou em delírios – isso só Deus sabe! Numa coisa eu tenho certeza: em toda essa triste história e, sobretudo, na morte de Marússya, o único culpado é o almirante.

Zamyátina ouvia com bastante frieza e, aparentemente, indignou-se pelas acusações contra o velho amigo da casa.

— A senhora está sendo demasiadamente severa com Ivan Andréevitch – observou. – Há muita coisa obscura nessa história; tomemos por exemplo o sumiço de Vyatcheslav Turaev. Para onde ele foi? O almirante não podia tê-lo raptado, pois se encontrava à beira da morte.

— Desculpe se a melindrei, não era a minha intenção – justificou-se a senhora Morel. – Quanto ao sumiço de Vyatcheslav, estou convicta de que ele foi assassinado. Pável Pávlovitch afirmou-me naquela época que Vyatcheslav havia viajado a Kharkov para receber uma grande quantia de dinheiro; possivelmente no caminho de volta ele foi assaltado, morto e enterrado, e o crime até hoje não ficou esclarecido. Mas se o almirante não tem nada com a morte de Turaev – e ela deu um sorriso azedo –, ele é o responsável pela má fama de Górki, em particular da fascinante *dacha* na ilha, conspurcada de modo abjeto com as suas baboseiras. Estou ali hospedada há três semanas e nada de estranho ouvi ou senti, nem sequer vi a ponta do rabo do capeta. O que eu não teria dado para vê-lo! E ela soltou uma risadinha. Esses criados medrosos são engraçados. Imagine: o velho Akim só vem trabalhar de manhã, à tarde vai embora e por nada o velho turrão concorda em pernoitar na ilha. Certa vez à tardezinha, ouvi um uivo de cão no mato, por certo trazido por algum jardineiro e esquecido na ilha. E a senhora sabe o que me disse aquele excêntrico? Que ele não podia afugentá-lo por não se tratar de animal vivo, mas do fantasma do poodle de Marússya, e que aquele cachorro sempre aparecia antes da morte de alguém. Eu não sabia o que fazer: rir ou ficar brava com aquelas asneiras, mas depois concluí que o velho estava bêbado. Mais tarde, vi esse cão com meus próprios olhos. Era de fato um poodle preto que corria ao longo do terraço com cabeça baixa como que cheirando algo, o rabo entre as pernas. Não longe de mim, ele parou e começou a cavar a terra com as patas; mas era um cachorro absolutamente comum, e quando eu nele atirei um livro, ele fugiu e eu não mais o vi. Aqui as superstições parecem pairar no ar, e as coisas mais simples transformam-se em enigmáticas, os cachorros viram fantasmas, os corvos – capeta transmutados. Há-há-há! Por sorte, eu e Mila somos pessoas bem racionais...

— Seguramente há muito exagero nessas conversas, mas se as duas gostam tanto daqui, fiquem à vontade – considerou em tom amistoso Zamyátina.

— Sem dúvida aproveitaremos de sua gentileza, pois o clima daqui faz bem à minha pobre Mila. Não a lembro tão viçosa e alegre como agora, e seus freqüentes desmaios praticamente cessaram. Em outubro estaremos em Kiev, a tempo de ir ao casamento de Nádya, e lá passaremos o inverno. Quero ver Mila se divertindo. Os jovens necessitam de movimento e, até hoje, ela tem levado uma vida monótona, sobretudo depois da morte do seu noivo, o conde Visconti.

No decorrer dos dias restantes a antecederem a partida dos Zamyátin, Mila evitou judiciosamente Mikhail Dmítrievitch que, a despeito de não se lembrar do acontecido no jardim dos Maksákov, andava agitado e mal-humorado. A imagem de Mila não lhe dava trégua e dois sentimentos contraditórios nele se enfrentavam: um – hostil, dela o repelindo; outro – de atração, misto de uma paixão surda, puramente animal. Havia momentos quando ele era assaltado de vontade incontrolável de possuir aquela mulher esbelta e frágil de olhos de sereia, cuja cabeleira dourada reverberava em chispas. Seguia-se, então, um sentimento de repulsa. A flexibilidade de seu corpo lembrava-lhe uma serpente; os olhos verdes – uma pantera, ou outro predador; os cabelos ruivos o enojavam. Tais emoções dúbias o atormentavam. Desde o seu último desmaio, ele se tornara sombrio, pensativo e pouco comunicativo.

Finalmente chegou o dia da partida e, após um desjejum reforçado, os viajantes tomaram o assento no coche e se dirigiram à estação de trem. Mila e Ekaterina Aleksándrovna fizeram questão de acompanhá-los e, para grande surpresa da Zamyátina, na estação por eles esperavam a família Maksákov e muitos outros vizinhos, incluindo o jovem conde Bélsky, trazendo convite da mãe para Mila e senhora Morel, para passarem na casa deles por um ou dois dias antes de retornar à casa vazia. Uma vez que a bagagem fora expedida na véspera, os viajantes não estavam atados a nada e passaram agradavelmente uma hora inteira, palreando alegres. Na estação, Vedrinsky cuidou para que o primo não ficasse sozinho com Mila, cujos olhares, de quando em quando, estacionavam, qual água na poça, em Massalítinov e, nesse intervalo de tempo, o rosto dele imediatamente se tornava inerte, o olhar turvava-se e ele passava nervosamente a mão pela testa. Então Gueorgui Lvóvitch encetava uma conversa com ele, fazia-o caminhar, cortando assim os efeitos hipnóticos. Em certo momento, ele a mediu com tanta severidade que ela se encolheu acabrunhada. Por fim, os afortunados viajantes entraram no vagão e o trem partiu. Nádya se persignou.

— Graças a Deus, estamos deixando este lugar amaldiçoado – pronunciou. – Juro não pôr mais os pés aqui e pedirei ao papai vender Górki. Talvez Mila queira comprar a propriedade, já que ambas gostam tanto.

— Sim, ela é antipática em todos os sentidos. Estou feliz em não vê-la mais, nem Górki. Até eu tomei nojo deste lugar – observou Mikhail Dmítrievitch.

Voltara-lhe o seu bom humor habitual; ele ria, brincava e prodigalizava atenção a Nádya. Ela estava feliz e expressou, a propósito, suas preocupações quanto ao seu estranho estado doentio.

— É verdade, tenho me sentido mal ultimamente e ando com a impressão de ter uma teia no rosto. Às vezes até para respirar era difícil e minha visão parecia embaçada – comentou Massalítinov. – Agora estou como que aliviado de enorme peso – acresceu.

Com a chegada da noite, os cavalheiros se retiraram ao seu camarote e todos logo adormeceram. No meio da noite, Vedrinsky acordou inquieto: havia tido um sonho em que o almirante o estava sacudindo pelos ombros. Como a impressão era tão viva, o jovem sentou-se na beira do leito e sondou em volta à procura de Ivan Andréevitch. A visão do camarote o fez voltar à realidade e ele deitou-se de novo, quando ficou estremecido ao ouvir um suspiro pesado. Forcejando a vista sobre o amigo no leito, reparou que ele se virava muito e gemia.

"Deve ser pesadelo"– pensou Vedrinsky, levantando-se para melhor examinar o primo, já que uma cortina azul obscurecia a lâmpada na parede.

Massalítinov, deitado de costas parecia sofrer. Dos lábios semicerrados soltava-se-lhe uma respiração sibilante, sua mão estava úmida e fria, a testa transpirava. Gueorgui Lvóvitch ficou alarmado. Lembrou-se então do anel misterioso consigo, achado no escrínio do mouro, por ele considerado mágico.

Instruído pelo almirante, ele havia decorado os dizeres em árabe em torno do anel. Como a situação lhe parecia difícil, decidiu recorrer ao poder dele e, erguendo a mão e dirigindo a gema para o amigo dormindo, pronunciou a fórmula mágica em árabe, cujo sentido desconhecia. Imediatamente viu Massalítinov soltar um forte gemido, premendo as mãos contra o coração. Sobressaltado, Vedrinsky abriu o *nécessaire*, tirou um frasco de vinagre de toalete e pôs-se a esfregar as têmporas e as mãos do amigo. Um minuto depois, este abriu os olhos e sentou-se.

— Oh, Jorj, como lhe fico agradecido por ter me despertado. Tive um pesadelo medonho.

— Você gemia tanto, que me acordou. Qual foi esse pesadelo medonho?

— Uma coisa absurda. Sonhei que acima de mim giravam duas esferas verdes, chispando faíscas que me penetravam feito alfinetes, fisgando o coração. Sentia-me sufocando e achava que ia morrer; a impressão era de que algo me sugava o sangue.

Estou exausto. Pegue no saco de viagem uma garrafa de vinho e me dê um copo.

Gueorgui Lvóvitch abriu o saco e lhe deu meio copo de vinho madeira, ofereceu ainda um pedaço de frango assado, que Massalítinov comeu com grande apetite.

— Escute, Misha - disse Vedrinsky, cortando-lhe em seguida um avantajado pedaço de torta salgada - prometa-me consultar um bom médico em Kiev. Não se pode permitir tais crises. E não se esqueça de que você está com casamento marcado. É melhor prevenir do que remediar.

— Tem razão, Jorj. Vou falar com o doutor Ivanov. Não sei o que está acontecendo comigo. Jamais houve algo parecido em minha vida. Eu sempre tive saúde perfeita e os médicos me comparavam a um carvalho jovem. Sim, sim, preciso me tratar.

Em Kiev, Zamyátin recebeu a família na estação e todos seguiram à *dacha*, já totalmente arrumada. Saltou aos olhos o aspecto de Filipp Nikoláevitch, sempre tão alegre e comunicativo: estava mais magro, encurvado, e parecia preocupado com algo. Apesar disso, a vida na *dacha* logo ganhou animação, como era a marca da casa dos Zamyátin; sucederam-se muitas idas a Kiev, e as reuniões e os piqueniques não paravam. Ademais, os preparativos com o enxoval ocuparam os pensamentos de Nádya, feliz por estar no ambiente habitual. Massalítinov se recuperou por completo e não se repetiram mais aqueles sintomas alarmantes, mesmo assim Vedrinsky ficou atento à saúde do primo.

XIII

Ao mesmo tempo em Górki, Ekaterina Aleksándrovna e Mila também não podiam se queixar da solidão: além de visitar vizinhos, elas recebiam em casa. A *dacha* na ilha jamais viu tanta animação durante todo o seu tempo de existência. O conde Bélsky era uma visita assídua, e a senhora Morel recebia-o de braços abertos, ambicionada pelo desejo de ele se unir a Mila; esta porém não estava inclinada a isso, ainda que tratasse com benevolência e gostasse da companhia do jovem conde, sobejando daquela vitalidade, tão a gosto de Mila.

Bélsky era um jovem de vinte e dois anos, alto, forte e rosado qual um moço de campo, personificando força e saúde. Mila apreciava estas qualidades, conversava e dançava com ele de bom grado, mas o conde Adam não era o herói de seus sonhos. Ela ansiava por Massalítinov. E não era porque ela o achasse mais belo; seduzia-a o especial prazer de arrancá-lo da odiosa Nádya, a quem não podia perdoar o fato de ser *ela* a noiva de Massalítinov e, o que é pior: por ele amada. Também Mila não conseguia esquecer a indiferença e a frieza com que era tratada.

Uns dez dias depois da partida dos Zamyátin, certa noite Mila estava sozinha no quarto; Ekaterina Aleksándrovna deitou-se mais cedo por causa da dor de cabeça. Mila tentou ler, mas seus pensamentos estavam longe – em Kiev. Ficava enraivecida com a idéia de que naquela hora Massalítinov se divertia na intimidade de sua rival. E o pai, que prometera iniciá-la em mistérios, ajudá-la e trazer de bandeja o homem amado logo que os Zamyátin tivessem partido? Passada uma semana ou mais, nenhuma notícia dele. Seu rancor ia se avolumando, quando, absorta em pensamentos sombrios, dela apoderou-se uma sonolência, seguida por uma espécie de síncope...

Recobrada, Mila se viu novamente no subterrâneo, semi-estendida na poltrona e, ao seu lado estava o pai, tocando-lhe a testa com frios dedos delgados.

— Enfim você acordou, pequenina. Tome isso primeiro e depois conversaremos – disse Krassinsky, estendendo-lhe um copo com líquido rosado.

Mila obedeceu, e um calor agradável espalhou-se-lhe pelas veias.

— Obrigada, papai. Seu remédio deixou-me melhor. E já achava que você tinha se esquecido de mim.

Krassinsky sorriu.

— Oh, não! Não a esqueci; apenas a fiquei observando de longe e posso dizer que estou contente com sua discrição quanto a não comentar nada sobre o nosso encontro a Katrin. Por outro lado, cheguei à conclusão de que você jamais será uma grande feiticeira; falta-lhe aquilo, muito necessário... Bem, isso não é o fim. A magia negra superior, minha filha, é uma ciência complexa e exige muita dedicação e sacrifícios. Bem, isso não importa, pois ainda assim poderá realizar muitas coisas, quando eu abastecê-la de ajudantes ativos e argutos, a quem basta ordenar. Mas para receber o prometido, você deverá servir à nossa irmandade, senão... nada feito. Entende? Uma mão lava a outra.

— Entendo, papai. Não existe nada de graça. E o que deverei fazer para servir à irmandade e obter sua proteção?

— Seus serviços serão exigidos à medida da necessidade, mas disso falaremos depois. Diga-me: você sabe e gosta de rezar? Sua fé é forte?

— Não! – fez Mila, com indiferença. – Jamais alguém me educou na religião. Minha mãe adotiva não crê em Deus e refuta qualquer participação divina na vida humana. Nunca me ensinou a orar, ainda que – é verdade – não me impeça de respeitar os rituais religiosos, pelos quais também não tenho interesse. Não entendo muita coisa disso e tampouco sei rezar. O cheiro de ládano me dá enjôo e me arrepio toda vez que ouço ou vejo algo desconhecido, principalmente sobrenatural.

— Nada tema, nada a assustará. O medo é uma fraqueza espiritual e nós temos um recurso certo contra este defeito. Agora, nunca se esqueça: Katrin jamais poderá saber de nossos encontros. Como em nada acredita, deixe-a viver nessa ignorância. Para que lhe constranger a paz? É mulher boa, fez muito por você e a ama sinceramente e, portanto, devemos ser gratos a ela; sua mente limitada seria incapaz, de qualquer forma, de alcançar algo na ciência oculta ou sequer me entender.

— Agora pegue este frasco! – prosseguiu Krassinsky, estendendo à filha um vidro oblongo escuro com tampo metálico que, retirado, revelou a existência de uma lâmina redonda perfurada tal qual de um saleiro.

— Toda vez que você precisar vir para cá, borrife o conteúdo deste frasco sobre o tapete no quarto de Ekaterina Aleksándrovna. Essa essência tem efeito sonífero, mas é inofensiva para a saúde. Dormindo, não irá perturbá-la com perguntas indiscretas, devido às suas ausências noturnas: da meia-noite até o primeiro canto de galos.

— Até o primeiro canto de galos? – repetiu meditativa Mila. – Coisas de um bruxo... – e ela ergueu os olhos para Krassinsky.

— Justamente. Um pouco bruxo, um pouco feiticeiro – revidou este com sorriso zombeteiro e piscando o olho.

— E é verdade que os bruxos freqüentam os sabás? Deve ser muito divertido.

— É verdade. Você gostaria de ir a uma reunião?

— Muito, se for possível.

— Seu desejo é viável e apraz-me esse seu interesse. Siga meus conselhos e tudo correrá bem. Vou lhe ensinar bastante coisa, e mais tarde a apresentarei ao nosso líder. Sua carreira estará assegurada, assim que você fizer o juramento.

Neste instante, ouviu-se o tilintar trêmulo de um sino. Krassinsky saltou da poltrona e projetou a mão sobre o rosto de Mila. Ela sentiu-se atordoada, semi-inconsciente, ouviu as determinações do pai, levantou-se e feito sombra atravessou o corredor em direção aos quartos de cima da casa.

Krassinsky acendeu apressado uma lanterna e saiu. Ele sabia que aquele tilintar anunciava a vinda de alguém da irmandade, talvez em busca de abrigo ou para tratar de negócios. Rapidamente cruzou a ala antiga do subterrâneo com as celas e a sala de suplícios e, ao alcançar o salão do tribunal, apertou uma mola, abrindo uma porta oculta num nicho. Por longo e estreito corredor ele chegou à antiga câmara mortuária do monastério, onde ficavam os monumentos e as placas pétreas em bronze. Atrás do mausoléu de um abade, em tamanho natural, Krassinsky abriu mais uma porta secreta, subiu a escada e levantou a janela de vigia.

Ao luar divisam-se as ruínas da velha igreja; a um passo, dois vultos aguardavam em capas pretas.

— Lúcifer - sussurrou Krassinsky.

— Cérber – responderam os forasteiros a palavra da senha.

Após apertarem a mão de Krassinsky, os três desceram; a porta se fechou e o anfitrião conduziu os visitantes à sua morada subterrânea. Era de se supor a distinção daqueles irmãos ilustres, a julgar pela deferência a eles dispensada por Krassinsky.

— Não teria você, irmão Akham, algo para matar a fome? – perguntou um dos visitantes.

— Sem dúvida, irmão Uriel, mandarei servir o jantar imediatamente.

Ele fez soar uma placa metálica e de pronto um anão mirrado apresentou-se solícito.

Enquanto as visitas se acomodavam, conversando à meia voz, Krassinsky aproximou a mesa, cobriu-a com toalha e colocou duas garrafas de vinho – muito velho, por sinal, considerada a espessa camada de borra no fundo – e três taças de ouro com gravação de cetro e mitra, aparentemente um espólio da abadia.

Krassinsky, ou o irmão Akham, como o denominavam as visitas, já concluía seu preparativos, quando adentrou o anão com grande cesto. Dispôs os pratos, facas e garfos e serviu à mesa: carne fria, ovos, legumes e geléia. Não demorou muito para ali restarem os pratos vazios, retirados em seguida pelo anão. Satisfeitos, os três ficaram a bebericar o vinho espesso feito mel.

— Agora, irmão – disse aquele que Krassinsky chamou de Uriel –, ouça só o motivo de nossa visita! Viemos recorrer aos seus conhecimentos e ajuda.

— Como sabem, estou sempre à disposição de vocês.

— A irmandade sofreu uma grande perda: morreu Baalberit – lamentou-se Uriel, suspirando.

Krassinsky levantou-se de sobressalto.

— Ele... morreu?.. Será possível? Um homem de tantos saberes, um poderoso feiticeiro e evocador incomparável? Não posso entender! Não está nisso envolvido o maldito Johannes?

— Não, desta vez aquele patife não tem nada com isso. O nosso desafortunado irmão foi vítima da própria imprudência. Eis como aconteceu – prosseguiu Uriel. – Como você bem o sabe, Baalberit era famoso por sua beleza satânica – por assim se dizer – e gostava de seduzir mocinhas inocentes, que depois atraía à comunidade. Bem, uma dessas raparigas verificou-se mais forte e o matou.

— Está brincando, Uriel! – não se conteve Krassinsky, incrédulo.

— Infelizmente não estou brincando. A jovem era muito bonita e o irmão se apaixonou loucamente por ela. É idiotice, mas acontece; ela era do tipo não-me-toques – o que incendiou ainda mais sua paixão. Mas, o pior: a moça era sobrinha de um velho monge mediúnico e, exercendo forte influência sobre ela, tornou-a uma religiosa fanática. Tão logo ele percebeu com *quem* a sobrinha estava se relacionando, exigiu que ela rompesse com aquele feiticeiro e servidor do inferno. Porém a moça também lhe nutria paixão louca e.... engendrou um plano audacioso de... salvar a alma do amado...

— Iniciou-se uma batalha cruenta: Baalberit a arrastava para o inferno; ela – para os Céus. Cego de paixão, o nosso irmão não imaginava o que amadurecia naquela alma fanática, ou seja, antes ela o veria morto, mas arrancado do diabo. E, diga-se de passagem, escolheu uma arma terrífica: um punhal previamente mergulhado em água benta.

— Depois de atrair Baalberit a uma casa afastada nos arredores da cidade, fincou-lhe o punhal no peito. Ainda que o golpe fosse fraco e o ferimento por si só não fosse mortal, o contato com a força contrária foi tão terrível que o seu astral, fulminado qual por um raio, precipitou-se fora do corpo físico tão bruscamente, que o fio vital rompeu-se e, arrastando ao espaço o espírito, não conseguiu mais voltar ao invólucro original. A arma ficou cravada em seu peito por um dia e uma noite e só depois perdeu a força. Pagamos um alto preço para recuperar o punhal cheio de sangue e conseguimos invocar o falecido na última missa negra. Precisamos agora arrumar um novo corpo para Baalberit; ele nos é muito importante e não podemos deixá-lo no espaço, onde, aliás, se sente muito mal.

— E nesse caso dificílimo, lembramos de você, irmão Akham – manifestou-se o segundo visitante, até então mudo. – Conhecemos seus saberes na arte de avatar.

— Obrigado pela boa lembrança e opinião lisonjeira, irmão Bifru. É verdade, eu estudei muito este tema e espero ajudar o infeliz Baalberit. Digam-me de que precisam, afinal das contas?

— Queremos guarnecê-lo de um corpo jovem e forte, a fim de que ele possa suportar o terrífico abalo e, na medida do possível, o doador deve ser uma pessoa rica e bem relacionada na sociedade, para nos ser útil – manifestou-se aquele a quem chamavam de Bifru.

— Os requisitos não são dos mais fáceis... Preciso pensar – ponderou pensativo Krassinsky. Mas um minuto depois, ele ergueu os olhos radiante; um sorriso iluminava-lhe o rosto.

— Questão resolvida, meus amigos! A pessoa, de quem pretendo confiscar o corpo a favor de Baalberit, chama-se conde Bélsky. É um jovem de vinte e dois anos, forte tal qual touro e detém uma fortuna de pelo menos uns três milhões de rublos, sem contar as propriedades e casas em Kiev e Petersburgo. Eu tenho uma filha aqui e, com o auxílio dela, a operação será fácil. Daremos ao nosso irmão uma posição invejável.

— Maravilhoso, agradecemos sinceramente, irmão Akham! – animou-se Uriel.

— E quando podemos executar o plano? – perguntou Bifru.

— Precisaremos de algumas semanas para os preparativos. Primeiro, devemos afastar para longe a mãe daquele mancebo e, depois, treinar minha filha. Para a solenidade de seu juramento, podemos organizar um pequeno banquete noturno nas ruínas. Espero, amigos, que vocês fiquem no evento. Como vêem estou bem instalado e aqui vocês poderão descansar e recuperar suas forças em segurança.

— Aceitamos com gratidão o convite. As andanças pela América nos cansaram muito, some-se a isso todos os problemas com Baalberit – queixou-se Uriel.

— Então está resolvido; vocês são meus hóspedes. O irmão Bifru parece precisar muito de repouso.

— Estou esgotado e não vejo a hora de retornar ao mundo invisível, mas não consigo achar um substituto – e Bifru suspirou.

– Sim, a vida tem sido um fardo para mim e eu jamais pensei como seria difícil arrumar meu sucessor.

A partir dessa noite, o subterrâneo viu o início de uma vida diferente. À noite não cessava o vaivém de pessoas.

Mila, não obstante suas visitas ao pai, não cruzava com mais ninguém. Krassinsky começou a consagrá-la nos fundamentos do ocultismo e magia, demonstrava-lhe fenômenos variados de pequena importância mas interessantes, excitando a atenção e curiosidade da filha. Numa ocasião, ela contou ao pai que o seu admirador, conde Bélsky, estava muito abalado com a moléstia da mãe. A velha duquesa adoecera subitamente, sentia dores no coração e o médico lhe sugeriu passar uns dois ou três meses em Menton. O conde prontificou-se a acompanhá-la, mas a duquesa, sabendo de sua paixão por Mila, julgou por bem não separar o filho do seu "ídolo" e viajou com sua dama de companhia.

Certa manhã, Mila encontrou na saleta a seguinte mensagem do pai: "À meia-noite vá à biblioteca, vestindo uma capa, se fizer frio. Todos estarão dormindo e ninguém a perturbará. Não se esqueça de espalhar a essência no quarto da senhora Morel."

Curiosa, Mila esperou impaciente pela hora. Após o almoço, ela cochilou para ficar mais esperta à noite. Pretextando muito cansaço, recolheu-se mais cedo e cuidou de pulverizar o quarto de Ekaterina Aleksándrovna. Alguns minutos antes da meia-noite, dirigiu-se à biblioteca e ali esperou pelo pai. Exatamente na hora marcada, a porta no interior da lareira se abriu e avultou-se a figura de Krassinsky com lanterna na mão.

— Ah, você está aqui! Parabéns pela pontualidade! Venha rápido comigo!

Ele lhe tomou a mão e a conduziu pela escada e corredores à sala do antigo tribunal. Para espanto de Mila, lá estavam reunidas cerca de trinta pessoas de ambos os sexos. Todos trajavam longas capas escuras com capuzes baixados até os olhos. Uma velha lâmpada a óleo no teto iluminava o ambiente com luz sangüínea, projetando nas paredes nuas bizarras sombras. Constrangida, Mila examinou assustada o derredor.

Os presentes formavam um círculo, em cujo centro se encontravam postados três homens em mantos vermelhos e faixas azuis com estrelas bordadas. Mila observou o seu pai trajando uma malha negra em cima de camisa preta de veludo e de manga curta, da época medieval; no peito, numa corrente metálica, pendia um triângulo vermelho esmaltado, de ponta para baixo. Um dos presentes estendeu-lhe uma capa púrpura a ser trocada pela preta em que ele viera.

Krassinsky tirou da caixa e colocou no pescoço da filha uma fita azul, da qual também pendia um triângulo vermelho com a ponta para baixo; em seguida, ele a pegou pela mão e a conduziu até uma mulher, cujo rosto era toldado por capuz.

— Fique perto da irmã Demênia, pois não tenho tempo de cuidar de você.

Todos os presentes se armaram de tochas acesas e a procissão avançou, liderada por Krassinsky e as três pessoas em mantos vermelhos. Ao passarem por diversos corredores sinuosos do labirinto subterrâneo e, deixando para trás a câmara mortuária, Krassinsky abriu uma porta oculta atrás da mesa pétrea nas ruínas da pequena capela do fundo do bosque. De lá, uma alameda conduzia à abadia. Uma camada grossa de folhas secas e galhos crepitava sob os pés, enquanto a luz vermelha e fumacenta das tochas se perdia sob a abóbada impenetrável da densa folhagem dos carvalhos seculares. Finalmente eles ganharam as ruínas; a procissão ainda prosseguiu abaixo das abóbadas preservadas do monastério. Nas altas janelas sagitais não havia caixilhos e no interior assobiava o vento, turbilhonando as folhas a cobrirem o chão.

Ao passarem pela igreja abandonada e o cemitério, a procissão volteou o bosque denso, atrás do qual se descortinou um pequeno descampado, em cujo centro à luz fraca do luar de quarto minguante se divisava o dólmen.

Mila caminhava ao lado da acompanhante designada pelo pai. Os preparativos para a cerimônia noturna aguçavam-lhe a curiosidade. Ela notou algumas pessoas destacando-se do grupo com rolos de papiro nas mãos e depositando-os junto ao monumento, enquanto dois outros homens arrastavam pelos chifres um bode preto. As tochas foram fincadas em círculo no descampado entre as pedras previamente preparadas. Toda a área e o monumento ficaram iluminados com luz avermelhada. De um saco, os chefes tiraram uma trípode e um cesto com carvão; colocaram-no na trípode, acenderam-no e depois levaram a peça embaixo do dólmen; os três homens em mantos vermelhos atiraram ervas e pós sobre o carvão aceso e verteram algo sobre as chamas. Levantou-se uma coluna de fumaça densa; o ar tornou-se acre e desagradável.

— Prostrem-se diante do senhor que os haure de tesouros terrenos, alegrias materiais e de todos os prazeres da vida – retumbou a voz de Krassinsky.

Todos se puseram de joelhos e inclinaram as cabeças rente ao chão; os homens de manto vermelho entoaram um canto estranho, ao mesmo tempo que o sino, acima do dólmen, soou por três vezes. Então os presentes ergueram-se e tomaram-se às mãos, formando uma corrente em torno do monumento, e secundaram o canto dos homens de manto vermelho, postados no centro do círculo. O coro era poderoso, ainda que pouco harmônico. Um tremor gélido percorreu o corpo de Mila ao ver o pai degolando o bode preto, cuja parte de sangue se esgotava para uma enorme taça larga, e outra – para uma bacia funda abaixo do dólmen.

— Venham irmãos e irmãs, e compartilhem da taça, cheia do sumo vital. Este os unirá para sempre um a outro – pronunciou em voz alta Krassinsky, erguendo a taça.

Sucedendo um ao outro, cada um se aproximou e tomou o sangue quente. A corrente tornou a se cerrar em volta do dólmen e, então, iniciou-se uma tresloucada dança de roda, acompanhada por gritos e pulos selvagens. Mila tomou o sangue como todos; o barulho, o canto e o ambiente místico deixaram-na embriagada. Ela não conseguia despregar os olhos da figura de Bafamet, sentado de cócoras no dólmen, cujos olhos pareciam vivos; dos lábios semi-abertos do demônio brilhavam dentes brancos e afiados. A dança geral terminou pelos beijos mútuos dos presentes, após o que se iniciou uma nova cerimônia.

Foi trazida uma outra trípode de tamanho menor, sendo posta diante do dólmen e, quando nela foi aceso o carvão com as ervas aromáticas, Uriel, Bifru e Krassinsky se colocaram nos três lados da trípode fumegante, formando um triângulo. Então a irmã Demênia pegou a mão de Mila, pálida e constrangida, e a levou até os homens de manto vermelho.

— Esta jovem é minha filha – pronunciou Krassinsky. – Ela deseja ingressar na confraria, já reverenciou o nosso senhor e agora fará o juramento. Ainda que não seja digna da "grande iniciação", servirá à irmandade à medida de suas forças e, zelosamente, se utilizará daqueles meios que nós deixaremos à sua disposição. E agora, minha filha, repita comigo:

— Juro servir à irmandade com diligência e humildade e ajudar, na medida de minhas forças, todos os meus irmãos e irmãs em Lúcifer.

Tal qual eletrizada pelo cheiro vindo da trípode e a bafejar-lhe o rosto, Mila pronunciou o juramento em voz decidida.

— Muito bem! - aprovou Uriel. - A irmandade a aceita em seu seio. A partir de agora o seu nome será Lilita e constará na relação da Ordem. E agora, irmã Lilita, coloque suas mãos nas nossas.

E eles sustentaram as mãos sobre a trípode formando um triângulo, com as palmas para cima.

Mal Mila depositou as mãos nas deles, um grito reprimido soltou-se-lhe do peito; ela sentiu como se suas mãos tivessem tocado ferro em brasa, mas a dor passou tão rápido como a atingira.

— Você recebeu o selo da Ordem - prosseguiu Bifru - e a confraria, em troca da fidelidade e obediência, doar-lhe-á riqueza, prazeres, amor cego de todos os homens que desejar e uma vida repleta de alegrias e vantagens sobre outras mulheres. Seu pai lhe será o mestre e educador.

Ao término da cerimônia, todos retornaram à velha abadia destruída, levando consigo as trípodes e a bacia com sangue. A igreja semi-destruída iluminou-se pelas chamas das tochas. A mesa pétrea foi coberta por uma toalha carmesim com sinais cabalísticos pretos bordados; a estátua de Bafamet e o castiçal de sete braços com velas negras foram postos sobre a mesa, sobre a qual se colocou também o velho livro, encadernado em couro. A todos os presentes foram distribuídas velas negras e nas trípodes tornaram a fumegar os incensos entorpecentes. A bacia foi colocada diante da mesa, as trípodes foram acesas e todos se agruparam em volta. Então Bifru galgou os degraus e, virando-se para os presentes, disse em voz sonora:

— Amigos, um de nossos irmãos foi arrancado de seu invólucro terreno em conseqüência de uma traição torpe. Sua alma valorosa, ávida por atividade, está sofrendo e, ao nos chamar, exige ajuda. É de nossa responsabilidade invocá-lo e prestar-lhe o consolo devido. Faremos os nossos rituais e depois o irmão Akham iniciará a invocação.

Dois homens trouxeram as vestimentas sacerdotais e a mitra, que foram colocadas em Bifru; foi lhe dado o bastão e os dois se postaram perto. Pela grossura do brocado, urdido a fios de ouro, era possível inferir de sua antigüidade e de que essas pertenciam à sacristia do mosteiro. Iniciou-se a solenidade.

Era algo a lembrar uma missa fúnebre. O canto selvagem e monótono acompanhava o ritual e até a própria natureza parecia secundar o coro desafinado. Levantou-se um forte vento vergando as árvores, cujas rajadas glaciais turbilhonavam sob as abóbadas; ao longe retumbavam trovões, e os relâmpagos em ziguezagues ígneos rasgavam o ar. Enquanto a tempestade enfurecia, Krassinsky postou-se diante da bacia com sangue, degolou três galos pretos e o mesmo número de morcegos e fez vazar o sangue na bacia. Ato contínuo, ele tirou da cinta o punhal manchado de sangue e com ele desenhou um círculo no ar.

— É com o seu próprio sangue que eu desenho este círculo mágico e o esconjuro a aparecer entre nós. Baalberit! Baalberit! Baalberit! – bradou ele em voz ríspida que cobriu o som do canto.

E então ele reverenciou os quatro pontos cardeais.

— Auxiliem, espíritos elementares, e sejam benevolentes conosco e com o espírito que aqui quer se apresentar. Permitam-lhe ficar visível e expressar seu desejo. Fogo, água, terra e ar, prestem este serviço a nossos senhores! Espíritos das forças da natureza, tragam e ajudem o espírito de Baalberit!

Acrescidas mais algumas esconjurações, ele se inclinou e cravou o punhal na terra. No mesmo instante, do solo nos limites do círculo ígneo brotaram figuras nebulosas: vermelhas, cinza, azuladas e esverdeadas, pondo-se essas falanges nevoentas a dançarem ao derredor da bacia, ora se agrupando, ora se alçando em espiral. E, então, acima do vaso assomou-se uma nuvem preta, salpicada de faíscas, que turbilhonou por algum tempo como açoitada por vento e dela veio a se destacar uma figura viva de homem, indubitavelmente belo, em cujo rosto cadavérico parecia ter se congelado uma expressão de terror, conquanto seu olhar embaçado vagasse errante. Ele estava nu e, no local do plexo solar, via-se um ferimento.

— Dêem-me um corpo vivo, devolvam-me o poder de gozar a vida. Vocês me devem isso pelo que já servi à irmandade, e nada mais pedirei. Eu quero viver, não suporto sofrer mais, sufocado nessa atmosfera que me comprime e calcina - ciciou ele em voz surda.

— Sua vontade será atendida. Acalme-se e conte conosco! - assegurou Krassinsky.

A visão se derreteu e tudo se desanuviou. Os objetos foram desmontados e escondidos. Todos se dirigiram à parte do subterrâneo onde antigamente se localizava a loja maçônica; no refeitório, um banquete aguardava por eles. As mesas luziam de prata e cristais entre a profusão de tortas salgadas, pratos frios de carne e peixe, frutas, bombons e verdadeiras baterias de vinhos envelhecidos em garrafas musguentas.

Mila parecia tal qual num sonho. Tudo nela se enfrentava: de um lado – assaltava o medo do futuro; de outro – a expectativa de ver satisfeitos os seus anseios. Mas, provavelmente, não era de interesse ser ela consagrada em todos os mistérios da irmandade, visto durante o jantar ela ter repentinamente adormecido. Teria sido o efeito do vinho e do cansaço, ou uma conseqüência da vontade de Krassinsky, mas seus olhos se fecharam. Feito um autômato, ela adentrou o seu quarto, deixando de assistir a orgia selvagem em que culminou aquele banquete...

XIV

Uns dez ou doze dias se passaram desde a reunião satânica descrita no capítulo anterior e, na casa da ilha, nada de especial sucedeu. Quase todas as noites Mila se encontrava com o pai e passava com ele cerca de duas horas no subterrâneo, mais e mais se impregnando de convicções e idéias de Krassinsky, cuja influência sobre ela era quase ilimitada.

O jovem conde Bélsky visitava-a amiúde, sempre lhe trazendo flores e bombons. Sua paixão por Mila chegou ao apogeu. O jovem andava desconsolado com as cartas da mãe e não conseguia explicar – o que comentou até com Ekaterina Aleksándrovna – como ela, uma mulher até então com saúde perfeita, tinha problemas cardíacos. Caso não viessem logo notícias animadoras, ele viajaria até lá.

Naquela mesma noite, Krassinsky disse a Mila:

— Bélsky virá para cá depois de amanhã e, nesse dia, uma forte tempestade impedirá sua volta para casa e irá pernoitar aqui.

— Como sabe, papai, que o conde vem nesse dia, se ele mesmo me disse esperá-lo daqui a três dias? E como tem certeza de que haverá uma tempestade? – surpreendeu-se Mila.

Krassinsky sorriu.

— Que astrólogo eu seria se não previsse coisas tão banais?! Bem, a questão é outra. Diga-me: você ama o conde?

— Não, nem um pouco. Amo Massalítinov e daria tudo pelo amor dele. Mas por que está falando do conde? – alvoroçou-se Mila.

— Fique tranqüila, sua tolinha! O que eu digo é tão certo como depois da noite sucede o dia. Massalítinov cairá de amor por você, você se casará com ele e será feliz. Disso nem se fala; só queria saber se você nutre pelo conde algum sentimento de afeição e não irá lamentar se algo desagradável lhe acontecer.

— Não, absolutamente. Ele me é indiferente e não me importo se algo lhe acontecer.

— Muito bem, minha criança. Então nada impedirá a realização da magia pretendida. Agora ouça atentamente as minhas instruções. Amanhã não nos veremos, pois estarei em outro lugar; mas, depois de amanhã, borrife o sonífero no quarto de Ekaterina Aleksándrovna e dos criados; a casa inteira deverá estar dormindo um sono pesado – e Krassinsky sorriu significativo.

Krassinsky foi ao quarto contíguo e trouxe de lá uma caixa da qual tirou um pacote.

— Está vendo este penhoar rendado? Use-o depois de amanhã à noite, mas antes esfregue o corpo com a essência do frasco que está no fundo da caixa. Depois vá à biblioteca e bata três vezes na placa dentro da lareira. Será a senha de que você está pronta e espera por mim. Uma última instrução: quando o conde chegar, seja especialmente gentil com ele e faça-o acreditar que você o ama. Entendeu-me bem?

— Eu entendi, papai, o que você quer de mim e seguirei exatamente as suas ordens – assegurou Mila, despedindo-se.

E chegou aquele dia: o calor sufocante parecia de julho, não de meados de setembro. Perto das quatro horas, acostou o barco com o conde e Mila recebeu o jovem com carinho e alegria inusitados. O tempo passou rápido, os jovens passearam de barco e jogaram tênis. Jamais Mila prodigalizara tanta amabilidade como naquele dia, respondendo singelamente aos flertes do jovem conde. Almoçaram no terraço e, quando já terminavam o café, súbito a senhora Morel ergueu a cabeça e observou preocupada:

— Essas nuvens negras não prenunciam coisa boa!

— Talvez tenhamos uma tempestade, pois o dia foi excepcionalmente quente hoje – disse Bélsky, esquadrinhando o céu.

As nuvens plúmbeas iam embrulhando o firmamento, a água no lago escureceu e borbulhava sinistra.

Desde aquela memorável tempestade, quando Vyatcheslav quase se afogou e sua salvação custou a vida de

Krassinsky, a antiga Kátya Tutenberg pegou ódio dos temporais e ali, na ilha, assustava-a em particular.

— Vamos para casa – sugeriu ela, erguendo-se preocupada. Mandarei acender as luzes e baixar as cortinas.

Mal eles se acomodaram na sala, rolaram os primeiros trovões e imediatamente se desencadeou uma tempestade furiosa. O vento zunia e uivava, as árvores se vergavam e estalavam, os trovões sacudiam a casa até os alicerces e o lago enegreceu totalmente e parecia ferver, erguendo vagalhões altos a se quebrarem aos estrondos na praia, inundando-a por longa extensão. Apesar das cortinas baixadas, a luz da lâmpada ficava empalidecida diante dos relâmpagos, ziguezagueando fora.

— O senhor terá de aproveitar a nossa hospitalidade, Adam Vitoldovitch e pernoitar na ilha. Viajar nesse tempo é simplesmente impossível – observou Ekaterina Aleksándrovna.

O conde fez menção de protestar, dizendo não querer causar-lhes incômodo, argumentando que a tempestade não iria durar a noite inteira e que na casa dos Zamyátin, no outro lado, havia gente por ele esperando; contudo, diante das súplicas de Mila, aparentando sincera preocupação com sua segurança, ele se rendeu. O temporal, entrementes, não dava trégua e quando, por fim, amainaram os relâmpagos e os trovões, iniciou-se uma chuva torrencial.

Ekaterina Aleksándrovna chamou a camareira e ambas saíram para fazer a cama do hóspede, que iria dormir no sofá, no antigo gabinete de Vyatcheslav. Mila aproveitou o momento e percorreu os quartos da senhora Morel e dos criados para borrifar a essência com leve e agradável cheiro de lírio-do-vale.

Todos se separaram cedo, logo após o chá, pois o tempo permanecia péssimo e as anfitriãs e o hóspede sentiam-se exaustos. Depois das onze, toda a casa dormia um sono mortal, menos Mila que iniciou sua toalete. O penhoar de antigas rendas principescas de Bruxelas era de crepe macio e leve, do qual recendia forte cheiro de rosas.

Após esfregar o corpo com a essência de um frasco chato encontrado no fundo da caixa, Mila vestiu a provocante peça rendada e mirou-se no espelho. A veste macia envolvia graciosamente sua figura esbelta; o corpete aberto e as mangas longas e largas deixavam entrever o colo de brancura de madrepérola e os braços. Ao soltar seus cabelos, que se espalharam em massa ondeante sobre os ombros, ela não pôde se conter de admiração:

— Meu Deus, como estou bela! – murmurou, suspendendo a cabeleira sedosa com fita preta. – Se Michel me visse assim! – e uma chama maliciosa brilhou em seus olhos esverdeados.

Neste ínterim, o pequeno relógio sobre o toucador bateu onze e quarenta e cinco e era necessário se apressar. Ela pegou uma vela acesa diante do espelho, apagou as outras e saiu correndo pelo corredor que levava à biblioteca. A vela na mão iluminava tenuemente o caminho comprido e escuro.

Lá fora, a tempestade parecia aumentar, conquanto no interior da casa coisas sinistras também se verificassem. As paredes crepitavam e nos velhos entalhes de madeira ouviam-se batidas surdas. Um terror angustiante se apossou de Mila e ela apressou os passos.

A porta da biblioteca se abriu ruidosamente e no umbral surgiu Krassinsky. Mila recuou e se recostou à parede.

— Pai – gritou –, não vou fazer o que me pede. Não quero, não quero... Deixe-me sair daqui!...

Uma gargalhada sonora veio-lhe em resposta.

— Tola! Esqueceu do juramento à irmandade? Você não tem outro querer, exceto o da Ordem, e eu a esmagarei feito verme, se ousar opor-se a mim.

Sua mão pousou sobre a cabeça da jovem, fazendo-a se arquear sob seu peso. Num átimo, ela se endireitou, olhos esbugalhados e olhar parado.

— Vá até o balcão envidraçado; ele está lá. Mostre-se meiga e apaixonada, aceite os beijos dele e deixe-se levar ao seu quarto – ordenou Krassinsky com sua voz metálica, destacando cada palavra e dando-lhe de cheirar uma essência do frasco, tirado do bolso.

— Agora acorde e faça o que mandei.

Um tremor nervoso percorreu o corpo de Mila. Ela abriu os olhos e fitou o pai com olhar surpreso e vago; aparentemente ela não se lembrava do sucedido antes.

— Eu o fiz esperar? – perguntou.

— Não, não! Vá tomar um pouco de ar fresco, a tempestade diminuiu.

Mila virou-se e caminhou ao terraço. Postado em pé, o jovem conde contemplava meditativo através das vidraças as ondas tempestuosas e espumadas do lago. O farfalhar do vestido fê-lo se virar.

— Ludmila Vyatcheslávovna? – surpreendeu-se ele. – Não consegue dormir ou está com medo da tempestade? A senhora está gelada – acrescentou ele, tomando-lhe a mão e levando aos lábios.

— Estou sozinha; todos dormem. Estava muito abafado e vim tomar ar fresco no terraço – explicou em voz baixa.

— Eu entendo. A noite está pavorosa – observou o conde. – Apesar de eu ser uma pessoa calma e sem superstições, não me lembro de estar tão perturbado como hoje. Não consegui ler por causa do vento uivando na lareira, sombras escuras pairavam no meu quarto. Vim para cá, pois não agüentava mais ficar sozinho naquele gabinete assustador. Não esperava por esta felicidade de encontrá-la aqui.

Por alguns instantes ambos ficaram calados. À luz fraca da vela, o conde parecia devorar com os olhos aquela visão celeste, jamais apresentada tão bela. O aroma dela exalado o entorpecia e o coração estava prestes a explodir do intenso palpitar e do sangue afluído em torrente ígnea; o olhar que lhe interceptou, fez tontear sua cabeça.

Mila, apesar de estar visivelmente acanhada, não resistiu quando o conde lhe cingiu o corpo e a atraiu a si, sussurrando em voz trêmula de paixão:

— Mila!... Eu a amo loucamente e deposito aos seus pés o meu coração e a vida... Diga, minha adorada, você aceita o meu amor? Darei tudo no mundo só para ouvir uma palavra de esperança... uma resposta positiva.

A jovem ergueu a cabeça e fitou-o. Sua tez permanecia lívida, só os lábios avermelharam-se, adquirindo um matiz sangüíneo; os olhos largamente abertos pousaram no conde seu olhar fosfórico, enigmático. Ela cingiu-lhe o pescoço e murmurou:

— Eu o amo – e grudou os lábios aos dele.

Extasiado, o conde pôs-se a cobrir o rosto, o pescoço e o colo com beijos loucos e, cada vez mais ébrio de paixão, rasgou seu penhoar rendado e a camisola. Ele sentia-se invadido por felicidade indescritível e, simultaneamente, por uma fraqueza incompreensível, acompanhada de transpiração abundante. Cada beijo dela o esgotava tanto, quanto o faria uma série de relações sexuais com uma mulher fogosa.

Ambos nem notaram a intensificação da tempestade. Os trovões retumbaram com nova força, iniciou-se chuva de granizo e, de fortes rajadas do vento enfurecido, os caixilhos das janelas estremeceram, os vidros se espatifaram aos pedacinhos, o terraço foi invadido por torrentes de água e granizo; o penhoar rasgado e a camisola leve de Mila deslizaram aos pés dela.

Quase fora de si, o conde ergueu a jovem nua e levou-a ao quarto. Em meio à forte excitação, ele a deitou no sofá, mas, do peso plúmbeo que se apoderara de seu corpo, deixou-se cair qual ébrio no sofá, ao lado dela. E novamente, os braços esguios pálidos cingiram-lhe o pescoço, e os lábios púrpuros premeram-se aos seus feito ferro a ímã. Nessa hora, ainda que ele quisesse, não teria forças de desvencilhar-se da criatura funesta e sedutora, cujos beijos parecia sugarem-lhe a vida. Seus esforços débeis de romper as peias mágicas que o aprisionavam foram inúteis. De súbito, sua vista turvou-se, tudo turbilhonou, a cabeça pendeu para trás e os olhos se fecharam. Mila parecia nada perceber. Inteiramente embevecida pela respiração vivífica e correntes cálidas que se espalharam em suas veias, ela prosseguia o seu ato homicida de sugar até a última gota de vida do infeliz.

Nisso, no limiar da porta oculta sob o drapejado assomou-se Krassinsky com uma bacia cheia de substância escura soltando vapor, que foi colocada no centro do quarto. Feito sombra, ele esgueirou-se no corredor e retornou com o livro dos esconjuros, a trípode e o castiçal de sete braços com velas negras. Estava de malha negra e sua cabeça envolta em gorro; à cintura trazia uma espada e do pescoço pendia um triângulo na corrente metálica. Tirando a espada, em cuja lâmina se viam sinais cabalísticos, desenhou com ela um círculo mágico, inserindo no mesmo a bacia com sangue e a mesa com o castiçal. Após reverenciar os quatro pontos cardeais, ele pôs-se a entoar um canto em tom cadenciado, girando a espada sobre a cabeça. A tempestade parecia cada vez mais furiosa. Então, na ponta da espada mágica do evocador esbraseou-se chama esverdeada, vindo a se desprender do fio e projetar-se para o alto, acendendo todas as sete velas, o carvão e as ervas da trípode. O ambiente ficou repleto de fumaça e odor entorpecente.

— Espíritos da natureza – instou ele –, saúdo e conclamo-os para me ajudar! Formem o círculo intransponível das forças cósmicas do caos, impedindo qualquer penetração de luz do lado das forças hostis. Ajudem-me, sustem-me na realização deste ato da magia superior, que propiciará ao espírito útil e merecedor um novo instrumento para a sua atividade. Baalberit! Baalberit! Baalberit! Venha ao meu chamado!

Pálido, olhos incendidos, Krassinsky leu as fórmulas da feitiçaria do livro e mergulhou a espada mágica no líquido quente.

Um estrondo sacudiu as paredes, e da bacia com sangue avolumou-se uma criatura humana de beleza horripilante. Era a mesma pessoa que fora invocada durante a cerimônia noturna da última reunião. Seu corpo tremia e se agitava como fustigado por vento; era visível que aquele vulto aparentemente compacto era apenas uma massa mole e gelatinosa.

Krassinsky enxugou o suor da testa.

— Logo você poderá tomar posse de sua nova "residência". Só preciso agora acabar com o seu anterior inquilino.

Deixando o círculo, ele se aproximou do sofá com o conde deitado, de cabeça pensa no encosto e com a boca ainda presa aos lábios de Mila, cujo corpo nu era envolto por denso retículo fosfórico. E, pronunciado outra vez um esconjuro tonitruante, Krassinsky desenhou sobre ela um sinal cabalístico. Mila de imediato se endireitou e afastou-se do sofá; seu rosto estava vermelho tirante a azul e os olhos vagavam. O retículo luminoso que a envolvia deslizou e serpenteou para o alto e, feito uma névoa avermelhada, pairou sobre o corpo do jovem Bélsky, unindo-se a ele com um fio ígneo. Proferindo um novo esconjuro, Krassinsky cortou com o golpe do punhal aquele elo ígneo; este se enrodilhou e misturou-se com a nuvem púrpura. No mesmo instante, ouviu-se o rouco estertor do moribundo; uma massa límpida avermelhada foi-se densificando rapidamente e, entre Mila e o corpo inerte, em cujo plexo solar se divisava um ferimento aberto, levantou-se o espectro do corpo astral de Bélsky. Seus olhos expressavam um terror tresloucado, o rosto era transfigurado por sofrimento indescritível e o olhar, pregado em Mila, parecia censurá-la. De repente, uma rajada de vento vinda do espaço capturou o espectro, arrastando-o já deslustrado para cima.

Então teve início o último ato. Atraído feito ímã, o espectro de Baalberit movimentou-se até o corpo de Bélsky; a massa gelatinosa comprimiu-se e deslizou para dentro da boca aberta do corpo ainda quente, nele desaparecendo, enquanto Krassinsky lia os esconjuros do livro. Em meio às convulsões selvagens, o corpo de Bélsky rolou do sofá para o chão e da boca verteu-se uma saliva escura, misturada com espuma esverdeada. Krassinsky pegou o lençol vermelho com sinais cabalísticos, cobriu o corpo e o borrifou com essência aromática e tonificante.

Mila parecia petrificada. Seu coração batia disparado, a cabeça pesava, a alma estava oprimida por sentimento angustioso – misto de medo, asco e arrependimento. Ela ainda estava no limiar do cruel e pecaminoso caminho obrigada a trilhar. Dominada por tremor gélido, ela deu as costas e partiu em carreira para o seu quarto.

Krassinsky a acompanhou com um olhar de zomba. Após trancar a porta do gabinete à chave, ele levou a bacia e os demais materiais por caminho secreto e, depois, trouxe outros objetos, colocando-os junto ao corpo. Suas convulsões haviam diminuído e, retirando o lençol, ele olhou para o homem que simplesmente parecia desfalecido ou dormia um sono profundo. Krassinsky o despiu por completo, esfregou-lhe o corpo com ungüento de odor forte de fósforo e abriu a caixa contendo um aparelho, aplicando uma corrente elétrica no local do plexo solar e depois na cabeça. Um quarto de hora mais tarde, os olhos daquele homem adormecido se abriram, sondaram com o olhar embaciado e imoto o ambiente e cerraram-se de novo. Krassinsky pôs-se a aplicar-lhe sucessivas batidas no corpo, até que um fraco gemido anunciou-lhe que o novo astral reconheceu o seu novo invólucro carnal. Feitas mais algumas aplicações elétricas, o novo Bélsky adormeceu um sono profundo e reparador. Krassinsky o vestiu, ergueu-o com uma força difícil de ser nele imaginada, e transportou-o para o leito arrumado. Após abrir a janela para dissipar do quarto o desagradável odor, ele olhou para o relógio.

— Duas horas; às seis estou de volta – balbuciou, cobrindo com zelo o homem deitado.

A tempestade tinha ido embora, apenas caía uma chuva fina; o ar estava quente e úmido. Quando o relógio bateu seis horas, a porta secreta tornou a se abrir. Era Krassinsky, trazendo num fundo prato de porcelana pelo menos dois litros de sangue morno. Bélsky ainda dormia. Acordado por sacudidelas, ele se ergueu estremecido.

— Bom dia, meu querido conde Bélsky! Como está se sentindo? Antes de mais nada, tome esta pequena porção de sumo vital – disse em tom meio debochado.

O novo conde agarrou o prato, avidamente lhe sorveu o conteúdo e depois tomou o líquido aromático e denso feito mel do frasco que lhe estendera Krassinsky. Levantando-se, ele se espreguiçou, deu uma volta pelo quarto e fechou a janela.

— Bem! Até aqui tudo em ordem. O novo "traje", ainda que não me caia bem, é bem melhor que eu imaginava – comentou em voz surda.

— Logo você se acostumará. Lembra de tudo? – interessou-se Krassinsky.

— Sim, do meu próprio passado, sim; agora, a vida *daquele*, infelizmente, está obscura para mim.

— Bem, aqui você tem o caderno com a biografia detalhada do falecido conde Adam. Servir-lhe-á de fio condutor. Ademais, você encontrará no castelo um diário por ele mantido, sem falar da numerosa correspondência que lhe será útil. Com pequeno esforço, você descobrirá tudo. Amanhã, você vai receber um telegrama, anunciando a morte da duquesa por infarto, e irá depois ao seu enterro. Fique no exterior até se familiarizar por completo com a nova situação. Agora, o mais importante: preciso lhe passar as ordens do nosso chefe.

— Obedeço-as de pronto.

Enquanto o seu coirmão satânico falava, Bélsky lavou-se.

— Dê uma boa olhada em mim, Akham, e diga se há algum perigo de alguém perceber a diferença operada no conde?

Krassinsky examinou-o longamente. As feições do rosto quase não mudaram, a não ser os gestos, o sorriso e, principalmente, a expressão dos olhos. O olhar outrora franco e alegre era agora frio e penetrante, bem como a cor dos olhos – indefinida e mais escura do que a anterior.

— Sim! – anunciou ele um minuto depois. – Um observador bem atento poderia perceber, é claro, uma mudança na personalidade do conde Bélsky, mas você não tem nada a temer. Ninguém dessa manada estúpida irá supor ou sequer suspeitar da possibilidade da troca. Diante desses simplórios, você será a mesma personalidade e, mesmo que alguém perceba alguma diferença, atribuirá isso a causas simples e naturais. E Krassinsky desfechou uma gargalhada de escárnio.

— Obrigado, irmão Akham! – agradeceu o pseudo Bélsky. – Você me tranqüilizou. E agora, quais são as ordens e o que afinal de mim se exige?

— O que tenho a lhe dizer, pode ser dividido em duas partes: questões de ordem material e moral. Começarei com as questões morais, já que são poucas. Você desistirá de todas e quaisquer relações externas com a igreja: nenhuma missa católica, nenhum tipo de rito religioso jamais deve acontecer em seu castelo. Eu sei que este ponto é o mais difícil para ser atendido, pois o falecido Adam era uma pessoa religiosa; mas você bem o entende, cruzar o limiar da catedral para você é um risco de vida. Você deve inventar uma desculpa para explicar essa mudança de suas "convicções religiosas".

— Oh, disso eu dou conta. Quem vai me impedir de eu ser um liberal e livre-pensador?

— Isso é com você. Falemos agora dos aspectos materiais. Antes de tudo, você deverá transferir à irmandade um milhão de rublos em moeda soante, retirada do banco. Vão lhe sobrar uns dois milhões, sem contar as esplêndidas propriedades e cinco ou seis casas em Kiev e Petersburgo. Como vê, as exigências da irmandade são modestas. Para mim pessoalmente, em pagamento a serviços prestados, quero trezentos mil rublos e uma casa em Petersburgo, à minha escolha. Persigo uma nova posição e vou reaparecer na sociedade com novo nome. Finalmente, eu suponho você achar justo brindar à minha filha uma parte de brilhantes... de sua mãe. Há-há-há! Você não precisa deles, enquanto à pobre menina esta aventura custou catalepsia, cujos efeitos serão longos.

— Com todo o prazer, irmão Akham! Escolha o que achar digno de sua filha. Nem bem sei do que disponho, mas, com certeza, a essa encantadora criatura, que eu vi à noite, tudo será bonito. Mas a questão é saber onde a condessa guarda seus brilhantes? Não ficaria bem eu sair perguntando isso...

— Não se preocupe, eu descobrirei as jóias. À noite vou até sua casa e a gente dá um jeito em tudo. A propósito, avise os criados que você receberá seu encarregado de negócios, devendo este pernoitar no castelo. Faltam apenas algumas instruções importantes quanto à sua dieta bastante rígida. Todos os dias sangue fresco, muito leite, no mínimo dois litros por dia, comida com sal; enfim, alimentação reforçada. Só assim você poderá atar molecularmente o seu corpo astral ao novo organismo. Também precisa movimentar-se muito, andar a pé e a cavalo, tomar banhos de imersão com água fosfórica, cuja receita fornecerei depois.

— Sinto que terei um apetite danado. Imagine, ainda estou com fome depois de tudo que comi!

— Eis para você uma pequena iguaria! – disse Krassinsky, estendendo-lhe um bom pedaço de carne crua, imediatamente devorada. – Agora se deite e durma. Depois de acordar, despeça-se da senhora Morel. Mila não está passando bem, assim vá para casa. À noite, a gente se encontra.

Krassinsky fez um gesto de despedida e retirou-se pelo caminho secreto. O novo conde adormeceu praticamente de imediato.

Acordou bem tarde e, receoso, desceu para o desjejum ao chamado da senhora Morel. Por sorte, a boníssima Ekaterina Aleksándrovna não notou nada de anormal em seu hóspede, sentia-se apenas preocupada com a indisposição de Mila – de que participou ao conde. Meia hora após o desjejum, o jovem conde retornava à casa, onde estava passando suas férias.

Ao chegar em casa, foi recebido pelo mordomo, que atribuiu o aspecto sombrio e taciturno do patrão ao seu possível fracasso amoroso com a bela jovem de Górki. O novo conde estava preocupado em não cometer nenhum erro até assumir o seu papel definitivamente. Após trocar de roupa, ele se pôs, sem perder tempo, a estudar o caderno dado por Krassinsky – o fio condutor de seu comportamento na nova posição. Além da biografia do conde, de sua mãe e da lista dos parentes e companheiros de exército, bem como da planta da casa com a disposição dos quartos, havia ainda uma relação completa da criadagem com a indicação de seus nomes e funções; sequer foram esquecidos os nomes da égua favorita e do seu cão – um Newfaundland.

Decerto os humanos eram cegos e apenas enxergavam o invólucro externo, mas o instinto infalível do animal sentiu a *troca* e não *engoliu* o engodo. Quando o conde entrou no gabinete, o cão acordou, ergueu a cabeça e correu até o dono, mas imediatamente recuou rosnando. Seu pêlo eriçou-se e, pondo o rabo entre as pernas, fugiu em desabalada carreira do quarto. À hora do almoço, o criado notou o conde lançar olhares curiosos em volta, sem suspeitar que ele estava estudando o novo ambiente.

— Vossa Excelência está procurando Perun? Não sei o há hoje com ele. Não consegui fazê-lo vir comigo e, quando quis trazê-lo à força, ele me mostrou os dentes.

— Mande vir o veterinário, talvez o cão esteja doente – disse o conde, sentando-se à mesa.

Após um almoço lauto, o conde se retirou para tirar uma soneca, previamente instruindo levarem chá e jantar à saleta azul, anexa ao gabinete, e deixarem arrumado um quarto com cama para o encarregado que viria à noite e partiria ao alvorecer. Tendo dormido por algumas horas, ele se levantou, foi ao gabinete e iniciou o exame da escrivaninha, cuja chave encontrou no bolso. Escrupulosamente verificou uma vasta correspondência, avaliou o patrimônio de seu *antecessor* e examinou seus documentos. Encontrou também um molho de chaves, ignorando de onde eram, perguntando-se no íntimo se uma delas não guardava os brilhantes da condessa.

Perto das nove horas, um homem veio a cavalo, garridamente vestido, recepcionado de braços abertos pelo dono da casa. Tomando o chá, conversaram de negócios só para os ouvidos da criadagem. Foi expedida uma ordem para acrescentar ao jantar uma garrafa de champanhe num balde de gelo. Feito isso, Bélsky dispensou os criados.

— Ficaremos até tarde tratando de negócios e nos trocaremos sozinhos – disse ele ao seu mordomo. – Meu amigo planeja partir com o clarear do dia e o chamará para selar o cavalo – acrescentou.

Por fim a sós, os satanistas se acomodaram no gabinete. Krassinsky tirou de seu nécessaire dois frascos graúdos e instruiu Bélsky como ele usaria os remédios neles contidos para seus banhos e fricções.

— Magnífico lugar – disse ele após agradecer a gentileza do amigo e guardar os frascos. – Gosto mais daqui do que da minha antiga residência. Obrigado pela bela instalação da minha pessoa. Sinto falta apenas de uma coisa do meu passado: da biblioteca, difícil de achar uma igual – suspirou ele.

Um sorriso de mofa franziu levemente o rosto de Krassinsky, quando este lhe agradeceu pela bela instalação.

— Não fique aborrecido com a perda da biblioteca. Os exemplares mais valiosos foram resguardados e lhe serão devolvidos. Você poderá trazê-los do estrangeiro como se comprados.

— Obrigado, obrigado! Vocês realmente pensam em tudo. Bem, eu gostaria de entregar à sua bela filha as preciosidades da minha... mãe, porém não sei onde elas se encontram – e soltou uma sonora gargalhada.

— Até nisso eu posso ajudar. Sei exatamente onde está guardado o porta-jóias da condessa. Há uma passagem secreta no dormitório dela e, de lá, deve existir entrada para o corredor escondido.

— Você é um feiticeiro fantástico! Conhece este castelo melhor do que sua própria casa, ainda que nunca tenha estado aqui antes – surpreendeu-se Bélsky.

— Oh, não há nada de fantástico nisso! – redargüiu Krassinsky. – Devo lhe dizer que, nos subterrâneos da ilha, tenho um arquivo deveras interessante e antigo. Lá, os antigos abades guardavam seus papéis e documentos com medo dos olhos indiscretos, contendo os de muitos crimes e aventuras, dos quais ninguém do mundo sequer suspeita. Examinei-os todos e pude acompanhar a história particular e íntima de todas as famílias nobres do país. Uma vez que os Bélsky eram os mais ricos entre os aristocratas, tudo que se referia a seus hábitos foi diligentemente marcado por mim. Existem também numerosas plantas, como a que me referi, de muitos outros castelos, alguns deles com 300 anos de idade. Assim, estudei sua localização e conheço bem os mistérios deste velho ninho melhor do que o Bélsky *genuíno*, seu antecessor. Do mesmo modo, descobri que, no início do século XVIII, a condessa Agnessa Bélskaya tinha um jovem guia espiritual, muito belo, aliás, para a infelicidade tanto dela, como do seu marido – conde Casimiro, mais velho que a esposa. Talvez a virtude dela tivesse desmoronado fragorosamente devido aos encantos do guia espiritual, que habitava justamente este quarto em que estamos. Nas visitas à penitente em horas suspeitas, ou para recebê-la aqui, eles se utilizavam do corredor secreto, que passava pelo subterrâneo; uma das portas está aqui, a segunda – no quarto da condessa

Agnessa, ocupado pela condessa Bélskaya atual. Que drama se desenrolou neste local, afinal de contas, nem os manuscritos informam, mas há um relato de que a condessa Agnessa e o padre Bonifácio desapareceram sem deixar vestígios naquele dia, ou melhor, naquela noite, e nunca mais alguém soube deles. Conservou-se apenas, num manuscrito, o desenho de uma cruz e a frase: "Descansem em paz!" Estou certo que eles foram assassinados ou talvez emparedados vivos pelo marido que, alguns dias após o desaparecimento de sua bela esposa, morreu de apoplexia devido à dor, como todos acharam.

— Então é por essa trilha dos apaixonados que iremos procurar os brilhantes! – riu Bélsky.

— Justamente. Eu vou verificar se a mola ainda está funcionando bem.

Ele foi até o armário de aparência antiga, embutido na parede, cuja porta era ricamente cinzelada feito renda. Krassinsky ficou um tempo procurando algo e deteve-se na maçaneta cinzelada, representando a cabeça de um cão, girou e pressionou-a forte. Ouviu-se um estalido, o armário afastou-se da parede e escancarou uma porta estreita dando para um corredor escuro.

— Tudo bem até aqui! Pelo visto, os sucessores do seu bisavô não conheciam a passagem. E não é de surpreender. O filho de Agnessa mal completou dez anos, quando morreram os seus pais; ele odiou o castelo e jamais quis morar nele e, assim, o segredo permaneceu. Antes vamos comer para juntarmos as forças, sobretudo necessárias para você e, em seguida, realizaremos a busca. Espero que a entrada do quarto da condessa também esteja acessível.

Após se servirem do jantar apetitoso, acompanhado com vários copos de champanhe tomados tal qual água, os satanistas se prepararam para a expedição. Tomando o cuidado de trancar a porta do gabinete por dentro e assegurar que o armário não se fechasse sozinho, os dois se armaram de lanternas e adentraram o corredor estreito, findando em escada íngreme e longa, cujo último degrau saía no corredor revestido por piso pétreo e coberto por camada densa de poeira.

— É evidente que este caminho não é utilizado há muito tempo – observou Krassinsky, levantando a lanterna e examinando as paredes nuas, porém ainda conservadas.

O ar pesado de cheiro acre e desagradável enchia o subterrâneo.

— Provavelmente, somos os pioneiros dos últimos cem anos – acrescentou, apontando para a grossa camada de poeira a cobrir o chão.

Eles caminharam por alguns minutos. Subitamente Krassinsky, liderando a expedição, parou. Na parede espessa da passagem divisou-se uma porta entreaberta que, se estivesse fechada, dificilmente seria percebida.

— Vamos ver o que há atrás dela. Os subterrâneos dos castelos possuem mistérios desconhecidos até das crônicas – elucidou Krassinsky, convidando com um sinal o seu companheiro para segui-lo.

Dirigindo suas lanternas para frente, eles entraram numa saleta circular. O teto baixo sustentava-se por coluna de tijolos e, à esquerda, via-se um leito. No centro, prataria, cristais e dois grandes candelabros com velas estavam sobre a mesa. Krassinsky tirou do bolso a caixa de fósforos e acendeu as velas, consumidas pela metade.

— Aqui é palco de algum drama – comentou Krassinsky, examinando os restos do jantar ao lado do cesto aberto.

Bélsky pegou um dos candelabros e ergueu-o com uma das mãos; com a outra segurou a lanterna – o que bastou para iluminar bem o outro canto do cômodo. Ali, na altura de dois degraus, abrigava-se um leito sob baldaquino, revestido com brocado rosa e rendas, o quanto se podia entrever sob a camada de poeira.

— Veja, Akham, eis a chave do enigma! Aqui estão as personagens do jantar, cujas sobras acabamos de ver – gritou Bélsky, a gargalhadas.

Krassinsky aproximou-se apressado com o segundo candelabro.

— Ah – exclamou. – Eis o paradeiro da condessa e seu garboso guia espiritual! De qualquer forma, ele não mais esbanja sua famigerada beleza – acresceu ele, inclinando-se para examinar melhor o corpo do homem, jazendo de bruços nos degraus.

Estava de batina, e das costas ressaltava o cabo do punhal. Enorme mancha negra em torno do corpo testemunhava que ele se esvaíra em sangue. Nas almofadas do leito, de braços bem abertos, jazia uma mulher, provavelmente asfixiada; as pontas de um cordão vermelho de seda, que lhe cingiam o pescoço, pendiam rente à basta e comprida trança. O corpo encolhido, a boca totalmente escancarada e as mãos crispadas convulsivamente indicavam que a agonia fora medonha. Os cadáveres, por estranha circunstância, não estavam decompostos, mas se transformaram em múmias horripilantes. O punho da mulher trazia um bracelete e, nos dedos enegrecidos, brilhavam anéis; do pescoço pendiam dois fios de pérolas.

— O conde Casimiro fez justiça. Mas essa coisa de abandonar aqui as belíssimas peças, com as quais a pobrezinha se enfeitava para o seu digníssimo guia, foi grande tolice! – avaliou Krassinsky –, tanto mais que para certos ritos de feitiçaria estes objetos dos que pereceram de morte violenta têm um valor incalculável, meu amigo Baalberit, se é que você não se esqueceu disso.

— Absolutamente e, apesar dos direitos inalienáveis ao espólio da minha bisavó, concordo em apenas conservar o punhal nas costas do padre e deixar-lhe o resto.

— Está bem – concordou Krassinsky, retirando sem qualquer asco as pérolas, o bracelete e os anéis dos dedos retorcidos do cadáver; estes últimos ainda tiveram que ser quebrados para facilitar a retirada das jóias. – Aqui estão! Agora pegue o seu espólio, meu amigo Baalberit – acrescentou, colocando no bolso seus despojos.

Este se inclinou e arrancou o punhal. A arma era certamente de origem oriental. Sangue coagulado encrostava-lhe a lâmina fina; o cabo em madrepérola era cravejado por esmeraldas e rubis. Baalberit chutou o corpo dos degraus, virou-o e examinou-lhe as mãos enegrecidas de sangue, e percebeu num dos dedos um anel com enorme solitário que, arrancado, foi estendido a Krassinsky. Terminado aquele ato hediondo, os satanistas retornaram à sala redonda.

— Esta velha casamata foi transformada num ninho bem aconchegante, porém o destino o converteu em câmara mortuária dos amantes – riu Krassinsky. – Está vendo aqueles bancos em torno da coluna e dois anéis metálicos chumbados na parede? Foi ali que os prisioneiros ficaram acorrentados. Oh, o amor é péssimo conselheiro! Você sabe disso pela própria experiência, não é?

— Sim, ela era a própria sedução personificada. Quem sabe nos encontraremos e, então, acertarei as contas – e o rosto de Baalberit se transfigurou de uma expressão estranha de paixão e ódio.

Krassinsky ergueu significativamente o dedo.

— Deixe de bobagens! Não se meta nisso pela segunda vez, pois a mulher é mais forte que você. Nem pense que eu vou ficar a toda hora lhe arrumando novos corpos! Agora vamos terminar o assunto que nos trouxe para cá.

Eles saíram, trancaram a porta que se embutiu na parede, sem deixar vestígios para o olho de alguém não-iniciado no mistério e continuaram o caminho.

A segunda saída, também oculta atrás de armário embutido na parede, levou-os ao quarto da condessa, trancado desde sua partida.

Ela guardava seus valores em cofre-forte e, feitas algumas tentativas, Krassinsky conseguiu abri-lo.

— Não vejo aqui todas as jóias dos Bélsky. Provavelmente a condessa deve tê-los escondido em outro lugar. Não estão aqui, por exemplo, os velhos rubis da família, o colar de brilhantes rosa e várias outras coisas de valor inestimável – resmungou Krassinsky, examinando os porta-jóias.

Eleitos para Mila um rico adereço de turquesa, um outro com brilhantes e esmeraldas e um colar de pérolas rosa, ele investigou as caixas de cartolina com vestidos, optando pelos mais caros, entre estes um véu *point d'Angleterre* e antigas peças rendadas de Veneza; para si escolheu um alfinete para gravata com grande solitário e alguns berloques não menos valiosos. Isso feito, eles trancaram o cofre e retornaram ao quarto do conde. Ao entrar no gabinete, Krassinsky comentou satisfeito:

— Fizemos um belo serviço! Amanhã você será o dono de tudo e ninguém lhe pedirá satisfação. Agora, adeus! Vou descansar um pouco e partirei antes da alvorada. Cuide-se bem e siga rigorosamente as minhas instruções. Você ainda está pálido, mas isso será atribuído à sua tristeza pela morte da mãe.

Baalberit tornou a lhe expressar o seu reconhecimento e satisfação por ter assumido um lugar de tanto destaque na sociedade. Eles combinaram de se encontrar no exterior no inverno e, após efusivos abraços, se despediram.

Krassinsky foi ao quarto a ele reservado e guardou os objetos preciosos, mas ao invés de descansar, ele ordenou selar o cavalo e foi embora para a casa na ilha, onde transcorria a sua existência obscura...

XV

Em passos ébrios, retornou Mila ao seu quarto após ter fugido do gabinete, deixou-se cair na cadeira e fechou os olhos com a mão. O estado de torpor, anteriormente experimentado logo ao despertar de seu esquecimento, substituiu-se pela sensação do cansaço. As cenas vividas apresentavam-se em sua memória em toda a sua verdade cruel. Afluiu-lhe à lembrança a chegada do pai, surgido qual nuvem negra, bafejando brisa gelada e impondo-lhe sua vontade para a destruição de Bélsky. Não lhe tinha simpatia; ao contrário, até certa aversão. Mila estremeceu ao se recordar do momento em que os seus lábios se grudaram aos dele. Depois, quais lapsos costurados, veio a lembrança do conde, branco feito máscara de cera, desfalecendo em seus braços, agonizante, sem que ela lhe desejasse a morte, e dele ela não conseguia se afastar sozinha, mergulhando lenta em estado de inconsciência. Mais tarde, sobreveio a consumação do terrível ato do drama e a apavorante criatura, seja lá humana ou seu espectro, usurpando o corpo inânime. E o que significava aquele cordão púrpuro, cortado pelo pai? Talvez fosse o fio vital do desafortunado Bélsky? E sua imagem projetou-se diante dela, lançando-lhe um olhar assustador... Sim, não existia dúvida: consumou-se um crime torpe e *ela* foi a arma do homicídio...

Ah, por que tinha nascido uma criatura diferente, funesta e letal a todos a quem com ela se envolviam? Nesta hora, tinha nojo de si mesma. Com um gemido surdo, ela agarrou a cabeça, mas imediatamente saltou do lugar, assaltada por sensação de asco. Seus cabelos soltos pareciam cobertos por algo pegajoso e só então sentiu o odor de cadáver putrefato deles emanando. Com as mãos trêmulas, arrancou de si o robe de flanela e correu para o quarto de banho.

Sempre havia água quente. Após encher rapidamente a banheira, Mila despejou nela o conteúdo do frasco com a essência aromática e, com sentimento de bem-aventurança e de alívio, afundou-se na água de cabeça. Revigorada pelo banho, deitou-se na cama. Mas seu coração batia forte. O que significava tudo aquilo? Apesar de atribuir seus pesadelos à tensão nervosa, Mila herdara significativa dose de ceticismo de sua mãe adotiva; mas ali, a evidência do mundo oculto repleto de mistérios sombrios saltava aos olhos e, talvez, a má fama da ilha tivesse fundamento. E o que lhe guardaria o futuro? Como seria esse *novo* conde Bélsky? Ela não sabia em que pensar. Nisso, um toldo negro como que desceu diante de seus olhos e, tomada de fraqueza indescritível, perdeu os sentidos.

Ekaterina Aleksándrovna acordou tarde, de cabeça pesada e pés incertos. Como na casa havia um hóspede, fez um grande esforço sobre si e ocupou-se de ordens administrativas. Eram mais de onze, e nada de Mila. Ela se dirigiu ao quarto dela e inclinou-se sobre a jovem dormindo; foi quando verificou estar a pobrezinha com nova crise de catalepsia, que costumava acontecer. Ela sabia que nenhuma ajuda médica adiantava. O único expediente nestes casos de desmaio, que podiam durar vários dias, era a colocação na cama de porquinhos-da-índia, sempre substituídos por outros tão logo os primeiros tivessem enrijecido. Ekaterina Aleksándrovna comumente tinha à mão esses bichos e dispunha de alguns deles na estrebaria, de modo que decidiu mandar trazê-los. Envolvendo com o cobertor a jovem pálida e deitada imóvel, ela saiu do quarto, proibindo a entrada de qualquer um que fosse. De tão preocupada naquela hora, quase não deu atenção ao jovem conde durante o desjejum, e ficou feliz quando este foi embora.

Ao retornar do castelo de Bélsky, Krassinsky, ao entardecer, dirigiu-se ao quarto da filha pela passagem só de ambos conhecida.

Ele estava com remorsos de ter dispensado a jovem, sem antes purificá-la dos fluidos de decomposição e correntes venenosas com as quais ela ficou impregnada. Absorto na realização da arriscada operação, ele se esqueceu destas circunstâncias e então quis se certificar de que sua negligência não acarretou más conseqüências.

Mila ainda jazia em estado de catalepsia, quando o pai se inclinou sobre ela, branca feito cadáver e visivelmente extenuada. Krassinsky tirou do bolso um estojo com frascos, pôs água num cálice que estava no criado-mudo e verteu algumas gotas de líquido vermelho. A água borbulhou. Então, mediante alguns passes magnéticos, ele acordou Mila e deu-lhe de beber o conteúdo do cálice. As faces da jovem coraram quase instantaneamente; seus olhos tornaram a se cerrar e ela adormeceu de imediato. Tendo-a magnetizado por mais algum tempo, Krassinsky foi embora.

Mila acordou revigorada e bem de saúde, lembrando-se vagamente de ter visto o pai dando-lhe um remédio. Para deixar feliz Ekaterina Aleksándrovna, Mila se vestiu e foi ao refeitório e, quando alguns minutos mais tarde nele adentrou a senhora Morel, esta encontrou a jovem alegre e bem disposta.

— Estou feliz por vê-la recuperada, minha querida criança – não cabia em si Ekaterina Aleksándrovna, abraçando Mila. – Talvez fosse o efeito da tempestade tê-la deixado assim; você é tão impressionável. Realmente, a noite foi terrível. Fiquei com dor de cabeça e os meus pés pareciam de chumbo.

Palreando alegre, a senhora Morel contou que Bélsky foi embora preocupado com a saúde dela.

Mais tarde chegaram visitas e o dia passou alegre.

Após ter acompanhado as visitas, Mila e Ekaterina Aleksándrovna permaneceram no refeitório, arrumando na caixa o caríssimo jogo de chá de porcelana da Sérvia. Eram cerca de onze e meia, quando um grito surdo e abafado pela distância fez as duas estremecerem.

— É no gabinete – assegurou a copeira que arrumava a louça na cristaleira, saindo rápido do quarto.

Um minuto depois, esta retornava branca feito lençol.

— Foi o conde Bélsky que estava gritando – balbuciou. – Ele deve estar doente, pois agitava os braços tal qual moinho de vento e sufocava-se.

— Você deve ter bebido, Akulina, ou perdeu de vez o juízo – admoestou Ekaterina Aleksándrovna. – Como pode ser o conde no gabinete, se ele foi embora depois das duas, logo após o desjejum e, ao que me consta, não retornou.

— Continuo dizendo que era ele, pois o vi como estou vendo as senhoras – insistia a copeira.

Mila empalideceu e agarrou-se à poltrona para não cair. Seus lábios tremelicavam e a testa estava molhada de suor frio. Ela sabia que a copeira estava certa: o espírito do infeliz estaria vagando pelo local do malefício contra ele praticado. Ao notar seu nervosismo e a palidez cadavérica, a senhora Morel alarmou-se. Brincou de sua crendice fácil e para acalmar definitivamente a jovem, mandou chamar o vigia – o velho marinheiro –, e acompanhada dele vasculhou toda a *dacha* para verificar se não entrara algum ladrão.

Ekaterina Aleksándrovna não admitia de forma alguma a existência do mundo do além com suas leis e mistérios, embora não pudesse encontrar uma explicação lógica ao grito ouvido. Finalmente todos os cantos da *dacha* foram vasculhados.

— Permita-me perguntar, senhora, é verdade que o conde Bélsky está vivo? – perguntou o marinheiro, coçando a nuca.

— É claro que sim, ontem mesmo ele esteve aqui e foi embora depois de ter desjejuado comigo. Por que o senhor faz essa pergunta tola?

— Pois nesse dia, aproximadamente à meia-noite, rondei a casa e ouvi um grito, como se alguém estivesse sendo morto. Fiquei perplexo mas pronto a agir, quando vi o jovem conde correndo do terraço, de cabelos em pé, todo desarrumado, branco e apavorado. Fiz o sinal-da-cruz, e pensei comigo: de onde ele teria surgido? – quando, de súbito, ele como que se afundou na terra. E hoje Akulina o viu também e, depois, todos o ouviram berrar. É um mau sinal: caso ele ainda viva, está correndo um grande perigo.

Ekaterina Aleksándrovna nada comentou e dispensou o vigia.

Só Mila sabia que a alma aflita do desafortunado, repentinamente arrancada do corpo cheio de vida e forças, buscava em vão um alívio para o seu estado de sofrimento.

Medo e angústia a assaltavam. Era preciso pedir ao pai expulsar aquele espírito, despojado do invólucro carnal. Bruxo como ele era, saberia fazê-lo. Mas até que ela conseguisse encontrá-lo, o espírito errante poderia aparecer-lhe também... e isso a apavorava. Torturada por esta possibilidade, Mila pediu à senhora Morel passar a noite no quarto dela, onde havia um sofá turco. Esta de pronto acedeu e, após trocarem algumas palavras, ambas se deitaram.

Ekaterina Aleksándrovna adormeceu rápido. Mila ficou muito tempo se revirando sem conseguir dormir e, quando já passava da meia-noite, mergulhou em sonolência — uma espécie de modorra pesada. Logo, pareceu-lhe ter despertado e, estremecida, ela sentiu seus cabelos se mexerem na cabeça. Ouviu-se um grito no quarto vizinho e a porta de chofre se abriu, deixando passar uma lufada de vento glacial, bafejando-lhe o rosto, e a alguns passos dela avultou-se a figura horripilante de Bélsky. Envolto por uma auréola avermelhada de matiz esverdeado, seu rosto de palidez cadavérica estava desfigurado e, nos olhos esbugalhados, fixos em Mila, ardia tanto ódio e desespero que Mila quis fugir, ensandecida de pavor, mas seus pés pareciam de chumbo e recusavam-se a servi-la.

— Devolva-me a vida... Devolva tudo que me usurpou, criatura desprezível!... – gritou ele em voz comprimida e investiu contra a jovem; e mãos gélidas do espectro agarraram-lhe o pescoço.

Mila se debatia, gemendo surdamente, e tentou acordar Ekaterina Aleksándrovna, porém esta dormia um sono mortal. As mãos glaciais do espectro comprimiam-lhe a garganta feito tenazes de ferro e seu peito parecia pressionado por um bloco enorme de pedra; ela achava que já ia morrer...

— Papai, salve-me! – pensou mentalmente.

Acordou-a um leve contato de mão. Ela se apoiou no cotovelo e reconheceu o pai, inclinado.

— Papai, salve-me! – repetiu e, ao cingir-lhe o pescoço, perdeu a consciência.

Krassinsky a ergueu feito uma pluma e desapareceu com a carga na biblioteca.

Voltando a si, Mila se viu no laboratório do pai. Este lhe esfregava as têmporas e as mãos com essência e dava-lhe de beber um líquido aromático. Ela se sentiu melhor e mais calma; o medo desapareceu.

— Obrigada, papai! Suplico-lhe que o expulse! – ciciou ela, empertigando-se.

— Acalme-se, minha criança. Não tenha medo, ele não mais se aproximará de você – assegurou Krassinsky, passando a mão na testa dela. – Eu vou lhe buscar um talismã que irá protegê-la.

Minuto depois, ele trazia um disco metálico, colocando-o no chão como se fosse tapete. Mila constatou nele gravados estranhos sinais pretos e vermelhos. O pai ordenou-lhe postar-se em cima do disco, empunhou um pequeno triângulo negro pendurado na corrente, dirigiu sua ponta em Mila e entoou em ritmo cadenciado os esconjuros em língua estranha. Conforme cantava, a ponta do triângulo avermelhava-se feito incandescida por fogo e, quando o triângulo ficou todo abrasado, Krassinsky desenhou com ele três círculos e o pendurou no colo da filha. Feito isso, cobriu-lhe a cabeça com pedaço de pano vermelho e sobre o mesmo acendeu três esferinhas que, crepitando, inflamaram-se em todas as cores de arco-íris, difundindo um aroma agradável e vivífico.

Ao sair do disco metálico, Mila sentiu-se invadida por sensação de força serena e energia.

— Oh, papai, como me sinto bem! – suspirou ela, com o peito cheio. – Até o medo acabou. Se Bélsky me aparecer agora, nem piscarei um olho. Mesmo assim, prefiro que ele não apareça.

Krassinsky não pôde conter o riso diante de tal asserção.

— Tome mais isso – disse ele, entregando à filha um pedaço de cartolina e, nele, escritas três palavras em letras graúdas. – Decore estas palavras – e ele as pronunciou alto e em tom marcante, sendo secundado por Mila. Se ele ou outro alguém lhe aparecer, basta pronunciá-las. É uma espécie de senha, pela qual os espíritos do inferno reconhecem que a pessoa pertence ao mundo oculto. Nenhum espectro *nosso* ousará desobedecer. Aos espíritos de *outra* tribo, não disponho de poderes para ordenar ou proibir que lhe apareçam, contudo eles também não podem exercer qualquer poder sobre você.

Mila agradeceu. Como estava apenas de camisola de cambraia e o frio se fazia sentir, Krassinsky trouxe-lhe um roupão macio.

— Aqueça-se, pequenina, e sente na poltrona. Tenho algo mais a tratar com você – acresceu, estendendo-lhe pantufas.

Enquanto Mila se agasalhava, Krassinsky foi buscar uma caixa de madeira entalhada.

— Aqui está sua recompensa pelos serviços prestados e a compensação por tudo que passou esta noite – disse ele, jovialmente, abrindo a caixa e de lá tirando vários estojos. – Este adorno de turquesa ficará bem com as suas madeixas douradas. Este outro, de brilhantes e esmeraldas, também vai bem para seu tipo de feições. Aqui está o mais bonito. Veja: um colar de pérolas rosa com fecho de brilhantes também em rosa. É um objeto valiosíssimo.

A visão das jóias fez Mila esquecer de tudo; neste minuto, ela era apenas uma mulher. O céu e o inferno perderam-lhe qualquer interesse, e a felicidade de possuir aquelas coisas maravilhosas obscureceu tudo o mais.

— Pena, papai, que você não tenha um espelho – lamuriou-se.

— Como não? Tenho o meu espelho de barba – sustentou Krassinsky.

Instantes depois, ele retornava com um espelho redondo, diante do qual ela se pôs a mirar, experimentando as jóias com visível satisfação. O pai ficou-a observando meditativo, e em seu rosto pálido perpassou uma expressão triste e amarga. Quem poderia prever um sentimento bom, revolvendo-se na alma do lúgubre feiticeiro, aprazido com a felicidade inocente e ingênua de outrem?...

— O da turquesa fica melhor em mim – concluiu Mila, fechando os estojos. – E o que mais há na caixa? – interessou-se ela.

— Vestidos – respondeu Krassinsky, tirando uma peça de trabalho veneziano. Também é um objeto caro; e estes vestidos e o véu franceses não têm preço para um conhecedor. Serão os seus trajes de noiva.

— Como você é bom e generoso, papai! – exclamou Mila, abraçando e beijando-o calorosamente. – Você diz que é um vestido de noiva, mas quem será o meu noivo? Não desposarei ninguém, exceto Massalítinov. Infelizmente, Nádya jamais mo cederá – lastimou-se ela, com misto de ira e tristeza.

— Cederá, por certo cederá, e vai ser breve. Você nem imagina os eventos iminentes que mudarão a vida e o futuro de Nádya de forma radical!

— E você vai me dar alguma poção para impedir que Michel acabe morto devido ao meu amor fatal? Eu o amo e não quero perdê-lo.

— Vou lhe fornecer um bálsamo e gotas; use-os sempre que sentir o esgotamento perigoso de suas energias.

— Obrigada, papai. E se Nádya aprontar um escândalo? Eu não gostaria de me comprometer abertamente, tirando-lhe o noivo.

— Fique tranqüila: tudo se resolverá do modo como quer. Ademais, espero ficar perto de você, sempre pronto para ajudá-la. A propósito, se me encontrar na alta-roda sob outro nome, jamais revele quem sou para você e muito menos diga ter me visto antes. Também, com relação ao conde Bélsky, nunca dê a entender que o corpo dele é animado por outra alma.

— Que terrível e impenetrável mistério guarda esta troca - disse Mila, estremecendo. - No fim das contas, cometeu-se um homicídio — um ato cruel e criminoso. Reconheço que isso pesa em minha consciência - acrescentou ela, baixando a voz ao perceber o pai de cenho carregado.

— Você aborda questões que não entende. A luta pela sobrevivência é cruel e inevitável, sendo que o mistério da morte ainda não proferiu sua última palavra. Ninguém quer morrer, é claro, e a aquisição de um novo corpo é o recurso mais seguro para prolongar a existência. Senão veja: todos os corpos são criados segundo modelo único, tal qual o mecanismo de relógio. Pegue um milhar de relógios; todos andarão identicamente desde que lhes dêem corda. E por que então uma alma, após sair do corpo gasto e se alojado num novo, não pode aproveitar o organismo, tal qual uma máquina a vapor, consertada e posta em movimento. Hoje, a técnica de gerar avatar é um mistério da magia *negra*, cruelmente açoitada pela *branca*, mas chegará o tempo - e ele não está tão longe como parece - em que este método será decifrado pelos eleitos. Os ricos caquéticos irão comprar corpos jovens e fortes, ou seja, vão abandonar suas residências antigas e se mudar para as novas. Casos como o do homicídio de Bélsky serão freqüentes e sua investigação muito difícil, já que o olhar rude de um profano será incapaz de descobrir a eventual troca de alma.

— Assim, papai, conforme você diz, no futuro o número desses homicídios aumentará? - alarmou-se Mila.

— De certo modo. Agora, se para você e os demais profanos eles podem parecer medonhos, é porque vocês não entendem como o avatar é feito.

— Tudo isso é muito interessante, papai, e eu gostaria de entender mais esta ciência misteriosa, mas tenho pavor de forças desconhecidas.

— O medo, minha filha, é um cadeado a trancar os portões do mundo oculto diante do profano. Os medrosos jamais cruzarão os limites do invisível. Lá se encontra o Dragão do Medo, montando a guarda tanto dos portões límpidos, como os do inferno, assim chamados por homens. A principal virtude de um discípulo da ciência é ter um coração audaz, capaz de superar o medo a intimidá-lo de todos os lados.

— Papai, ensine-me a superá-lo!

Krassinsky sorriu.

— Não é uma tarefa fácil, é preciso ter muita energia para o autodomínio e não pode faltar firmeza.

Uma coisa posso lhe dizer agora: para vencer todas as suas fraquezas, é indispensável ser uma pessoa acima da comum e possuir grande capacidade de concentração extasiada.

Tem-se por certo que, sob uma intensa perturbação, os seres humanos esquecem o medo, e todas as trivialidades de sua vida empalidecem e se aplacam. As forças incorpóreas trabalham sozinhas e, nesta hora, o homem se torna intrépido e despreza quaisquer perigos; sua energia interna o move adiante. Conhecem-se inúmeros casos quando, diante de um perigo, todo o seu organismo corpóreo trabalha com força incrível, podendo sua agilidade às vezes superar a de um acrobata; seu poder multiplica-se por centena de vezes, e a destreza de pensamento torna-se mais rápida que um relâmpago. Ao voltar ao estado normal, o homem se pergunta trêmulo: como é que pôde ter realizado tudo aquilo e por que a sua cabeça não tonteou à beira daqueles abismos? Que milagre o fez atravessar aqueles caminhos assustadores ou erguer pesos capazes de esmagá-lo? Já houve casos em que frágeis mãos femininas quebraram grades de ferro sob o efeito daquele estado no qual o astral se assenhora da carne, esmaga e modela o que lhe aprouver. Esta concentração suprema ocorre com maior freqüência e intensidade com pessoas emotivas, tidas fracas, e não com as que parece personificarem a própria força, visto nestes últimos seu astral ser dominado pela matéria. Uma das principais condições para alcançar esse estado superior é o isolamento, ou seja, a ausência de outros seres vivos a derramarem ao derredor o seu fluido animal; socializando-se, o homem a toda hora topa com *auras* contagiosas. E quanto mais o homem se exercita seja no *bem*, seja no *mal*, sua aura evolui, se expande e se abastece de força dinâmica. Todos os iniciados em magia branca ou negra normalmente evitam multidões, posto ela inibir o trabalho mental deles ou de qualquer cientista autêntico.

— Então para se alcançar esse estado supremo deve-se evitar o convívio social?

— É um dos melhores métodos, mas não o único. Para dominar em si o homem carnal e conferir maior plasticidade ao corpo astral, existem vários meios de eliminar a gordura epidérmica inútil para que ele se separe e produza atos mágicos. Os contos de fada, minha criança, por exemplo, o "Mil e uma noites", não são absolutamente simples besteira como se pensa. É uma recriação oriental dos atos mágicos, realizáveis por quem lhes conhece o segredo. Eu mesmo usufruí dos efeitos benéficos do isolamento. Já há mais de vinte anos que eu moro neste subterrâneo, passo nele a maior parte do tempo e, sinceramente, não sei o que é tédio. Estudei, remexi os tesouros intelectuais aqui acumulados e me inteirei de muitas anotações antigas, dignas de um romance. Feito num panorama mágico, ressuscitaram diante de mim os acontecimentos dos velhos subterrâneos povoados desde as épocas remotas. Ruínas sepulcrais e câmaras mortuárias conversaram em minha presença, revelando amores e ódios, crimes e sofrimentos. E a ciência, minha filha, seja ela do *mal*, quantos horizontes descortina e que forças maravilhosas nos propicia! O tempo passou feito um sonho. E você vê, Mila, nem os anos nem o trabalho exauriram-me o corpo, pois eu o hauri de substâncias essenciais e quem diria que eu tenho tantos anos?

Krassinsky levantou-se sorrindo; Mila o fitava com admiração. Alto e distinto, ele se parecia com um homem na flor da idade.

Em seguida, ele a instruiu sobre a explicação plausível que ela deveria dar à senhora Morel quanto às jóias que acabara de ganhar. No dormitório dela, antigo quarto de Marússya, havia um cofre secreto – e Krassinsky falou como localizá-lo e abrir – , era ali que ela deveria guardar a caixa e depois contar da sua descoberta ocasional junto com os objetos preciosos.

— Tornaremos a nos ver só daqui a uma semana, porque estarei viajando para resolver uma questão inadiável – adicionou ele. – Faça de tudo para estar aqui antes da minha viagem, pois precisamos ainda discutir alguns aspectos.

Mila prometeu seguir as ordens.

— Pesada como está, eu levarei a caixa até a biblioteca. Não tenha medo do fantasma de Bélsky mesmo que ele apareça – disse Krassinsky. – Ele não tem mais poder sobre você, nem poderá causar-lhe algum mal. Pessoalmente, não posso proibi-lo de vagar por aqui. Ele vem para haurir forças nas emanações humanas e delas se utilizará até que o seu corpo astral, ainda sobrecarregado de fluidos vitais, não se depure o suficiente para se elevar à segunda camada, mais pura que a primeira, e acessível aos espíritos dos mortos, embora inicialmente sua permanência entre os vivos seja imprescindível.

Diante da porta da biblioteca eles se despediram.

No dia seguinte, um mensageiro de Bélsky trouxe uma carta a Ekaterina Aleksándrovna, informando-a do falecimento repentino de sua mãe, vítima de infarto, conforme a dama de companhia da condessa lhe noticiara em telegrama. Na missiva, ele também dizia de sua viagem imediata ao estrangeiro e desculpava-se por sua eventual impossibilidade de não vir se despedir delas antes de irem a Kiev, mas onde ele as esperava rever tão logo pudesse. Junto à carta, foram enviados dois lindos buquês de flores.

— Pobre rapaz! – disse a senhora Morel. – Ele gostava tanto da mãe. Foi um golpe duríssimo para ele perdê-la tão inesperadamente. Quem poderia imaginar que, quando vimos a condessa no baile dos Maksákov, essa bonita e ainda jovem mulher só tinha algumas semanas de vida. Ao notar Mila pensativa e muda, ela adicionou: – Ouça, minha criança, apaixonado que está, tenho certeza de que o conde logo irá a Kiev para pedir sua mão. Sugiro aceitar tal proposta, visto ele ser um partido brilhante. Ele é jovem, bonito, muito rico e lhe assegurará uma vida feliz. O que melhor se pode desejar?

— Não digo "não", mas vou aguardar seu pedido e, depois, veremos como ficarão as coisas.

XVI

Os aparecimentos do fantasma de Bélsky continuaram a assustar pessoas. Ekaterina Aleksándrovna, apesar de seu ceticismo e presunção de livre-pensadora, passou a se sentir incomodada, incapaz de se libertar da sensação angustiante e supersticiosa. Todas as noites, sempre à mesma hora, se ouviam gritos abafados no gabinete, sem que alguém conseguisse descobrir sua exata origem e pudesse explicar tal fato num quarto vazio, trancado à chave. Sua vontade era de ir embora dali não fosse o inexplicável e excêntrico capricho de Mila em ficar, zombando de sua credulidade de dar ouvidos às tolas tagarelices. Afirmando nada ter visto ou ouvido, Mila dizia, sorrindo, não ter coisa alguma a temer e, tampouco querer abandonar a ilha, que lhe era tão aprazível. Debalde a senhora Morel sustentava que todos os vizinhos estavam debandando em conseqüência do tempo úmido e frio. Elas acabariam sozinhas na ilha, dizia Ekaterina Aleksándrovna, pois a criadagem atemorizada relutava em ficar; a arrumadeira e a cozinheira já haviam anunciado sua decisão de não trabalhar numa casa onde o "capeta estava à solta". Só mediante muitas persuasões e um salário dobrado, estas finalmente foram convencidas do contrário.

Para fazer Ekaterina Aleksándrovna esquecer de sua idéia de partir, Mila mostrou-lhe a caixa com as jóias, supostamente encontrada no armário secreto. Nela também foram encontradas algumas cartas de Vyatcheslav, bem como diversos objetos femininos, reconhecidos por Ekaterina Aleksándrovna como terem sido de Marússya. O conteúdo do porta-jóias deixou-a simplesmente extasiada.

— Sua mãe jamais me mostrou estas coisas maravilhosas e estes vestidos ricos. O vestido inglês sem dúvida lhe servirá para a cerimônia nupcial – decidiu ela.

Mila aguardava o encontro com o pai com impaciência febril conquanto, no íntimo, também não visse a hora de partir. Em Kiev, ela reencontraria Michel; ademais, o fantasma de Bélsky, visto por diversas vezes, envenenava-lhe a estada na ilha. O espectro, é verdade, não se aproximou dela e só a ficou observando de longe com olhar penetrante e assustador, cheio de ódio mortal, fazendo Mila gelar até os ossos. Finalmente, certa manhã, ela encontrou debaixo do travesseiro uma mensagem embrulhada no lenço, chamando-a ao subterrâneo.

Krassinsky estava de partida e parecia muito ocupado. Seu plano era mudar radicalmente a vida: deixar a ilha e retornar à sociedade com outro nome. Até os mais íntimos de Vyatcheslav de nada suspeitariam, uma vez que Turaev estaria então com mais de cinqüenta anos, enquanto que Krassinsky era jovem, aparentando menos de trinta.

Planejava, primeiramente, passar em Paris, depois viajar para Áustria para ali comprar um nome e título e, em seguida, fixar residência em Petersburgo. Sendo grande cientista, um verdadeiro feiticeiro, ali poderia realizar curas maravilhosas e até "ressuscitar" os mortos, neles instalando larvas. Os mistérios atraem a multidão feito luz a mariposas incautas, assim o sucesso estaria garantido. Ademais, na alta-roda, ele contava com seus coirmãos, sendo que alguns eram seus subordinados.

Era de sua vontade também dedicar-se a Mila e observá-la, pois a ela se afeiçoara tanto quanto permitia sua alma lúgubre e fria. Ela ainda era jovem, em cujo ser se enfrentavam sentimentos contraditórios, conseqüência do sangue rebelde da mãe – uma mulher outrora apaixonada por ele, mas que se lhe opôs com obstinação insuperável.

Quando Mila chegou, Krassinsky estava dispondo na caixa frascos, potes com pós e saquinhos numerados. O pai lhe explicou então como seria usada cada uma daquelas poções e apontou-lhe o caderno, onde se traziam as instruções.

— Nesta caixa há um fundo falso e lá se encontra um outro caderno e preparados especiais para casos extremos, mas consulte-me antes de usá-los.

— Sem dúvida, são coisas para um especialista.

— O que você não sabe ou jamais viu antes pode lhe parecer coisa extraordinária. Imagine um homem ressuscitado depois de duzentos anos e você lhe mostra uma máquina fotográfica, um telex, uma máquina a vapor ou lâmpada elétrica. Por certo ele diria que aquilo é feitiçaria, coisa de diabo e assim por diante. A humanidade ainda verá descobertas colossais. Nós e aqueles egoístas do Himalaia já utilizamos muitos inventos inéditos aos profanos, que simplificam as operações magísticas. Sim, minha criança, a máquina do Universo, aparentemente complexo, na verdade funciona com base em princípios muito simples. De fato, fico cismado quando me convenço da simplicidade das coisas em relação à diversidade dos fins. Toda a genialidade humana se concentra exclusivamente na descoberta de uma simples máquina motriz que movimenta essas forças gigantescas. *Ordem e simplicidade* – é o lema do grande Construtor, a Quem se dão muitos nomes, mas a Quem ainda ninguém conheceu e soube o nome verdadeiro. Quanto mais ignorante o ser humano, mais complexo, mais difícil e confuso é o seu trabalho. O caos interior atrapalha a execução de suas tarefas, feitas às apalpadelas; ele, é verdade, cria, mas que esforços terríveis despende e, invariavelmente, deixa de utilizar os atalhos, vagando por veredas sinuosas e difíceis. O que destaca uma mente superior à da multidão? É a clareza e a simplicidade de sua imaginação, a facilidade com que este a tudo assimila e aos outros ensina como lidar com coisas difíceis e confusas. Um químico realiza milhares de experiências antes de encontrar a substância procurada; tivesse ele o dom da inspiração, bastar-lhe-ia, na maioria dos casos, uma única reação para obter o desejado. Como conseqüência, o discernimento arguto de *um único* espírito eleito derrama mais luz do que os esforços de uma centena de cientistas intermediários. Mas o tempo passa e tudo se aperfeiçoa, tanto o cérebro humano, como os métodos da evolução. Compare a rude carroça medieval, atrelada a búfalos, a nossos carros modernos. Não há um abismo os separando? Futuramente, tudo será substituído por transporte aéreo, tornando obsoletas as vias férreas e as estradas mal conservadas – ou seja, tudo que demandar trabalho manual, já que a mão-de-obra ficará cara e escassa e, com o tempo, o homem optará por viver de trabalho mental. Dos arquivos secretos do passado se buscará o arsenal dos conhecimentos até hoje inéditos, iniciando-se uma luta cruenta dos seres vivos contra a *morte*. Os séculos vindouros serão marcados pela insurreição do homem contra a inevitável "sentença à morte", ceifando de modo covarde e indiscriminado seja uma criança, um jovem ou um velho. E haverá um combate desesperado corpo-a-corpo contra a hidra que nos subtrai a vida. Esta lei desumana, responsável por tantas lágrimas, não é uma *lei natural*; se o fosse, não existiriam exceções.

Por enquanto não temos a chave para esse mistério e, para vencer a morte, recorremos a expedientes complexos, astuciosos e não raro cruéis e arriscados. Todavia, estou seguro de que um método mais simples e rápido será descoberto futuramente.

— E como você, papai, espera vencer esse estigma da humanidade, cujo sopro gélido transforma os seres vivos em massa inanimada, expulsando suas almas ao terrível mundo invisível.

— Tenho certeza de que se descobrirá uma substância que impedirá a destruição do corpo, o qual não passa de ajuntamento de substâncias químicas. A matéria que forma as células e os glóbulos sangüíneos foi herdada dos três reinos, e todos os quatro elementos da natureza também nela se reproduzem. Pela forma de desenvolvimento, tanto homem como animal se parecem com plantas evoluídas, o esqueleto calcário herdou-se do reino mineral, como tantos outros minerais, encontrados no organismo. O corpo é uma combinação engenhosa de diversos elementos. O principal problema é encontrar um meio de evitar a degradação dessa massa de células, pois a morte não é nada mais do que a extinção lenta ou inesperada de sua atividade; e este meio é o elixir da longa vida. Que ele existe, não faltam exemplos na natureza. É o caso dos crustáceos, em particular o siri; se lhe retirarmos um membro, logo nasce o outro em substituição. Como o crescimento das células humanas é baseado no corpo espiritual ou astral, na perda de mão ou pé apenas se perde a matéria acumulada, conquanto a forma que lhe serviu de alicerce permaneça íntegra. Daí segue que, quando for encontrado um meio de juntar as partículas da nova matéria e fixá-las na estrutura astral, estes membros perdidos nascerão novamente, tal qual as pinças do siri. A prova da existência dessa réplica invisível é o fato de que um inválido costuma sentir dores reumáticas nos membros amputados.

— Não acredito! – Como é possível sentir dores em mão inexistente? – Mila perguntou incrédula e rindo.

— Por mais que isso possa lhe parecer estranho, existem milhares de casos confirmando dores inexplicáveis e persistentes em membros amputados. Posso lhe contar dois casos, um dos quais aconteceu comigo, e o outro eu ouvi de um cirurgião norte-americano, que testemunhou esse fenômeno em 1881 nas Montanhas Rochosas.* Eis o seu relato:

"Eu estava visitando com amigos – dizia ele – uma serralharia mecanizada; um deles, por descuido, levantou o braço e a serra elétrica o pegou na altura do cotovelo. Foi preciso fazer amputação imediata, pois até a cidade era longe. Após a operação, a parte amputada foi posta numa caixa com serragem e enterrada. Algum tempo depois, já estando no processo de total recuperação, meu amigo começou a se queixar de dores na mão removida, dizendo que a sentia cheia de serragem e que um prego atravessava seu dedo. Suas queixas de dores lancinantes continuaram e até para dormir era difícil. Todos começaram a temer por sua saúde mental, e a mim de súbito ocorreu a idéia de visitar o local do acidente. E imaginem: quando depois de desenterrada eu limpava a mão da serragem, notei que um prego da caixa havia se cravado em seu dedo. Mas isso não é tudo. O enfermo, que se encontrava muitas milhas distante de mim, dizia naquela mesma hora a meus amigos: "Estão despejando água no meu antebraço e tirando o prego do meu dedo. Agora eu me sinto bem melhor..."

Simplesmente incrível! – sussurrou Mila. – E você, papai, o que viu?

Em Paris, eu conhecia um americano de nome Samuel Morgan, que trabalhava na fábrica de máquinas de costura Singer. Em conseqüência de um acidente, amputaram-lhe o braço até os ombros, e eu o visitava amiúde. Por diversas vezes ele se queixou de dor no ombro e convulsões nos dedos ausentes. Então eu

* Lermina – "Magie pratique", p. 202

me lembrei do caso que acabei de lhe contar, e pedi ao médico de Morgan que ele ordenasse desenterrar o braço amputado. O médico riu de mim e negou o pedido; porém, seu assistente, um médico jovem, conseguiu a caixa e nós a abrimos. Verificou-se que o membro, enfiado numa caixa muito apertada, tinha sido dobrado numa posição que causaria, fosse ele vivo, uma sensação de dor, semelhante à de Morgan. O assistente abismou-se daquilo e então eu lhe expliquei o fenômeno. Por sua vez, ele me contou um caso que o deixou muito intrigado. Ele mesmo presenciou um operário com uma perna amputada, mas que se sustentava em pé como se tivesse as duas pernas inteiras.

Disse-lhe que aquele homem provavelmente estivesse passando por uma forte emoção e apoiou-se inconscientemente na perna astral, momentaneamente solidificada pelo impulso da dor. Tudo isso confirma de vez a existência do corpo astral, independente da carne que o envolve, e se tal forma estrutural existe, basta achar um método de nela recuperar a matéria faltante. Bem, chega de conversas eruditas e vamos tratar de assuntos pessoais.

A senhora Morel quer ir embora daqui; não a segure mais e vão a Kiev, onde você terá o seu querido Michel. Bem, já lhe disse tudo que queria.

— Obrigada, papai. Não vejo a hora de vê-lo, embora receie enfrentar Nádya. E isso será tanto mais difícil, sabendo que ele não me ama... sei disso.

Mila suspirou e crispou os punhos.

— Já sem isso Nádya terá muitas preocupações e não lhe sobrará tempo para entrar em disputa com você – observou com mofa Krassinsky. – Os negócios de Zamyátin andam mal e a derrocada da família é inevitável. Depois... ninguém sabe quanto tempo ainda tem o velho. Seu amado Michel está endividado, e quem poderá tirá-lo do buraco exceto você? Há-há-há!

Massalítinov está endividado? Como é possível? Não o julgava tão inconseqüente – surpreendeu-se Mila.

— Bem, é que com meu empurrãozinho ele se viciou em jogo. Lembra da irmã Demênia? Ela costuma recebê-lo em casa, onde organizou uma jogatina. Dei um jeito de atraí-lo para lá, onde, seduzido pelos atrativos da condessa, ele começou a apostar muito e acabou perdendo vultosas somas. Presentemente, ele quer consertar a situação contando com o dote de Nádya, sem imaginar que daqui a algumas semanas ela vai virar uma mendiga. Como o casamento vai se desfazer, basta-lhe acolher o noivo aposentado com todas as dívidas.

Mila nada disse e afundou-se em pensamentos. Súbito ela se endireitou e perguntou:

— Diga-me, papai, por que o *mal* impera no mundo e qual a razão de ele ser tão poderoso? Por que os homens cometem crimes, odeiam e tentam destruir um ao outro?

Krassinsky sorriu maliciosamente.

— O mal, minha criança, é uma coisa inevitável em nosso mundo, habitado por homens dominados por toda a espécie de paixões, e como eles encontram em seu caminho obstáculos à realização de seus desejos, tentam removê-los. Estes atos – que você chama de crimes – não são nada mais do que recursos dos homens de obrigar o destino a atender aos seus anseios. Conforme a lei universal, a força triunfa sobre a fraqueza, desencadeia um confronto eterno entre esses pólos: o fraco, ou seja, o benevolente, investe contra o forte, ou seja, o adversário cruel ou criminoso. Inseridos em cada ser vivo os desejos, a sede de saciá-los é constantemente sufocada na alma do justo, ou do mais fraco, sob a definição de pecado. Se para alguns o pecado é algo permitido, para outros – não; e isso porque, se a natureza os fez todos iguais, as condições da vida geraram entre eles grandes abismos. Então se inicia uma competição inevitável que ao fraco se proíbe ganhar, e ele normalmente é destruído pelo forte, que não se detém diante de nada e não se prende a detalhes que dificultam o seu caminho para alcançar os objetivos, cometendo atos que para o fraco, assustado pelo pecado, são atos criminosos. Impotente por sua virtude, esse tolo perece e não há quem possa ajudá-lo, pois o forte – único que poderia fazê-lo – é visto como criminoso, um sedutor, quando não é o próprio diabo. Ele busca a luz e foge das trevas, mas a luz está longe dele e só com esforço supremo ele talvez consiga fundir-se a ela por força de suas emanações, ou seja: através da prece. O forte, ao contrário, prefere a escuridão e se orienta bem no meio dela, que lhe concorre e serve de refúgio. Na hierarquia planetária, a nossa Terra ocupa um posição modesta e a sua imperfeição se reflete em seus habitantes, que desde a origem do mundo se devoram uns a outros. Esta é a sina da nossa mediocridade: para existirmos, devemos alimentar em nós o fogo ardente dos desejos. Um homem ordinário só busca o que lhe possa propiciar o gozo dos prazeres dos seus instintos sôfregos e, qualquer um que se lhe coloca no caminho é eliminado. A inveja e a competição atingem todas as criaturas terrestres nos três reinos. O desejo de usurpar o lugar de outro é a força motriz para a ascensão ao invisível, aguçada por todas as funções cerebrais. Qual brocas, elas corroem e minam os muros, atrás dos quais se ocultam os mistérios do grande laboratório do saber absoluto. A frase "esmagar um ao outro" parece cruel e indigna, entretanto isso se repete com todos nós. Não esmagamos, por acaso, com os nossos pés milhares de insetos inocentes em sua existência pacífica? Não obstante, permanecemos indiferentes a tais hecatombes...

— Sim, papai, mas eles são animais inferiores; não podemos é aniquilar os nossos semelhantes, a quem devemos amar – retrucou Mila.

— Amar? Hmm! Na maioria das vezes, eu acho, só pensamos em salvar a nossa própria pele. Não é que eu negue a força do amor, pois experimentei esta tirania pessoalmente. Mas este estranho sentimento me parece antes algum eflúvio, emanado de uma essência que não só promove uma atração entre os humanos, como nos faz afeiçoar até a objetos como, por exemplo, velhos móveis, roupas surradas e horrorosas, impregnadas com nossas emanações ao longo de seu uso. E quando nos desfazemos dessas coisas, a separação deste eflúvio apegado nos causa uma sensação desagradável. Bem, minha filha, o tema é muito interessante e o retomaremos num outro dia, quando também lhe falarei do *mal*, como nós o entendemos. Adeus, querida! Logo nos veremos e não se preocupe: tomarei conta de você. Talvez, no início, o nosso encontro seja secreto, mas, quando eu tiver outro nome, iremos nos encontrar no mundo grande. Quanto a você, desejo-lhe felicidade.

— Serei feliz, se eu despertar o amor de Michel; só não posso imaginar como Nádya, amando-o de paixão, irá me cedê-lo e como, acostumada a uma vida de luxo, suportará a pobreza.

Krassinsky sorriu enigmaticamente.

— Estou vendo que o destino dela a preocupa. Esta é uma fraqueza a que você não pode se entregar. Bem, não importa, vou lhe dizer o que a espera. Provavelmente ela sucumbirá na luta extenuante justamente por suas virtudes. Nádya ama seus familiares e lhe será difícil suportar o sofrimento deles, sem dizer que a pobreza e as humilhações são péssimos conselheiros. Por fim, um desfecho irônico e cruel: o amor e a lealdade – esses fundamentos do bem – darão um golpe final naquela alma. Tal será, na minha opinião, o destino de Nádya. Ela não tem vocação para sofrer como os mártires que, suportando resignados todos os infortúnios e torturas, conseguem transpor o que se conhece por portões celestes, conquanto os do inferno estejam bem escancarados, e o seu rei recompensa seus súditos com todas as benesses terrenas sem nada exigir em troca, exceto o rompimento com o Céu e seus servidores...

XVII

Mila acordou em seu leito e ao seu lado, na cadeira, encontrava-se a caixa que o pai lhe dera. Apesar de se sentir alquebrada, ela se levantou rápido, tomou algumas gotas da bebida tonificante e dirigiu-se ao refeitório para o desjejum.

Ekaterina Aleksándrovna já estava à mesa. Indignava-a a teimosia de Mila em ainda continuar na ilha, quando já podiam estar em Kiev. Não queria também admitir o motivo de sua impaciência em deixar a ilha: um vergonhoso revés ao seu ceticismo, abalado por medo. Durante as noites, ela escutava rajadas de vento varrendo o quarto e passos no corredor; no quarto vazio ao lado, ouvia-se o barulho de móveis sendo arrastados.

Mila, observando-a e sorvendo o leite, não pôde deixar de perguntar a razão do mau humor da mãe adotiva.

— Estou possessa com sua teimosia. A troco de que estamos aqui? O tempo piorou, começaram as chuvas e já há três dias só chove. E o pior: alguém tem a ousadia de praticar prestidigitações. Não basta as pessoas espalharem asneiras, esta noite o fantasma de Bélsky me apareceu. Não é engraçado? Um fantasma do homem vivo! Se eu apanhar este insolente enganador, ponho-o atrás das grades. Agora é definitivo: não fico mais aqui. Já comecei a arrumar as malas e lhe aconselho a fazer o mesmo, pois depois de amanhã nós viajamos.

Mila a custo conseguiu conter o riso. Divertia sobremaneira o terror de Ekaterina Aleksándrovna, ela nada, porém, deixou transparecer e disse:

— Ó, mamãe querida, eu não achava que lhe era tão desagradável morar aqui. Não dei qualquer importância ao falatório dos criados, pois decididamente nada vi. Mas já que a insolência do prestidigitador atingiu até você, é melhor partirmos, já que vai ser difícil apanhá-lo; ele deve conhecer todos os cantos e becos desse ninho de coruja. Irei imediatamente arrumar as malas.

Restabelecido o acordo, as damas ultimaram os preparativos e um dia depois deixavam a ilha.

Em Kiev, uma grata surpresa aguardava por Mila. Com a ajuda de Zamyátin, Ekaterina Aleksándrovna já havia adquirido uma casa em Lipki, onde as duas logo se instalaram. O prédio era maravilhoso – um verdadeiro palácio –, e os primeiros dias foram consagrados a guarnecê-lo de luxo refinado, visto planejarem abrir a casa a bailes e serões. Ao término dos trabalhos mais urgentes, elas se informaram se os Zamyátin haviam retornado da *dacha* e, ao saberem que os mesmos estavam na cidade, à noite foram lhes fazer uma visita.

Lá encontraram outras pessoas. Aparentemente, nada havia mudado. A casa sobejava de opulência tal qual em Górki, se bem que, apurando os sentidos, percebia-se haver certa mudança com os anfitriões e uma atmosfera carregada entre os membros da família. Zamyátin parecia mais velho vinte anos e estava abatido. Nádya ficou mais pálida e magra, e sua mãe achava-se tristonha e apreensiva. Até o relacionamento entre os noivos parecia tenso. Massalítinov mal escondia seu nervosismo, enquanto a irritação de Nádya era patente. Um sorriso de satisfação franziu o rosto de Mila: as previsões do pai se confirmavam. O terreno foi preparado – isso era visível – e a derradeira catástrofe não iria tardar. Durante o chá vieram mais visitas e a conversa ganhou ânimo, ainda que forçado. Mais tarde os velhos se sentaram à mesa de jogo e os jovens reuniram-se no quarto de Zoya Ióssifovna.

Mila apurou mordazmente os ouvidos quando a conversa começou a girar em torno do baile dali a uma semana, em homenagem ao aniversário de Zoya Ióssifovna.

— Esse será o seu último festejo, minha bela Nádya, depois você ficará na indigência – pensou Mila, ao interceptar com contentamento reprimido a troca de olhares entre os noivos.

No curso da conversa, alguém relatou o caso da abertura de um processo na América contra um suposto abuso da hipnose, e discutiu-se então o vasto campo de sua aplicação na criminalidade. A senhora Morel, que optara pela companhia dos jovens, participava ativamente da conversa e contou alguns casos curiosos por ela testemunhados em Paris, na clínica do professor Charcot. Do hipnotismo passaram ao espiritismo, astrologia, quiromancia e outras ciências divinatórias e, finalmente, à leitura das cartas. Um dos jovens relatou o caso de uma adivinha que acertou em cheio a morte de um parente seu, o recebimento de inesperada herança, sua posterior viagem com algumas aventuras no caminho.

— Foi incrível! Desde então, eu acredito nas cartas – concluiu ele com convicção.

— Sinceramente, não acredito em charlatanices divinatórias, com pequena exceção às cartas – disse Ekaterina Aleksándrovna. – E isso porque Mila às vezes lê cartas com incrível precisão. Talvez por ser ela uma pessoa altamente sensível.

Alguns dos presentes vieram com o pedido para Mila ler sua sorte, no que ela atendeu prontamente.

Naquela dia ela estava simplesmente encantadora. Seu vestido azul esverdeado com suaves pregas ondulantes caía bem à figura alta e esbelta; o laço de veludo da mesma cor destacava seus cabelos dourados e a tez de brancura ofuscante.

Ao notar que os presentes se admiravam dos acertos de Mila, Nádya também se aproximou e pediu-lhe para prever o futuro. Nisso, a atenção geral das moças se concentrou na discussão paralela sobre as sessões mediúnicas e a manifestação dos espíritos. Nádya sentou-se defronte de Mila e, descansando a cabeça sobre os braços, acompanhou as cartas serem abertas.

— Arghh, que cartas horríveis! Não vale a pena explicá-las – disse Mila, fazendo menção de embaralhá-las de novo, mas Nádya lhe segurou a mão.

— Diga-me, Mila, o que vê? Talvez as cartas se enganem; de qualquer forma é melhor saber antes as desgraças que a mim aguardam.

— Que coisa, jamais vi tal conjugação! – vacilou Mila. – Um luto inesperado, falência financeira ou pelo menos grandes perdas, uma mudança radical da situação e, aparentemente, o abandono desta casa.

— E o meu casamento? – inquietou-se Nádya, empalidecendo.

— Parece não se concretizar ou, talvez, será adiado por longo tempo... não sei dizer com precisão. Mas tudo isso é besteira, não acredite em nada – acrescentou ela, embaralhando bruscamente as cartas.

Tornando a tirar do baralho mais dezesseis cartas, ela as embaralhou e, ao abri-las, disse em tom alegre:

— Está vendo? Agora tudo é diferente. Todas as desgraças estão para trás e eu a vejo casada e muito rica.

Pálida, Nádya ouviu as previsões, sem fazer qualquer comentário, apenas o seu olhar de expressão estranha parou momentaneamente no noivo, postado ao lado e tendo ouvido tudo. Ela se levantou, agradeceu e saiu do quarto ao chamado da mãe.

Após breve hesitação, Massalítinov sentou-se na cadeira deixada pela noiva e, inclinando-se a Mila, pediu-lhe para ler a sorte. Esta embaralhou calada as cartas e falou para ele cortar o baralho. Após abrir as cartas, Mila pensou sobre elas e disse, balançando a cabeça:

— Suas cartas também não estão boas, Mikhail Dmítrievitch. Vejo uma grande perda de dinheiro; olhe para a sua carta: ela está cercada por naipes pretos. São seus inimigos e toda a espécie de dissabores, como se a falência de sua noiva o levasse à desgraça. Oh, o senhor estará muito perto de uma decisão sinistra, mas o amor de uma mulher o salvará.

Ela ergueu a cabeça, dirigindo o olhar lascivo de seus olhos esverdeados no jovem, de súbito empalidecido. Massalítinov sentiu um tremor gélido lhe traspassando o corpo, o que lhe exigiu toda a força de vontade para ocultar a angústia que lhe invadira o coração e fingir-se calmo. Ele agradeceu a Mila e brincou sobre as suas previsões trágicas. A conversa tornou-se generalizada, porém Nádya e o seu noivo perderam a anterior tranqüilidade. Suas almas estavam oprimidas por terrível peso e, alegando uma enxaqueca, Massalítinov partiu antes do jantar. Nádya o acompanhou até o vestíbulo; lágrimas brilharam em seus olhos, quando o noivo repetidamente, nervoso e abrupto, beijou-lhe as mãos.

Mila deu um sorriso mordaz.

"Chorem, chorem, meus amigos! Cantem o canto do cisne! Brevemente o destino implacável cuidará de separá-los, e cada um encontrará a felicidade que merece. Tenho-lhe pena, Nádya, mas não cederei meu homem. Para alcançar o objetivo, esmagarei todos os insetos em meu caminho. Sorte minha que esse asqueroso Gueorgui Lvóvitch não esteja em Kiev para atrapalhar os meus planos."

De fato, Vedrinsky havia viajado para acompanhar os trâmites – segundo disseram – da transferência da enorme herança que tinha recebido. A notícia de sua partida deixou Mila aliviada. A presença daquele jovem austero e comedido, cujo olhar límpido e severo parecia ler sua alma, literalmente a esmagava.

Lúgubre, de cabeça pesada e coração opresso, retornou Massalítinov para casa. As previsões assustadoras de Mila produziram nele impressão angustiosa. Como ela chegou a saber que ele tinha dívidas de jogo? E se os Zamyátin de fato viessem a perder tudo, ele acabaria numa situação tão desesperante que só lhe faltaria meter uma bala na testa. Bem, quanto à mulher que supostamente iria salvá-lo, não restava dúvida que seria ela – Mila; isso era patente em seus olhos, incandescidos de paixão. E essa possibilidade fez sua alma inflamar-se novamente de aversão àquela criatura, apesar de sua beleza indiscutível. Ele estremeceu ao lembrar de seus olhos de serpente fulgindo ódio, quando ela lhe antevia tantos infortúnios. Se, com tudo isso, Massalítinov ainda tivesse dúvidas quanto aos poderes divinatórios de Mila, a crueldade dela em relação a Nádya havia se manifestado naquelas previsões nefastas. Que criatura mais estranha e enigmática: repulsiva e, ao mesmo tempo, perigosamente sedutora! Que feitiço maléfico irradiava aquele corpo frágil e flexível, qual de cobra, e seus olhos fosforescentes! A fragrância que exalava daquela "flor do abismo" parecia inebriá-lo de súbita paixão incontrolável.

Mergulhado nesses pensamentos sombrios, Massalítinov ficou andando pelo quarto, alheio ao fato de suas passadas diminuírem, até ser dominado por um torpor, quando, sem se dar conta, ele deixou-se cair na poltrona com a cabeça inclinada em seu encosto.

Minutos depois, abriu os olhos. Sentia-se mais revigorado. Nisso estranhou um cheiro de perfume diferente no quarto. De onde vinha? Abriu a janela, mas o aroma não era de fora e, ao se aproximar da cama, Massalítinov sentiu o odor mais forte. Então reparou no criado-mudo um montículo de cambraia fina. Era um lenço. Levado ao nariz, ele convenceu-se de que uma fragrância entorpecente emanava dele. Lembrou-se então de vê-lo com Mila, quando ela lia a sorte nas cartas; provavelmente ele o pegara sem querer. Sem pensar muito, ele atirou o lenço pela janela.

Na manhã seguinte, ele acordou tarde e bem disposto, sentindo uma vontade incontrolável de visitar a senhora Morel. Este desejo foi se tornando tão torturante, que só sentiu alívio quando estacionou o coche diante da casa de Mila. Recebeu-o Ekaterina Aleksándrovna, com muita cordialidade, e um pouco depois chegou Mila, queixando-se de ter dormido mal a noite por causa da enxaqueca. Apesar disso, estava animada e, dessa vez, Massalítinov não achou nela nada de desagradável; ao contrário, ela lhe parecia graciosa e cheia de beleza inocente.

As anfitriãs lhe mostraram a casa. A mobília era chique, a sala e o jardim de inverno luxuosos, assim como o amplo gabinete, rica e originalmente mobiliado em estilo oriental. Um tapete persa cobria o piso e, nas paredes, viam-se penduradas valiosas armas orientais.

— Que decoração maravilhosa e original para uma dama! Terá Ludmila Aleksándrovna um espírito guerreiro? – perguntou o visitante.

— Não, sua índole é pacífica e não é para o que se destina esse gabinete – riu Ekaterina Aleksándrovna. – O cômodo não tinha aplicação concreta e guardava essas armas que o meu falecido colecionou durante seu serviço na África, então eu resolvi destiná-lo ao futuro marido de Mila.

— Feliz o mortal que ocupar esse gabinete – observou Massalítinov com sorriso gentil e olhar admirado.

Realmente, naquele minuto, flexível e delicada feito borboleta e, ao mesmo tempo, tímida e humilde qual criança, Mila parecia-lhe até sedutora. A investigação da casa levou muito tempo e, quando eles retornaram à sala de estar, Ekaterina Aleksándrovna convidou o visitante a ficar para almoçar – convite aceito prontamente, pois uma força vaga parecia atraí-lo cada vez mais àquele lugar. Após o almoço, Mila sentou-se ao piano. Sua voz era bem trabalhada, ela acompanhava e cantava com paixão e expressividade. Massalítinov sempre foi mimado, gostava de luxo, de boa mesa, de vinhos caros e, assim, sentiu-se bem na atmosfera da casa onde tudo respirava riqueza e fartura. Ainda quando ele acompanhou a mostra dos aposentos, em sua alma se havia agitado um sentimento misto de arrependimento, decepção e inveja. Tinha consciência da paixão da anfitriã e poderia usufruir de todo aquele brilho não fosse... noivo de Nádya, cujo dote era bem modesto em comparação com a riqueza de Mila. E mesmo modesto, poderia contar com ele? Na cidade corriam boatos alarmantes sobre a situação dos Zamyátin. A ambição e a sede intensa pelos prazeres, que dormitavam em sua alma, ou seja, tudo o que era pior nele agora aflorava à tona. Da mesma forma ele se rendeu ao convite para o chá, seduzido pelos olhos verdes e esquecendo o olhar límpido da noiva.

A casa dos Zamyátin preparava-se ativamente para o grande baile. Em comparação com os anteriores, marcados por animação entre o senhorio e a criadagem, o clima deste parecia sobrecarregado por uma indefinida inquietação.

Nádya andava deprimida em meio a maus pressentimentos. Com atenção lúgubre e infatigável, ela vigiava o pai e o noivo e, certos detalhes, a que antes não dera importância, alarmaram sua alma. Assim, reparou que seu pai andava ultimamente muito inquieto, a toda hora mandando ou recebendo despachos e, sempre como que aguardando a vinda de alguém, que acabava não vindo. Estranhava também o comportamento instável do noivo, sentindo instintivamente que nele se processara uma transformação. Seu olhar já não era tão franco como antes; por vezes, ela tinha impressão de ele evitar olhá-la de frente, como que com medo de trair seus pensamentos.

Finalmente chegou o dia do aniversário da senhora Zamyátina. Desde cedo e a toda hora lhe chegavam cestos com flores, caixas de bombons e presentes dos familiares e amigos. Logo afluiu uma multidão para parabenizá-la. Após o almoço entre a família, as damas foram descansar e cuidar da toalete.

Massalítinov segurou Nádya pelo braço e a levou ao seu *boudoir*. Ele lhe notara nos olhos uma expressão triste, quase sofredora, e isso o deixou com remorsos.

— Nádya, por que está triste? Por que esse aspecto extenuado? Aconteceu algo desagradável? – perguntou, atraindo-a aos seus braços.

— Não, Mikhail Dmítrievitch, não aconteceu nada. Só estou angustiada como se alguma desgraça nos aguardasse em breve. Não sei dizer o que vai acontecer, mas sinto algo sinistro pairando no ar. Uma dor indizível me oprime o coração. Oh, é o maldito Górki! Tinha razão o meu padrinho! A desgraça alcança todos que lá viveram. Foi lá que tive um sonho horrível, pressagiando a desgraça que me subtrairá tudo, inclusive você, Michel.

E a sua voz foi abafada por choro contido. Ela não reparou o rosto do noivo tingir-se febrilmente com as suas últimas palavras, quando ele tentou consolá-la, mas sem coragem de fitá-la nos olhos.

— Ah, minha querida! Como pode ficar à mercê de seus nervos e imaginar Deus sabe o quê? Por que sem nenhum motivo desabaria o nosso destino? Gozaremos as alegrias do presente ao invés de criar fantasias agourentas.

Algo no tom e nas palavras do noivo desagradou Nádya. Ela se desvencilhou de seus braços e mediu-o com olhar penetrante.

— Tem razão. Devemos espantar essas fantasias. E agora, até logo. Preciso me vestir – e saiu do quarto.

Com a chegada da noite, as salas foram se enchendo de convidados. Encantadora em seu vestido de gaze com narcisos nos cabelos e na lateral do corpete, Nádya voejava entre a multidão festiva, ajudando a mãe a recepcionar as visitas. Parecia feliz e apenas um rubor febril nas faces lhe traía o nervosismo. Ela não perdia de vista o pai e, vigiando-o disfarçadamente, notou o mordomo lhe dizer algo, após o quê, ele retirou-se ao gabinete, para onde foi introduzido um funcionário do banco, cujo estado de agitação a deixou impressionada. Contudo, seus deveres de filha da anfitriã, somados aos convites de dança, detiveram-na no salão, e só na hora do intervalo ela foi procurar por ele.

Não o tendo encontrado em nenhum lugar, ela correu até a mãe e perguntou:

— Sabe se o papai ainda está com Vitte? Já há mais de uma hora eles não saem do gabinete.

— Provavelmente um assunto importante o está retendo. Quem sabe se seu pai sumiu porque não quer juntar-se à mesa do carteado dos velhos. De qualquer forma, Nádya, vá chamá-lo, pois logo será servido o jantar.

Nádya foi ao gabinete dele, bateu à porta e, não obtendo nenhuma resposta, abriu-a. A sala estava vazia, significando que o pai estaria no outro anexo de trabalho no fim do corredor, para onde ela correu.

— Abra a porta por um minuto! – disse ela, dando pequenas pancadas na porta trancada. – Abra, por favor, ou pelo menos responda!

Mas nenhum som em resposta. Com o coração gelado, ela grudou o ouvido à parede. Tinha que saber o que ali estava acontecendo. Mas como entraria? Súbito se lembrou que na saleta do secretário, ao lado do gabinete, havia uma entrada. Nádya irrompeu no quarto do secretário, iluminado por lâmpada de teto e ficou aliviada: a porta estava aberta. Ao adentrar, admirou-se que ali estivesse tudo escuro. Teria o pai ido embora? Com a mão trêmula, buscou o interruptor junto à escrivaninha e uma luz viva inundou a sala. Os papéis, cartas e telegramas espalhavam-se desordenadamente sobre a mesa; a poltrona estava vazia, porém, quando Nádya olhou para o lado, estremeceu gélida de horror. Sobre o sofá estava o pai estendido, de cabeça virada para trás, sua gravata estava arrancada, o colete desabotoado e no tapete ao lado via-se um revólver.

Muda, Nádya estacou petrificada; um nó na garganta lhe sustou a respiração e os olhos esbugalhados pregaram-se no cadáver. Se o corpo lhe parecia sem vida, os pensamentos dela trabalhavam com rapidez febril. Eis a desgraça que ela já pressentira algum tempo atrás!

Feito um autômato, a jovem saiu do gabinete e atravessou o corredor, os dois quartos de serviço e adentrou a sala que servia de bufê, naquele instante com duas pessoas: um médico e um funcionário da chancelaria do governador. O médico olhou apreensivo para Nádya a caminhar em sua direção em passos vacilantes, branca e com olhar parado. Estremecida de súbito, ela estacou. Do salão, ouvia-se a música de valsa, e esse som alegre nela ricocheteou feito golpes de punhal no coração... Enquanto o seu pai jazia morto, aquela multidão se divertia...

— Nadejda Filippovna, o que há com a senhora? – assustou-se o médico, tomando-a pelo braço.

— O pai... – só conseguiu pronunciar.

— Está passando mal? Onde ele está? Leve-me lá!

Encorajada por um lampejo de esperança, Mila levou-o ao quarto. O médico se inclinou sobre Zamyátin e se pôs a examiná-lo.

— Tudo está acabado! – sentenciou ele, erguendo-se. – Filipp não fazia nada pela metade – e, virando-se para o funcionário que se postara hesitante junto à porta, acrescentou: – Adolf Kárlovitch, por gentileza, vá ao salão e peça, sem fazer alarde, que parem com a música e as danças. Diga apenas que Filipp Nikoláevitch está passando mal; não há necessidade de que todos saibam desta desgraça em toda sua extensão.

O jovem oficial virou-se para a saída para cumprir o pedido do doutor, mas nisso apareceu Zoya Ióssifovna. Bastou-lhe apenas um olhar para compreender tudo. Soltando um grito surdo, ela correu em direção ao sofá, mas cambaleou e tombou sem sentidos sobre o chão antes de alcançá-lo.

O louvável desejo do médico em ocultar por algum tempo a verdade não teve êxito; a notícia sobre o suicídio de Zamyátin espalhou-se rapidamente, instalando perplexidade entre a multidão festiva. As danças pararam e as mesas de jogo se esvaziaram.

Algumas pessoas conversavam à meia voz junto ao cadáver.

— Está claro que os boatos sobre os problemas financeiros de Zamyátin tinham fundamento. Se fosse possível uma saída, ele não teria se matado. Que família infeliz! – disse um dos presentes.

Massalítinov recostou-se no parapeito da janela, sentindo a cabeça zonza.

A comoção entre os convidados prosseguia. Algumas damas não escondiam o choro convulsivo; contudo quase todos se apressaram a deixar a casa, em que o anjo da morte abrira as suas asas negras.

Escondida atrás das palmeiras e lantânios, Mila observava trêmula o morticínio. Que erupção de infortúnios desabou sobre aquela família há pouco feliz e hospitaleira. A morte, a vergonha e a desgraça em todas as suas formas... E, naqueles fragmentos das vidas despedaçadas, divisava-se sua felicidade pessoal...

— Ahá! Agora eu compreendo os diabólicos ardis do meu pai. As lágrimas e as pragas de suas vítimas serão os meus cantos nupciais. Quantos crimes ainda pesariam em sua consciência? Mesmo sabendo de tudo que iria acontecer e dado seu consentimento, ela não imaginava o quanto isso lhe seria difícil. Naquele momento, falava-lhe, na alma, aquela partícula sagrada que ela herdara da desafortunada mãe. O medo e os remorsos se defrontavam em meio a satisfação e triunfo sobre a rival.

Apanhando seu manto, ela correu para a saída e só respirou aliviada dentro do coche.

Um pouco mais tarde, Ekaterina Aleksándrovna voltava da casa de Zamyátina e contou a Mila que a infeliz ainda estava inconsciente e sua saúde inspirava ao médico muita preocupação.

Mila ficou indiferente às lamentações da senhora Morel, pois a piedade lhe era proibida...

Uma escuridão impenetrável e silêncio mortal envolveram a casa fulminada pelo infortúnio. No salão, onde algumas horas antes a multidão dançava com entusiasmo, junto ao corpo descansando mudo no catafalco choravam convulsivamente seus dois filhos menores e ouvia-se a voz monótona da monja a recitar os salmos. No dormitório, atrás do cortinado de seda do leito, agitava-se em febre nervosa Zoya Ióssifovna; uma enfermeira mudava a toda hora os sacos com gelo, e aos pés da cama, branca feito lençol, estava sentada Nádya. Nenhuma lágrima lhe rolou pela face do belo rostinho, congelado em expressão de desespero; ela expedia as devidas determinações em voz baixa da garganta comprimida.

Massalítinov, alegando muita dor de cabeça por causa dos acontecimentos, foi embora. Na despedida, Nádya ouviu calada as explicações do noivo e mediu-o com olhar desaprovador. “Até ele está debandando” – pensou e premeu as mãos contra o peito. “Estou sozinha... totalmente sozinha... É o fim de tudo!”

Seu olhar passeou pelas salas abandonadas e parou na mesa, da qual, sob a vigilância da administradora, os serviçais calados retiravam a prataria, as flores e os cristais. Àquela mesa ninguém mais se sentaria. Fechavam-se-lhe as portas do banquete terreno, do qual ela nada usufruíra. Dominada pela sensação de amargura e desespero, Nádya deu as costas e retirou-se; queria se trancar no quarto, mas se lembrou da mãe enferma e foi até ela.

Os dias seguintes foram horríveis, contudo serviram de teste para seu caráter, de súbito avolumado a tal nível de energia, que não se poderia supor naquela moça frágil e mimada desde a tenra idade.

Além da dor espiritual, de todos os lados se desencadearam sobre Nádya os reveses do destino. Na cidade só se falava do suicídio do diretor do banco e de sua falência; os trabalhadores e gente de poucas posses que confiaram ao banco suas parcas economias foram tomados de pânico. Diante da casa, reunia-se a multidão irada, assediando o escritório e seus funcionários.

Os gritos deles chegavam até a sala, onde o corpo era velado, e faziam Nádya estremecer.

Assim que veio o auditor para lacrar os livros de contabilidade, Nádya lhe comunicou que sua mãe e ela abriam mão, inclusive, de todo o seu patrimônio pessoal para saldar as dívidas junto aos credores, à medida do possível.

O enterro de Zamyátin foi simples e realizou-se bem cedo, de manhã, com poucas pessoas estranhas. Nádya seguiu o carro fúnebre com os irmãos menores, e nenhuma lágrima deslizou de seus olhos cálidos e secos. Ela parecia ter esgotado sua capacidade de chorar.

A senhora Morel e Mila também vieram acompanhar o féretro, mas a frieza hostil com que Nádya recebeu os pesares delas fê-las ficar à distância. Massalítinov levou a noiva até em casa e despediu-se, alegando compromissos com o serviço.

XVIII

À noite daquele dia do enterro, Mikhail Dmítrievitch estava sentado em seu gabinete, amassando nervosamente pilhas de cartas e documentos sobre a escrivaninha. De tez pálida, lábios trêmulos e cenho carregado, seu olhar sombrio parecia estar perdido no espaço. O dia anterior lhe desferira um golpe imprevisível e assustador. Assediado pelos credores, cujas cartas estavam ali na mesa, exigindo a quitação imediata dos compromissos sob penas judiciais, ele compreendia bem que aqueles chacais estavam até então quietos por contarem com o seu enlace com uma mulher rica. Oh, como ele amaldiçoava o seu insano arrebatamento que o empurrou para o jogo! Mas de que adianta o tardio e inútil arrependimento?... Ele estava irremediavelmente perdido. O futuro se lhe apresentava humilhante, cheio de privações, às quais não estava acostumado. Ele gostava do luxo e seu orgulho não suportaria a simples idéia de ter que largar de modo vexatório o exército, despojar-se do uniforme, abandonar os palcos brilhantes de vida e mergulhar numa existência obscura de privações... – seus punhos se crisparam e dos lábios se soltaram maldições. Não, é preferível a morte!... Zamyátin não lhe teria mostrado o exemplo? Uma bala na têmpora poria um termo tanto às dívidas, quanto à existência insuportável.

Massalítinov pôs-se de pé resoluto, chamou pelo ordenança e, após lhe mandar trazer duas garrafas de champanhe no balde de gelo, dispensou-o. Mas antes de dar o passo definitivo, ainda lhe faltava organizar uns papéis e escrever algumas cartas de despedida com explicações. Ele sentou-se na cadeira diante da escrivaninha e afundou-se em devaneios. Sua alma sofria e estremecia de terror diante do abismo insondável em que ele se atiraria. O jovem corpo, forte e cheio de vida, se insurgia contra a autodestruição. Um tremor glacial o sacudia e pelo rosto escorria suor.

E qual seria seu assombro, se tivesse olhos para enxergar a turba invisível ao seu redor: a comitiva nefasta de quem está por perpetrar uma ação criminosa contra sua própria vida! Embora, normalmente, um suicida não os veja ou sequer suspeite da existência das asquerosas criaturas de contornos indefinidos em forma de massa gelatinosa, caras transfiguradas do ódio, que ao infeliz se grudam e o devoram com olhares cobiçosos, ele acaba cedendo à sugestão de consumar imediatamente o ato ignóbil diante das visões horripilantes da vergonha e pobreza inevitáveis. Com impaciência febril, aguardam esses répteis o momento de saciar-se do sumo vital que jorraria em profusão do cadáver do suicida... A inspiração maravilhosa dos antigos criara a imagem de Medusa, em cuja cabeça as serpentes simbolizam pensamentos malévolos e perigosos dos répteis verdadeiros... Infeliz é o homem que der ouvidos a estas criaturas do espaço, conselheiros sinistros dos servidores das trevas!...

Sendo ateu, Massalítinov nem poderia pressupor uma influência oculta. Obviamente, sua intenção de acabar com a vida só tinha relação com a sua última insensatez. Febril e célere, ele agarrou a pena e pôs-se a escrever. A alvorada não o encontraria mais com vida.

Naquela mesma noite, Mila preparava-se para deitar. Ela dispensara a camareira, dizendo-lhe que iria ler um pouco e, depois, se despiria sozinha. Desde o dia fatídico do baile, ela se encontrava no pior dos humores. Seus remorsos pelo terrível infortúnio dos Zamyátin evaporaram-se dando lugar aos interesses próprios, acentuados pelos ciúmes. Massalítinov não a visitava ultimamente e ela só o encontrou na missa do réquiem, conquanto no enterro ele mal falara com ela e parecia sombrio e preocupado. Apreensiva e irada, ela não conseguia compreender como Michel poderia ser tão tolo, permanecendo fiel a Nádya e arriscando-se a ficar mendigo.

Mal ela acabou de tirar o penhoar, notou no criado-mudo uma carta, onde com a letra de Krassinsky estava escrito:

"Acuado pelos credores, Massalítinov pretende se matar. Agora é sua chance de ir salvá-lo e ele será seu. As portas do balcão e do jardim da casa dele estão abertas. Pegue a carteira vermelha que eu lhe dei em Górki e lhe dê os setenta e cinco mil rublos. Coloque em seu pulso o bracelete de cobre com a cabeça de coruja e ninguém a notará lá. Quando estiver com ele, ponha em seu dedo o anel com rubi e diamantes negros e, então, nenhuma força humana poderá tirá-lo de você. Ao sair daqui, borrife a essência que você já usou antes, pois ninguém deverá suspeitar a sua ausência. Mas apresse-se, antes que as larvas e os vampiros o dominem e empurrem para o suicídio.

Com as mãos trêmulas, ela rasgou a carta em pedacinhos e vestiu rapidamente um traje negro de linho. Envolvendo-se em capa escura com capuz, colocou o bracelete e o anel e, atravessando a casa, borrifou por todo o lugar o líquido entorpecente. Um quarto de hora mais tarde, já estava na rua. Conhecia a casa de Massalítinov, que morava perto.

A noite estava péssima: soprava um vento gelado e chuviscava. Sem dar atenção a isso, Mila esgueirou-se pelas ruas já desertas. Massalítinov ocupava cinco quartos do andar inferior e jardim. Conforme escrevera Krassinsky, o portão do jardim encontrava-se aberto. Uma das janelas estava iluminada e a seu lado havia um terraço. Sem hesitar, Mila galgou as escadas, girou a maçaneta e a porta se abriu silenciosamente; o caminho estava livre. O coração da jovem batia acelerado, e não por causa do seu recato feminino ou vergonha de adentrar a casa de um homem estranho: torturava-a o temor de chegar atrasada.

Agilmente, esgueirando-se feito gato, ela atravessou o primeiro quarto e entreabriu devagarinho a porta do outro, onde se entrevia uma luz. Junto à escrivaninha, viu Massalítinov sentado, mortalmente branco diante da mesa com envelopes e, no chão, havia uma garrafa vazia de champanhe. Na mão crispada, ele segurava um revólver. Mila feito flecha viu-se ao seu lado e lhe agarrou a mão.

— O que pretende fazer, infeliz? – sussurrou ela. – Despedir-se da vida que ainda poderá ser maravilhosa, cheia de felicidade, glória e riquezas?...

Soltando um grito rouco, Massalítinov se virou, deixando cair a arma. Não estando em condições de dizer algo pela estupefação, ele fitou a jovem que, a ponto de perder o homem amado, jamais lhe parecera tão linda e encantadora como naquele momento. Seu lindo semblante corou levemente, e as madeixas cheias reverberavam em ouro no fundo escuro do capuz.

— Ludmila Vyatcheslávovna! A senhora aqui? O que significa? – pronunciou.

Mila ajoelhou-se junto à cadeira e tomou-lhe a mão.

— O senhor quer acabar com a vida, Mikhail Dmítrievitch? Já que daqui a uma hora ela não mais lhe pertenceria, entregue para mim esse bem precioso – suplicou ela, erguendo para ele seus olhos de sereia.

Massalítinov a levantou apressado e enxugou a testa suada.

— Se eu quero acabar com a vida é porque ela já não me pode dar nada, exceto vergonha e pobreza – murmurou. – Sou um devedor inadimplente, Ludmila Vyatcheslávovna, que só poderá quitar as dívidas com o próprio sangue. À mulher que me ama não posso dar ao menos um sobrenome honesto, pois ele está maculado.

— Sei de tudo isso – assegurou Mila –, e vim tirá-lo dessa situação.

— Sabe? – balbuciou Massalítinov, surpreso. – De que forma?

— Que diferença faz? Um coração apaixonado tem sexto sentido e eu o amo mais do que tudo no mundo. Tentarei alindar-lhe a vida com felicidade e amor. Pegue esta carteira, onde há setenta e cinco mil rublos. Será suficiente para acertar suas contas. Tudo que eu possuo lhe pertence e só tem valor se compartilhado.

— Mila, sua generosidade me embaraça. Poderei dela usufruir? – balbuciou Massalítinov atônito e, feito ébrio, apoiou-se na escrivaninha.

— Generoso será se me der sua vida e romper com Nádya, o que, aliás, eu posso concluir pela carta, na mesa, a ela endereçada. Mas, qualquer que seja sua decisão, não me negue uma coisa: siga a vida, pegue o dinheiro e, de lembrança, também este anel.

Massalítinov não opôs nenhuma resistência, quando ela lhe enfiou no dedo o anel com rubi e diamantes negros. Sobreveio silêncio momentâneo. Os olhos de Massalítinov não conseguiam se despregar da encantadora criatura a suplicar-lhe o amor. Feito própria sedução, personificando riquezas futuras com seus prazeres, uma onda cálida afluiu-lhe ao coração. Uma sede irresistível à vida tomou conta dele. Como poderia rejeitá-la? Ela acabou de resgatá-lo do abismo do mundo incógnito e terrível.

A imagem de Nádya esmaeceu e, se pouco isso fosse, apresentava-se-lhe até como um obstáculo revoltante. O que ele lhe poderia dar? Não fosse Mila, antes mesmo de amanhecer ele seria um cadáver. Quantos casamentos não deram certo por motivos ainda menos importantes? Nádya era muito atraente e por certo encontraria outro homem. Chega de indecisões! Ele atraiu a si a jovem e lhe deu um beijo. Mila retribuiu com outro, bem mais ardente.

A cabeça de Massalítinov tonteou. Ele se esqueceu de tudo; esqueceu que um quarto de hora antes planejava acabar com a vida. Ele só enxergava os olhos em brasa e os lábios súplices da bela mulher a se entregar para ele. Com um grito surdo, atirou Mila sobre o sofá e rasgou-lhe o vestido...

Estava amanhecendo quando os amantes acordaram. Mila foi a primeira e, sem incomodar Massalítinov, começou a se vestir com mãos trêmulas e depois o acordou. Ele ergueu-se de salto, sem nada entender, mas imediatamente se lembrou de tudo.

— O que eu fiz! – gritou, afundando a cabeça nas mãos.

— Não pense em nada, querido, e lhe agradeço pela felicidade proporcionada. Nesta hora solene, juro consagrar minha vida para torná-lo feliz. Preciso correr para casa, mas, antes, prometo-lhe guardar discrição. Nosso noivado ficará em segredo até que você esclareça definitivamente sua relação com Nádya. Suponho que, nas atuais circunstâncias, ela mesma o isentará do compromisso. Até mais tarde! Venha às duas horas, pois minha mãe não estará em casa.

Alguns dias se passaram desde aquela noite memorável. Na casa dos Zamyátin nada mudou. Zoya Ióssifovna permanecia entre a vida e a morte e, no escritório, fervia o trabalho das autoridades judiciais que examinavam as contas do banqueiro falecido. Às vezes, vinham em visita amigos verdadeiros para se informar da saúde da viúva e dar seu apoio à órfã, sobre a qual desabara todo o peso da desgraça.

Nesses dias difíceis, Nádya revelou uma extraordinária força de espírito, que a todos surpreendeu. Olhos secos e ardentes, olhar firme e lábios premidos, ela ficava de plantão junto à cabeceira da mãe, ou expedia as ordens para gerenciar a casa. No dia seguinte ao enterro do pai, cuidou dos assuntos da casa e implantou novas ordens; toda a criadagem supérflua foi dispensada, o cozinheiro foi substituído por cozinheira, a governanta inglesa foi também despedida, ficando apenas sua auxiliar, uma russa que estava na casa desde a tenra idade de Nádya. Perturbava-a, contudo, o comportamento de Massalítinov. Tanto na missa de réquiem, como no enterro, ele estava frio e estranho e, nos últimos dias, sequer aparecia. Sua mensagem de desculpas, alegando compromissos com o serviço e indisposição passageira, despertou em Nádya sentimento de amargura.

Certa manhã, a Nádya anunciou-se a vinda da senhora Morel. Inicialmente ela não quis recebê-la, mas, pensando melhor, mandou que ela a esperasse na saleta de visitas. Ekaterina Aleksándrovna parecia sem jeito. Após indagar sobre a saúde da mãe e a situação das coisas, ofereceu à jovem uma ajuda monetária, de pronto recusada. A senhora Morel balançou a cabeça.

— É uma tolice recusar a minha oferta, tendo em vista que tanto seu noivo como você estão numa situação lamentável. Ele está endividado e, se ninguém o ajudar, terá de largar o serviço... Casar e manter uma família será impossível. Talvez se conseguir uma reforma, ele possa arrumar um lugar na companhia ferroviária com minha ajuda.

Nádya a ouvia incrédula.

— Eu ignorava que Mikhail Dmítrievitch tivesse dívidas. Poderia ter falado com papai e quem sabe ele encontraria alguma solução. Provavelmente, a senhora ou Ludmila Vyatcheslávovna são mais dignas da confiança dele – e um sorriso amargo deslizou-lhe pelo rosto. – Agradeço-lhe as boas intenções, mas jamais aceitaria um sacrifício de Mikhail Dmítrievitch; ele não é uma pessoa que aceite privações. Na minha condição de pobreza, está mais do que claro que o nosso casamento foi por água abaixo, assim eu lhe devolverei a liberdade e ficarei livre também, agora que terei de cuidar dos meus pequenos irmãos e não posso largar a minha mãe. Quanto a Mikhail Dmítrievitch, ele não terá dificuldade de arrumar outra noiva. Talvez mais rica do que fui.

— Nádya! Nádya! Como pode ser tão injusta! Está julgando Mikhail Dmítrievitch com muito rigor e não quer entender que "*où il n'y a rien le roi perd son droit*"*. O pobre jovem tem a consciência da precariedade de sua situação e está totalmente desesperado.

— Sim, por outro lado, nos difíceis momentos por quais eu estou passando, uma palavra amiga me seria um consolo, um apoio. Desde o primeiro minuto do nosso infortúnio, compreendi que o nosso casamento desmoronaria, mas alentava a esperança de que, nessas horas difíceis, ele confortaria e não deixaria de amar. Na pior das hipóteses, permaneceria meu amigo, um irmão, um conselheiro, sem qualquer obrigação. Tenha a bondade de tranqüilizar Mikhail Dmítrievitch! Ele está livre e eu jamais ficarei em seu caminho.

Nádya se levantou e, desculpando-se pela necessidade de ver a mãe, despediu-se friamente. Precisava executar mais uma difícil formalidade e não queria perder tempo.

Sombria mas resoluta, pegou a grande caixa de madeira com incrustações em marfim e dela despejou todas as jóias, os badulaques e os presentes do noivo, inclusive retratos, exceto um, que há pouco pusera no álbum. Em seguida, sentou-se à escrivaninha e escreveu uma carta:

"Apresso-me a tranqüilizá-lo quanto a sua situação em relação a mim. A aliança, dentro do envelope, falará por si que o senhor está livre e nada mais o prende a mim. Tão logo vi o meu pai morto, compreendi que a filha de um suicida arruinado não poderia ser esposa de um homem tão brilhante como o senhor. Mas de todos os reveses da vida, o golpe que mais me abalou foi a sua frieza, seu medo de se comprometer em expressar-me uma menor disposição, ou pelo menos dar mostras de lamentar a minha dor. Foi doloroso me convencer de que a pessoa a quem eu amava poderia ter uma alma tão fria e vazia. Aliás, esta desilusão talvez tenha um lado bom e irá cicatrizar minhas feridas, pois, onde não há respeito, vem o esquecimento. Nádya"

Ela enfiou a aliança no envelope, colou-o, colocou na caixa e a mandou entregar.

Massalítinov acabara de retornar do serviço, quando lhe entregaram a encomenda. A visão da caixa e, sobretudo seu

* Onde não há nada, até o rei é impotente.

conteúdo, perturbaram-no profundamente; seu coração foi estocado por uma dor aguda com a idéia de perder Nádya para sempre. Instintivamente, ele sentia a justeza de suas palavras.

Milhares de dúvidas e suspeitas sombrias afluíram-lhe à mente ao relembrar a noite em que possuíra Mila e o seu compromisso de noivado; e um sentimento de repugnância jamais sentido dele se assomou. Como poderia sair daquilo? Toda a vez que ele estava perto dela, uma paixão inebriante dele se apossava. E de repente, só de pensar nela, assaltava-o a vontade incontrolável de ver e beijá-la a noite inteira, como naquela ocasião. Ele fechou apressado a caixa e se pôs a vestir para ir à casa de sua recente noiva. Hoje ele lhe proporcionaria uma enorme satisfação com as palavras: "Eu estou livre. A própria Nádya livrou-me do compromisso..."

Parte 2

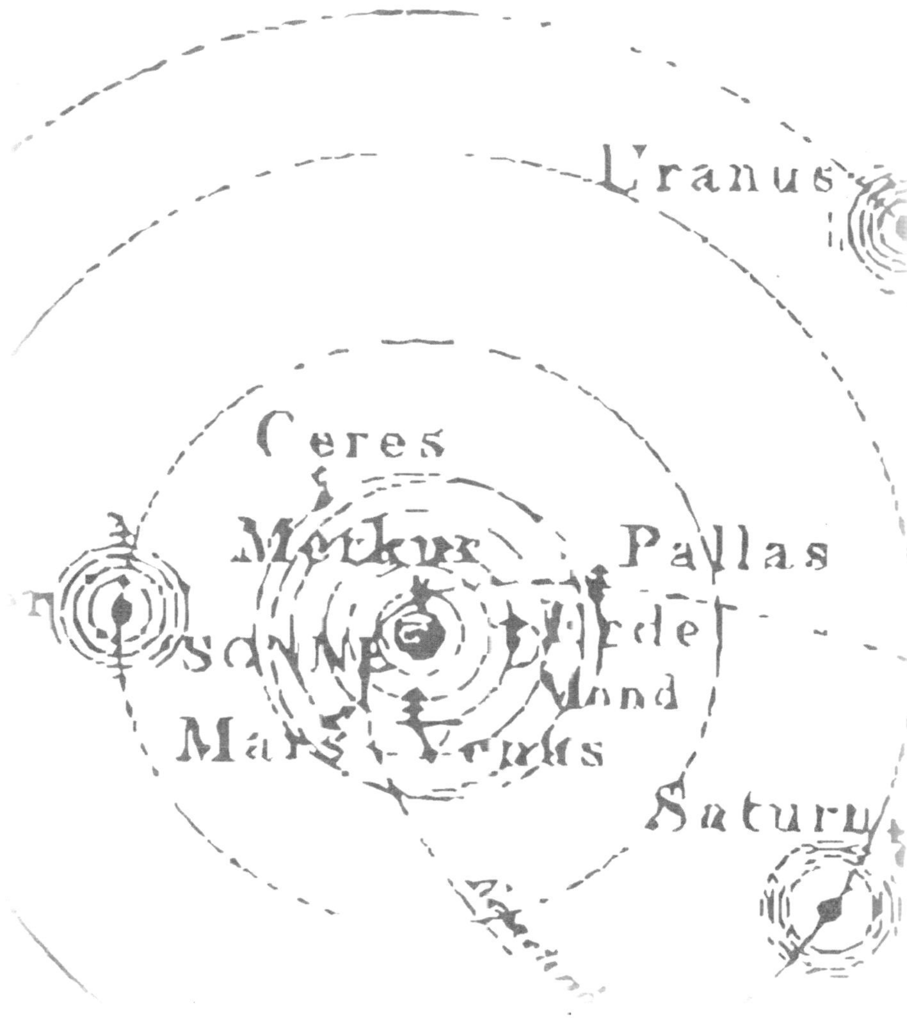

I

"Não podeis tomar do cálice do Senhor
e do cálice do Satanás; não podeis participar
no repasto com o Senhor e no repasto com o Satanás".
1.Romanos, X, 21

"Assim submetei-vos a Deus; oponham-se ao diabo
e ele fugirá de vós".
Jacó, IV, 7.

Mais de quatro meses se passaram desde o passamento de Zamyátin. Zoya Ióssifovna ainda residia com os filhos em sua antiga casa, já vendida; logo todos deveriam se mudar para uma pequena moradia num local afastado, que seria desocupada em uma semana. Tão logo eles saíssem, haveria a venda pública de todos os seus bens móveis, dos quais Zamyátina abriu mão a favor dos credores. Entre os amigos leais dos Zamyátin permaneciam o velho professor e a vizinha deles em Górki – Maksákova, que estava passando o inverno em Kiev, onde o filho dela servia. A cálida espontaneidade de Maksákova surpreendeu no início Nádya e sua mãe, já que elas não a conheciam bem, mas logo ambas se afeiçoaram àquela mulher que, obsequiosa e afável, ajudou-as muito nos problemas de casa. Descorada e muito emagrecida, Zoya Ióssifovna vivia sentada na poltrona, recostada nas almofadas, depois de dois meses deitada na cama e cuja saúde se restabelecia assaz lentamente. Numa cadeira junto à mãe, Nádya lia maquinalmente as Escrituras Sagradas, todavia seus pensamentos estavam distantes. A jovem mudara muito: sua tez rosada deu lugar à palidez diáfana, o lindo rostinho definhou-se um pouco, os olhos parecia se tornarem maiores e nos lábios miúdos apareceu uma prega de amargura e seriedade. Ela e a mãe ainda estavam em profundo luto.

Esses últimos meses serviram a Nádya de dura escola. Por semanas inteiras, ela se inquietou pela vida da mãe, e quando esta se deu conta de todo o horror da desgraça, por pouco não recaiu na enfermidade. Mas Zoya Ióssifovna era uma mulher de muita fé, e esta, mais o seu amor materno, a sustentaram; ela precisava continuar a viver para não deixar totalmente sozinha sua filha valorosa que, com tanta firmeza, passava por aquela terrível provação. De um modo geral, a força do espírito e o desprendimento material das duas mulheres despertaram na sociedade uma enorme empatia e admiração; ao mesmo tempo, o rompimento apressado de Massalítinov com a noiva e a notícia de seu noivado com outra comprometiam a sua reputação.

Nádya interrompeu a leitura para ministrar à mãe um remédio, quando a porta se abriu e entrou Maksákova.

— Ah, queridas amigas! – exclamou ela, antes de beijar as duas. – Finalmente, depois de tantas notícias más, quero lhes anunciar uma boa. Ontem à noite houve uma reunião dos credores e eles abriram mão da *dacha* de vocês nos arredores da cidade, com todo o seu inventário. Isso é justo, depois de tantos sacrifícios em prol dos vitimados. O que mais os impressionou, foi o gesto magnânimo de Nádya renunciando Górki com seus bens, que eram seu dote. Ah, a propósito, sabem quem comprou Górki? Ludmila Vyatcheslávovna, e pagou um preço bom.

Nádya ergueu a cabeça e seus olhos chisparam.

— Esta, de fato, é a melhor notícia! Eu teria pena de qualquer outro comprador, mas aquele lugar sinistro lhe é bem apropriado. Faço votos que ela desfrute de todos os encantos que Górki propicia a seus donos.

— Basta, basta, minha querida, não seja maldosa – observou Maksákova, abraçando-a. – Falemos de negócios; eu ainda não contei todas as notícias boas. Nos últimos dias, Zoya Ióssifovna, os maiores credores, amigos de seu falecido, destinaram a seu favor um capital de 15 mil rublos. Isso vai lhe assegurar uma razoável receita e, com a *dacha*, vocês ficam livres das preocupações quanto a moradia e poderão levar uma vida modesta mas boa. Assim, aconselho-a, querida, a mudar para lá tão logo possível. Espero que até amanhã vocês consigam arrumar as coisas e eu mandarei um coche para vocês.

Zoya Ióssifovna beijou a amiga e, emocionada, agradeceu-a pelo apoio. Esta acrescentou, tentando dar um outro rumo à conversa:

— Quero lhes apresentar o meu projeto para Nádya. Devemos afastá-la daqui, visto o noivado de Mila com aquele patife apenas agravar seu infortúnio e, longe daqui, ela esquecerá dele.

— Oh, se eu pudesse viajar! – exclamou Nádya.

— Só depende de você, queridinha. Zoya Ióssifovna, você conhece Rostóvskaya?

— Eu a conheci no exterior.

— Pois bem, ela é uma pessoa maravilhosa, além de ser rica e independente. Seu médico lhe aconselhou passar algum tempo num clima quente e, assim, ela pretende viajar ao exterior por uns sete ou oito meses e levar consigo uma dama de companhia jovem, de boa família, com formação sólida, que conheça um pouco de música. Como Nádya canta e toca bem piano, pensei nela. Rostóvskaya paga bem e eu garanto que Nádya se dará com ela como uma pessoa de casa. Já conversei com Anna Nikoláevna e, se a mamãe e você, Nádya, concordarem, o assunto está resolvido.

Nádya corou levemente. Parecia-lhe uma verdadeira salvação a possibilidade de não encontrar a cada passo os rostos conhecidos, sobretudo o do ex-noivo e de Mila.

— Eu gostaria muito de aceitar a oferta, mas como deixaria a mamãe? Ela ainda está tão fraca – balbuciou ela, hesitante.

— Não, não se preocupe com isso! Na nossa belíssima *dacha*, eu passarei muito bem, e você necessita de outro ambiente para recuperar o equilíbrio da alma e esquecer por completo o patife que agiu com você de modo tão torpe. Lá você se distrairá. Querida Aleksandra Pávlovna, transmita, por favor, à madame Rostóvskaya que eu aceito com gratidão sua oferta; Nádya vai com ela e espero que ela goste de minha filha.

— Sem dúvida. Daqui eu voarei até a casa dela. Eu sei que ela gosta de ser cercada de gente bonita e precisamos apenas resolver a questão dos trajes de Nádya. Embora ela esteja de luto, deverá se vestir com elegância, pois Rostóvskaya se hospeda nos melhores hotéis, tem por toda a parte numerosos conhecidos e freqüenta os melhores balneários marinhos da moda. Além do mais, ela só viaja daqui a dez dias, portanto temos bastante tempo.

— Felizmente, ela não precisa comprar nada, já que seu enxoval estava pronto e, na certa, encontraremos trajes apropriados. A nossa prata, as jóias e os demais utensílios caros nós entregamos à massa falida e tudo será vendido no leilão, enquanto que todo o vestuário ficou com ela.

— Excelente! Por enquanto, adeus, minhas amigas; estou voando à casa de Anna Petróvna - disse madame Maksákova, despedindo-se.

Quando mãe e filha viram-se sozinhas, Nádya abaixou-se nos joelhos da mãe e, ocultando o rosto no vestido dela, desabou em pranto. Após a terrível catástrofe, eram suas primeiras lágrimas, aliviando o coração sofrido. Zamyátina afagou-lhe carinhosamente a cabeça.

— Chore, chore, minha pobre criança! As lágrimas são uma dádiva celeste a arrastarem embora a infelicidade...

Assim que Nádya se acalmou um pouco, a mãe a puxou a si e beijou.

— Tenha esperança na misericórdia de Deus e acredite que as provações por Ele enviadas nos servirão para o bem. Concordo que a nossa dor é enorme, mas ela ensinou-lhe muito, inspirou-lhe sabedoria e energia... Tenho certeza de que chegará o tempo em que você abençoará essa hora de amargura que lhe desmascarou a pessoa amada em toda a sua monstruosidade moral, revelando seu coração e ambições torpes. Você se esquecerá dele, você se apaixonará por outro e será feliz. Agora enxugue as lágrimas e me dê as gotas e o vinho. Preciso de forças para arrumar as coisas; quero sair daqui o mais rápido possível e, na *dacha*, ficarei mais calma.

— Mamãe, todo mês eu vou lhe mandar a metade do meu ordenado, pois estou preocupada como você se arranjará com recursos tão parcos. Eu posso cuidar das coisas sozinha, já que não há muito o que arrumar.

— Não é preciso enviar-me o dinheiro, porque me arranjarei bem. Seu pai pensou em tudo na *dacha*: temos leiteria, aviário, pomar e horta; a casa está mobiliada e teremos todas as comodidades às quais estamos acostumadas. Você sabe: lá é quase uma fazenda. O velho Afanássio, o caseiro, ficará a nosso dispor, e sua filha Dúnya é excelente cozinheira e ficará feliz em morar conosco e cuidar das crianças. Ó, você vai ver como eu me arranjarei bem! Por exemplo, a casa: ela é bem espaçosa, eu ficarei com a parte de baixo, e os seis cômodos de cima poderei alugar no verão, junto com uma parte do jardim, que pode ser separado por cerca de madeira. Temos o celeiro cheio de lenha, suficiente para um ano. A boa Olga Ivánovna quer ficar conosco sem cobrar o ordenado e nós todas cuidaremos das crianças; terei tempo à vontade, pois não viajarei nem farei recepções. Você vai ver: tudo vai dar certo. Agora vá arrumar as malas, enquanto eu tiro uma soneca. Faz tempo que não estou tão calma; depois eu a ajudo.

No dia seguinte tudo estava pronto para a partida.

Alguns baús e quinquilharias foram expedidos na carroça, acompanhada pela única camareira que ficaria. Pela derradeira vez, Nádya rondou a luxuosa casa onde crescera. Jamais ela iria rever os objetos tão queridos e familiares: o gabinete chinês, o cantinho preferido dela, a biblioteca onde o pai gostava de ler e fumar. Um nó na garganta enrascou-lhe as convulsões de choro, porém ela não queria ceder à fraqueza e, dominando energicamente o nervosismo, virou-se e correu em direção à mãe e irmãos.

Na *dacha* por elas esperava uma grata surpresa. No refeitório, um cômodo aconchegante, preparava-se o desjejum; fervia o samovar e um cesto de flores, um bolo e uma caixa de bombons, enviados por amigos leais, estavam na mesa; o clima festivo exerceu um efeito benéfico sobre o humor dos novos moradores. Mal todos se sentaram à mesa, chegou Maksákova em companhia de Rostóvskaya. Imediatamente se encetou uma conversa agradável, as visitas buscando distrair a família dos pensamentos sombrios. Rostóvskaya beijou Nádya e pôs-se a falar da viagem.

Era uma mulher de meia-idade, de estatura mediana e um tanto cheinha – daquelas que nunca envelhecem. Muito rica, livre, sem filhos ou sequer parentes próximos. Anna Nikoláevna era de bondade surpreendente e com isso usufruía da afeição geral.

— Leve com você seus trajes de sair, querida. Vou lhe arrumar um marido – brincou ela.

Mais tarde, despedindo-se de Zamyátina, ela a abraçou efusivamente e murmurou, premendo-lhe forte a mão:

— Fique tranqüila, Zoya Ióssifovna, vou tomar conta de sua maravilhosa filha, como se ela fosse minha.

Os dias seguintes foram dedicados à arrumação da nova residência e aos preparativos da viagem de Nádya. De seu maravilhoso enxoval, ela escolheu os trajes pretos e brancos, entre os quais de lã, seda, cambraia e rendados; pegou também dois vestidos cinza de meio luto, bem como o casaco e os chapéus que combinavam com os trajes. Dois baús, inicialmente destinados à viagem nupcial, estavam lotados até a borda e, uma semana após a mudança para a *dacha*, Nádya encontrava-se no vagão que a levaria para uma nova vida...

Naquela mesma noite, Mikhail Dmítrievitch encontrava-se na casa da noiva. Embora gozasse de boa saúde, parecia mais magro e pálido. Os olhos esmeraldinos de Mila e suas carícias felinas decididamente o tinham seduzido, mantendo-o escravizado, e a ostentação da magnífica casa brincava com sua imaginação de brevemente ela ser sua. Em outros momentos, ele era tomado por receios em vista da tempestuosa paixão da estranha mulher, e em seu coração se revolvia o amargo pesar da perda de Nádya.

Eles acabaram de tomar chá e estavam conversando num cantinho aconchegante do *boudoir* de Mila, revestido por seda com desenhos de rosas; Ekaterina Aleksándrovna bordava ouvindo. Seu semblante carrancudo revelava algum desgosto. Os jovens construíam seus planos para o futuro, quando Mila disse:

— Sabe, Michel, fiz uma aquisição que me proporcionou enorme prazer. Ao notar a surpresa do noivo, adicionou: – Comprei Górki. A propriedade era dote de Nádya. Ainda bem que aquele almirante estouvado encheu a cabeça dela de baboseira e ela ofereceu o imóvel à venda. Casualmente, eu soube disso e o comprei. Pediram muito, mas eu... nem pechinchei, assim lhe sobra mais dinheiro para arrumar marido...

Ela se pôs a rir, o que deixou Massalítinov constrangido.

— Que fantasia estranha em comprar esse "ninho do capeta" – como ficou famoso. De qualquer forma, aos Zamyátin esse Górki só trouxe desgraça – completou.

— Ih, Michel, não sabia que era tão supersticioso. É um absurdo acreditar que o lugar tão maravilhoso só traga desgraça.

— É verdade, o local é maravilhoso, mas eu o odeio. Fiquei impressionado com tantos infortúnios que desabaram sobre todos os seus proprietários.

— Eu também não gostei da compra; aliás, todo dinheiro que Nádya apurou foi gasto para pagar os credores – observou Ekaterina Aleksándrovna. – A propósito, Nádya viajou de Kiev – acresceu.

— Como? Para onde? – surpreendeu-se Mila.

— Para onde, não sei, mas eu a vi partindo com os meus próprios olhos. Você sabe, de manhã eu fui acompanhar a velha Franki na estação e eis que vejo Anna Pávlovna Maksákova com Zamyátina perto do vagão e, na janela, Nádya com uma mulher de meia-idade delas se despedindo. Nesse minuto o trem partiu. Ao aproximar-me para conversar, elas me receberam friamente e apressaram-se em ir embora. Posso lhes garantir que o nosso relacionamento com os Maksákov não é dos melhores.

— Não importa, não precisamos deles – considerou Massalítinov, carregando o cenho. – Só não gostaria de passar a nossa lua-de-mel em Górki. Já protesto de antemão. Prefiro passar aqui, num lugar mais aprazível, ademais, o meu serviço me impede ficar muito tempo fora.

— Está bem, está bem, não iremos este ano ao "ninho do capeta", no restante o programa permanece igual. Eu e minha mãe vamos cuidar do dote antes do casamento. Quanto a Nádya, no mínimo ela arrumou uma vaga de "virgem de companhia". Entendo que Zoya Ióssifovna está magoada com você por causa do nosso casamento, mas o que tem com isso Aleksandra Pávlovna? E você, Michel, pare com esse sentimentalismo todo.

Naquela noite, Massalítinov voltou para casa mais cedo que de costume, sentindo necessidade de ficar sozinho, sua cabeça doía.

Vestido de robe, ele atirou-se no sofá e mergulhou em devaneios. A conversa com Mila ressuscitou em sua memória a imagem pura e inocente de Nádya, seu amor humilde e leal, bem como os momentos da felicidade tranqüila passados com ela. Aquela bem-aventurada paz parecia ter desaparecido para sempre. Apesar da incomparável beleza de Mila, de sua paixão a ela e o estranho feitiço sobre ele exercido, ele não era feliz. Sua habitual jovialidade despreocupada desaparecera, e na alma se instalara uma angústia indefinida, subtraindo-lhe a paz, o sono e o apetite. Na penumbra, quando ele se sentava ao lado da noiva que, num ímpeto de paixão lhe cingia o pescoço ou se lhe apertava com a cabeça ao peito, assaltava-o um verdadeiro pânico. Quando os olhos verdes de Mila o fixavam perscrutadores e os lábios vermelhos sangüíneos lhe sorriam, ele tinha a impressão que ela lhe cravaria os pequenos e afiados dentes no pescoço para sugar todo o seu sangue. Por vezes, ela parecia adivinhar seus temores, e uma chama cruel e zombeteira inflamava-se-lhe nos olhos esverdeados como se ela se deleitasse com a fraqueza interior dele. Nesses minutos, ele tinha por aquela mulher enigmática um ódio indescritível mas impotente. Durante o dia, todas estas impressões se apagavam, e ele acabava zombando de si mesmo ao atribuir aqueles pensamentos absurdos a seus nervos abalados.

Bem-humorada, enérgica e independente em questões financeiras, Rostóvskaya gostava de mudar de lugar. Os meses do inverno e primavera, ela passou em Florença e Mônaco e, depois, parou em Hainstein. Sua agradável companheira de viagem chamava muita atenção pela beleza e charme, e muitos a tomavam por filha de Rostóvskaya, de fato tratada como sua.

Nádya se sentia bem em novos ambientes. Novos lugares, pessoas, obras de arte deslumbrantes – tudo a fazia esquecer os reveses sofridos, enquanto as cartas da mãe davam conta de ela estar bem na dacha e gozando de boa saúde. Tudo isso, somado à boa disposição da protetora, contribuía para o bem-estar espiritual da jovem. A imagem de Massalítinov embaçara-se significativamente e nem mesmo a notícia de seu casamento produziu nela alguma impressão forte.

No fim de julho, Rostóvskaya e Nádya achavam-se em Truvile. Era uma maravilhosa noite de verão e Anna Nikoláevna com sua acompanhante, após um passeio de carruagem, foram ao jardim do cassino. Havia um concerto a céu aberto, e elas se sentaram à mesinha para tomar sorvete. Rostóvskaya esquadrinhou o público em volta e, súbito, exclamou alegre:

— Que surpresa, Adam Bélsky está aqui! Eu conhecia bem a mãe deste jovem. Pobre Leopoldina morreu de infarto há alguns meses. Mas o que é isso? Ele está olhando em nossa direção e não se aproxima para cumprimentar. Será que eu mudei tanto nos últimos dois anos? Olhe, Nádya, ali à esquerda um jovem loiro está conversando com o senhor de bigodes pretos. É aquele!

— Eu conheço o conde e encontrei-o várias vezes na casa dos Maksákov. Naquele tempo, ele cortejava incansavelmente Ludmila Vyatcheslávovna, e todos achavam que ele se casaria com ela, mas, após a morte da mãe, ele viajou para o exterior.

De fato, o novo conde Adam estava em Truvile já alguns dias para falar com Krassinsky, também transformado em conde. Os coirmãos conversavam no momento da chegada de Rostóvskaya. Como Adam não a conhecia, não poderia saber que ela foi grande amiga de sua mãe. Para sua sorte, Krassinsky estudou em detalhes a biografia do "ressuscitado" e, imediatamente, forneceu a Bélsky as devidas informações. Este, então, apressou-se em se aproximar das damas e lhes rendeu as reverências.

— Já estava achando, Adam, que você não queria falar comigo – censurou-o Anna Nikoláevna.

— Oh, como pôde imaginar semelhante coisa – disse ele com ar de indignação. – Jamais imaginaria encontrá-la aqui em Truvile e não a percebi no primeiro instante. Estou tão feliz em ver a senhora e madame Zamyátina. Se me permitirem, vou lhes fazer companhia, mas antes preciso me desculpar com meu amigo – conde Farkatch.

Um minuto depois, ele retornava e iniciou-se uma conversa agradável. Ele se lembrou, simulando muita tristeza, da morte súbita da condessa Leopoldina e contou tudo o que soube de sua dama de companhia sobre a doença e os últimos minutos da mãe. Durante a conversa, ele não parou de olhar para Nádya, cujo semblante encantador, pálido e tristonho, e grandes olhos sonhadores o pareciam enfeitiçar. O conde falou de como largou o serviço militar com a intenção de dedicar-se à administração de seu enorme patrimônio. Mas antes, ele planejava viajar e só retornar à Rússia depois de esquecer a dor da perda da adorada mãe.

— Você sempre foi um filho exemplar, Adam, e sua dor é natural – observou Anna Nikoláevna. Para dar um outro rumo à conversa, ela acrescentou em tom de brincadeira: – Sabe, meu amigo, você mudou muito: está mais magro e pálido, a expressão de seus olhos ficou mais séria e profunda. Não quero dizer com isso que a mudança foi para o pior; ao contrário, você está mais bonito e mais interessante.

O conde sorriu, beijou-lhe a mão e agradeceu pelo elogio. A conversa continuou sobre outros assuntos, mas durante toda a noite ele não desgrudou das damas e as acompanhou até o hotel.

Apesar da amabilidade do conde, ele deixou em Nádya uma impressão desagradável. Seria porque ele já fora apaixonado pela odiosa Mila ou por alguma outra razão, de qualquer forma, porém, seu antigo amor parecia esvaído por completo. O comentário de Rostóvskaya sobre o casamento de Mila com Massalítinov não suscitou no conde muito interesse.

A partir desse dia, Bélsky tornou-se uma sombra de Rostóvskaya e de sua bela acompanhante. Ele cortejava abertamente Nádya e não escondia sua admiração por ela.

Bélsky apresentou a ambas o seu amigo, conde Farkatch, cujas maneiras irreprocháveis, conversa interessante e original cativaram Anna Nikoláevna. O conde Farkatch era um homem de trinta a trinta e cinco anos, indiscutivelmente bonito, alto e esbelto, de cabelos densos encaracolados, olhos abrasantes e comprido bigode negro; toda a sua figura transpirava energia e força. Ele se dizia um húngaro e, ao ter recentemente herdado um grande patrimônio de parente próximo, tinha a intenção de comprar uma casa em Kiev, onde queria passar o inverno. Em Nádya, ele produziu uma impressão negativa, e ela até confessou a Rostóvskaya que a fisionomia cadavérica e os olhos fosforescentes do conde lhe inspiravam verdadeiro horror.

— Ele parece um cadáver.

Anna Nikoláevna riu da jovem e disse com leve censura:

— Você está injusta, Nádya. O conde não tem culpa da brancura de sua tez, além do mais a cor acetinada lhe cai bem. É uma pessoa finíssima, altamente instruída e de educação ímpar.

Assim se passaram algumas semanas e, finalmente, Anna Nikoláevna anunciou que iria por dois ou três meses para a ilha da Madeira, onde nunca esteve antes. Desta forma, a companhia logo se desfez.

Farkatch viajou a negócios, não sem antes de obter a permissão das damas de visitá-las em Kiev, no inverno. Bélsky acompanhou-as até a cidade portuária, onde elas tomaram um navio, e participou-lhes o desejo de visitá-las em Madeira, obviamente se Anna Nikoláevna o permitisse, no que esta aquiesceu prazerosa.

Rostóvskaya alugou uma pequena vila perto da praia. A casa era em estilo italiano, cercada por amplo jardim e tinha uma bela vista para o mar.

Nádya se sentia calma e feliz e, enquanto Anna Nikoláevna repousava após o almoço, a jovem sonhava no terraço, balançando-se na rede e admirando o mar.

Bélsky não deixava de enviar cartas e cartões, sempre se interessando pela saúde das damas.

Certa noite, após ler a carta que acabara de chegar de Bélsky, Rostóvskaya chamou Nádya, que colocava um buque de flores no vaso e, fazendo-a sentar ao lado, disse:

— Acabei de receber uma carta do conde, anunciando sua breve vinda. Eu queria conversar seriamente com você, minha querida. Você conhece minha afeição por você e eu ficaria feliz em deixá-la comigo até o fim dos meus dias, pois a considero como minha filha por cuidar tanto de mim. Por outro lado, isso seria um egoísmo puro da minha parte, visto o destino lhe reservar um partido brilhante. Tão bem quanto eu, você sabe que o conde está apaixonado por você e irá pedi-la em casamento. Você deve pensar seriamente na resposta e escrever para sua mãe, caso se decida.

Nádya lançou um olhar desalentado para a protetora.

— Oh, Anna Nikoláevna, ele não me agrada. Não sei a razão, mas ele não me sugere simpatia, para não dizer mais.

Rostóvskaya balançou a cabeça.

— Você está errada, minha pequena. É porque você ainda sente algo por Massalítinov, o que deve ser arrancado pela raiz. A bem da verdade, ele era mais simpático quando sua mãe estava viva, mas isso são pormenores. Pense bem, minha querida, antes de tomar uma decisão. Terá você o direito de recusar um partido tão brilhante? Adam é bem apessoado, extremamente cortês e instruído, sem dizer que é milionário. Com o casamento você resgatará tudo que foi perdido, não só por você, mas também pela sua mãe. Generoso e bom, ele vai assegurar o futuro de seus irmãos. Considere tudo isso, Nádya. Falar da pobreza e de trabalho honrado é fácil, mas vá ganhar o pão de cada dia! Quanto esforço! E se você precisar comprar um par de sapatos ou luvas, como o faria com o preço que estão?

Labutar sem retomar o fôlego, atormentar-se com o pensamento constante de arranjar dinheiro para alguma quinquilharia e garantir o sustento... é simplesmente uma tortura. Sim, ser escravo do trabalho envelhece antes do tempo, assa em fogo lento, esgota as forças, envenena a felicidade de viver, paralisa todos os anseios e transforma uma pessoa inteligente num autômato, incapaz de voar alto, pois suas asas foram cortadas. Eu conheci muita gente laboriosa: pintores, músicos, literatos, pessoas dotadas; e eles sempre acabavam odiando seus talentos e mergulhavam no marasmo já que tinham de viver desse talento.

Não me olhe tão espantada, Nádya, o que digo é uma verdade amarga. Permutar o talento por uns trocados pelas necessidades diárias, que a toda hora apoquentam feito fantasmas nojentos e destroem as pessoas talentosas – é terrível. E quando uma pessoa assim não consegue mais trabalhar? As multidões são indiferentes e cruéis, minha criança! Elas admiram embevecidas aquelas obras-primas e não imaginam quanto suor e sangue estas custaram, não suspeitam das tempestades internas e das esperanças frustradas do seu criador, e sequer lhes ocorre que talvez este precise de sua ajuda e apoio.

Falo assim, Nádya, porque eu experimentei tudo na minha própria carne. Antes de me tornar rica, eu era muito pobre e trabalhava para ganhar a côdea de pão de cada dia. O meu pai, professor de música e canto, homem humilde, honesto e bom, não teve a sorte de juntar os tostões para os dias negros e morreu na indigência, ainda jovem. Eu tinha dezessete anos e era a mais velha na família, assim recaiu em mim toda a responsabilidade de sustentar a mãe doente e dois irmãos menores. Eu tinha uma bela voz, que meu pai trabalhou, desenvolvendo ao mesmo tempo o meu talento para música. Tentei ingressar na ópera, mas por falta de protetor não consegui colocação e tive de me contentar com aulas de música e canto. De sol a sol, sob chuva torrencial, calor ou frio, eu percorria a cidade, voltando irritada com sentimento de ódio e horror aos meus dotes artísticos. Por onze anos duraram estes sofrimentos. Não vou aqui enumerar quantas insinuações maliciosas, olhares prepotentes, desapreço, insolências e ofensas de toda a espécie que tive de engolir. Pagavam-me mal, quando pagavam...

Eu contava com vinte e oito anos e fui cantar num evento beneficente – de graça, é claro – e então fui notada pelo velho Rostóvsky. Ele se encantou com a minha voz e me fez proposta de casamento. Ele tinha cinqüenta e oito anos e era longe de ser o meu herói, contudo me amava e era muito rico. O casamento com ele me livraria das preocupações com casa, guarda-roupa e, sobretudo, da necessidade de ouvir, qualquer que fosse o tempo, os uivos dos meus alunos. Foi o que fiz e não me arrependi disso; vivemos em paz e ele me deixou tudo. Você está em situação semelhante, Nádya, talvez pior, pois cresceu no luxo. Agora pergunto: quanto tempo você agüentaria trabalhando dia e noite?

Nádya ouvia cabisbaixa, de olhos marejados. Ela compreendia a justeza das palavras da protetora, sugeridas por amarga experiência própria. Arruinada, ela sabia o que era pobreza. Não amava Bélsky, é verdade, talvez por ainda sentir algum resquício de amor a Michel. Por outro lado, quem sabe se ela não acabaria se afeiçoando a um homem que lhe proporcionaria uma vida cômoda e posição brilhante na alta-roda e melhor futuro para seus familiares. Ajoelhando-se diante de Rostóvskaya, ela lhe beijou a mão e murmurou:

— Agradeço-lhe a bondade e os conselhos maternos, e decidi segui-los. Entendo cada palavra sua. Amanhã vou escrever para a mamãe e, se o conde me fizer a proposta, eu direi "sim" e Deus queira que algum dia eu venha a amá-lo.

— Eis a decisão correta, minha querida criança! – disse Anna Nikoláevna, atraindo a si a jovem e beijando-a. – Por certo, Adam saberá ser amado, e uma moça bonita e inteligente como você, com a ajuda de Deus, não terá a dificuldade de orientar o futuro marido.

II

No luxuoso gabinete do hotel do conde Bélsky em Paris estavam sentados o seu mais recente proprietário e Krassinsky, transformado em conde Farkatch. Diante deles sobre a escrivaninha repousava, encadernado em couro, um livro antigo. Os dois conversavam, fumando.

— Como já lhe disse, irmão Akham, minha memória anda fraca; sinto-me um idiota completo e, em muita coisa, preciso me atualizar. Em meu cérebro se revolvem idéias não vividas, impressões e conceitos que tiranizam minha mente. Quanto a Bélsky, por exemplo. Ele era profundamente religioso, e todo o seu sangue deve ter sido saturado de emanações benéficas e de preces e, às vezes, sou obrigado a passar e superar humores espirituais estranhos; em tais ocasiões, eu me dilacero com a duplicidade do meu cérebro material e astral. Instalei-me num corpo cheio de forças e, já por diversas vezes, pareceu-me que seus eflúvios estariam me subjugando. Apesar da regularidade com que eu observo o rigoroso regime prescrito por você, sinto-me freqüentemente com mal-estar, e o meu trabalho quanto à domesticação da carne nova avança assaz lentamente. Nunca pensei que o avatar fosse uma operação tão difícil e isso, mais uma vez, demonstra que a melhor teoria não vale nada diante da experiência própria – discorreu Bélsky suspirando, pondo-se a meditar, recostado no espaldar da poltrona.

— Entendo-o perfeitamente, pois passei por tudo isso – observou Krassinsky. – O meu próprio corpo se desgastou devido ao trabalho e vida bastante agitada; eu sabia que a qualquer momento eu poderia sofrer um ataque cardíaco e então decidi experimentar o avatar. Escolhi Vyatcheslav Turaev, um animal forte como Bélsky, mas não tão religioso quanto Adam, sendo que o cérebro do primeiro era impregnado por banalidades. Mesmo assim, passei por sofrimentos iguais aos seus e não foi à toa o meu isolamento por vinte e tantos anos no subsolo da ilha, onde levei vida de asceta para, em silêncio, recuperar todos os meus conhecimentos e os poderes perdidos. Agora este trabalho está concluído, e tudo que fora gravado no cérebro astral foi transcrito para o novo, o material, cujo dono sou agora.

Ele se ergueu, endireitou os braços e as pernas flexíveis; um sorriso de contentamento soberbo contraiu-lhe os lábios. Ao sentar-se novamente, acrescentou:

— Aliás, você está plenamente certo: o avatar é uma operação difícil de digerir.

— Com certeza, meus sofrimentos serão bem mais longos, pois, ao invés do isolamento, pretendo me casar. Aliás, você também começou assim – riu Bélsky.

— Infelizmente cometi essa tolice. E será com Nádya? Então se esqueceu de sua bela Gretchen?

— Segui o seu conselho de evitar aquela estouvada; ademais, apaixonei-me por Nádya. O meu organismo enfraquecido precisa relacionar-se com uma criatura jovem, sadia e maravilhosa como ela, para se fortalecer. O antigo Bélsky era um boa-vida, cujo sangue era impregnado por desejos carnais, muito singelos e tolos para o meu gosto. Minha predileção é por perversões requintadas que me proporcionam satisfação espiritual. Por mais que possa parecer absurdo, prefiro incendiar paixões nos olhos claros de moças puras e inocentes, do que em quaisquer beldades experientes.

Os dois riram a valer.

— Desejo-lhe uma esposa mais cordata do que foi a minha, e que suas virtudes sejam menos firmes, caso contrário, ela não durará dois anos.

— Não pretendo consagrá-la tão rápido e cuidarei para que dure mais.

Krassinsky nada comentou; sombrio, ele mergulhou em seus devaneios. A conversa foi retomada em outro rumo e, pouco depois, os amigos se separaram. Três dias mais tarde, Bélsky deixava Paris e viajava para a Madeira.

Rostóvskaya recebeu-o com habitual amabilidade, tratando-o por "filho" em memória à amiga falecida. Moderada e discreta por natureza, Nádya foi gentil e não se esquivou dos galanteios do conde. Adam tornou-se visita diária na vila e sua paixão à jovem crescia a cada dia; Nádya a percebia e esforçava-se para se acostumar à idéia de um dia sentir algo por ele. Por vezes, sua conversa até a agradava, o que lhe acenava a possibilidade de se apaixonar por ele. Mas, quando o olhar dele, acendido de paixão, nela se pregava, um sentimento de repulsa a ela assaltava e calafrios percorriam-lhe o corpo.

Certa noite, após o chá, Bélsky a convidou para dar uma volta no jardim. Como durante o dia fez um calor sufocante, a idéia de tomar um ar marítimo fresco era aprazível. Anna Nikoláevna preferiu ficar no terraço e Nádya aceitou o convite. O coração lhe palpitava, ciente da hora próxima e decisiva; o olhar incandescente de paixão de Bélsky também não deixava dúvidas quanto a isso.

Mas uma coisa quanto à estranha mudança nele operada, depois daquele baile em que ele cortejava Mila, deixava Nádya muito cismada.

O rosto outrora viçoso, rosado e cheio do jovem cavalheiro, o olhar franco e límpido da figura forte, respirando saúde – tudo se diferenciava daquele Bélsky, magro e flexível, de tez pálida, magra, olhos afundados a mudarem de matiz a todo estado emocional novo. Nádya estremeceu sob a impressão dessas diferenças, mas o afluxo de outros sentimentos mudou o rumo de seus pensamentos.

Bélsky lhe ofereceu o braço e o jovem casal caminhou pelo jardim em direção à praia. Lá havia um caramanchão em forma de templo grego com colunas ao longo da margem e, daquela altura, abria-se uma maravilhosa vista para o oceano, iluminado pelo luar. Bélsky dirigiu sua acompanhante direto à colunada e, lá, subitamente parou, tomou a mão dela e sussurrou em voz surda de paixão:

— Nádya, eu a amo mais que a vida! Faça-me o mais feliz dos homens e seja minha esposa. Farei de sua vida um mar de rosas e todos seus desejos serão atendidos. Apenas não me atormente com a incerteza, adorada Nádya; dê o seu "sim"!

Qual enfeitiçada, a jovem ergueu os olhos para o conde e murmurou:

— Eu o amo e aceito.

Bélsky a premeu fortemente ao peito e a beijou nos lábios. A cabeça da jovem pendeu zonza e ela desmaiou. O conde continuava abraçando o corpo frágil da jovem, beijando-lhe o rosto e o pescoço, quando percebeu seu desfalecimento. Tirando do bolso pequeno frasco de cristal, impregnou o lenço com a essência e fez Nádya aspirar seu aroma. Imediatamente, ela abriu os olhos, aparentemente sem se dar conta de seu esquecimento. Aliás, o conde não lhe deu tempo de se recuperar.

— Nádya, minha querida, repita as palavras que farão minha felicidade; diga mais uma vez que me ama, como acabou de dizer – disse, atraindo-a a si novamente.

Nádya se sentia qual ébria e sequer protestou, quando ele a tomou pela cintura e a levou para casa.

— Tia Anna, mande servir o champanhe; vamos comemorar o meu noivado – disse ele, alegre. – A senhora foi a melhor amiga da minha falecida mãe e será a primeira a nos cumprimentar.

Emocionada, Anna Nikoláevna beijou os noivos. Todos se sentaram à mesa para jantar em clima de alegria. Bélsky estava radiante, ao contrário de Nádya, que não conseguia definir o que passava em sua alma. Pela primeira vez, o conde não lhe era repulsivo.

No dia seguinte de manhã, o conde enviou flores e bombons e, quando mais tarde veio para o desjejum, colocou com sorriso nos lábios sobre os joelhos de Nádya um porta-jóias em prata e turquesa. Curiosa, Nádya abriu a caixa e soltou um grito de admiração. Sobre o fundo de veludo negro havia um colar de pérolas, cada uma entremeada por solitário graúdo. Como a qualquer mulher, a visão das jóias a deixou fascinada. Com as faces incendidas, ela agradeceu pelo presente.

Os dias seguintes passaram alegres. Adam era carinhoso e enamorado, cercava a noiva de atenção, cobria-a de presentes e, pelo visto, tinha pressa de se casar.

Certa manhã, cerca de uma semana após o noivado, ele mostrou a Nádya uma carta e um documento, pedindo que os lesse. A carta estava endereçada ao seu mandatário em Kiev, em que ele pedia legalizar uma doação vitalícia a Zoya Ióssifovna Zamyátina de 3000 rublos; a cada irmão de Nádya, ele destinava também uma soma que o mandatário iria depositar a favor deles no Banco Estatal, rendendo juros até a sua maioridade. Os olhos de Nádya encheram-se de lágrimas de felicidade. No ímpeto da profunda gratidão, ela abraçou o noivo e, pela primeira vez, brindou-o com um beijo ardente, desapercebida do seu olhar triunfante.

Dias mais tarde, o conde tornou a falar do casamento, que queria celebrar seis semanas depois.

— Querida tia Anya, ajude-me nisso, antes de voltarmos para a Rússia. Eu quero casar na Florença, na igreja do consulado, e passar a lua-de-mel numa vila nos arredores. Não gostaria de ficar os primeiros meses da minha felicidade em lugares que me trazem tantas lembranças da saudosa mamãe. Zoya Ióssifovna poderá vir para a cerimônia com os filhos; por minha conta, é claro.

— Isso é uma fantasia de homem apaixonado, porém tentarei atendê-la – respondeu Rostóvskaya, rindo.

Nádya não protestou contra a vontade do noivo, pois, no íntimo, queria voltar a Kiev, onde encontraria Massalítinov, já casada e acostumada com a nova posição.

Logo Rostóvskaya e Nádya deixaram a ilha da Madeira e, após uma breve parada em Paris, viajaram a Florença. O conde comprou para a noiva outro enxoval, afirmando ser-lhe odioso tudo o que se referia ao seu noivado com Massalítinov, e pediu a Nádya que despachasse o antigo para a mãe.

Zamyátina, porém, não pôde vir ao casamento. Ainda em convalescença, doíam-lhe os pés, ela não se recuperara por completo do seu choque nervoso e não podia, segundo o médico, arriscar a saúde com viagem longa, sujeita a inevitáveis excitações. Zoya Ióssifovna, assim, limitou-se a escrever uma gentil carta ao seu futuro genro, desculpando-se por não poder abandonar seu abrigo seguro e pediu que Anna Nikoláevna a substituísse na cerimônia.

Em Florença, Rostóvskaya e Nádya se hospedaram num dos melhores hotéis da cidade. Bélsky residia perto, na luxuosa vila, onde, segundo suas palavras, ultimavam-se os preparativos para a recepção da jovem esposa. A vila era ampla, magnificamente mobiliada e possuía enorme jardim. Na verdade, ela não pertencia a Bélsky, mas à confraria secreta, sendo que qualquer dos seus membros poderia morar ali, se quisesse, e durante a permanência a propriedade era considerada como sua.

Sendo assim, a Bélsky foram dispensadas as honrarias habituais e ele foi ali recebido por numerosa criadagem, alheia ao fato de o conde não ser o verdadeiro dono, tal qual todos os hóspedes da vila eram tratados. O administrador da vila, também um membro da confraria, pagava e contratava novos funcionários, dispensava-os quando era o caso da suposta transferência da propriedade para novos donos.

Sentado em seu gabinete luxuoso, Bélsky olhava distraído para o jardim sombreado, onde, por entre o verde e a piscina de mármore, branquejavam as estátuas de tritões, espargindo as náiades jatos de água para o alto que, à luz do sol poente, reverberavam em cores múltiplas.

A alguns passos do conde, estava sentado Krassinsky à escrivaninha.

— Você tem certeza, Adam, de não esquecer tudo o que deve fazer durante a cerimônia: repetir com blasfêmia as palavras do ritual, invocar a ajuda dos demônios e o seu senhor? Mas não se preocupe, estarei perto para ajudá-lo, embora exista uma circunstância que vai lhe facilitar a vida na igreja. O seu corpo de Bélsky ainda está saturado do fluido beato e não sentirá as agulhadas da corrente contrária, que normalmente acontece. E não deixe de fazer uma coisa: retire-lhe a cruz do pescoço.

Não se preocupe, não vou esquecer. Também já combinei com a *nossa* camareira, que ficará junto com Nádya, para afastar tudo que possa nos prejudicar. Bem, está na hora de eu me trocar para ir até minha noiva. Então, até mais, meu amigo! Conto com sua ajuda – acrescentou, apertando a mão de Krassinsky.

Ao ficar a sós, Krassinsky acotovelou-se sobre a mesa e, com uma estranha expressão nos olhos, fixou o retrato de Nádya.

— Eis uma mulher que me agrada! Sua expressão de rosto me lembra a esposa – pensou ele e riu baixinho. – E este idiota imagina ser ele o único janota capaz de se recompor em contato com pureza. Há-há-há! Também compartilho de seu gosto. Não consigno entender esse enigma do coração humano. A mim também cativa o cheiro da inocência de uma virgem e o sorriso cândido dos olhos claros. Tudo isso você tem, minha bela donzela! Por quase um quarto do século da minha viuvez celibatária, abstive-me dos prazeres carnais. As provações já terminaram, e você pertencerá só a mim!... E Bélsky?... Ah, Bélsky!... Para começar, ele está em minhas mãos e por muito tempo... e depois, deve-me tantos favores. Por acaso não lhe sou o pai pelo avatar? Não fui eu quem lhe deu a vida? Não o brindei com a partícula da minha própria vitalidade para encarná-lo? Com certeza, eu mereço sua gratidão. Só preciso assegurar que ele responsabilize seu avatar precário por seus percalços na vida conjugal.

Na manhã do dia da cerimônia de casamento, Anna Nikoláevna adentrou o quarto de Nádya para conversar. Já alguns dias antes e, principalmente naquele dia na hora de desjejum, esta andava triste e calada. Nádya, mergulhada em devaneios e sentada perto da janela, não notou a chegada de Rostóvskaya. Ao lado dela, sobre o sofá, jazia seu traje de noiva. Rostóvskaya sentou-se ao lado e a tomou pela mão.

— Está tão descorada e meditativa, Nádya, quando todas as amarguras terminaram e a aguarda um futuro feliz e tranqüilo.

A jovem estremeceu e, com os olhos umedecidos, fixou a protetora.

— Querida, Anna Nikoláevna, Adam é tão estranho...

— O que há de estranho nele? Para mim, ele é apenas o mais gentil dos homens, cuja generosidade de assegurar o futuro de toda sua família está acima de qualquer elogio.

— Oh, sou-lhe grata de toda a alma e posso até dizer que começo a me afeiçoar a ele, mas existem momentos, quando ele me dá medo...

— Não deveria, a causa são seus nervos abalados. É uma reação aos terríveis abalos espirituais por que passou. Domine isso pela razão e força de vontade, e não permita que as fantasias bobas estraguem a felicidade por Deus enviada. Sim, minha querida, afugente os maus pensamentos, criados por seus nervos doentios; pense antes como será gostoso voltar a Kiev como condessa e milionária, reencontrar a mãe tranqüilizada pelo futuro dos filhos e, finalmente, mostrar ao seu ex-noivo que você deu a volta por cima.

Nádya riu, abraçou Anna Nikoláevna e, aparentemente, recuperou o seu bom humor.

Às seis horas da tarde, na igreja do consulado iniciou-se a cerimônia. Durante o ritual, o conde estava lívido qual cera; ao colocar a aliança em Nádya de traje riquíssimo, suas mãos não pararam de tremer.

Quando os recém-casados tomaram os assentos na carruagem para ir à vila, ao conde retornou o bom humor. Na vila, o jovem casal foi recepcionado por 'velhos amigos' do conde, membros da confraria secreta, vindos para o banquete do irmão. A noite findou com jantar magnífico.

Sentado a duas cadeiras de Nádya, o conde Farkatch ora deitava seus olhares árdegos nela, ora os lançava zombeteiros em Bélsky.

Ao término do jantar, Nádya, de súbito, sentiu o peito comprimido e as pernas e os braços pesados. Alegando muito cansaço, pediu a Rostóvskaya acompanhá-la ao seu dormitório e dela se despediu.

A camareira a despiu das vestes. Mal a cabeça de Nádya tocou o travesseiro, adormeceu um sono forte e pesado.

Tendo acompanhado os últimos convidados e se despedido de Krassinsky, que ocupava um apartamento de hóspedes na vila, Bélsky foi ao banheiro. Vestido em robe de pelúcia azul, ele sentou-se diante do espelho e emborcou a última taça do champanhe, preparando-se para ir ao dormitório, já que passava da meia-noite.

Nisso, por trás das pregas do reposteiro, estendeu-se uma mão, em cuja palma reluzia uma chama amarelada fumegante. A tênue fumaça foi em direção do conde e serpenteou em torno de sua cabeça. Bélsky amareleceu, levou a mão à testa e, tremelicando, esmoreceu na cadeira. O reposteiro escancarou-se e junto ao conde avolumou-se a figura felina de Krassinsky. Ele vestia uma capa negra longa e carregava um escrínio de ébano cinzelado. Aproximando a mesinha ao lado, ele depositou o escrínio sobre ela, tirou um defumador e acendeu-o. Uma coluna de fumaça alçou-se ao ar e envolveu o conde.

Erguendo as mãos, Krassinsky recitou pausadamente os esconjuros, tirou da cintura seu bastão e desenhou no ar sinais cabalísticos. A fumaça formou uma alta e larga coluna de matiz roxo e, no cômodo, sentiu-se um forte aroma de rosas, lírios-do-vale e sândalo. E nessa nuvem começou a se desenhar rapidamente uma figura humana, vindo a formar uma mulher de branco, com as feições de Nádya, só destoando dela pela expressão lasciva de uma bacante, cabelos soltos negros fosforescentes e movimentos felinos e maliciosos do corpo esguio, lembrando pantera. A ilusão, aliás, era completa: ali estava Nádya. Krassinsky baixou o bastão, e seu rosto pálido iluminou-se de sorriso orgulhoso.

— O que os profanos não dariam por esta ambrosia da magia negra! – sussurrou ele, fitando a mulher, instada do espaço e que permanecia imóvel, aguardando as ordens. – Bem, o que é um prazer? É uma expectativa do júbilo vindouro e a recordação inebriante do que se experimentou. O presente é fugidio e mal existe de fato. Qual pensamento, que mal acaba de ser expresso, já pertence ao passado. Sim, sim. O mais importante no prazer é sua lembrança, e você, meu caro Bélsky, guardará na memória esta felicidade conjugal.

Ele depositou a mão sobre a testa do amigo e, destacando cada palavra, ordenou-lhe desfrutar da felicidade, disso sempre se lembrando, retornar ao quarto só ao alvorecer e dormir, jamais ser assaltado por qualquer dúvida ou suspeita e imediatamente esquecer tudo que possa provocá-las. Em seguida, ele se virou ao espectro larval e ordenou:

— Vá e sacie-se enquanto se mantiver esta fumaça, e desfaça-se qual ela ao consumar!

Krassinsky colocou o defumador num canto escuro e saiu; pelo reposteiro ele viu a larva esgueirar-se até o conde e cingir-lhe o pescoço. Bélsky se endireitou e atraiu a si aquela criatura, cobrindo-a de beijos apaixonados.

— Sua arteira! Você não agüentou me esperar no quarto.

Uma chispa de ódio brilhou nos olhos de Krassinsky. Ele estendeu a mão em direção de Bélsky e resmungou:

— Seja feliz!

E tal qual sombra, dirigiu-se sorrateiro ao dormitório – um amplo cômodo mobiliado com luxo imperial. As paredes eram revestidas de seda branca, bordada a prata, os móveis e os reposteiros – também de seda branca e veludo azul; ao lado da penteadeira, sobre um tamborete, descansavam a grinalda e o véu de noiva. Uma cortina larga de veludo azul-celeste, com forro de cetim branco, e meio levantada, separava os dois leitos sob o baldaquino cinzelado com brasões. Junto à cortina, sobre pedestal, via-se a estátua de Eros em mármore branco, cuja mão segurava uma lâmpada meio toldada por manta de seda, propiciando ao aposento penumbra azul-celeste.

Krassinsky aproximou-se do leito de Nádya, congelando seu olhar lascivo na cabeça dela, repousada nos travesseiros.

Pela respiração pesada era certo que a jovem dormia um sono profundo.

Após deslumbrá-la silenciosamente por algum tempo, Krassinsky ergueu a mão com a intenção de fazer a sua vítima mergulhar no sono hipnótico, mas nisso aconteceu algo inesperado. Nádya abriu os olhos, soergueu-se no leito, persignou-se e gritou:

"Jesus ressuscitará e se dispersarão Seus inimigos!"

Tal qual fulminado por um projétil e, abrindo os braços na frente, Krassinsky cambaleou e retrocedeu. Aquela não era Nádya, mas sua esposa falecida, que, erguendo-se da cama, avançou sobre ele, cumulando-o com os sinais-da-cruz. Vendo-se acuado, ele se virou e saiu em desabalada carreira do quarto até seu aposento, onde tombou inânime sobre o tapete.

Nesse ínterim, Bélsky se regalava no banheiro com a larva, tão engenhosamente criada pelo feiticeiro. Ao primeiro canto do galo, a fumaça violeta se dissipou e a larva se desfez nos braços do conde, alçando-se ao espaço em forma de um leve vapor e extinguindo-se na cerração do novo dia. De cabeça pesada e olhar cismado, o conde foi ao quarto.

Passou-se bastante tempo até Krassinsky se recuperar da síncope. Com muito esforço ele se ergueu, mas fraquejado deixou-se cair na cadeira. Sua cabeça estava zonza.

Um minuto depois, conseguiu se levantar, pegou um lápis vermelho do criado-mudo, desenhou no chão uma cruz e, aos impropérios, pôs-se a pisoteá-la. Retirando do armário um frasco, ele encheu o copo com um denso líquido roxo e tomou-o avidamente.

Depois, abriu a janela e aspirou o ar fresco e cheiroso do jardim; sentou-se na poltrona e fixou o olhar sombrio e meditativo no horizonte, iluminado pelos primeiros raios do sol ascendente.

Uma torrente de pensamentos inquietantes afluiu ao feiticeiro e, num crescendo, sua testa cumulou-se de pregas profundas. Ele se gabava de seus poderes e da "ciência do Mal", que dominava magistralmente; conhecia mistérios terríficos, comandava entes inferiores e legiões de demônios e podia, se quisesse, ordenar-lhes pôr fogo na cidade, afundar navios ou instar uma tempestade. Seu poder *maléfico* era enorme e ele detinha força hercúlea, não obstante, uma jovem rebelde, que falecera sem mudar sua crença, o desarmara com *aquele* símbolo, reduziu-o a nada, interpondo-se no caminho à sua presa desejada. Ele se via impotente ao se confrontar com a arma celeste, diante da qual treme e sobressalta o inferno e, por todo o lugar, onde aparece a cruz radiosa – esse símbolo sagrado de todos os tempos –, os exércitos de Satanás fraquejam e recuam por mais numerosos que sejam. Nenhum demônio, mesmo da hierarquia superior, conseguiu vencer este símbolo misterioso, ou criar um outro bastante forte para se contrapor à cruz.

— Ninguém conseguiu, mas eu vou! Juro por Satanás que aquela mulher será minha! – bradou ele, saltando da poltrona com punhos crispados e gesto ameaçador em direção a algo invisível.

Mais tarde, já acalmado, Krassinsky foi até o banheiro de Bélsky, pegou o defumador e voltou ao quarto para dormir.

No dia seguinte, à hora do desjejum, Krassinsky encontrou o conde fumando sorridente no terraço.

"Sorria, sorria!", pensou Krassinsky, apertando a mão dele.

— Ah, meu amigo, ela é a mais maravilhosa das mulheres. Achava-a fria, tímida e sem sentimentos; mas ela é a própria personificação do amor e paixão, e eu o mais feliz dos mortais – jactou-se Bélsky, alheio ao sorriso jocoso de Krassinsky.

— Que bom que seja assim! Você tem uma verdadeira pérola. Bem, acabo de receber uma carta que me obriga a viajar hoje mesmo a Paris e, de lá, vou para a Rússia. Vim me despedir de vocês.

— Nádya já vem. É uma pena que esteja partindo. Bem, nós nos encontraremos em Kiev, para onde vou daqui umas três ou quatro semanas. Minha esposa não vê a hora de ver os seus e você entende que o desejo dela para mim é uma ordem.

III

A notícia do casamento do jovem milionário Bélsky com a filha de Zamyátin arruinado causou muitos comentários em Kiev.

Ekaterina Aleksándrovna soube da novidade na casa de Maksákova. De volta ao lar, ela mal conseguia disfarçar sua raiva. Bastava Mila estender a mão para ter aquele partido brilhante; mas não, esposou um homem sem título e posição no mundo grande – um pobretão, cujas dívidas ainda tiveram que ser pagas.

Após o almoço, tomando café, ela transmitiu em pormenores as novidades, contando como o conde encontrou Anna Nikoláevna em Truvile e apaixonou-se perdidamente por Nádya. Citou também que a casa de Bélsky estava se preparando para a recepção da jovem condessa.

— Muitos já foram cumprimentar Zoya Ióssifovna, ao passo que nós até ignorávamos tudo isso – observou Ekaterina Aleksándrovna amuada.

As faces de Massalítinov se afoguearam, e sua mão, segurando a xícara, tremeu levemente. Os olhos esverdeados de Mila observavam zelosos cada movimento dele e, ao notar o seu nervosismo, uma chama maldosa brilhou em seu olhar felino. Estava claro que, se a notícia do casamento mexeu com ele, sua ex-noiva não lhe era indiferente.

— Bem esperta, essa Nádya – observou Mila, mordaz. – Nem esperou que Michel rompesse primeiro com ela; no mínimo já contava em arrumar um homem mais rico com aquela sua cara marota.

Mas nisso, ela se lembrou de que o verdadeiro Bélsky foi assassinado por seu pai para nele alojar um homem... e Nádya por certo ignorava que seu marido era um forasteiro do outro mundo. O fato lhe parecia tão engraçado, que ela pôs-se a rir por dentro com desdém. Pego pelo ponto dolorido, Massalítinov sentiu-se ofendido, mas nada respondeu às duas, que pareciam vigiar sua reação com olhar hostil.

Mila já estava casada havia sete meses e preparava-se para ser mãe. Durante o tempo da gravidez, sentia-se indisposta e muito fraca; ao invés de engordar, ela emagreceu e ficou ainda mais pálida e diáfana. A toda hora era atormentada por sede constante, tomava quantidades enormes de sangue fresco, devorava porções incríveis de carne, mas parecia nunca se saciar.

Com Massalítinov também se operaram mudanças. Ficou visivelmente mais descorado, emagreceu e parecia esgotado; sua fraqueza acentuou-se após o casamento. Seu estado, porém, não o preocupava tanto, como certas coisas estranhas que aconteciam com sua esposa. Não sendo mais tão cético como antes, formou-se-lhe a convicção de que Mila não era uma mulher normal.

Ocorria, por vezes, ele encontrá-la deitada sem vida no leito, logo como que ressuscitando com respiração rouca. Outros acontecimentos, freqüentes ultimamente, instalaram nele um verdadeiro horror supersticioso. Sem qualquer razão aparente, Mila começou a gostar de crianças. No início, foi com o menino de cinco anos, filho do porteiro, e a filha da lavadeira. Ela mandava trazer as duas crianças, distribuía-lhes guloseimas e presentes e as ficava acariciando; estas, depois, começaram a adoecer e, então, ela concentrou sua atenção na filha da costureira, uma menina de oito anos, que também logo adoeceu. E o mais terrível: em apenas alguns meses, todas as três crianças morreram de subnutrição e esgotamento das forças vitais, que os médicos não conseguiam explicar. As três mortes abalaram Massalítinov.

Ele se recordou também de suas crises de fraqueza inexplicável sempre que ficava perto de Mila e, principalmente, daquele caso, quando ele quase morreu de esgotamento.

Passaram-se algumas semanas sem acontecimentos especiais, e as apreensões de Massalítinov parecia esmaecerem, quando um novo acontecimento agitou a casa. A copeira deles, Várya, era uma campesina jovem, viçosa, saudável e forte. Ela dormia no mesmo quarto da camareira Ksenya, sua parenta, e certa manhã encontrou a moça moribunda. Aos prantos, a camareira contou que, quando Várya foi dormir, parecia bem de saúde.

— Eu estava com muito sono e adormeci logo, mas acordei com os gemidos. Pulei da cama, fui até Várya e perguntei o que estava acontecendo. Ela me sussurrou: "Uma serpente com asas e olhos verdes está sugando minha vida." Logo depois, Várya mergulhou em esquecimento – disse a camareira.

O médico, imediatamente chamado, já não a encontrou em vida, nem conseguiu dar alguma explicação da morte inesperada. A autópsia também não revelou muita coisa, a não ser o fato de que o estado do coração era estranho, parecia amassado feito um saco vazio, mas não apresentava nenhuma lesão. A causa da morte não ficou estabelecida. À fala da falecida sobre a "serpente com asas", o homem de ciência não deu nenhuma atenção – é claro. Na cozinha, comentava-se que a pobre Várya tinha descrito sua própria morte.

Massalítinov, abalado com o sucedido, começou a comparar os fenômenos estranhos. Por várias vezes ele viu Mila acordar agitada à noite, levantar-se da cama de olhos esbugalhados, peito empinado e agitando os braços, depois deixar-se cair no leito qual morta. No início ele se assustava, mas depois percebeu que de manhã ela acordava mais enérgica e alegre. A última crise aconteceu exatamente na noite da morte de Várya e, tal circunstância, deixava Massalítinov apreensivo. Aliás, ele não conseguia definir exatamente o tipo de sentimento por ela nutrido. Não poderia ser amor, já que, de quando em quando, tinha-lhe repulsa física e, em tais momentos, até ficava aterrorizado com a impressão de estar ao lado de um cadáver. Em vão, afugentava ele tais pensamentos insanos, mas não conseguia evitar seus cabelos se arrepiarem e o corpo se cobrir de suor gelado. E, de modo inverso, amiúde ela lhe excitava uma paixão cálida, cega e obstinada, atraindo-o qual o vinho atrai o ébrio. Estes sentimentos controversos torturavam-no, e ele se sentia sempre melhor fora de casa, apesar de seu luxo e conforto. Ele não via hora do nascimento da criança, na qual concentraria seu amor.

Uma vez que a saúde de Mila estava melhorando, Massalítinov começou a organizar em casa pequenas reuniões que distraíam a esposa.

Um dos assuntos mais comentados na cidade era a vinda a Kiev de um conde estrangeiro, supostamente italiano ou húngaro, que adquiriu de Bélsky uma de suas propriedades. O conde seria riquíssimo, pois teria transformado a casa num verdadeiro palácio, luxuoso e original. E este príncipe de contos de fada — um homem jovem ou velho, feio ou bonito –, do qual nada se sabia, era aguardado na alta-roda com grande ansiedade. Mila também se interessou pelo estrangeiro, vindo sem alarde e com pequeno número de criados. Mais tarde, espalhou-se a notícia de que o conde era uma pessoa muito excêntrica, gostava de isolamento, era extremamente rico e erudito, mexia com Astrologia e magnetismo e, como médico, realizava curas miraculosas. Ao saberem que ele era um jovem belíssimo, a curiosidade atingiu seu clímax.

Apenas Mila tinha o conhecimento de que atrás da máscara daquele conde Farkatch, estava o seu pai, cujo aparecimento a deixou mais tranqüila em vista de seus temores quanto aos estranhos casos de mortes em casa, pois ele, certamente, encontraria outros meios menos arriscados de provê-la com fontes de energia.

Por fim, a curiosidade geral foi atendida. Anna Nikoláevna retornou a Kiev, onde planejava passar o inverno e, uma vez que o conde Farkatch foi imediatamente à casa dela, nos seus salões, a alta-roda da cidade pôde conhecer o jovem estrangeiro por quem todos se apaixonaram.

No pictórico vale oculto por altas montanhas, ergue-se o palácio de Manarma nos jardins verdejantes. Qual ninho de águia, solitário e misterioso, ele paira sobre o mundo, distante das amarguras humanas, hostilidades e crimes; abaixo daquele abrigo da luz e paz, bem no fundo, fervilha o inferno terrestre com sua atmosfera densa e malcheirosa, criada por vícios, emanações impuras e hostilidade fratricida – um mundo dos mortais ceifados pela morte, palco de luta entre demônios e seres humanos, disputando entre si migalhas de prazer carnal e o talismã diabólico – o ouro; não o metal extraído do subsolo, mas aquele, emporcalhado por garras diabólicas, suor de trabalho, homicídios, luxúria e ambição.

E a atmosfera maléfica e contaminada, à semelhança da água infestada de bacilos morbíferos, afeta os homens puros e sufoca os buscadores da luz, inclusive os magos. Por esta razão, os grandes *hermecistas* escondem-se da turba e do caos terreno; suas necessidades reduzem-se ao mínimo; seus luxos são o isolamento e a beleza natural.

O palácio de Manarma atende a todos esses requisitos. Ao seu derredor, estende-se vegetação luxuriante e, do alto dos balcões e terraços, abrem-se vistas feéricas, e só o murmurar dos chafarizes e o gorgolar da cascata distante lhe quebra o silêncio profundo; pelos bosques florescidos voejam beija-flores – esses diamantes vivos da natureza e, pelos prados e aléias desfilam em sua plumagem magnífica os pavões. Nas salas, decoradas em estilo oriental, mal se vêem os escassos criados, apenas suficientes para as modestas necessidades do mago, que qual sombras se deslocam céleres e mudos pelas salas silenciosas do palácio; aquelas pessoas de tez brônzea, sempre descalças, apenas se dedicam a manter as defumações nas trípodes e servir um repasto frugal ao homem da ciência.

Manarma está com visitas: dois discípulos seus, a quem ama e ensina os fundamentos da ciência hermética; um – jovem, outro – de idade madura. Condescendente mas atento e cauteloso, avaliava ele as doses de conhecimento daqueles discípulos de espírito ainda instável. Um deles, ex-almirante, já passara pelo primeiro estágio da iniciação; o outro, Gueorgui Lvóvitch Vedrinsky, mesmo neófito, conquistara o coração do cientista hindu com sua pureza, obediência e dedicação apaixonada.

Cravando no mestre os olhos brilhantes e sôfregos por saber, Vedrinsky sorvia-lhe as palavras qual enfeitiçado; os horizontes novos a se descortinarem diante dele deixavam-no embevecido, embora não tivesse consciência, em toda a sua plenitude, do que representava aquela ciência terrível e perigosa, em cujo primeiro degrau se encontrava.

Alguns dias depois, os três estavam sentados no amplo salão circular abobadado de Manarma; nas prateleiras de cedro maciço viam-se coleções de papiros e rolos tão antigos quanto o mundo, bem como livros, tanto de épocas velhas como das mais modernas. Aqui e acolá, havia instrumentos estranhos e desconhecidos aos profanos. Junto à larga janela com maravilhosa vista para os arredores, acotovelado sobre a mesa de sândalo estava sentado Manarma e seus dois discípulos. O almirante estava sério e pensativo; Vedrinsky parecia apreensivo, e seus lábios tremeram levemente quando ele perguntou:

— Então nós deveremos deixá-lo, mestre?

Manarma inclinou-se e perquiriu os olhos do jovem.

— Sim, eu os envio por pouco tempo à Europa, meu filho; mas vocês não devem ver nisso um desterro. Ao contrário, considerem isso como a primeira provação e uma importante tarefa. Sua missão é resgatar as pessoas dignas e indefesas, e, principalmente, deter a criatura satânica que abusa de conhecimentos e semeia crimes e mortes.

— Ah, por que os homens dignos cedem fácil a tentações diabólicas, quando poderiam se defender usando os princípios do bem e as orações? – indignou-se Vedrinsky, visivelmente lutando contra a ira interior.

Manarma sorriu enigmático.

— Eles cedem às tentações porque são fracos, indisciplinados e pessimamente educados, habitando uma atmosfera empestada, onde só os mais resistentes conseguem sobreviver ao seu contágio. O quanto é poderoso o mal, que feito gangrena se espalha pelo cérebro, difundindo ímpetos viciosos, disso você já deve ter se convencido! Qual alguém vitimado por tifo, bebe água sem parar, a fim de saciar a sede que o consome, tal um doente moral é ávido por prazeres, riqueza e luxúria; ou seja: tudo que excite e satisfaça suas paixões animais, vícios antinaturais e crimes, avigorando os nervos esgotados e a imaginação bestificada. E quando esses insanos estão soltos, são como tochas andantes, prestes a incendiarem o mundo inteiro; seus atos e pensamentos geram atmosfera tóxica que contamina a todos e desencadeia doenças epidêmicas, físicas e psíquicas, arrastando a humanidade ao abismo. Um exemplo disso é a epidemia de suicídios medrando nos dias de hoje. Jamais, talvez, esses predadores diabólicos têm trabalhado com tanta obstinação e desgraçado daquele que ficar em seu caminho ou tentar parar a turba bestificada com as palavras: "Parem! Vocês estão indo ao abismo!..." Reserva-se a eles a sina de Orfeu, dilacerado pelas bacantes, por ter pregado as verdades. Todavia, glória à razão intemerata que decide pronunciar aos homens a verdade e a luz no meio do caos e trevas!

— Mestre! – exclamou Vedrinsky, a ouvi-lo atentamente, olhos brilhantes. – Eu compreendo que um homem ordinário não tem condições de empreender-se num combate desigual; mas, por que vocês, tão sábios e poderosos, não anunciam uma guerra ao inferno? Com certeza, seu triunfo é garantido, pois a luz deverá, por fim, vencer as trevas.

— Meu filho, já me foi feita freqüentemente esta pergunta, aliás, até em tom de censura por aqueles que conhecem ou suspeitam de nossa existência, tida pela maioria como invencionice, aliás, como tudo que se ouve sobre nós. Mas já que tocou no assunto, explicarei mais uma vez e quem sabe você transmita isso a outros. Você acha, como muitos outros, que podemos alcançar triunfo sobre as incursões diabólicas que subjugam o mundo e cobriram a terra com crimes e sangue? Sim, nossa força é enorme, o poder é significativo e, em alguns casos isolados, nós realmente lutamos e vencemos... Todavia, somos demasiadamente poucos para um combate abrangente e decisivo contra o inferno e teríamos apoio insignificante por parte das massas pelas quais lutaríamos. Três quartos do gênero humano, ou mais, dão preferência ao inferno e aos prazeres por ele instigados, em contrapartida à disciplina rigorosa para enfrentar os demônios; além do mais, eles nem acreditam em mundo invisível. As nossas forças purificadas também necessitam apoio material em tais confrontos e, ademais, o nosso principal papel é totalmente outro. Mas disso falaremos depois. Os que acreditam em nossa existência nos têm por feiticeiros ou bruxos, cujos conhecimentos deveriam obrigatoriamente servir para operar milagres, como, por exemplo: assegurar uma copiosa colheita no local onde há fome, instar as chuva nas estiagens, multiplicar o pão e alimento entre os famélicos. Como nada disso fazemos, no entendimento deles somos indolentes, vivemos nababescamente em palácios luxuosos, amealhando ouro, prata e tesouros em nossos cofres, supostamente suficientes para encher os bolsos de todos ou subsidiar qualquer projeto, por mais absurdo que fosse. Chega-se ao cúmulo de nos exigirem colocar em circulação o suposto ouro que teríamos, ao invés de guardá-lo em nossos subterrâneos.

Embora tenhamos vastíssimos conhecimentos e gozemos da bem-aventurança de nosso trabalho sem nos preocuparmos com os aspectos materiais, a nossa difícil e abstrata atividade requer muita paz e harmonia. São poucas pessoas que se contentariam com o que nos é suficiente. O nosso luxo consiste na pureza virginal das vestes de linho, um punhado de arroz ou frutos de campos e pomares; as nossas únicas distrações são os minutos de repouso, ouvindo o canto das esferas e deslumbrando as paisagens naturais. Nosso conhecimento arduamente acumulado servirá para conduzir gerações inteiras da humanidade nos séculos vindouros. O cabedal de conhecimentos e as obras dos Hermes e Zoroastros, bem como de outros luminares da antigüidade, serviram de alicerce às culturas iniciais, e seus princípios orientaram e apoiaram a humanidade no decorrer de milênios. Mas a poeira de longos séculos encobriu vários ramos do colossal conhecimento dos primeiros legisladores: assim, a nossa tarefa é recuperar esses mistérios científicos. Toda a vez que redescobrimos algo no hermetismo, ampliamos os horizontes maravilhosos, o que nos proporciona um prazer espiritual difícil de ser compreendido por um leigo. O buscador da verdade esquece-se no tempo, a passar ao largo, e nem o percebe. Agora, diga-me: seria ele capaz de consagrar-se serenamente ao seu trabalho, tendo que acompanhar apreensivo as vicissitudes mundanas e tentar, a toda hora, aliviar os sofrimentos de homens responsáveis pelas desgraças desabadas? Haveria no mundo tantos infortúnios, se entre os seres humanos reinasse probidade e misericórdia autêntica?... Tomemos a saúde do corpo; não depende ela basicamente do próprio homem? Os que levam vida calma, sem excessos e paixões animais perniciosas, os que preservam suas forças físicas, permanecem por longo tempo jovens; suas auras se expandem, tornando-se mais claras e transparentes, e os feixes da luz pura espiritual os impregnam e acalentam. Tais homens são pouco sujeitos aos contágios, pois a pureza de suas emanações os isola. Ó, se os homens tivessem a consciência de quanta força e luz eles emanam durante um trabalho espiritual dignificador! O trabalho mental gera composição química especial, reproduzindo seu pensamento. E essa substância fluídica alça-se em espiral e envolve o trabalhador, banhando-o qual chafariz. Conquanto emane pensamentos puros e altaneiros, criando quadros que falam do ideal, esses eflúvios são tépidos, claros e vivíficos; inversamente, os eflúvios serão negros, frios e excitativos, do mesmo modo quando um escritor busca imagens obscenas para provocar instintos baixos e despertar a fera no homem. Vocês entendem, meus amigos, que importantíssimo papel, deste ponto de vista, desempenha o ambiente para os homens, a sociedade e o seu alimento espiritual. Até alguém com as melhores aspirações dispensará o dobro de sua energia para sair-se vencedor num ambiente devasso, já que terá de ficar imune ao amálgama químico a impregná-lo. Somente triunfam os indivíduos cuja energia é capaz de gerar corrente contrária; homens de índole frágil e hesitante perdem o controle sobre si e, na maioria das vezes, se rendem aos desenfreios ou mergulham em depressão, suicidando-se não raras vezes. Entenderam o que eu disse?

— Sim, mestre, eu entendo: as paixões vis como a hostilidade, inveja, ambição e luxúria geram uma atmosfera contagiosa que atrai turba fraca, arrasta-a e ainda excita os arrebatamentos mais dissolutos. Um eleito, através da purificação espiritual, sente esses eflúvios maléficos e caóticos e deles se afasta, gerando uma corrente contrária que lhe protege a aura fluídica, ou seja, o glóbulo astral que envolve o ser humano contra a invasão das emanações contagiosas.

— Justamente, meu jovem amigo. Eis um dos motivos por que eu lhe dou a oportunidade de gerar os fluidos puros, que lhe servirão de escudo em sua missão na Europa.

O olhar límpido do jovem anuviou-se.

— Oh, mestre, eu não tenho e nem poderia ter outra vontade além da sua, mas reconheço que é uma prova árdua. Levo aqui uma vida bem-aventurada em meio ao silêncio profundo da natureza divinamente bela e regalo-me com a felicidade de ouvir seus ensinamentos, de modo que não consigo imaginar como eu retornaria àquela sociedade nojenta com suas sujeiras, sem-vergonhice e rancores – àquele turbilhão de convenções mesquinhas e enfadonhas e distrações levianas.

— Estou feliz, meu filho, que o austero trabalho da mente e o isolamento são-lhe mais caros do que a vida mundana com os seus prazeres; mas, no primeiro degrau de sua iniciação, você não deve se enclausurar no egoísmo de sua tranqüilidade. Eu os armo e os envio para proteger os inocentes, ameaçados por seres devassos e demoníacos perigosos. Seu amigo sabe que estou falando do mago negro, o qual está exorbitando de seus conhecimentos. Feito um chacal noturno, esse espírito criminoso ataca suas presas e as subjuga. Como já falei, ele é mestre em avatares, mas chegou a hora de pôr um termo em sua atividade maléfica, expulsá-lo do mundo dos vivos para a esfera das trevas, onde é o lugar dele.

— Você havia dito, mestre, que Krassinsky agora se encontra em Kiev sob nome fictício. Tudo que eu soube da carta recebida me abalou muito – observou o almirante, visivelmente nervoso. – Pobre Filipp, tão honesto e bondoso, acabou se matando depois da falência, aliás, muito estranha. Maldito Górki! Eu pressentia que esse lugar traria desgraça – acrescentou, enxugando uma lágrima involuntária.

— Posso lhe fornecer notícias mais frescas. O local sinistro do qual me falou aguçou-me a curiosidade e um de nossos coirmãos, que se encontra atualmente em missão pelo mundo, juntou algumas informações a meu pedido e enviou-as para mim. Lembra-se do conde Bélsky, apaixonado por Mila? Agora ela está casada com o ex-noivo de sua afilhada Nádya. O conde foi vítima do crime, que não pode ser julgado por homens. Com a cumplicidade de Mila, Krassinsky arrancou-lhe o corpo astral, rompendo o fio vital do pobre jovem e, engenhosamente, instalou o espírito de um satanista morto no seu corpo físico. Este "novo" conde Bélsky encontrou-se no exterior com a sua afilhada, por quem se apaixonou, e acabou por desposá-la. A desafortunada jovem acha-se casada com Bélsky, que na verdade é uma larva.

— Isso é terrível! Pobre Nádya! tão pura e inocente, atada àquele monstro! – exclamou enfurecido o almirante.

Vedrinsky também não conseguia conter a ira.

— Nós a resgataremos – tranqüilizou-os Manarma. – É essencial acabarmos com Krassinsky, instalado sob o nome de conde Farkatch em Kiev, onde pretende desempenhar o papel do feiticeiro Cagliostro. Agora, amigos, depois das devidas instruções eu os armarei de tudo que precisarem para esta difícil e perigosa empreitada. Não percam tempo e partam o mais rápido possível...

Mal serenou a sensação provocada pela vinda a Kiev do conde Farkatch, um novo assunto para as fofocas ocupou as línguas ociosas das comadres, tão invejosas, indiscretas e maldosas nos círculos da alta-roda, como nos da gentalha. O motivo disso foi a chegada do conde Bélsky com a jovem esposa, que se instalaram numa casa luxuosa, e todos impacientemente aguardavam a visita deles.

A jovem condessa foi vista pela primeira vez na casa de Rostóvskaya. Nádya, ainda mais encantadora que antes, comportou-se fria e discretamente com os velhos conhecidos. Sua frieza, entretanto, não inibiu gente sem cerimônia, que pouco antes lhe virou o rosto por ficarem os Zamyátin arruinados, e dispensou a mais calorosa atenção à jovem milionária, disputando a honra de sua visita em casa.

Assim, o jovem casal fez as necessárias honras e abriu também as portas dos próprios salões, aos quais compareceu o conde Farkatch na qualidade de amigo do anfitrião.

Mila, devido à gravidez, não aparecia muito na sociedade, mas recebia em casa. Numa pequena reunião na casa da parenta do marido, ela "*conheceu*" o conde Farkatch, quando então ele prometeu fazer-lhe uma visita. Mila ficou muito feliz em reencontrar o pai e abrigar-se sob sua proteção. Longe dele, ela sentia-se desamparada e, às vezes, muito infeliz, já que o relacionamento conjugal deixava a desejar com o sonhado, sem dizer que a atormentava o fato de sugerir medo e aversão ao marido.

Num dos saraus, ao qual não pôde deixar de comparecer, Massalítinov viu a condessa, a quem deveria cumprimentar. Pálido feito espectro, ele lhe rendeu reverência e, ao interceptar-lhe o olhar indiferente e gélido, seu corpo foi percorrido por tremor nervoso. Nádya sabendo, por sua vez, que o encontro com o ex-noivo seria difícil, observou prazerosa as mudanças nele operadas, cujo aspecto era desanimado e doente. Não era o antigo Massalítinov, vivaz, alegre, esbanjando saúde; era pálido, calado e o olhar sombrio e cansado. "Ele é infeliz" — pensou e, no bondoso coração, o ódio foi substituído por pena. Com que rapidez Nêmesis alcançara o traidor! Deus o julgou e puniu...

Alguns dias depois, Massalítinov retornou tarde da casa de um amigo. Mila após o habitual banho estava deitada na cama.

Branca feito lençol, seus enormes olhos brilhavam fosfóricos qual gato. Ela pregou o olhar devorador no marido.

Ao notar a esposa acordada, Mikhail Dmítrievitch inclinou-se para lhe dar um beijo. Nisso, esta lhe cingiu o pescoço, atraiu-o junto a si feito ímã e grudou seus lábios aos dele. O beijo foi tão brusco que o deixou tonto, acelerando os batimentos cardíacos. Faltava-lhe o ar e, durasse tal estado mais um pouco, ele achou que tombaria morto. Ele concentrou todas as suas forças para se desvencilhar das mãos tenazes a cingirem qual serpente sua presa. Mila parecia dotada nesses momentos de força sobre-humana e seus lábios tornaram a se unir com os dele.

Iniciou-se uma luta, silenciosa mas desesperada. Fora de si, ele tentava escapar aos empurrões; debalde, pois aquela mulher frágil parecia de ferro. A cabeça dele anuviou-se e os ouvidos zumbiam, na vista projetavam-se círculos ígneos.

"Salve-me, ó, Deus" – fulgiu-lhe o pedido na consciência moribunda e, num esforço supremo, ele se atirou para trás.

As mãos de Mila se soltaram e Massalítinov, feito ébrio, tombou sobre o tapete.

Pouco depois, ele se ergueu, deu dois passos e, sentindo mais uma vez tontura, deixou-se cair na poltrona.

Estendendo com esforço a mão, tocou a campainha que se comunicava com o quarto de Ekaterina Aleksándrovna.

Minutos após, a senhora Morel entrou de robe, surpresa e apreensiva. Ao ver Massalítinov na poltrona, olhos cerrados, sufocando-se e com as mãos premidas ao peito, aproximou-se rapidamente. Bastou um olhar lançado a Mila, deitada inconsciente e com os lábios roxos, dedos entortados e unhas pretejadas, para compreender o sucedido. A senhora Morel estava familiarizada com as crises estranhas na infância de Mila, quando a menina investia sobre ela, sobre as babás ou as governantas, grudava-se feito sanguessuga em sua vítima e, finalmente, quando conseguiam afastá-la, Mila ficava inconsciente durante algumas horas com o corpo todo azulado.

Ekaterina Aleksándrovna pegou do criado-mudo um copo de vinho, levantou a cabeça de Massalítinov, cujos dentes tremelicavam feito em febre, e deu-lhe de beber; na seqüência, ela molhou uma toalha e com ela enxugou-lhe o rosto cadavérico.

Pouco depois, este se levantou recuperado; estava muito fraco mas bem consciente.

Seu olhar meio perdido pousou desdenhoso em Mila e, virando-se para a senhora Morel, perguntou em voz rouca:

— A senhora não parece surpresa com o sucedido. Mila sempre tem estes ataques de loucura?

— Sim. Na infância as crises eram freqüentes, mas já há alguns anos não se repetem, eu até achei que ela estava curada. Desde que o senhor casou, este é o primeiro caso?

— Graças a Deus, espero ser o último.

— Pobrezinha! – suspirou a senhora Morel. – Agora durante dois ou três dias ela não vai reconhecer ninguém e precisará tomar remédios. Peço-lhe, Mikhail Dmítrievitch, deixar-nos a sós.

Cambaleante e suando frio, ele foi ao gabinete, chamou o criado e ordenou trazer-lhe ovos frescos, carne fria, leite e champanhe. Acendendo todas as lâmpadas, abriu a janela, apesar do frio. Necessitava de ar e luminosidade. Após servir-se de bebida e comida, Massalítinov dispensou o criado, fechou a janela, deitou-se no sofá e pôs-se a refletir. Mila sugeria-lhe uma repulsa que beirava o ódio.

Esse acontecimento deixou-o deprimido e, depois daquele dia, toda vez que se aproximava da esposa no leito, acometia-o tremor nervoso. Quando, dias depois, Mila se levantou melancólica, dela mesma partiu a sugestão que ele dormisse no quarto ao lado do seu gabinete, até a recuperação completa dela. Tal solução parecia tê-lo agradado tanto, que Mila mordeu os lábios. Ao sair com ar de satisfação do dormitório, não percebeu o olhar sombrio com que o acompanhou a esposa.

Massalítinov se sentia infeliz e deprimido. Que futuro tinha com aquela criatura estranha e perigosa? Um pressentimento sugeria-lhe que a vida conjugal não duraria muito e até sua segurança corria perigo. Sinceramente grato à senhora Morel pelos cuidados dispensados à esposa, ele lhe era gentil e prevenido, pois ela o livrava de muitos problemas.

O conde Farkatch tornou-se visita constante. Mila parecia gostar da companhia interessante dele, cuja conversa parecia distrair e animá-la, de modo que Mikhail Dmítrievitch recebia bem o conde, embora no íntimo não simpatizasse com ele.

Certo dia, estando Mikhail Dmítrievitch de serviço e a senhora Morel fazendo compras, veio o conde Farkatch. Mila recebeu-o no *boudoir* e mandou servir o chá. Tão logo o serviçal saiu, a jovem inclinou-se ao conde e lhe falou em italiano, com lágrimas nos olhos:

— Papai, ajude-me! Sou tão infeliz. Eu meto medo em Michel. Não sei o que há comigo; sinto faltar-me a vitalidade e então fico qual louca.

Ela falou dos casos com as três crianças, com a camareira e do seu último ataque ao marido, a partir do qual ele mal disfarçava seu medo a ela.

Krassinsky ficou pensativo. Apesar de todos os seus conhecimentos, ele não podia mudar a natureza da filha — uma criatura vampírica, que requeria o dobro de energias vitais em se comparando ao ser normal, e cujos instintos ele não conseguia aplacar.

— Não se preocupe! Vou lhe arrumar um preparado para recuperar as forças e cuidar para que Michel não lhe tenha mais medo. Não deixe de tomar a erva deixada por mim na última vez. Vai ficar tudo bem e prometo garantir sua felicidade.

— Ah, minha felicidade! - suspirou Mila. - Ela é bem duvidosa... Nádya está aqui, bonita, rica e amada; Michel ainda não se esqueceu dela, tenho certeza.

— Não tenha medo da concorrência dela. Prometo torná-la inofensiva - assegurou Krassinsky, com sorriso malicioso. - Bem, a senhora Morel deve ter retornado, e você sabe como ela me odeia - acrescentou ele, em despedida.

De fato, a única pessoa que não escondia a antipatia por Farkatch, por quem suspiravam todas as damas da cidade, era Ekaterina Aleksándrovna.

— Ele parece, tal qual duas gotas de água, com aquele miserável Turaev, responsável pela morte do meu pobre Casimiro, e que fez infeliz a minha querida Marússya, desaparecendo depois de praticar aqueles malefícios - dizia ela a Mila.

Aliás, como dissemos, só a senhora Morel tinha essa opinião; a alta-roda achava o conde encantador. O interesse por ele aumentava a cada dia, sobretudo ao descobrirem ser aquele gentil cavalheiro um mestre em magnetismo notável, um ocultista e “mago” capaz de operar fenômenos incríveis. Numa ocasião, na tentativa de confortar uma pobre senhora, cujo filho pôs termo à própria vida, ele invocou o espírito do jovem à presença da mãe e de diversas pessoas estranhas, e forneceu provas irrefutáveis quanto à identidade dele. Após esse caso, o conde viu-se assediado por pedidos de realizar tais tipos de sessões; sem relutância, o "mago" aquiesceu.

A segunda apresentação teve sucesso estrondoso. Mãos invisíveis tocaram flauta e piano; numa caixa fechada apareceram mensagens; pelo salão voou um passarinho, de cujo ovo, após quinze minutos, saiu seu filhote. Todos se despediram atônitos e admirados, e o interesse geral por ele aumentou ainda mais. Todos queriam participar de suas sessões, mas devido ao enorme número de interessados era difícil receber convite.

Entrementes, o conde anunciou aos seus admiradores mais ardorosos sua vontade de apresentar experimentos mágicos bem mais interessantes e complexos, com a condição de que isso seria realizado num círculo mais íntimo.

E, quando os felizes eleitos se reuniram pela primeira vez, viram o salão mobiliado de forma diferente: sobre a mesa, rodeada por cadeiras, havia uma caixa cinzelada com um círculo em giz ao lado, bem como trípodes com ervas e uma espécie de pedestal. O conde trajava malha, do pescoço pendia um bastão. Após todos se acomodarem, a luz foi apagada e, nesse minuto, numa das trípodes surgiu uma chama vermelha, iluminando a sala. Depois dos devidos esconjuros, o conde realizou uma série de fenômenos interessantes. Do teto precipitavam-se echarpes orientais e quinquilharias, seguiram-se miragens. De repente, no lugar das paredes do salão abriram-se quadros tão vivos, que se podia escutar o rumorejo dos chafarizes no pátio do palácio hindu, ou o farfalhar das folhas da floresta tropical virgem.

Boquiabertos, os presentes se entreolhavam. Cada um se perguntava se aquilo era miragem ou realidade.

Quais autômatos, os espectadores seguiram o conde até o refeitório, onde um lauto jantar por eles esperava, tomado de assalto e voracidade sem precedentes. Ninguém atentou a Farkatch, sorrindo com desdém.

O sucesso da sessão espalhou-se rapidamente. Incapazes de alcançar com a mente as prestidigitações engenhosas do feiticeiro, a próxima sessão era aguardada com impaciência por todos. Decidido a saciar sua paixão impura, Krassinsky-Farkatch intentava atrair Nádya para participar daquele círculo diabólico, visto, até então, a jovem parecer estar imune aos feitiços do mago.

Embora Nádya não se achasse infeliz, porque o marido lhe era bom e parecia loucamente apaixonado por ela, em seu espírito se instalou uma apreensão pelo comportamento estranho dele. No início, a pureza e a ingenuidade da jovem acercaram-na das suspeições; mas seus sentidos femininos fizeram-na finalmente compreender a artificialidade da vida conjugal e, no íntimo, alegrava-a o fato de não sentir nada por Bélsky, ao contrário, tinha-lhe um medo inexplicável e, então, resolveu descobrir os motivos disso. Observando-o atentamente, convenceu-se de seu comportamento no mínimo estranho.

Sempre que o conde adentrava o dormitório à noite, feito um autômato, aproximava-se da esposa, deitava-lhe por algum tempo o olhar perdido e, em seguida, ia se deitar, adormecendo imediatamente. Não é que a Nádya afrontava a indiferença dele; ao contrário, preocupavam-na outros fatos, não menos anormais.

Chamou sua atenção o extravio de sua cruz batismal e, logo depois, desapareceram dois outros crucifixos. Alegando não crer em Deus, Adam mandou retirar todos os ícones do aposento e determinou que a esposa não freqüentasse igreja em sua ausência. Estranhavam a Nádya, também, as constantes viagens do conde ora a uma, ora a outra propriedade.

Ainda que o conde Farkatch fosse amigo íntimo do marido e suas visitas eram freqüentes, Nádya nutria-lhe antipatia e, quando ele a convidou para a sessão de ocultismo, a jovem rejeitou a idéia, alegando seu pavor a tudo sobrenatural. Bélsky tentou convencê-la, mas diante de sua firmeza desistiu. Porém, ao perceber que sua recusa magoara o marido, pediu-lhe para arrumar alguns livros de ocultismo para ter algumas noções sobre o assunto antes de ir à sessão. Os livros, trazidos pessoalmente por Farkatch, incitaram-lhe a curiosidade e ela acabou cedendo aos argumentos de Adam de evitar que seu amigo ficasse magoado. Nádya, ainda que contrafeita, aceitou participar da sessão a se realizar em breve.

IV

Dois meses antes, um evento aguardado deu-se na família dos Massalítinov: Mila deu à luz um filho, e a recuperação da mãe foi mais rápida que se imaginava. Mikhail Dmítrievitch adorava crianças e sentiu-se no sétimo céu, quando lhe trouxeram a criança tão impacientemente esperada. O filho nasceu sadio, ainda que antes do prazo. Mas ao sentimento de bem-aventurança e amor do pai, de chofre, seguiu-se um outro, beirando repulsa e medo supersticioso.

Vindo à luz à noite, o pequerrucho envolto em rendas sobre o travesseiro de seda não produziu inicialmente sobre o pai nenhuma impressão especial. De manhã, quando ele se inclinou sobre o berço, ficou estremecido com o olhar dos enormes olhos negros, a encararem-no curiosos e penetrantes; aquele olhar nem de longe parecia o de um recém-nascido. Quando Massalítinov afastou instintivamente a cabeça, nos lábios do nascituro deslizou um sorriso de zomba. Duas horas mais tarde, ao receber do padre a bênção e o nome de Vladimir, o bebê entrou em convulsão e foi necessário chamar o médico. Sombrio, Mikhail Dmítrievitch retirou-se ao gabinete, perturbado com a conscientização de que seu filho era uma criança enigmática, tal como a mãe.

Nas semanas seguintes, diversos acontecimentos desagradáveis pareciam não dar trégua. A começar pelas amas-de-leite: em duas semanas três delas foram substituídas. Da primeira, em alguns dias, o leite secou; a segunda teve crises epilépticas, e a terceira morreu de ataque cardíaco. Ekaterina

Aleksándrovna, dedicada aos cuidados da mãe e criança, estava desesperada. A quarta ama-de-leite durou mais, contudo o leite se lhe esgotou e ela pediu as contas. Ekaterina Aleksándrovna decidiu contratar uma ama-seca e alimentar a criança com leite de cabra.

De manhã, na hora do desjejum, quando ela comentou seus planos, Massalítinov observou em tom de ironia:

— De fato, Volódya* é um flagelo das amas-de-leite. A senhora não acha, querida titia, que é o caso de convidar aquele famoso pastor bretão que curou Mila? Talvez ele possa explicar tudo isso...

Ekaterina Aleksándrovna enrubesceu.

— Deus o perdoe! O senhor quer dizer que o seu filho é uma criatura diabólica? Bem que venho notando o senhor indiferente com ele! Não tem pena dele? É seu filho.

Massalítinov levantou-se para se certificar de estarem sozinhos, aproximou-se dela e disse em voz trêmula:

— Não sei se a senhora faz de conta que não enxerga nada, ou então diante de nós, profanos, ocorrem fenômenos sinistros e incompreensíveis. Eu era um cético incorrigível, e pode me chamar de louco, se quiser, mas agora não há como negar as evidências de que esta criança tem algo de errado. A senhora já percebeu o olhar dele?

Ekaterina Aleksándrovna baixou os olhos.

— É impressão sua; ele é apenas uma criança de índole nervosa.

Mas pela expressão do rosto, a senhora Morel não parecia muito convicta de suas palavras.

— A continuar assim, eu largo tudo e saio de casa; não agüento mais viver aqui.

— O senhor está com os nervos abalados, Michel, e sofre de alucinações. Precisa se tratar. Graças a Deus, estamos no fim de fevereiro e daqui a umas três semanas, quando Mila se restabelecer por completo, ficaremos em Górki até o outono. O clima lá é excelente e fará bem tanto à mãe como ao filho. Sugiro que o senhor faça o mesmo para tratar dos nervos.

Massalítinov nada respondeu, mas a perspectiva da viagem da esposa proporcionou-lhe satisfação.

---

* Forma afetiva de Vladimir – N.T.

Restabelecida inteiramente, Mila expressou vontade de participar da grande recepção com baile na casa de Farkatch; Mikhail Dmítrievitch aquiesceu a contragosto. Até então ele sempre se esquivara dos convites, pretextando sua condição de herege e de ser "mal recebido no círculo além-túmulo".

Na véspera, Massalítinov havia visitado seu colega de farda – um jovem oficial, pândego e farrista, e visita contumaz das sessões do conde Farkatch.

— Você vai amanhã com a esposa à casa do conde? – perguntou ele.

— Infelizmente. Diga-me: o que você acha dele e por que ultimamente parou de freqüentar a casa dele? – respondeu, com outra pergunta, Massalítinov.

— Não espalhe! Vi coisas lá realmente diabólicas e estranhas.

O relato dos fenômenos sobrenaturais vistos pelo amigo deixaram forte impressão em Massalítinov, e convenceram-no de que o conde era um sujeito perigoso.

— Fique atento e cuide da esposa – preveniu o amigo.

— Obrigado. Vou ficar de olho – assegurou, apertando-lhe a mão.

Já em casa, ele ficou por muito tempo cogitando como se prevenir de quaisquer problemas e, nisso, lembrou-se do tio de seu pai, um monge em Atenas por mais de quarenta anos. Estando certa ocasião a mãe de Mikhail Dmítrievitch seriamente adoecida logo depois de se casar, o monge remeteu a ela uma pequena cruz de cipreste com partícula de santa relíquia. Após se recuperar, Massalítinova carregava sempre consigo aquela cruz e lhe atribuía força miraculosa. Sendo descrente em Deus, Mikhail Dmítrievitch guardava o objeto apenas como lembrança da querida mãe; então, lembrando-se da relíquia familiar antes do baile, ele a tirou do porta-jóias.

Era um pequeno medalhão de ouro e tampinha de vidro; no interior abrigava-se cruz miúda de madeira com a imagem do santo, e embaixo se encontrava a partícula da relíquia. Massalítinov colocou-o no pescoço.

Nos salões iluminados da magnífica residência do conde Farkatch, festivos e numerosos convidados se apinhavam. Como depois da sessão ocultista haveria as danças, as damas, engalanadas em trajes para a ocasião, rivalizavam-se em charme e jóias, contando serem notadas pelo gentil anfitrião – solteiro, belo, rico e de vastos saberes. Duas jovens viúvas de boa aparência e bastante decididas eram as que mais se desmanchavam em seu coquetismo, no entanto, por mais gentil que fosse o conde, não dava preferência a nenhuma delas. As rainhas do baile, pela beleza e luxo dos trajes, sem dúvida eram Mila e Nádya.

A primeira estava de vestido verde, urdido de prata, guarnecido de rendas maravilhosas, adorno de esmeraldas e pérolas rosa de valor inestimável. Nádya trajava um deslumbrante conjunto inglês todo branco; seu adorno de cabeça, que consistia de pérolas e brilhantes, era um verdadeiro patrimônio, o botão de rosa nos cabelos negros destacava-se-lhe sobre o traje de brancura nívea .

Ambas trocaram reverências frias.

A sessão foi muito interessante. Surgiam flores e demais miudezas; houve visões do passado, representando o comércio de mulheres na Babilônia; mostrou-se um combate medieval; a execução de Maria Antonieta e outros quadros que deixaram os espectadores atônitos.

Quando todos passaram ao salão anexo ao jardim de inverno, os convidados foram surpreendidos com a chegada de um desconhecido grupo de mulheres e homens que, saudados por Farkatch, foram apresentados a todos como seus amigos de Paris; em viagem à Rússia, eles passaram em Kiev só para vê-lo. Ao saberem que o conde tinha organizado uma recepção, eles vieram sem avisar, a fim de lhe fazer uma surpresa. Os recém-chegados parecia pertencerem à nata da sociedade e estavam elegantemente trajados. Fora Farkatch, apenas Bélsky conhecia os visitantes; ele beijou as mãos das damas e trocou apertos de mão com os cavalheiros e lhes apresentou a esposa.

Iniciaram-se as danças e tudo em volta se animou. Massalítinov não quis dançar e se sentou no vão da janela, pondo-se a observar Nádya. Esta parecia-lhe especialmente encantadora.

Ao olhar casualmente para Mila, sentada por perto, ele viu um dos estranhos cavalheiros convidando-a para dançar; esta como que estremeceu, declinou o corpo para trás, mas logo se levantou e, valsando, perdeu-se na multidão. Nenhuma sombra de ciúme assaltava-lhe a alma e sequer lhe passou pela mente seguir a esposa, pondo-a a salvo do cavalheiro aparentemente antipático; toda a sua atenção concentrava-se em Nádya, cercada por multidão de fãs.

Nisso, o conde Farkatch aproximou-se dela, a fim de tirá-la para dançar. Como que movido por sentimento inexplicável, Massalítinov saiu de seu abrigo e ficou observando-a. Por alguns instantes, ele a perdeu de vista na multidão, mas, depois, viu-a de esguelha saindo com o seu cavalheiro para o jardim de inverno. Sem razão aparente, ele sentiu uma enorme apreensão pela jovem que poderia correr grande perigo em companhia daquele homem perigoso. Seu dever era protegê-la e Massalítinov foi abrindo caminho entre os convidados.

Em sua pressa de alcançar o jardim de inverno, cruzou no caminho com Bélsky, que se dirigia ao bufê com alguns senhores.

O jardim, iluminado por lâmpadas elétricas encobertas, difundindo penumbra misteriosa, era grande e abrigava numerosas plantas tropicais; para a sua construção foram unidas, numa só, diversas salas. No centro do jardim, um chafariz espargia suas águas e, nas duas laterais, entre os arbustos, perfilavam-se caramanchões com bancos revestidos de veludo. O jardim findava numa gruta levemente iluminada por lâmpada violeta.

Massalítinov parou indeciso. Nádya não estava à vista. Nesse ínterim, a ele chegou o som de flauta longínqua, cuja melodia monótona, selvagem e dissonante nele produziu sensação de angústia. Quem poderia estar tocando? Cuidadosamente ele se embrenhou pelos arbustos e divisou na gruta o conde Farkatch. Era ele que tocava a alguns passos de Nádya, pálida, olhar parado e bruxuleante na entrada da gruta. Parecia estar hipnotizada e movia-se lentamente para dentro da gruta até ficar ao lado do conde. Nisso, ele parou de tocar, enfiou a flauta no bolso e, agarrando a jovem, puxou-a a si. Sem muito pensar, Massalítinov arrancou do peito o medalhão, tirou o crucifixo, correu para a gruta e projetou-o em direção a Farkatch; este soltou um grito rouco e soltou Nádya. Com o rosto transfigurado e espumando pela boca, ele soltou um grito desatinado:

— O que é isso? O que é isso? Infeliz, onde arrumou esse símbolo? Solte-o ou eu a estrangulo!...

Mas Mikhail Dmítrievitch, num pulo, já se achava ao lado de Nádya com a cruz erguida. Furioso, Farkatch desapareceu por entre a vegetação. Nádya permanecia feito estátua.

— Volte a si, você está salva! – sussurrou Massalítinov, tocando-lhe a testa com a cruz, cujo poder ele acabava de conhecer.

Esta estremeceu. Seus olhos fixaram-no conscientes e com a mão trêmula ela enxugou a testa.

— Eu não estava dormindo, estava? Senti-me paralisada, sem poder oferecer qualquer resistência. Mas o que o fez vir em meu socorro, Mikhail Dmítrievitch? Por acaso já sabia que aquele homem era um bruxo?

— Sim, Nadejda Filíppovna, felizmente não sou mais aquele cético, e hoje compreendo mais coisas. Permita-me dizer mais uma coisa. Reconheço que você tem motivos de desprezar-me, mas não me julgue com precipitação. Uma terrível fatalidade do destino nos separou; algo terrível e sinistro ocorre em nossa volta e, se puder, perdoe-me o que fiz, pois já fui cruelmente punido. Sou o mais infeliz dos homens e pressinto meu fim medonho. Ore por mim e jamais fique perto de Górki, desse ninho diabólico onde os nossos infortúnios começaram.

Ele agarrou e apertou convulsivo a mão de Nádya. Esta ergueu os olhos e, ao notar-lhe o desespero no rosto e as lágrimas fulgindo nos olhos, sentiu uma enorme pena do homem que outrora amara e seu ódio desapareceu.

— Suplicarei a Deus para que lhe restitua a paz e o resguarde de todo o mal – balbuciou ela.

Súbito, ouviram-se gritos e ambos saíram correndo da gruta. Abismados, eles viram ao lado do chafariz Mila de joelhos, debatendo-se contra Bélsky fardado, que tentava estrangulá-la. A jovem gritava, tentando afastar as mãos do homem enfurecido, a apertar-lhe o pescoço.

— Devolva-me a vida, sua sanguessuga diabólica! – urrava ele.

Massalítinov viu-se rapidamente junto a Mila para defendê-la do agressor; porém nesse instante todas as luzes se apagaram, a música e a dança pararam e ouviu-se a voz de Farkatch:

— Um minuto de paciência, *mesdames et messieurs*! Houve um problema no fio elétrico e vamos iluminar a casa à moda antiga.

Logo acorreram os criados, trazendo candelabros. Mila estava deitada no chão, seu marido lhe sustentava a cabeça e Bélsky havia desaparecido.

A multidão curiosa afluiu ao jardim de inverno. Enquanto Massalítinov levava a esposa para um quarto nos fundos da casa, de todos os lados choviam perguntas sobre o acontecido.

— Madame Massalítinova sofreu um atentado. O agressor tem incrível semelhança com o meu marido, quando era oficial – explicava Nádya, desolada. – Mas o conde, como podem ver, está em trajes civis.

O conde Adam aproximou-se, visivelmente perturbado.

— Que história desagradável! – exclamou ele – o mordomo me disse que acabaram de deter na saída um oficial, procurado desde a manhã pelos funcionários do manicômio do doutor Vurstenzon. Abandonado pela esposa infiel, ele enlouqueceu e procura por ela para matá-la. Está preso agora. Acalme-se, querida! – adicionou o conde, meigamente.

— Quero voltar para casa – disse Nádya. – Estou muito cansada. Você, Adam, pode ficar aqui.

Nisso aproximou-se Farkatch e anunciou que o demente já tinha sido levado, mas que muitas damas, assustadas com a falta de luz, tinham ido embora.

— Que decepção! A festa foi estragada. Maldito doido! – indignava-se Farkatch. – A senhora também vai nos deixar, condessa?

— Sim, mas o marido ficará aqui – respondeu friamente Nádya.

— Eu também vou me despedir. O senhor entende: Mila, depois desta história toda, precisa de repouso – disse Massalítinov, ao se aproximar.

Sem trocarem uma palavra, Massalítinov e a esposa dirigiram-se de coche para casa. Mila tremia febril, enrolada na peliça. Ao invés de ter por ela um sentimento de afeto, sua figura lhe sugeria medo e repulsa e, à penumbra da carruagem, seus olhos esverdeados e penetrantes parecia brilharem de chama hostil. Seu coração se comprimiu doloroso: aquela mulher estranha não lhe pressagiava um final feliz.

No dia seguinte, Massalítinov saiu como de costume para o serviço. No meio do caminho, ele verificou ter esquecido a pasta e decidiu voltar. Perto da casa, notou o coche do conde Farkatch e soube do criado que Mila o recebeu em seu *boudoir* e pediu o chá. Ciente de ter a senhora Morel levado o seu filho para o parque, sua esposa estaria a sós com o feiticeiro, vindo talvez para se inteirar da saúde dela. Movido mais por curiosidade do que por ciúme em descobrir o que eles estariam conversando sem testemunhas, ele cruzou o longo corredor e foi ao seu quarto, separado do *boudoir* apenas por uma divisória de madeira. Ali, atrás de algumas de papelão havia pequena janela, toldada por cortina de miçangas, que dava para o *boudoir*. Ele subiu num baú e olhou. Mila sentada no sofá chorava. Defronte dela, recostado na lareira, estava Farkatch, sombrio e preocupado.

— Repito-lhe: – dizia Mila por entre as lágrimas – não posso suportar mais esta terrível existência. Faça algo para eu não meter medo em Michel. Você conhece meu amor por ele e eu sofro ao perceber em seu olhar terror e ódio por mim. Eu não suporto mais esta casa, fervilhando de larvas, íncubos e toda a espécie de monstros do mundo invisível! Vocês são tão cruéis e injustos comigo! E o meu filho? Ele não é igual ao resto das crianças. Até seu pai já percebeu isso e não quer saber dele.

Ela agarrou a cabeça com as mãos e em desespero gritou:

— Pai, devolva a alma do meu filho! Expurgue-lhe o espírito diabólico!...

— Acalme-se e agüente. Eu...

— Não! – interrompeu-o Mila. – Minha paciência se esgotou. Azima me persegue e suga minha vida; Bélsky, a quem armei cilada para você arrancar-lhe a alma, tenta me matar. Eu lhe servi conforme suas exigências, papai, e suportei tudo sem nada revelar; agora, peço-lhe dar um jeito nessa situação, pois, caso contrário, pedirei auxílio à minha mãe e que o Céu me proteja, já que o inferno não o consegue!

Massalítinov ouvia tudo, assombrado. Quem seria aquele homem, a quem Mila chamava de pai e suplicava-lhe a ajuda? Nesse instante, o conde estremeceu e os seus olhos escuros e profundos, qual sumidouro, de súbito fixaram-se na janelinha.

— Silêncio, insana! – ciciou ele, erguendo o braço. – Atrás da divisória, o seu marido está ouvindo tudo. Vou acabar com ele!

Soltando um grito rouco, Mila saltou do sofá, correu até a divisória e colou-lhe o ouvido.

— Não ouse tocá-lo! Só por cima do meu cadáver! E se você usar sua maldita ciência para tirá-lo de mim, não respondo mais por nada. Você não imagina de que eu sou capaz e, embora você seja um feiticeiro poderoso, tem o seu calcanhar de Aquiles. Não me desafie, pai!

Farkatch aproximou-se dela e a fez sentar-se.

— Você enlouqueceu por completo. Tem sorte de eu ser seu pai e, nessa condição, ainda que seja minha fraqueza, não vou destruir seu marido, a quem ama. Somente cuidarei para que ele não se lembre de nada.

Ele ergueu a mão, fixando o olhar na janela. Massalítinov ficou tonto e quase caiu do baú. Com muita dificuldade, desceu ao chão e, cambaleando, dirigiu-se ao gabinete, deixou-se cair no sofá e adormeceu sono pesado.

No dia seguinte, na cidade correu a notícia sobre a viagem repentina do conde Farkatch ao estrangeiro.

Cerca de um mês se passou desde aquele baile memorável. O conde Farkatch ainda estava fora. Bélsky, atarefado com assuntos importantes, não parava em casa, e Nádya sentia-se feliz por ficar sozinha. Freqüentemente, ela refletia sobre o seu ex-noivo e o marido.

A mágoa por Massalítinov desapareceu após o encontro no baile, quando percebeu em seu olhar o quanto ele era infeliz. No íntimo, por várias evidências, ela tinha certeza de que o destino de ambos tomou uma direção sinistra por interferência de forças malignas. Assim, sentia muita pena dele, e a imagem de Mikhail Dmítrievitch foi ocupando o coração da jovem. Quanto ao marido, estranhava-a sua relação com ele e, mais ainda, assombrou e enojou-a o relato da mãe de um menino que trabalhava na cozinha de Bélsky, sobrinho da camareira dele. O conde possuía um apetite estranho: todas as manhãs um novilho ou um galo era sacrificado e, ao banheiro dele, levavam um copo cheio de sangue quente e bife cru com sal. Fora isso, antes de dormir ele tomava um suco de carne e comia meia dúzia de ovos crus.

Surpreendeu a Nádya tamanha voracidade, tanto mais que Adam sempre comia bem no almoço e jantar com ela.

Certa tarde, a jovem recebeu um bilhete da mãe, chamando-a em casa naquela mesma noite. Estaria a mãe doente? Mas Zoya Ióssifovna a recebeu alegre e, após beijá-la, sussurrou no ouvido:

— Tenho uma grande surpresa, mas é segredo.

— Surpresa com segredo? Onde está escondida?

— Vá ao gabinete do seu pai para ver.

O gabinete de Zamyátin e os dois quartos a ele anexos permaneciam intocáveis e sempre trancados; Zoya Ióssifovna cuidava de sua ordem pessoalmente. Sobre a escrivaninha permaneciam seus livros, papéis e cartas, tal qual o marido os deixara.

Ansiosa, Nádya adentrou o gabinete e, surpresa, viu dois homens levantando-se do sofá. Ao reconhecer num deles o almirante, soltou um grito de alegria, atirou-se-lhe nos braços, soluçando de emoção e repetindo:

— Padrinho, padrinho! Como estou feliz por ter voltado! Minha alma está despedaçada. Quanta coisa preciso lhe contar!

Ao perceber então Vedrinsky, ela lhe estendeu a mão e desculpou-se por não tê-lo reconhecido.

— Acalme-se, minha criança, estamos aqui para livrá-la de dois patifes – informou meigamente o almirante.

Nádya estremeceu.

— Foi Deus que os enviou para cá, padrinho. Coisas sinistras e terríveis estão acontecendo aqui e quem sabe você nos possa dizer algo. Não é verdade?

Vedrinsky desculpou-se e foi para o outro quarto; Ivan Andréevitch fez Nádya sentar-se ao seu lado no sofá e disse, premendo-lhe forte a mão:

— Agora, minha criança, conte-me tudo o que a perturba. Conhecendo seus problemas, vou-lhe explicar outras coisas e você terá de se armar de muita coragem.

Nádya fez um relato sucinto de como conheceu Bélsky no estrangeiro e, em seguida, corando, falou de seu estranho relacionamento com o conde, o qual não exigia qualquer direito sobre ela.

Contou também alguns detalhes estranhos do último baile.

O almirante só a interrompeu depois das últimas palavras dela, perguntando se o conde não lhe lembrava alguém.

Nádya pensou um pouco e, súbito, disse agitada.

— Sim, agora me lembro, e como não percebi isso antes? Farkatch é cópia fiel do retrato de Turaev em Górki, ao lado de Marússya. Neste caso, Farkatch... Agora começo a entender...

— Sim, minha criança, você adivinhou e então vem o mais difícil. O nosso sábio mestre hindu, além de nos instruir como acabar com esse homem, veio pessoalmente à Europa para ajudar-nos a exterminar as criaturas satânicas. Vamos reparar a morte de Marússya, a do meu amigo Vyatcheslav, a da pobre Bélskaya, a vida arruinada de seu pai e de Mikhail Dmítrievitch. É longa a lista de suas vítimas... Krassinsky e Bélsky são criaturas perigosas e devem ser destruídas fisicamente. Embora tudo isso possa parecer um absurdo aos simplórios, os ocultistas do Himalaia sabem da gravidade da situação. Mas, querida Nádya, terá você bastante coragem de participar dessa grandiosa luta, sem levantar suspeitas de Bélsky por tudo o que você já sabe?

Nádya, ao cerrar por instantes os olhos juntando as idéias, endireitou-se energicamente.

— Não tema, padrinho, Adam não desconfiará de nada, além do mais agora sei que você me protegerá. Mas o que devo fazer?

— Bravo! Agora escute! Tenho motivos de achar que Krassinsky está informado da minha vinda e do perigo que o ameaça; porém, dificilmente ele imagina a presença do mago Manarma. O nosso inimigo tentará se esconder em sua fortaleza, onde ele é forte, ou seja: na ilha perto de Górki. Como Mila é uma de suas armas, vai mandá-la para lá com o filho e Ekaterina Aleksándrovna. Ainda não sabemos se Farkatch levará uma vida incógnita ou aberta. Não se exclui a possibilidade de Bélsky ficar junto ao seu coirmão e oferecer o seu castelo, localizado na vizinhança. Sua presença lá, minha criança, é indispensável. Eu e Gueorgui Lvóvitch ficaremos escondidos na circunvizinhança e tentaremos eliminar um dos dois, quando o outro estiver longe.

— Serei forte, padrinho, contem com a minha ajuda! Como é medonho esse mundo invisível! Até o próprio Redentor foi tentado por Satanás. Se Ele expulsava os demônios, significa que eles existem. Em todos os tempos e culturas fala-se desse mundo oculto. Ali e acolá, ocorrem fenômenos estranhos, que os homens, em sua ignorância, atribuem à superstição.

— Sim, minha querida, estamos cercados por monstros, à espreita de arrancar alguém do *nosso* meio, ora lhe infundindo demência, ora suicídio...

— Ah, padrinho! – interrompeu-o Nádya. – Esqueci de mencionar alguns fatos, no mínimo uma obra das criaturas do inferno que se instalaram em casa. Primeiro, eu vivo perdendo meus crucifixos; quase não consigo orar dentro da casa e, quando regresso da igreja, passo mal. Adam quase desmaiou na missa de réquiem e o cheiro de ládano o faz vomitar. Ainda bem, padrinho, que você está aqui.

Alguns dias se sucederam. Num dos aposentos mais distantes da casa de Farkatch estava o próprio anfitrião e Bélsky. Ambos pareciam apreensivos.

— Como já lhe disse, estamos correndo grande perigo, do qual o próprio *mestre* nos avisou.

— E quem poderia nos ameaçar? – balbuciou Bélsky.

Krassinsky desfechou sonora gargalhada.

— Ameaçar? Conheço esse alguém de longo tempo. O maldito surrupiou-me Marússya, e suas flechas quase me mataram. Mas agora será diferente; vou lhe sugar a vida até o último suspiro. Não estou mais sozinho, além de você, pedirei reforços na irmandade. Uriel, Bifru e Azima virão me ajudar. O iminente confronto exigirá de mim todas as forças, de modo que irei a Górki, onde vocês me encontrarão. Lá, em meu laboratório, eu cuidarei de recuperar minha máxima energia. Mandarei Mila para lá com o filho, pois sua ajuda será necessária. Reservei a vila na ilha por todo o período de verão, onde posso me instalar abertamente quando quiser, mas, no início, ficarei incógnito. Você e sua esposa viajam ao seu castelo, para eu poder atrair a Górki o meu inimigo. Depois de levar a condessa, você irá buscar os nossos irmãos, enquanto vou me preparar para o combate decisivo.

Após discutirem mais alguns detalhes, os amigos se separaram.

Um dia após essa conversa, Mila anunciou ao marido durante o jantar sua intenção de ir a Górki com Ekaterina Aleksándrovna para aproveitar os maravilhosos dias da primavera e recuperar-se do esgotamento físico e mental.

— Como sei que você não gosta da vila, decidi ficar na antiga casa dos Zamyátin, onde se sentirá mais à vontade. Quanto à vila na ilha, o conde Farkatch pediu-me que eu a arrendasse para ele durante todo o verão. Aquelas bizarras lendas que a envolvem o deixaram curioso e ele pretende fazer uma investigação. Dei-lhe o meu consentimento, visto não existir nenhuma razão em negar-lhe uma coisa tão simples – adicionou Mila.

— Excelente, vá quando quiser; eu viajarei assim que o serviço permitir – disse Massalítinov com frieza, tornada habitual ultimamente.

Tendo retornado da viagem a negócios, Bélsky sentou-se no sofá ao lado de Nádya, beijou-a e disse em tom meigo:

— Está muito pálida, minha querida. Não acha que lhe fará bem tomar ares puros? Quero lhe propor algo neste sentido. Eu recebi uma carta do administrador da minha propriedade em Belkovitchi; você sabe... fica perto de Górki. Ali se acumularam muitos assuntos pendentes e o administrador insiste na minha presença. Eu preciso ir, mas queria levá-la junto. O castelo é confortável e tem um parque magnífico e, acredito, você ficará muito bem lá. Gostaria de ir comigo?

— Claro, você se antecipou ao meu desejo, querido Adam.

— Agradeço, querida. Quanto tempo precisa para se aprontar? Eu pretendo sair daqui a três dias.

— Dá tempo. Mandarei a camareira fazer as malas. Quero também me despedir da mamãe, de Rostóvskaya, de Massákova e de outras amigas mais chegadas, mas para isso um dia será suficiente.

V

No outro dia, Nádya foi à casa da mãe e combinou com o almirante que, se o conde fosse viajar, ela o informaria disso por carta a Zoya Ióssifovna, usando código ajustado, após o que ele e Vedrinsky iriam ao castelo, disfarçados em especialistas para organizar sua biblioteca. O mago hindu ficaria em Kiev e se uniria aos amigos em caso de extrema necessidade e perigo. Esperando pelo chamado deles, ele ficaria num mosteiro em Kiev, estudando suas grutas.

O castelo agradou a Nádya; o parque, em sua decoração primaveril, deixou-a extasiada em seus passeios. Ela poderia até se sentir feliz nos aposentos luxuosos da rica casa, não lhe assaltassem contínuos receios do futuro e a presença do sinistro marido, cuja aproximação ou menor carícia a faziam se arrepiar por dentro. Porém, externamente, ela não deixava transparecer nada e parecia grata a suas meiguices e cuidados. E essa constante simulação a esgotava. O telegrama, chamando o conde por três ou quatro semanas para o exterior, foi verdadeiro alívio. Adam parecia desgostoso em deixar a esposa adorada, mas Nádya o confortou e prometeu não sair do castelo até o seu retorno.

O conde viajou, e dias depois ao castelo chegou um velho senhor bibliotecário com seu auxiliar, para catalogar, supostamente a pedido de Bélsky, os livros e documentos. O almirante e Vedrinsky estavam tão bem disfarçados que nem mesmo Nádya os reconheceu de início. Ela mandou hospedá-los nos dois aposentos ao lado da torre, onde se encontrava o arquivo, e ninguém na rica e hospitaleira casa sequer suspeitou dos recém-chegados a trabalharem com afinco na biblioteca, para onde lhes eram levados o almoço e o desjejum.

Krassinsky estava em Górki, no subterrâneo. Da conversa com Bélsky, soube que a jovem condessa ficaria sozinha e, conseqüentemente, indefesa, e então decidiu aproveitar a ausência do amigo para pôr em execução o seu plano de possuí-la.

Nádya lia um livro sobre ocultismo no *boudoir* e não se deu conta quando um peso plúmbeo paralisou seus membros e ela recostou-se no espaldar da poltrona. Qual imobilizada, quis gritar ao ver a porta do quarto se abrir silenciosamente e assomar-se um alto homem de branco, cujo rosto brônzeo parecia exprimir vontade inabalável. O forasteiro dela se aproximou, inclinou-se e começou a desabotoar-lhe o penhoar; em sua mão brilhava um objeto que ele deitou sobre o peito desnudado da jovem. A jovem sentiu forte dor, lancinando-a qual ferro em brasa, e gritou. E como que acordando, verificou tudo ter voltado ao normal, a não ser o seu penhoar de crepe chinês semi-aberto e uma sensação de algo a lhe queimar o peito, mas na pele acetinada não parecia haver qualquer marca.

"Que sonho estranho!"– pensou ela e tocou a campainha para chamar a criada, a fim de que esta a ajudasse a se trocar.

Qual foi sua surpresa, quando de manhã notou tatuada no peito uma pequena cruz vermelha. Fosse o que fosse, sonho ou visão, aquela marca deveria ter algum sentido. Talvez ela corresse perigo, e o símbolo sagrado a protegeria. Ela experimentou uma doce sensação de tranqüilidade, pois não estava sozinha; alguém, sempre em vigília, deveria estar protegendo-a.

Dois dias após a visão estranha, o quarto do almirante e Vedrinsky era palco de preparativos misteriosos. Armando-se de disco metálico escuro com sinais cabalísticos, bastão de sete nós e punhal mágico, tirados do baú, os dois foram ao *boudoir* de Nádya, localizado ao lado do dormitório dela. A jovem dormia sono profundo.

Era cerca da meia-noite. O almirante depositou o disco no limiar do dormitório, desenhou no ar, com o bastão, sinais mágicos e os dois se esconderam atrás do pesado reposteiro de veludo.

Mal o velho relógio bateu meia-noite, na saleta que dava para o jardim se ouviu leve barulho de passos e, à luz fraca do luar a se infiltrar por cortina rendada, eles avistaram Krassinsky, esgueirando-se célere ao dormitório através do *boudoir*. Mas ao pisar na soleira, soltou um grito desatinado, ao se ver preso ao disco metálico. Em meio a impropérios e espumando pela boca, seu esforço de sair do lugar era inútil, pois os pés patinavam pelo metal. O almirante deixou o esconderijo, e postando-se diante do feiticeiro, disse em tom de desprezo:

— Saúdo-o, sanguessuga! A hora da justiça bateu finalmente; agora você não tem onde se esconder e vai voltar ao inferno, onde é o seu lugar.

Krassinsky se empertigou e, por sua vez, mediu o inimigo com olhar irado. Aparentemente a serenidade lhe retornara.

— Sim, caí numa cilada, mas ainda não fui vencido, do que se convencerá, seu gabola impertinente – e ergueu a mão com o famigerado anel de Tvardovsky.

— Ó, mestre, venha me ajudar!

O castelo, até os alicerces, sacudiu-se do trovejar e o disco escorregou dos pés de Krassinsky e voou para o outro canto do quarto. Uma coluna de fumaça envolveu o almirante, caído no chão.

— Que azar! – lamentou-se o almirante, quando Vedrinsky ajudou-o a se erguer. – O monstro parece invulnerável. Agora, meu amigo, precisamos tomar muito cuidado. Esse patife fará de tudo para destruir-nos.

O almirante acordou Nádya, contou-lhe sobre o sucedido e disse a ela para ficar em vigília e orar por mais que isso fosse difícil. A moça prometeu cumprir as ordens e acrescentou que, desde o aparecimento da límpida visão que gravara a cruz em seu peito, ela nada mais parecia temer.

Os dois voltaram ao aposentos, mas ficaram no quarto do almirante. Enquanto um dormia, o outro lia fórmulas e mantinha as defumações prescritas. Contudo, a noite passou tranqüila. De manhã, o almirante enviou telegrama ao mago, pedindo sua rápida vinda. Os dois dias seguintes estenderam-se na expectativa angustiosa do iminente ataque de Krassinsky.

Nádya parecia no domínio de si e orava com ardor comovente.

À noite do terceiro dia, o mago hindu ainda não tinha chegado; o coche estava na estação dois dias antes. Vedrinsky estava dormindo.

— Acorde, amigo, vamos nos preparar!

— Vamos até Nádya? – perguntou Vedrinsky.

— Não, ficaremos no seu quarto, que é maior e só tem uma única entrada.

O outro cômodo, ocupado por Vedrinsky, tinha poucos móveis; suas paredes eram pintadas a óleo de cor branca, larga veneziana saía para o jardim. Auxiliado por Gueorgui Lvóvitch, o almirante tirou de lá todos os móveis de fácil transporte e desenhou no chão, no meio do recinto, um grande círculo com giz vermelho. Ambos vestiram longas túnicas brancas, cingidas com faixa de seda. O almirante pendurou no colo sua corneta de ouro e enfiou na cintura a espada, cuja lâmina era coberta por sinais mágicos. Ao postar-se no centro do círculo, Gueorgui Lvóvitch começou a recitar os esconjuros, espargindo água benta do frasco aos quatro pontos cardeais, enquanto o almirante desenhava símbolos cabalísticos com a espada.

Nessa mesma noite, Krassinsky também ultimava seus preparativos no laboratório subterrâneo, colocando sete trípodes com carvão e ramos resinosos em cima de um disco metálico ao lado da mesa. Estava sombrio e preocupado; seus olhos de profundeza abismal cintilavam de ira e ódio.

— Preciso me livrar dele, caso contrário minha existência será insuportável e vou acabar apodrecendo aqui – resmungava ele. – O inimigo está mais forte que antes. Eu sinto isso.

Engalanando-se em malha preta e colocando sua insígnia peitoral em forma de triângulo emborcado, ele se postou em cima do disco e, erguendo o bastão, iniciou o ritual do exorcismo. Na ponta do bastão cintilou chama esverdeada, projetando-se e acendendo as sete trípodes, e enchendo o recinto com fumaça. Explosões sucederam sobre as trípodes e, das nuvens de fumaça, desprenderam-se seis criaturas, que foram se agrupando em torno da sétima trípode, onde fervilhava uma massa incandescida. Então uma explosão mais forte fez estremecer as paredes do laboratório e, da massa vermelha enfumaçada, assomou-se um demônio. Krassinsky prostrou-se diante dele e, desconsolado, expôs-lhe todas as agruras, suplicando-lhe ajuda.

— Suas queixas são legítimas. Abandone seu astral e vingue-se. Fique tranqüilo, montarei guarda a seu corpo físico! Seu inimigo o está aguardando, mas não tem chance contra nós.

Krassinsky agradeceu, tirou da cintura um frasco chato e abriu-o. O líquido vermelho de odor forte mas agradável se espalhou pelo laboratório. Vertendo para fora o seu conteúdo, ele começou a rodopiar sobre si mesmo à velocidade crescente. Do local de seu plexo solar, foi se desprendendo um vapor denso e avermelhado que o envolveu por completo e, ao se densificar, distanciou-se do corpo inânime e azulado, jazendo no chão.

Pairando fora do círculo, a nuvem púrpura se compactou e tomou o aspecto do corpo desfalecido; era Krassinsky, qual moldado de metal fundido e atado por fio ígneo ao corpo material. Passado um minuto, o corpo astral do feiticeiro como que penetrou na parede e desapareceu.

Cerca de uma hora se passou; o almirante e Vedrinsky estavam a seus postos. Repentinamente, um forte odor de enxofre irrompeu no quarto, deixando-os entorpecidos. Assombrados, eles viram dos cantos escuros rastejarem em direção do círculo mágico seres animalescos, encarando-os com olhos ameaçadores. Nisso, na parede branca, delineou-se uma grande mancha avermelhada, rapidamente se compactando.

Vedrinsky retomou trêmulo a recitação das fórmulas, mas quando foi borrifar o ar com a água benta, foi atingido por golpe com uma rajada de cheiro fétido que lhe tonteou a cabeça e sustou a respiração. O livro e o aspersório deslizaram de suas mãos, a vista turvou-se e ele derribou ao chão. O desfalecimento do jovem neófito foi acompanhado por gargalhada sonora de escárnio do vulto avermelhado, já com aspecto humano, cujos braços ora se contraíam, ora se estendiam.

Dominado por torpor pesado, o almirante viu duas enormes mãos qual garras estendendo-se na direção do círculo. Num esforço supremo da vontade, prestes a se extinguir, ele levou a corneta à boca; um som agudo ecoou para longe. Ouviu-se um sibilo, estilhaçando os vidros da janela, fazendo com que as garras diabólicas no início retrocedessem, mas, em seguida, se projetaram na tentativa de alcançar Ivan Andréevitch atrás do círculo.

Nisso, na janela surgiu o vulto de Manarma. Um feixe luminoso envolvia a cabeça do mago, empunhando cruz fulgente. Corrente de ar vivífico bafejou o almirante, restituindo-lhe as energias.

A réplica do feiticeiro recostou-se ágil à parede de onde viera, porém o mago hindu ali o alcançou e o estocou com a espada mágica. Um líquido púrpuro espargiu-se na parede; um pavoroso trovão estremeceu a casa com tanta força que, com o impacto, o almirante e Vedrinsky foram jogados contra a parede esmorecidos.

Manarma havia partido ao encalço de Krassinsky.

Violento furacão tempestuava fora. Rajadas furiosas de vento arrancavam árvores e levantavam colunas de areia, derrubando tudo em seu caminho.

No subterrâneo, nada parecia ter mudado: nas trípodes ainda ardiam crepitando as ervas resinosas, e os espíritos continuavam a zelar o corpo que jazia no centro do disco metálico. Ouviu-se um rolar longínquo e, no círculo, assomou-se a figura do mago hindu, postada entre o corpo inerte e sua réplica ferida. Qual flecha, esta tentou voltar ao cadáver caído, mas nisso um feixe luminoso, projetando-se da mão do mago, decepou o fio ígneo que unia o feiticeiro ao corpo. Um grito soou agonizante, sobreveio silêncio e instalou-se escuridão completa.

Mais de uma hora depois do terrificante drama noturno, pelo lago deslizava rapidamente um barco na direção da casa na ilha. O navegador amarrou a embarcação ao arbusto, caminhou apressado em direção às ruínas do monastério e deu sinal de sua chegada. Quando, finalmente, abriu-se a porta secreta, foi recebido pelo pálido e desolado corcunda.

— Por que demorou tanto para abrir? Akham sabe da minha vinda – resmungou o forasteiro.

— Oh, senhor Bifru! – balbuciou o criado. – O mestre Akham oficiava um grande exorcismo, até o chefe apareceu, mas deu algo errado. Falko e eu estávamos atrás da porta, recitando as fórmulas, quando as paredes estremeceram e tudo parecia vir abaixo; ouviram-se explosões, trovões, gritos e depois tudo silenciou. O mestre Akham não dá sinal de vida e eu não tenho autorização para entrar – concluiu o corcunda, tremendo todo.

Apreensivo, Bifru deteve-se por instantes diante da porta maciça de carvalho do laboratório, rachada em toda a sua altura, depois a empurrou com força e olhou para a sala escura.

— Vá buscar a luz! – ordenou ele ao criado.

Segurando alto o candelabro, a devastação do laboratório deixou Bifru atônito. No chão espalhavam-se partes quebradas de móveis e instrumentos, pedaços de livros e roupas; o disco metálico estava partido em três partes; na parede, ao lado de um enorme buraco havia manchas vermelhas e negras. No meio de toda aquela bagunça, ele viu o corpo desnudado de Krassinsky, cujos membros estavam enegrecidos, como que calcinados. Em seu plexo solar, em cima de larga mancha negra havia uma marca de sinal cabalístico, com desenho da cruz no alto, cuja visão fez Bifru, inclinado sobre o cadáver, retroceder rapidamente.

— É o sinal de mago! Ele foi atingido por espada de um mago! – balbuciou Bifru, recostando-se à parede.

Recompondo-se um pouco, ele enxugou a testa.

— Não sei agora... se chamo os irmãos da Ordem, ou o enterro sozinho – resmungou. – É uma pena... uma pena! Vai ser difícil encontrar um cientista assim...

Suspirando, ele pensou um pouco e acrescentou à meia voz:

— Vou cuidar para que o corpo não se decomponha. Os irmãos depois acharão alguma solução. Um homem prevenido como Akham por certo tem à mão todos os apetrechos necessários.

Ele chamou o corcunda, e ambos se puseram a trabalhar. Depois de trazido o caixão de ébano, o criado indicou a localização das poções de Krassinsky, trouxe do pátio um saco de terra, uma gaiola com ratos e um gato preto.

Após misturar a terra com fósforo e diversas substância de odor forte, Bifru sacrificou o gato e os roedores, regou com sangue a mistura e, com ela, untou o corpo de Krassinsky, exceto a boca, as narinas e os olhos. Na seqüência, embrulhou o cadáver num pano de linho e colocou-o no caixão, revestido por chapas metálicas.

Antes de descer no corpo a tampa com orifícios, ele o polvilhou com pó e, com a ajuda de dois criados, o caixão foi transportado à saleta, onde se encontrava a estátua de Lúcifer. Em torno do ataúde coberto por pano, foram então dispostos candelabros com velas pretas e sete trípodes com carvão. Bifru ordenou aos corcundas se revezarem na manutenção das brasas, queimando o incenso, e na leitura dos conjuros. Anunciando que ele ficaria nos aposentos de Akham, aguardando a vinda de outros irmãos, ele se retirou.

O almirante e seu amigo só recuperaram a consciência ao amanhecer. Notaram então a parede manchada de sangue. O almirante persignou-se e soltou suspiro de alívio.

— Krassinsky está morto. Não viesse Manarma em nosso auxílio, também estaríamos.

— Ainda bem que você teve tempo de tocar a corneta.

— Não acredito. Manarma sabia que não daríamos conta do feiticeiro. Está vendo aquela rosa? Eu a vi antes do ataque daquele demônio.

Ele pegou o botão da flor e colocou-o no bolso. Precisavam achar uma maneira de tirar a mancha vermelha na parede por causa dos criados. Então o almirante lembrou-se da tinta a óleo, de secagem rápida, da qual se munira por ordem estranha de Manarma. Aplicando uma demão sobre a parede, a mancha quase desapareceu, exceto por leve nódoa rosada, à qual dificilmente alguém daria atenção face aos maiores estragos do vidro quebrado e bagunça no jardim.

Cerca de duas semanas após os acontecimentos descritos, Mila e a senhora Morel estavam justamente na mesma saleta, ao lado do terraço, onde, ao iniciarmos a nossa narrativa, estava reunida a família dos Zamyátin. O tempo estava frio e chovia. Uma cerração densa envolvia a ilha e o lago. As damas estavam sozinhas. Ekaterina Aleksándrovna tricotava e, de soslaio, observava Mila, enrolada em manta de pelúcia perto da lareira.

— O que há com você ultimamente? Seu aspecto deixa a desejar: emagreceu, anda nervosa e estremece com qualquer barulho. Diga o que está acontecendo?

— Nem mesmo eu sei. Uma angústia me assalta como se algo de ruim estivesse por acontecer. Não consigo entender – acrescentou –, num momento não vejo a hora de Michel vir, minuto depois, não quero que ele volte. Ele odeia Górki, e até eu começo a odiar este lugar. Por certo não ficarei aqui até o fim do outono! Acredite, titia, não sou uma pessoa pusilânime, mas meus nervos estão à flor da pele. À noite, quando abro a porta de Volódya, só me acalmo se ouvir o ronco da ama-seca estremecendo as paredes. Não é estranho?

A senhora Morel acotovelou-se meditativa, remexendo nervosamente a corrente do relógio; parecia preocupada.

— Já é tarde. Você precisa dormir.

— Não, não, tia. Não quero dormir. Se você não estiver cansada, fique comigo para conversar.

— Com muito prazer, querida, conversar é comigo mesmo, mas antes deixe eu passar algumas ordens para Ksenya.

Mudando de assunto – acrescentou ela, levantando-se e enrolando o tricô –, você não acha que Nádya está sendo indelicada? Mais de um mês na cidade, ela ainda não se dignou a visitá-la.

— Tanto melhor; não quero vê-la.

Deixada a sós, Mila recostou-se na poltrona, meditativa. Algo que não podia confiar a Ekaterina Aleksándrovna estava deixando-a preocupada. Assim que ela chegou a Górki, seu pai comunicou-lhe que ele se refugiaria no subterrâneo e, mais tarde, apareceria oficialmente como conde Farkatch. Mas desde então, ela não teve dele qualquer notícia e não entendia a razão do seu silêncio.

Soou meia-noite. Súbito a atenção de Mila foi atraída por estranho estalido. Nesse instante, a porta do terraço entreabriu-se e no limiar apareceu o corcunda.

Mila olhou para ele com asco.

— O que você quer?

— Seu pai morreu, mas não por muito tempo. Foi vítima de uma terrível cilada, mas logo arrumará um corpo novo. Só que agora ele se tornou um vampiro.

O corcunda virou-se e como que se derreteu no ar. Mila afundou-se na poltrona. Seu pai estava... morto... seu pai era... um vampiro – uma criatura medonha que suga as forças vitais de pessoas saudáveis. O quanto era maléfico aquele ser vampírico, ela sabia por experiência própria, e seu marido e filho corriam grande perigo. Mila enxugou o suor gelado, sua vista embaciou e a cabeça pendeu.

Sentiu a senhora Morel esfregando-lhe as têmporas com água-de-colônia e dando-lhe sais para cheirar.

— Não posso deixá-la sozinha nem por cinco minutos. Pode me dizer por que a porta do balcão está aberta com esse frio e você estava qual desmaiada?

— Não sei, tia. Estes meus nervos nojentos... – balbuciou, abraçando-se à senhora Morel e rompendo num pranto convulsivo.

No dia que se seguiu ao descrito, o almirante foi conversar com Nádya. A jovem, após o encontro, dispensou a camareira e deitou-se mais cedo, alegando dor de cabeça. Uma hora mais tarde, o conde retornou da viagem muito cansado. Ao saber da indisposição da condessa, não quis perturbá-la e mandou arrumar a cama no outro quarto.

Bateu a meia-noite e no enorme castelo tudo dormia. O almirante entrou silenciosamente no quarto do conde e esgueirou-se até seu leito. Bélsky jazia em estado cataléptico, corpo hirto, boca aberta. Ivan Andréevitch saiu apressado e logo depois retornou com Vedrinsky, trazendo uma bacia, hissope e lençol; Nádya segurava uma vela acesa, o almirante transportava uma bandeja de prata com uma hóstia consagrada e vinho.

— Ele abandonou o corpo usurpado, assim vamos lhe cortar o caminho de volta – disse o almirante.

Ele mandou Nádya postar-se aos pés e Vedrinsky à cabeceira do conde; em seguida benzeu o corpo e após recitar orações de réquiem repetiu por vezes:

— Adam Bélsky! Em nome do nosso Senhor Jesus Cristo, cuja fé professou até o último suspiro, purifico o corpo animado por sua alma do contato com o espírito impuro que o possui. Ponho o corpo e o sangue do Senhor nosso em sua boca para livrá-lo do mal.

Colocada a hóstia e vertidas algumas gotas de vinho na boca aberta, o almirante enfiou na mão enrijecida a vela acesa, cobriu-lhe o corpo com lençol, com crucifixo e sinais cabalísticos bordados, e sobre os lábios dele depositou uma pequena cruz. Vedrinsky e Nádya saíram; o almirante se pôs de joelhos junto à cabeceira e iniciou orações de réquiem.

Passados poucos minutos, a janela escancarou-se; um vulto humano arremessou-se ao corpo, preso a ele por fino fio ígneo então visível. A um passo do leito, o espectro estacou no ar e retrocedeu, soltando grito surdo. O elo ígneo espichou e, rompendo-se, lançou o espectro rodopiando no ar pela janela. O almirante tirou o lençol, apagou a vela e saiu do quarto, deixando apenas a pequena cruz de ouro a lhe cerrar os lábios.

— Mais um demônio que encontra a casa trancada – gracejou Ivan Andréevitch, satisfeito.

Sentado no chão diante da estátua de Lúcifer, o corcunda recitava lamentoso os esconjuros diante do cadáver de Krassinsky. O relógio bateu meia-noite; de chofre, pela sala sinistramente iluminada por quatro velas em candelabros de prata soprou uma lufada gélida. A tampa do caixão se soergueu e ante o corcunda emergiu o rosto cadavérico de Krassinsky, cujos olhos afundados ardiam qual duas brasas. Agilmente, ele saltou para o chão, pegou da mesa junto à estátua o anel de Tvardovsky e saiu em busca de um novo corpo. Qual nuvem negra, voejava vertiginosamente o ser maligno e misterioso, envolto em manto fumacento. Os vivos não o enxergavam; as aves se dispersavam em pânico.

O vôo dele era dirigido ao castelo de Bélsky. Ele sabia que o conde já retornara da viagem, pois tinha ido falar com Bifru no subterrâneo, informando que Uriel e Azima, profundamente abalados com a morte de Akham, só apareceriam alguns dias depois. O objetivo da ida de Krassinsky ao castelo era para surrupiar de Baalberit o corpo a ele gentilmente cedido. A pretendida nova “residência” do inquilino Bélsky era mais próxima e mais apropriada pela precariedade de sua relação com a larva devido ao enfraquecimento de Baalberit, que não fincou raízes fundas em seu novo invólucro. Por certo, ao ir dormir, muito esgotado pela viagem, o astral do conde abandonaria seu corpo, o que possibilitaria a Krassinsky aproveitar sua ausência e, com seus conhecimentos e força vampírica, ocupar o lugar de Baalberit. Um sorriso cruel torceu os lábios do espectro –, ele teria por direito a posse de Nádya, tornando-a sua esposa legal...

Entrar no velho castelo foi fácil. Diante do quarto de Bélsky, o espectro ergueu levemente o reposteiro. O instinto o levava direto ao objetivo. Mas, súbito, ele estacou abismado.

— Maldição, cheguei tarde! – berrou o espírito das trevas e sumiu pela janela.

VI

Na manhã do dia seguinte, o castelo de Bélsky estava em polvorosa. Preocupado por não ter sido chamado pelo patrão até hora tardia, o mordomo foi ao seu quarto e encontrou o conde deitado sem vida e corpo frio. Mandou acordar rapidamente a condessa e enviou um mensageiro a cavalo para buscar o médico. Quando este chegou, horas depois, constatou que o conde, tal qual sua mãe, morreu de infarto. Nádya ordenou que fosse trazido um padre católico e trancafiou-se em seu quarto. A jovem estava realmente pasma com os últimos acontecimentos, envolvendo o reino satânico, oculto à maioria dos olhos cegos, quando amiúde o homem torna-se sua presa, se não for cercado por oração e amparo dos seres superiores a quem chamamos de *santos*.

Naquela mesma noite à hora do chá, a Górki veio a notícia da morte súbita de Bélsky – o que deixou Mila apreensiva. Ela intuíra de imediato que a provável tentativa do pai em se apossar do corpo do conde não dera certo por alguma razão desconhecida.

— O que tem, Mila? A morte de Bélsky parece tê-la abalado! – preocupou-se a senhora Morel, cuidando para ministrar-lhe algumas gotas de calmante. – Desde o dia do ataque daquele desvairado, parecido com Bélsky, você anda muito nervosa.

Mila nada respondeu. Suando frio, mãos trêmulas, assaltava-a um pensamento terrível, causando-lhe uma dor quase física.

Maquinalmente, ela tomou as gotas e, alegando fraqueza e cansaço, disse que iria deitar. Antes, porém, foi ao quarto do filho, liberou a ama-seca para o jantar e sentou-se junto ao berço.

O pequerrucho não estava dormindo; havia acabado de comer sua papinha com leite e estava entretido com os brinquedos espalhados no colchão.

Volódya Massalítinov destacava-se pela beleza ímpar, conjugando os traços corretos do tipo oriental do pai com as madeixas douradas e cheias da mãe, a contornarem o rostinho miúdo de brancura de alabastro, exceto seus lábios vermelho sangüíneos. Contava então com sete meses, mas seu crescimento não correspondia à idade. Os enormes e bonitos olhos esverdeados, de fulgor fosforescente, tinham expressão estranha. Certos momentos fascinavam a mãe, sobretudo quando, como naquela hora, erguendo-se no berço em sua blusinha de cambraia de gola larga rendada, ele lhe sorriu, estendendo as mãozinhas fofas de querubim. Mila não seria mãe, se naquele minuto não se esquecesse de todos os seus medos. Ela meigamente apertou a criança e cobriu de beijos suas mãozinhas, pezinhos e todo o corpo.

Logo retornou a babá – uma jovem forte de vinte e cinco anos –, e ambas ficaram brincando com o pequerrucho até ele pegar no sono. Ao sair do quarto, Mila topou com a senhora Morel que viera lhe entregar um telegrama de Massalítinov, anunciando sua chegada dali a um dia, no trem noturno. Essa notícia talvez numa outra hora teria lhe proporcionado alegria, mas naquele momento a deixou até apreensiva. O marido e o filho eram presas potenciais do terrível vampiro.

— Querida tia, tenho-lhe um grande pedido – disse Mila, tomando-lhe a mão. – Estou com pressentimento que Volódya corre perigo; estou muito cansada, além do mais sua ama-seca tem sono pesado, de modo que eu lhe peço passar esta noite com ele.

— Claro, se isso deixá-la mais sossegada, minha querida. Tirei uma boa soneca depois do almoço, e não vejo dificuldade em passar a noite em vigília. Só vou pegar um livro e o meu tricô.

— Pegue o Evangelho, tia.

— Oh, começo a achar que você se tornou uma carola, Mila – e sorriu. – Até atenderia ao seu desejo, mas onde vou arrumar um Evangelho?

— Vi um no antigo quarto do almirante. Vamos até lá – propôs Mila, arrastando-a consigo.

Ao ficar sozinha, Mila pegou do toucador o retrato da mãe e olhou fixamente para ela, premendo os lábios.

— Mamãe, mamãe, proteja-me! – sussurrou, soluçando. – Não tenho culpa por meu pai ser um feiticeiro e eu, tão estranha. Ajude-me, sou tão infeliz! Michel tem medo de nós dois e, provavelmente, nem quer ficar conosco neste maldito lugar. Eu vou vender esta propriedade que só traz tragédias.

Por longo tempo ela chorou ainda, depois adormeceu de cansaço com o retrato da mãe no peito.

A senhora Morel acomodou-se junto ao berço de Volódya, o qual dormia tão tranqüilo como a babá, meio vestida para o caso da criança acordar. Ekaterina Aleksándrovna tricotou por algum tempo, depois largou o trabalho e pôs-se a folhear o Evangelho. Era uma edição encadernada em couro, em cuja capa estava gravado um crucifixo. Porém, quando bateu a meia-noite, uma sonolência foi dominando-a. Inutilmente lutou contra isso; seus membros foram ficando pesados, as mãos caíram nos joelhos e o esforço para manter os olhos abertos causava dor quase física. Instintivamente, pegou o Evangelho e o depositou sobre o cobertor. De chofre, pareceu-lhe estar postada uma figura humana junto ao berço. No vulto retrocedido ela reconheceu o conde Farkatch, encarando-a com olhar flâmeo. Sem conseguir se mover e feito enfeitiçada, olhava a senhora Morel para o visitante inesperado. Nisso, ele deu as costas e dirigiu-se, parecia, ao leito da ama-seca. Contudo, nesse minuto, Ekaterina Aleksándrovna parecia estar inconsciente.

Seu retorno à realidade foi causado pela sensação de água fria no rosto e o cheiro de sal inglês. Estremecida, ela se endireitou e esquadrinhou com o olhar perdido em volta. Viu então, no meio do quarto, Mila com o filho chorando em seu colo, ao lado da cama da ama-seca, onde também se encontrava a camareira e a velha administradora, as duas muito agitadas.

— O que aconteceu? – perguntou assustada a senhora Morel.

Mila fez menção de responder, mas os seus lábios trêmulos não obedeciam; ela apontou para a cama onde, poucas horas antes, estava deitada a outrora mulher jovem, viçosa e forte, que gemia fracamente; de tão branca, parecia não haver sequer uma gota de sangue em seu corpo. Arrepiando-se, Ekaterina Aleksándrovna lembrou ter visto Farkatch indo na direção da babá.

— Ela não durará até a chegada do médico – assegurou a camareira.

— Não é do médico que ela precisa, mas de um sacerdote. Não vêem a marca da mordida de vampiro? – e a velha administradora apontou para um pequeno ferimento no pescoço. Felizmente o padre Tímon veio à vila para dar comunhão ao pastor Yakov, e eu já mandei chamá-lo.

E a velha pôs-se a recitar em voz alta a oração dos últimos sacramentos. Logo chegou o padre. A senhora Morel deixou o quarto com Mila, carregando o filho, debatendo-se convulsivamente no colo da mãe. Quando, com o auxílio da segunda camareira, o pequerrucho foi acalmado e deitado no berço, transferido ao quarto da mãe, Ekaterina Aleksándrovna contou a Mila a estranha visão.

— Se não tivesse visto Farkatch com os próprios olhos, não teria acreditado. Onde estará se escondendo esse monstro? Não é à toa que o chamam de perigoso feiticeiro, e com razão.

Mila compreendia a gravidade do acontecido; em sua cabeça rodopiava um verdadeiro turbilhão de pensamentos caóticos. Sem resistir, ela tomou calmante e sugeriu à senhora Morel ir descansar. Tendo expedido ainda algumas determinações quanto à defunta, Mila retirou-se ao seu *boudoir* e trancou a porta.

Enrodilhando-se no sofá, a jovem tentou se acalmar e, aos poucos, em sua mente delineou-se com clareza um projeto de ficar livre da criatura hedionda que ameaçava a vida de seu filho. Não só era necessário defender a todos; o importante era destruir o perigosíssimo vampiro. Mila já não era tão ignorante como da primeira vez em que encontrara o pai, o qual a consagrou em muitos mistérios e ensinou a interpretar livros esotéricos. Sendo mulher inteligente e obstinada, seu aprendizado surpreendera até seu pai. Quem iria imaginar que suas leituras na biblioteca subterrânea sobre temas de magia e vampirismo iriam servir um dia para combater o próprio mestre. À medida que os seus pensamentos se concentravam no projeto, sua decisão ia se fortalecendo. Ela teria de ler um livro específico sobre os vampiros e dele haurir as informações indispensáveis. Era preciso encontrá-lo a todo custo e, então, lembrou-se em que armário estava escondido. Mila conhecia a passagem secreta na galeria embaixo do lago. Krassinsky a havia revelado antes de sua ida a Górki. Resolveu, sem adiar, ir àquela biblioteca.

Retornando ao dormitório, Mila lavou o rosto com a essência, tomou as gotas tonificantes deixadas pelo pai e, envolvendo-se em capa preta, foi ao quarto em que se encontrava a entrada do subterrâneo. Célere, a jovem alcançou a longa galeria e os aposentos subterrâneos de Krassinsky. Tudo estava vazio e quieto, ainda que em alguns lugares houvesse luz, o que apontava que alguém precisava dela. Atravessando um pequeno corredor lateral, de súbito ela ouviu uma voz recitando esconjuros. Mila deteve-se em prontidão, depois, avançou cuidadosamente e viu-se diante da porta toldada com cortina de couro, e espiou para dentro. No fundo da sala circular, divisou a estátua de Lúcifer, a cuja frente, de cócoras, um corcunda realizava defumações, outro lia fórmulas. No centro do recinto, no caixão aberto, jazia o corpo de seu pai, cujo rosto com os olhos esbugalhados tinha expressão grotesca e pavorosa; seus lábios pareciam crestados de sangue.

"Ah, eis onde se esconde o monstro do inferno!"— pensou Mila, dando um passo para trás.

Em passos largos, a jovem ganhou o gabinete do pai e logo encontrou na prateleira o livro procurado. Era um grosso volume, encadernado em couro, em cuja capa estava gravado um morcego com cara humana e asas abertas, cravando seus dentes no colo de mulher desnudada, cuja cabeça pendia inânime. Mila escondeu o livro sob a capa e caminhou de volta.

Ainda que se sentisse cansada, a leitura do antigo livro a envolveu sobremaneira, descortinando-lhe quadros assombrosos do medonho mistério que o reino invisível escondia dos mortais comuns, com suas leis ocultas. O livro indicava também a forma de preservar a umbrosa existência do cadáver, unido à alma pecaminosa, os métodos para evitar a ação dos fluidos da decomposição e os perigos que poderiam ameaçar vampiros. Ensinava, entre outras coisas, que o maior perigo à sua existência era o golpe com punhal mágico aplicado no plexo solar do vampiro, ou uma estocada de álamo em suas costas.

Terminada a leitura, Mila recostou-se na poltrona em cogitações. Muitos dos fenômenos descritos ela já havia vivenciado: suas viagens noturnas, a sede por sangue, as inúmeras mortes estranhas ao seu redor... Estremecida de repulsa, de rosto afogueado, ela se empertigou. Ocorreu-lhe a possibilidade, caso pudesse destruir o vampiro, de também conseguir romper o elo que a ligava ao seu *pai*... Então ficaria livre, podendo levar uma vida normal e tranqüila, estando salva toda sua família.

"Por acaso não sou também uma criatura vampírica? O Céu por certo me elegeu para livrar a Terra desse monstro e eu o farei antes da chegada de Michel. Oh, se ele atrasasse pelo menos por um dia! Sua vida aqui corre perigo. Além de precisar diariamente de sangue fresco, meu pai está desesperado por corpo novo, para prosseguir impunemente com sua existência criminosa..." – pensava ela.

Repassando na mente os detalhes de seu plano, ocorreu-lhe então um aspecto importante: onde encontraria a arma que se requeria? Krassinsky dispunha sem dúvida de formidável arsenal mágico, mas o livro ensinava ser necessária uma arma da magia branca e esta, com certeza, não seria encontrada com um mago negro. Lembrou-se de uma de suas conversas noturnas, quando seu pai lhe mostrou o punhal consagrado, com que foi destruído Baalberit.

Um sorriso de satisfação iluminou o rosto de Mila. Ela usaria a arma que o pai lhe mostrara, sem imaginar que a mesma iria destruir a ele mesmo. Feita a justiça, ela abandonaria Górki e venderia a propriedade sinistra.

Estava amanhecendo, quando Mila fechou o livro, deitou-se e adormeceu de imediato. Ao acordar tarde, ainda se sentia fraca, e receou que tal estado poderia atrapalhar seus planos. Para seu êxito, precisava contar com todas suas forças físicas e espirituais, sem dizer que o dia seria difícil, pois estaria ocupada por formalidades inevitáveis devido à morte da babá.

Eram dez horas da noite, quando o trem de Massalítinov chegou à estação, onde por ele aguardava um coche para levá-lo a Górki. Mila havia instruído o cocheiro e o mordomo para não comentarem nada sobre a morte da babá, a fim de resguardá-lo de preocupações. Já sem isso, Massalítinov parecia triste; remoía-o a vaga lembrança da conversa entre Mila e Farkatch, quando ela o tratou por pai. Era mais um enigma, tão estranho como todos os outros que diziam respeito a Mila. Seu espírito se insurgia contra a mulher que o separou de Nádya, apoderou-se dele em circunstâncias trágicas e, além de tudo, sugeria-lhe medo e repulsa. Mais do que de costume, a imagem da criatura pura e encantadora de Nádya ocupava o espaço de seu coração. Que ela ainda tinha algo por ele, disso ele se convenceu ao ler os olhos límpidos dela em seu encontro no baile de Farkatch. Para ele, Nádya estava perdida, mas quem sabe ele poderia pelo menos recuperar a liberdade... A decisão de se separar de Mila, custasse o que custasse, nele amadurecia rapidamente. Esses pensamentos o absorviam tanto que sequer notou a chuva a fustigar as janelas do coche.

As estrebarias em Górki tinham excelentes cavalos, e o par dos jovens corcéis fogosos galopava velozmente pela estrada mal conservada; o cocheiro era experiente e merecia toda a confiança. Quando eles adentraram o bosque, cujas árvores escureceram de vez o caminho, o cocheiro quis conter os cavalos, quando estes, de súbito, lançaram-se para o lado, empinando-se.

Repentinamente tirado de seus devaneios, Massalítinov endireitou-se e baixando o vidro quis perguntar o que estava acontecendo, quando, à luz avermelhada do lampião do coche, viu a figura alta de um homem, qual brotado do acostamento.

— Poderia me ceder um lugarzinho em seu veículo? Estou perdido na floresta – soou uma voz familiar, já ao lado do coche.

— Ah, é o senhor, Mikhail Dmítrievitch! Sou o conde Farkatch.

Ao ouvir o nome, Massalítinov ficou constrangido. Por pouco ele não perguntou o que este fazia num tempo chuvoso e sozinho na floresta; mas fosse qual fosse o motivo, ele não lhe daria o direito de dizer: "Saia daqui, não o quero no meu coche, pois não gosto do senhor já que o considero um bruxo". Por mera educação, era preciso concordar, e o conde já previa isso, e sem esperar pela resposta, abriu a porta e acomodou-se no assento.

O cocheiro parecia ter dificuldade em segurar os cavalos a se empinarem, mas tão logo a porta foi fechada, eles dispararam em desabalada carreira. Ao se virar para o conde no intuito de expressar-lhe a estranheza da situação, ficou estremecido ao ver que o conde Farkatch projetava em sua direção as mãos cadavéricas em passes magnéticos; um peso plúmbeo e frio glacial dele se apoderaram, imobilizando-lhe os movimentos. Uma dor lancinante feria-lhe o coração e a respiração sustada fê-lo desfalecer.

Os cavalos, em carreira enfurecida, finalmente levaram o coche para fora do bosque, quando o cocheiro divisou na penumbra as silhuetas de dois cavaleiros. Um dos cavalos atirou-se para o lado e resvalou no barranco. Por sorte, uma árvore no acostamento segurou o coche e impediu que tanto ele como o segundo cavalo despencassem do barranco. Com o impacto, o cocheiro e o mordomo foram atirados para fora do veículo.

Os cavaleiros se aproximaram do local do desastre e apearam; eram o almirante e Vedrinsky. O primeiro correu até o coche, enquanto Ivan Andréevitch tentava erguer o cocheiro. Mal Gueorgui Lvóvitch escancarou a portinhola, retrocedeu assustado: do interior do veículo pulou um vulto, que desapareceu na escuridão. Vyatcheslav iluminou com lampião o interior do coche e viu Massalítinov recostado inconsciente no banco. Nisso aproximou-se o almirante.

— O cocheiro está seriamente ferido – comentou, ajudando a tirar Massalítinov para fora.

Ivan Andréevitch impregnou seu lenço com líquido do frasco tirado do bolso, e molhou o rosto e as mãos de Mikhail Dmítrievitch; depois, cingiu-lhe o pescoço com crucifixo e pronunciou conjurações.

Vedrinsky ainda ajudava o mordomo, que nada sofrera, a cortar os arreios do primeiro cavalo, sem sinal de vida, e depois puxaram o cavalo que caiu no barranco.

— Foi o próprio demônio que entrou no coche e assustou os pobres animais. Jamais vi algo assim na vida – dizia o mordomo, persignando-se – um homem forte e destemido, que servira na guarda imperial e costumava sair sozinho para caçar ursos.

Um gemido surdo de Massalítinov fez Jorj se aproximar dele.

— Farkatch quis me estrangular... – balbuciou, enxugando o suor escorrendo. – Foi Deus que os enviou para cá! – acrescentou. – Agora vou a pé, não quero mais pôr os pés nesse maldito coche.

Avaliou-se a situação. Um dos cavalos estava morto, o cocheiro quebrou a perna e, além de tudo, na confusão eles haviam se desviado do caminho a Górki; estavam mais próximos do castelo de Bélsky.

Decidiram deixar o cocheiro ferido sob os cuidados do mordomo até lhes ser enviado o socorro do castelo. Massalítinov montou o cavalo de Vedrinsky, e este ficou com o do coche. No caminho, a notícia dada pelo almirante sobre a morte de Bélsky deixou Massalítinov prazeroso em vista de que Nádya estava novamente livre.

Naquela manhã, horas antes da chegada de Massalítinov, realizou-se o enterro do conde no cemitério vizinho.

À noite, o almirante e Vedrinsky saíram para passear a cavalo, e eis que voltavam com Mikhail Dmítrievitch. Nádya o recepcionou bem e assombrou-se com o acontecido.

À espera do jantar, o almirante foi ao quarto a fim de escrever para seu protetor. Nádya e o hóspede inesperado ficaram sozinhos. Depois de algum silêncio, Nádya sugeriu:

— Não seria melhor avisar Ludmila Nikoláevna sobre o que lhe aconteceu, se não ela vai ficar preocupada com seu atraso?

— Tem razão, mas hoje não estou em condições de ir a Górki. Eu posso lhe escrever algumas palavras, e se você puder mandar alguém...

— Claro. Vá ao meu *boudoir* e escreva um bilhete, enquanto mandarei o mensageiro selar o cavalo.

Em seu bilhete, Massalítinov citou apenas o acidente com o coche, omitindo o ataque de Farkatch. Depois de entregar a mensagem a Nádya, ele se acotovelou sobre a mesa e entregou-se a sombrios pensamentos. Sentia-se a tal ponto infeliz que parecia impossível continuar vivendo.

Um onda de ódio nele se insurgia contra a mulher e o filho que lhe sugeriam terror.

"Não, não, era preciso largar tudo e, de algum modo, pôr um termo à vida destruída e insuportável". Um suspiro qual gemido soltou-se-lhe do peito.

Nádya, cuja volta não percebera, observava-o com sentimento de pena e amor. Aproximando-se dele, ela descansou a mão em seu ombro.

— Não se desespere, Mikhail Dmítrievitch, ore e tenha fé; por certo Deus o salvaguardará da armadilha infernal.

Massalítinov ergueu-se, tomou-lhe as mãos e levou-as aos lábios.

— Sim, Nádya, fomos vítimas das artimanhas diabólicas e, uma vez que o destino me propiciou a felicidade de falar-lhe, permita-me explicar tudo ou, ao menos, justificar meus atos odiosos quanto a você. – E ele lhe contou tudo que lhe aconteceu, adicionando: – Caímos numa trama ardilosa: primeiro, a ruína estranha de sua família, depois – a minha incompreensível paixão por jogo, que terminou tão súbito como começou. Jamais, Nádya, eu me interessei antes por jogo. Eu estava com a corda no pescoço; Mila arrancou o revólver da minha mão, e depois me atei a ela com a promessa de desposá-la. Não suporto mais esta fantasmagoria infernal e tenho a sensação de que o meu fim será triste.

— É preciso lutar e, com o auxílio de Deus, buscar a salvação sem se entregar ao desespero – animou-o Nádya.

Massalítinov esboçou um sorriso irônico.

— Para lutar é preciso ter um objetivo, uma esperança que me sustente. A única esperança é você, Nádya. Se você puder me perdoar e em seu coração sobrou algo por mim, se eu tiver a mínima esperança de reconquistá-la, agora que você está livre, vou lutar e farei de tudo para destruir o monstro que me suga a vida. Se você não me ama mais, eu acabarei com a minha existência miserável; e para que ela servia, se até de minha esposa e meu filho tenho medo e aversão? Quem são aquelas criaturas nojentas, vindas das trevas, perseguindo-me? Quem é essa filha de Farkatch, vinda do inferno para me destruir? Suplico-lhe, Nádya: salve-me de mim mesmo, caso contrário vou ficar louco ou me mato; é preferível morrer de bala do que dos dentes de vampiro...

Sua agitação crescia e em meio ao tremor do corpo, nos olhos vagantes e flâmeos, lia-se de fato algo insano. Apreensiva e emocionada, Nádya o levou até o sofá e ali o acomodou. Seu amor por ele parecia ressuscitar à vista dos seus sofrimentos. Suavemente, como tratando de uma criança doente, ela premeu-lhe a mão.

— Acalme-se, Michel! Eu já o perdoei há muito tempo. Chega, ouviu? Eu o amo e se você reconquistar a liberdade, quem sabe ainda poderemos ser felizes esquecendo todos esses pesadelos.

Massalítinov pôs-se de joelhos, depositou a cabeça nos joelhos dela e começou a chorar convulsivamente. A agressão tenebrosa do vampiro abalara por completo seus nervos doentios. Nádya, esquecida de tudo, ergueu-lhe a cabeça caída e beijou-lhe a testa em brasa.

— Misha, Misha, recompõe-se! Eu o amo, vou rezar por você e pedirei a ajuda ao meu protetor – meu padrinho. Ele é bom e forte e o colocará a salvo.

Mikhail Dmítrievitch a atraiu a si e beijou-lhe os lábios trêmulos. Nisso, o Newfaundland, cão que crescera na família dos Zamyátim, deitado no tapete, ergueu-se eriçado farejando algo e olhou em direção à janela. Nádya e Massalítinov viraram-se também e ficaram atônitos.

Através do vidro escuro fulgia um par de olhos verdes, pregados nos jovens. Massalítinov ficou lívido.

— São os olhos de Mila! – gritou ele, correndo em direção à porta, onde, atingido por golpe invisível, caiu desfalecido.

Nádya tocou a campainha e achegou-se a ele.

Acorreram o almirante, Vedrinsky e os criados. A Mikhail Dmítrievitch foram dispensados urgentes socorros e, quando este abriu os olhos, foi levado ao quarto a ele reservado, onde Gueorgui Lvóvitch deitou o amigo na cama e ficou ao seu lado.

Nádya relatou ao padrinho a visão dos dois olhos verdes; como os avistou pessoalmente com muita clareza – o que excluía a possibilidade de alucinação por parte de Massalítinov devido a seu estado de excitação. Após ouvi-la, Ivan Andréevitch balançou a cabeça.

— Deus queira que o pobre Mikhail Dmítrievitch possa superar tudo isso! Oh, só quando temos de enfrentar forças malignas é que nos conscientizamos de nossa fraqueza e ignorância!

VII

Naquela noite, Mila estava muito preocupada com a vinda inoportuna do marido, justamente quando ela ia pôr em prática seu plano de destruir seu pai para resguardar Michel e o filho do provável ataque do feiticeiro em busca de novo corpo. Quando, por volta de onze horas, o coche não havia retornado, suas preocupações aumentaram. Sentada no *boudoir*, ela aguçava temerosa os ouvidos a cada barulho, mas, por fim, esgotada por tantas aflições e problemas, mergulhou em sonolência cataléptica.

Algum tempo depois, saindo do torpor, sua alma inundou-se de ira colérica, ao vir-lhe claramente à memória ter estado no castelo, onde presenciou Michel de joelhos diante de Nádya.

— Ah, seu imprestável! Você quer me largar? Não, não, você sempre será meu e pagará caro por essa traição!

Lívida qual espectro, olhos flamejando de ódio, ela levantou-se decidida.

— Primeiro destruirei o monstro que me usou para seus crimes e afugentou-me o marido.

Olhou para o relógio: faltavam vinte minutos para a meia-noite – ainda tinha tempo.

Vestiu depressa a capa preta com capuz sobre o vestido; o subterrâneo era frio e úmido. Entreabrindo a porta do quarto do filho, certificou-se de que a senhora Morel lia junto ao berço e, tranqüilizada, ganhou a biblioteca, de onde, com a lanterna na mão, desceu ao subterrâneo.

Um silêncio sinistro pairava na galeria, quebrado apenas por sua respiração ofegante. Determinada, atravessou quase em carreira a galeria e penetrou no gabinete de Krassinsky. Com a mão trêmula tirou da gaveta da escrivaninha a chave do armário secreto, onde seu pai guardava os instrumentos mais importantes. Pouco depois, já estava segurando a caixa oblonga, em cujo interior encontrou o célebre punhal embrulhado em pano de veludo. A arma ainda continha sinais de sangue escurecido.

"Aqui está! Que glória a sua: é pela segunda vez que você irá tirar a vida de um satanista" – pensou, sorrindo com escárnio e guardando o punhal atrás da capa.

Antes de sair, ela pegou da prateleira o frasco com a essência narcótica com a qual costumava fazer dormir a senhora Morel, e foi para a sala do ataúde do pai, da qual chegavam as vozes asquerosas dos corcundas. Cuidadosamente, erguendo uma das pontas do reposteiro, Mila despejou o conteúdo do frasco e recolheu-se trêmula num nicho, em expectativa. Um minuto depois, o palrear dos criados ficou mais fraco e, finalmente, tudo silenciou. Mila tampou o nariz e a boca com lenço molhado e entrou. Os corcundas dormiam.

Célere acercada do caixão destampado, com misto de terror e curiosidade mórbida, ela olhou para o cadáver. Seus olhos vítreos estavam abertos, tal qual a boca, sôfrega de ar; a mortalha, posta de lado, revelava o corpo nu. No dedo anular da mão esquerda, rutilava o misterioso anel de Tvardovsky, cuja força era conhecida e, com certeza, útil para subjugar Michel e aniquilar Nádya. Agilmente, Mila arrancou-o do dedo enegrecido, enfiou-o em seu anular e, erguendo alto o punhal, cravou-o até o cabo na cavidade abdominal do feiticeiro... Um sangue negro brotou aos borbotões do ferimento e, o que se seguiu, fê-la recuar aterrorizada. Tudo em volta começou a ruir; os castiçais voaram, as velas se extinguiram, o caixão de madeira estalou como que quebrando.

Instintivamente, ela ergueu o anel na direção do ataúde e disparou em carreira ao seu quarto. Na galeria, sentiu as forças infernais em seu encalço. Já não corria, mas voava, inundada de suor gelado, e só ao divisar a escada para cima parou para retomar o fôlego.

Suas têmporas latejavam; círculos ígneos ofuscavam-lhe a vista. Feito flecha, atravessou a biblioteca e, ao se ver em seu *boudoir*, deixou-se cair na poltrona quase desfalecida. Sentada imóvel com as mãos no peito, de repente lembrou do filho. Levantou-se angustiada e, ao passar pelo espelho, mirou-se nele. Era ela aquele espectro transfigurado e de rosto lívido, envolto por cabeleira ruiva desgrenhada? E estas manchas negras e pegajosas em seu corpo seriam o sangue de seu pai?...

Seus pensamentos voltaram ao filho. Dominada por pressentimentos sinistros, correu ao quarto dele, estacando diante do quadro medonho atrás do limiar da porta.

A senhora Morel jazia no tapete, ao lado do berço do filho acordado; os pequenos olhos esverdeados do pequerrucho pareciam contemplar com uma expressão zombeteira a mulher desfalecida. De um pulo, Mila se viu diante dele e o perscrutou com olhar ansioso. Estremecida, pareceu-lhe, ao interceptar aquele olhar cruel e zombeteiro, não ser de seu filho... mas de Krassinsky. Fúria descontrolada irrompeu-se-lhe na alma. Então o monstro usurpou o corpo de seu filho para assegurar sua sobrevivência?

— Não! Jamais usufruirá deste avatar! Se expulsou a alma do meu filho, eu o expulsarei do corpo usurpado...

Olhos injetados de sangue, rosto transfigurado, ela agarrou a criança pelo pescoço e começou a estrangulá-la. Iniciou-se luta medonha. A criatura miúda opunha resistência incrível, mas os dedos afilados de Mila eram qual tenazes. Alheia a tudo em volta, Mila não percebera nem os criados que acorreram, nem parecia ouvir os gritos desatinados da camareira, que se esforçava em arrancar-lhe a vítima se debatendo. Só depois que a criatura miúda ficou roxa e suas mãozinhas caíram inânimes, Mila recostou-se ao espaldar da poltrona, retomando o fôlego. De olhar turvo e corpo em tremor convulsivo, ela parecia nada enxergar.

Mas nisso, mudos de pavor, os criados viram-na debater-se desesperada, como que tentando se livrar das mãos invisíveis a lhe agarrarem o pescoço, puxando-a em direção à porta. E qual arrastada para fora, ela tentava inutilmente se agarrar no reposteiro.

Os criados mais corajosos, bem como o mordomo e a camareira, deixaram o quarto e correram no encalço da jovem, vendo-a correr em direção ao terraço, descer a escada e pular no lago, desaparecendo na água qual saco cheio de pedras.

Em alguns minutos, toda a casa estava em pé. Alguns criados saíram de barco com tochas e lanternas nas mãos, vasculhando com ganchos o lago; porém era em vão. Findas várias horas, o corpo não foi encontrado e as buscas teriam de ser deixadas para o dia seguinte.

Nesse ínterim, a senhora Morel foi trazida à consciência. De rosto lívido, olhos vagantes como uma desvairada, Ekaterina Aleksándrovna ouviu desolada o relato caótico dos empregados. A visão do corpo mutilado da criança fê-la desmaiar de novo e, quando voltou a si, seu pranto copioso aliviou-lhe a alma. De tudo, o episódio mais insólito revelara seu aspecto sinistro ao desabar semelhante drama misterioso, que envolveu a mãe de Mila, afogada nas águas daquele mesmo lago.

A chegada do portador da carta de Michel para Mila fez Ekaterina Aleksándrovna voltar à realidade. Aproveitando o mensageiro, ela escreveu um bilhete a Massalítinov, resumindo os tristes acontecimentos e instando sua rápida presença.

Eram cerca de sete horas da manhã, quando o mensageiro retornou ao castelo de Bélsky. Mikhail Dmítrievitch ainda estava dormindo, conquanto o almirante e Vedrinsky, acostumados a acordar cedo, tomavam chá no terraço. O mensageiro entregou-lhes a carta e falou dos terríveis acontecimentos em Górki.

— Pobre patroa, ela deve ter perdido o juízo; estrangulou o próprio filho – concluiu o mensageiro.

Ivan Andréevitch e Gueorgui Lvóvitch ficaram abismados e decidiram acompanhar o amigo, para lhe dar apoio nos difíceis dias do porvir. Enquanto eles discutiam o assunto, entrou Nádya. Ela ouviu a conversa e ficou muito preocupada com Misha. O fato de o padrinho acompanhá-lo a Górki deixou-a mais tranqüila.

O almirante acordou Mikhail Dmítrievitch, entregou-lhe a carta da senhora Morel e insistiu em sua urgente necessidade de ir a Górki, em vista das formalidades geradas pela ocorrência de duas mortes. Mikhail Dmítrievitch se vestiu sombrio e desceu ao refeitório. Enquanto os cavalos eram atrelados, ele tomou uma xícara de chá e, aproveitando a ausência do almirante que fora ao quarto de Vedrinsky empacotar algumas coisas, levou Nádya ao *boudoir* dela. A sós, ele a abraçou e sussurrou nervoso:

— Ore por mim, Nádya, e não me esqueça, se eu não voltar daquele maldito ninho. Agora repita que você me perdoou totalmente.

Nádya devolveu o beijo com lágrimas nos olhos.

— Como pode ainda achar que estou brava com você, vendo-o tão infeliz? Nada lhe acontecerá com a ajuda de Deus. Meu padrinho assegurou-me que o próprio Manarma irá protegê-lo. Ore e seja firme, meu querido; nosso Senhor estará ao seu lado para você reconquistar a nossa felicidade.

Gratificado, Massalítinov beijou as mãos de Nádya. Eles voltaram à sala e, dez minutos depois, o coche os levava a Górki.

Estava quente, embora o céu estivesse encoberto por nuvens negras; ao longe ouviam-se rolares da tempestade, e uma cerração densa cobria de manto esbranquiçado o lago, toldando completamente a ilha.

Na sala, onde outrora jazia o corpo de Marússya, estava o de seu neto, vestido em conjunto rendado. O rosto roxo e transfigurado era coberto por um lenço de gaze. A governanta depositou no peito do menino, cercado por buquês de flores, a imagem do Salvador. Apesar do odor forte de rosas, jasmins e demais plantas de estufa, o cheiro do cadáver se fazia sentir e sua rápida decomposição não era normal.

Ao chegar, Massalítinov foi direto ver o corpo do filho, cujo aspecto mutilado o perturbou tanto, que Vedrinsky teve de levá-lo para fora do recinto.

O encontro com a senhora Morel foi difícil. Ekaterina Aleksándrovna envelhecera por cerca de vinte anos, não parava de chorar, desconsolada pela perda de Mila, a quem educara e por quem tinha amor como se fosse a própria filha. A consciência de sua morte terrível e estranha, quando nem seu corpo se conseguia encontrar, cumulava seu desespero.

Uma outro suplício para Massalítinov foi a chegada do comissário da polícia rural, que redigiu a ocorrência com base nos depoimentos das testemunhas, durante os quais ele devia estar presente.

A camareira Masha afirmou estar acordada, aguardando a vinda do patrão. Casualmente, ela viu a patroa saindo do *boudoir* e dirigindo-se aos aposentos vazios de hóspedes. Surpresa em ver a patroa vestida em capa preta e com lanterna na mão, a camareira a seguiu por curiosidade e viu-a entrar no depósito de móveis. Segui-la adiante, ela já não teve coragem. Algum tempo depois, o quanto – ela não sabia dizer –, ouviu a patroa correndo de volta endoidecida: seus cabelos estavam desgrenhados e toda ela parecia salpicada de sujeira. Mais tarde, Masha viu Mila entrando no quarto de Volódya, ouviu seus gritos e viu a patroa estrangulando o filho. Tentou inutilmente arrancá-lo da mãe. Os demais criados foram uníssonos no relato do assassínio do bebê, bem como a patroa ter saído de costas do quarto, aos gritos e debatendo-se, agarrando-se no reposteiro como se alguém a puxasse. Os que correram atrás confirmaram que ela se lançou no lago. Ekaterina Aleksándrovna ratificou ter desmaiado, assim nada mais sabia a respeito. Mais tarde, quando o comissário foi embora, ela revelou a Massalítinov que estava lendo junto ao berço e, de súbito, viu o conde Farkatch, inclinado sobre a criança. Atônita ela exclamara:

"Deus meu, Jesus Cristo!" Então o conde investiu sobre ela, tentando asfixiá-la e, nessa hora, ela percebeu que aquele não era Farkatch, mas seu ex-noivo Krassinsky. Ela já sentia no pescoço seus dedos gélidos, quando perdeu os sentidos.

O tempo piorava a cada momento. Chovia a cântaros e a continuação das buscas do corpo de Mila era impossível. Após o almoço, o qual Massalítinov nem tocou, ele se dedicou aos devidos preparativos para o enterro e outros tantos, inadiáveis. O almirante e Vedrinsky foram investigar os aposentos de Mila, quando encontraram um livro aberto na página que falava da técnica de exterminação de vampiros.

— Ah, a coitada sabia onde aquele monstro se escondia e, certamente, queria matá-lo – observou o almirante. – Deus sabe lá o que lhe aconteceu no subterrâneo, do qual ela saiu esfrangalhada e coberta de manchas de sangue. Se tiver a necessária coragem, Gueorgui Lvóvitch, venha comigo. Quero examinar o ninho satânico e descobrir se ela conseguiu aniquilar o vampiro.

Após acolchetar no peito as insígnias magísticas de Manarma, ambos desceram ao subterrâneo. Ali estava tudo quieto e vazio. Logo eles encontraram a cripta mortuária, de onde exalava odor putrefato. Um quadro medonho ali se divisava. Entre os castiçais derrubados e folhas do livro rasgadas, jaziam os corpos mutilados dos corcundas. No abdômen de Krassinsky estava enterrado, até a empunhadura, um punhal.

— Desta vez ele está bem morto – pronunciou Ivan Andréevitch, erguendo a cruz e recitando fórmulas.

Ambos abandonaram o quarto, andando de costas.

À noite, depois da missa de réquiem, Massalítinov foi ao gabinete de Zamyátin para ali passar a noite, pois por nada nesse mundo ele dormiria no aposento do casal. Não estava com sono e, assim, sentado na poltrona junto à mesa sobre a qual estava uma garrafa de champanhe, ele refletia, tentando afugentar com pensamentos alegres a angústia que se instalara na alma sofrida. A tempestade aumentava fora; trovões e relâmpagos pareciam enfurecidos, o vento uivava nas chaminés. Os pensamentos de Massalítinov se embaralharam de tanto barulho e não o deixavam se concentrar na imagem de Nádya, invocada para protegê-lo.

Bateu meia-noite e, nisso, ele ouviu passos no quarto contíguo, como se alguém se aproximasse arrastando peso. Ele se endireitou apreensivo; seu coração parecia ter sustado os batimentos e, como aprisionado por um peso à poltrona, olhou para a porta. Uma mão transparente soergueu o reposteiro. De capa negra e envolta feito em véu por cabelos dourados soltos, dele se aproximou Mila. De sua cabeleira e trajes escorria água e, no pétreo rosto imóvel, rutilavam grandes olhos esmeraldinos. Dominado pelo terror, Massalítinov fitava-a sem condições de compreender: era viva aquela pessoa ou simples espectro? Paralisado e incapaz de mover o braço, ele não podia apertar a campainha. Inclinando-se sobre ele, ela ciciou com lábios roxos:

— Você quer se separar de mim, seu traidor? Não conte com isso! Você é meu e sempre o será!

Seu rosto, de monumental beleza sinistra, já tocava nele; os olhos esverdeados fitavam-no com ódio e zomba e as mãos cingiam-lhe o pescoço.

— Jesus Cristo, acolha a minha alma – projetou-se qual raio no cérebro de Massalítinov e, soltando um grito abafado, ele tombou no tapete. Com o barulho da queda acorreu o serviçal. Foi chamado o almirante e a Massalítinov prestou-se o devido socorro. Muito tempo se passou, porém, nas tentativas de reanimá-lo; já amanhecia, quando finalmente ele abriu os olhos.

Estava fraco, como de longa convalescença. Ivan Andréevitch deu-lhe calmante e este adormeceu um sono agitado.

Ainda exaustos, Vedrinsky e o almirante estavam desjejuando, quando entrou correndo um criado e relatou que o jardineiro havia encontrado o corpo da patroa.

— Onde? Tiraram do lago? – perguntou Vedrinsky, largando a xícara de chá e levantando-se junto com o almirante.

— Não! – replicou o criado, tremendo feito vara verde. – A patroa está deitada na escada que leva ao lago.

— Impossível! – exclamou Gueorgui Lvóvitch, pondo-se a correr ao local indicado.

Embaixo da escada e no terraço já se juntavam todos os criados, olhando para o cadáver estendido a uns dez degraus abaixo do terraço, com cabeça caída para trás e braços abertos. A posição do corpo dava a impressão de que Mila estava descendo pela escada, mas tinha desmaiado no caminho. De seu penhoar de rendas rasgado escorria água, estando sujo de lodo e coberto por manchas de sangue; no rosto roxo e inchado congelara-se uma expressão de sofrimento e ódio. Mas mesmo morta ela permanecia bela. Entristecidos, o almirante e Vedrinsky se inclinaram sobre o cadáver da pobre mulher.

A muito custo Ivan Andréevitch conseguiu convencer os criados a transferirem a falecida para dentro da casa. Eles tinham verdadeiro pavor do cadáver que, segundo suas palavras, só o próprio demônio poderia ter levado para a escadaria. E apenas quando os distintos senhores foram erguê-lo, alguns acorreram, envergonhados, para ajudar no transporte. As mesmas cenas tristes se repetiram no dormitório de Mila. As criadas se recusaram a iniciar a ablução e vestir a falecida, ficando a cargo da governanta empreender esse ritual triste e, quando ela despiu a afogada, descobriu no corpo dela as mesmas manchas negras que outrora reparou em Marússya.

Massalítinov acordou tarde e febril. A notícia de que o corpo de Mila fora encontrado na escada do terraço deixou-o deprimido. Ele anunciou sua recusa de passar mais um dia em Górki; iria dormir na casa paroquial e, depois dos enterros marcados dali a um dia, ele se instalaria em algum lugar na circunvizinhança, até pôr em ordem todas as pendências.

A morte de Mila abalou profundamente a senhora Morel. Ela não parava de chorar e berrar feito insana; depois mergulhava em apatia, da qual parecia sair apenas para gritar que queria ir embora de Górki, onde tudo que amava lhe fora subtraído.

De manhã, Gueorgui Lvóvitch foi a cavalo ao castelo de Bélsky para informar Nádya sobre os últimos acontecimentos. A condessa pediu-lhe para transmitir a Massalítinov e à senhora Morel o seu convite de se hospedar na casa dela, até que eles definissem seu futuro domicílio. À noite, depois da primeira missa de réquiem, a senhora Morel teve uma crise tão forte de desespero, que todos começaram a se alarmar com sua sanidade mental e decidiram levá-la à casa de Nádya, chamando para lá seu médico.

No enterro de Mila e seu filho houve um acidente desagradável. Uma vela caiu do castiçal e provocou fogo no vestido da falecida, e por pouco o incêndio não se alastrou; de qualquer modo, tiveram que trocar suas vestes.

Do cemitério, Massalítinov foi direto para o castelo de Bélsky. Nádya o recebeu de coração aliviado e observou que seu aspecto deixava a desejar. Falou da senhora Morel, que estava de cama por ordem médica. A pobre mulher delirava, afirmando que lhe aparecia ora Mila, ora Krassinsky, tentando atacá-la. Foi chamada da cidade uma irmã de misericórdia. O médico ainda se encontrava no castelo e preparava-se para partir naquela noite. Mas, durante o almoço, Mikhail Dmítrievitch passou mal e desmaiou. O doutor, após tê-lo examinado, concluiu que ele estava com febre nervosa. A doença agravava-se com rapidez e, por três semanas, a vida de Massalítinov esteve por um fio.

Esgotada pelos constantes cuidados a dispensar entre duas pessoas lutando contra a morte, Nádya pediu à sua mãe por telegrama que viesse ajudá-la.

Zoya Ióssifovna não demorou a vir e, com a bondade típica a ela, dedicou-se aos enfermos, sem lhes nutrir qualquer rancor pelo passado.

Contudo, no caso da senhora Morel, as providências para debelar-lhe a enfermidade verificaram-se inúteis, e um choque apoplético levou-a à sepultura. Exatamente três semanas após a morte de Mila, ela se juntou no outro mundo àquela a quem amava qual mãe biológica.

Quanto a Massalítinov, seu organismo forte e jovem levou vantagem, ainda que, segundo o médico, sua recuperação completa seria demorada.

Assim que Mikhail Dmítrievitch viu-se fora do perigo, Nádya viajou a Kiev para se encontrar com outro herdeiro do conde Adam – um pobre oficial de infantaria que servia no exterior e pertencia à linhagem lateral dos condes Bélsky – e ajustar a partilha de seus bens.

Passaram-se cerca de quatro meses, e todo esse tempo tanto Nádya como Massalítinov gastaram para resolver negócios pendentes. O conde Adam, antes do casamento, legou à esposa a maior parte de seu patrimônio. Tal generosidade não lhe custaria nada – imaginava ele, crente nas palavras de Farkatch – pois sua esposa não duraria mais do que três anos e, depois, ele teria todos os bens de volta.

Mas o destino decidiu diferente, e o primo em terceiro grau de Bélsky, um jovem humilde, feliz por ter recebido parte da herança inesperada, sequer pensou em questionar os direitos da jovem à maior parte do legado do conde.

Sendo o único herdeiro de Górki, pelo testamento de Mila, Mikhail Dmítrievitch esperava vender a propriedade a um suposto banqueiro judeu, cujo filho se casara recentemente. A paz parecia lhe retornar à alma, bem como seu corpo se fortalecia aos poucos. Em conseqüência dos abalos físicos e espirituais, ele conseguiu obter sua reforma no exército. Dos esponsais com Nádya, ambos aguardavam o fim do luto oficial; até lá, este compromisso ficaria em sigilo. Em sua alma operou-se uma mudança completa na forma de encarar o mundo: deixou de ser cético e presunçoso, pois sentira na própria carne o poder das forças malignas. Já acreditava em Deus, atribuindo-lhe sua salvação e o venturoso porvir da nova vida. Os médicos sugeriram-lhe passar o inverno num clima quente, e como o almirante e Gueorgui Lvóvitch iriam voltar à Índia com Manarma, Mikhail Dmítrievitch decidiu recuperar sua saúde perto de Genoa.

Ivan Andréevitch e o seu jovem companheiro ajudavam ativamente Nádya e seu noivo a resolverem todas as pendências. Massalítinov, sobretudo, ainda não totalmente recuperado, necessitava do apoio na solução da venda da propriedade, antes de viajar ao estrangeiro. Aguardava-se apenas a vinda do banqueiro, a quem Ivan Andréevitch mostraria a propriedade, antes da assinatura do compromisso de venda.

Mikhail Dmítrievitch ainda não sabia da continuação dos fenômenos sinistros em Górki. O almirante nada lhe falou da carta do padre Tímon, dizendo que os remanescentes criados debandaram de Górki, os camponeses na vizinhança pediam que o corpo de Mila fosse desenterrado e a bruxa sepultada em outro lugar. Muita gente viu, inclusive o próprio padre, Mila sentada na sepultura, chorando e retorcendo as mãos. Em outras ocasiões, presenciaram-na correndo pelo cemitério, perseguida pelo menino assassinado. Os casos do aparecimento do fantasma eram inúmeros e diferentes; na casa do senhorio, por exemplo, Mila foi vista em companhia de um homem de preto, e no antigo quarto da criança, à noite, se ouviam gritos, gemidos e barulho de luta.

Devido a todas essas histórias, foi com compreensível alegria que o almirante soube terem anunciado a Massalítinov a chegada de um senhor interessado na compra de Górki. No cartão de visitas constava o nome: "Oscar Van der Holm"*

Quando Mikhail Dmítrievitch adentrou com o almirante o gabinete para onde foi introduzido o comprador, e este lhes rendeu as reverências, Ivan Andréevitch estremeceu e fitou-o perscrutador.

Era um homem de cerca de quarenta anos, magro e forte de compleição, rosto bonito e feições corretas, mas de tez cérea. Nos lábios descorados e enormes olhos escuros espreitava-se expressão estranha e indefinida. O senhor Van der Holm afirmou conhecer a propriedade, pois tinha estado lá há muitos anos antes, quando o antigo dono era Izótov, seu conhecido da Itália. Sem regatear, o comprador disse que pagaria à vista e em dinheiro a soma pedida, após a assinatura do contrato.

Massalítinov estava exultante, mas achou de seu dever informar que Górki gozava de má fama. Van der Holm soltou uma gargalhada e observou que sabia disso mas que, sendo um cético incorrigível, achava isso um absurdo e nenhum fantasma o faria desistir da compra da propriedade da qual gostava imensamente.

À noite, Nádya, Massalítinov, Ivan Andréevitch e Vedrinsky conversavam sentados na sala. Ao ver o almirante sombrio e apreensivo, Mikhail Dmítrievitch perguntou o que o perturbava.

— A venda de Górki – respondeu este.

---

* A descrição detalhada desta personalidade está descrita no romance "Do Reino das Sombras" – N. do autor

— Como? Está sentindo pena de perder esse lugar encantador, ou do comprador? – perguntou rindo Mikhail Dmítrievitch.

— Não, é outra coisa que me preocupa. Vejam, senhores, o comprador deve ser um satanista de primeiro escalão. É óbvio que ele adquiriu Górki para a sua comunidade, interessada em conservar a posse dos subterrâneos. Pelo fim trágico da filha do feiticeiro, tenho a impressão de que a nossa luta está apenas começando.

— Que assim seja – observou Massalítinov. – Com fé em Deus e ajuda dos mestres hindus, nada temos a temer.

— Bem, se assim for necessário, continuaremos com a nossa missão ingrata de abrir os olhos dos homens alheios à existência das legiões malignas, em contato com as quais, por ignorância ou leviandade, eles acabam perecendo...

FIM

Leia estes romances de sucesso psicografados pela médium Vera Lúcia Marinzeck!

Amai os Inimigos (espírito Antônio Carlos)
Noel, empresário bem-sucedido, é traído pela esposa. Na espiritualidade, recepcionado pelo próprio filho Gabriel, passa a entender o enredo de sua vida e as conseqüências da lei de causa e efeito

Em Missão de Socorro (espíritos Guilherme, Leonor e José)
Três abnegados socorristas contam suas experiências em missões de resgate no Umbral, trabalho que exige muito amor e dedicação.

Véu do Passado (espírito Antônio Carlos)
Kim, garoto conhecido como "o menino das adivinhações", nasceu com a vidência aflorada e sempre vê a cena de sua própria morte. Na espiritualidade, vai compreender a origem de seu dom.

Escravo Bernardino (espírito Antônio Carlos)
História que retrata, com fidelidade, o período da escravidão no Brasil, contada pelos personagens que viveram na carne esse doloroso momento. Um romance emocionante!

O Rochedo dos Amantes (espírito Antônio Carlos)
Uma estranha história de amor acontece num lugar de nome singular: Rochedo dos Amantes. Intrigas, mistérios e disputas entre grupos de desencarnados estão presentes nesta obra.

Rosana, a Terceira Vítima Fatal (espírito Antônio Carlos)
Suspense, morte e o reencontro de Rosana e Rafael, na espiritualidade, depois de uma série de crimes misteriosos ocorridos em uma pequena cidade do interior.

O Pedacinho do Céu Azul (espírito Rosângela)
Livro que fala das brincadeiras, pensamentos e sonhos da garota Líliam, uma menina cega cujo maior desejo era conhecer o azul do céu infinito.

O espírito Schellida e a médium
Eliana Machado Coelho estão
de volta com um romance imperdível!

O Direito de Ser Feliz

**432 páginas de emoção!
Uma obra repleta de
ensinamentos!**

Fernando e Regina apaixonam-se. Ele, de família rica, bem posicionada. Ela, de classe média, jovem sensível e espírita.

Mas o destino começa a pregar suas peças. Movido pela ambição material, Fernando decide ir trabalhar na França, caindo na rede sedutora de Lorena, uma prima que mora em Paris. Regina fica só. O tempo passa, e eles se separam definitivamente. Fernando fica com Lorena, Regina se casa com Jorge. Novos fatos vêm abalar a vida de todos os personagens desta envolvente história...

Por quais caminhos devemos seguir para não cair nas armadilhas da própria invigilância, da imprudência, da traição e das amarras dos vícios que levam à autodestruição? Como encarar a solidão, sobretudo quando perdemos aqueles a quem mais amamos, e tendo ainda de enfrentar a dura realidade do câncer?

Em O Direito de Ser Feliz, o espírito Schellida mais uma vez nos traz, com sabedoria, valiosos ensinamentos sobre temas sempre presentes em nosso cotidiano. Pela psicografia de Eliana Machado Coelho, Schellida nos mostra que ser feliz depende somente de nós, sejam quais forem os obstáculos e as dores enfrentadas na vida.

Você já leu estes sucessos do médium Antonio Demarchi?

Além do Infinito Azul (espírito Irmão Virgílio)
Os jovens médicos Leonardo e Otávio são companheiros de longa data. Ao passar férias na fazenda do amigo, Leonardo descobre sua verdadeira missão na Terra e reencontra um velho amor do passado.

Crepúsculo de Outono (espírito Irmão Virgílio)
Dr. Augusto envolve-se em uma morte acidental. O instrutor Demétrius e Irmão Virgílio aproveitam o caso para fazer novos estudos sobre o aborto, a concepção de um bebê, o Carnaval e os laboratórios espirituais de reencarnação.

Mansão dos Jovens (espírito Irmão Virgílio)
Veja o cotidiano do pronto-socorro chamado Mansão dos Jovens, na espiritualidade, e aprenda as lições do Instrutor Valérius...

A Vida Ensina (espírito Irmão Virgílio)
Nesta obra, Irmão Virgílio nos apresenta contos e histórias repletas de ensinamentos e elevadas mensagens, com bom humor e carinho. Uma leitura saudável e um entretenimento sadio para todas as horas.

O Homen que Vendeu sua Alma (espírito José Florêncio)
Fernando, um jovem peão de fazenda, decide vender sua alma ao diabo em troca de fortuna e do amor de Silvia, a filha do fazendeiro Honório. O que de real existe nas histórias e crendices populares passadas de pai para filho ao pé da fogueira?

O Sagrado Mandato (espírito Irmão Virgílio)
Dr. Henrique, um advogado de São Paulo, atropela uma criança na porta de uma escola. Desesperado, busca ajuda com sua esposa Deolinda, espírita. Qual não será a surpresa de Irmão Virgílio, que, na espiritualidade, descobre quem era a criança acidentada...

O Templo da Chama Sagrada (espírito Irmão Virgílio)
Agora, vamos saber a história de Dr. Henrique, sua esposa Deolinda, a copeira Elídia e o pequeno Marcelinho. O que teria acontecido no Império Romano e na França feudal? Por que tantas experiências juntos até chegarem a São Paulo nos dias atuais?

Venha fazer uma viagem extraordinária no tempo!

Colônia Capella – A outra face de Adão
médium Pedro de Campos
orientações do espírito
Yehoshua ben Num

No século XIX, Charles Darwin utilizou a palavra *evolução* para definir um avanço progressivo da vida. Surgia a *Teoria Evolucionista*. Na mesma época, Allan Kardec demonstrava a existência de um Ser Inteligente Extrafísico, com o qual é possível comunicar-se. Estavam lançadas as bases para o surgimento da *Teoria Evolucionista Espiritual*.

Com *Colônia Capella – A outra face de Adão* você vai conhecer a eclosão da vida na Terra, os antepassados do Homem e a elaboração espiritual das Formas Humanas. Vai visualizar também as Idades do Gelo, a Era do Neandertal e as primeiras Civilizações Antigas. Por fim, vai refletir sobre os Mundos Habitados, a Capella da Auriga – origem da Raça Adâmica mencionada nas Sagradas Escrituras, e analisar os acontecimentos atuais sob a ótica do Porvir da Humanidade.

Uma obra completa! Uma contribuição inestimável para a cultura espiritual de todos nós!

Impressão e Acabamento:
Gráfica e Editora Alaúde ltda.
R. Santo Irineu, 170 - SP - Fone: (11) 5575-4378